59.90

ACCESO GRATIS *a la Lectura en la Nube*

Para visualizar el libro electrónico en la nube de lectura envíe junto a su nombre y apellidos una fotografía del código de barras situado en la contraportada del libro y otra del ticket de compra a la dirección:

ebooktirant@tirant.com

En un máximo de 72 horas laborables le enviaremos el código de acceso con sus instrucciones.

La visualización del libro en **NUBE DE LECTURA** excluye los usos bibliotecarios y públicos que puedan poner el archivo electrónico a disposición de una comunidad de lectores. Se permite tan solo un uso individual y privado.

EL PRINCIPIO DE OPORTUNIDAD EN EL PROCESO PENAL: ENTRE EL DERECHO Y LA POLÍTICA

Procedimiento de selección de originales, ver página web:
www.tirant.net/index.php/editorial/procedimiento-de-seleccion-de-originales

EL PRINCIPIO DE OPORTUNIDAD EN EL PROCESO PENAL: ENTRE EL DERECHO Y LA POLÍTICA

ALBA ROSELL CORBELLE

tirant lo blanch
Valencia, 2023

En caso de erratas y actualizaciones, la Editorial Tirant lo Blanch publicará la pertinente corrección en la página web www.tirant.com.

EDITA: TIRANT LO BLANCH
C/ Artes Gráficas, 14 - 46010 - Valencia
TELFS.: 96/361 00 48 - 50
FAX: 96/369 41 51
Email: tlb@tirant.com
www.tirant.com
Librería virtual: www.tirant.es
DEPÓSITO LEGAL: V-3712-2023
ISBN: 978-84-1197-234-5

Si tiene alguna queja o sugerencia, envíenos un mail a: *atencioncliente@tirant.com*. En caso de no ser atendida su sugerencia, por favor, lea en *www.tirant.net/index.php/empresa/politicas-de-empresa* nuestro procedimiento de quejas.

Responsabilidad Social Corporativa: *http://www.tirant.net/Docs/RSCTirant.pdf*

A mi abuela Sole

Índice

Capítulo 3

Capítulo 4

SEGUNDA PARTE
JUSTICIA Y POLÍTICA

Capítulo 10

Prólogo

El prólogo es la antesala, el *hall* de entrada a una obra. El prólogo es el *introito* que precede al texto. Por naturaleza ha de ser breve pues, como recomienda el Libro II de Macabeos, "es tonto extenderse en el prólogo a una historia que se va a contar sucintamente". Pero al tiempo ha de ser elocuente, aleccionador y promotor de la lectura a la que acompaña. El prólogo ha de incluir las pistas para que el lector se adentre en el libro. El prologuista no ha de pretender arrogarse protagonismo alguno, porque es un mero acompañante que remarca las líneas fundamentales del original que presenta, y cuya lectura sugiere.

El prologuista jamás debe aceptar el encargo si no cree o no comulga con el texto que presenta, por cuanto sería traicionero con el autor convertirse en su Torquemada. Por ello solo desde la lealtad y de la recta amistad puede asumirse el reto. La máxima de Cicerón para la vida fue *sine amiticia nulla vita est* y la hago mía al proclamar que la vida digna nada vale sin la amistad. Sin embargo, la amistad no ha de cegar al prologuista, a riesgo de perder el rigor que se le exige, pero no ha de ocultarla. El prologuista, confesante de la amistad con el prologado, se ha de fundar en razones. Como escribió Sófocles "los dioses han hecho engendrar la razón en los hombres como el mayor de todos los bienes que existen. El no razonar es el mayor perjuicio." Ha de seguirse este consejo a riesgo de que el prologuista pierda el crédito o la confianza. Como ratifica el coro de Antígona, la sensatez resulta con mucho "lo principal y lo primero", y sensato ha de ser el prologuista que inscriba su nombre junto al del prologado, prologada en este caso, y aporte su grano de arena para reforzar o, mejor, para enmarcar la aportación de ésta a la Ciencia Jurídica, que es el quehacer que a ambos nos reúne, aunque con muchos años de diferencia.

Conozco la vocación por el Derecho de la ya doctora Alba Rosell Corbelle. Conozco las extraordinarias valoraciones de sus alumnos en la Facultad de Derecho de la Universidad de Castilla-La Mancha, en la sede de Toledo, aspecto que ha de subrayarse ante la acelerada pérdida de valor que la normativa de acreditación universitaria concede a la función docente del profesorado. Y ahora, con la lectura de su obra, he podido conocer y valorar debidamente su capacidad investigadora. Es cierto que había escrito anteriormente algunos artículos brillantes, incluidos en obras colectivas, como "Derecho probatorio y otros estudios procesales" o "El enjuiciamiento civil y penal hoy". Pero no es menos cierto que, con este su primer libro protagoniza un salto de gigante, no en el vacío, no sin red, sino un salto hacia la consecución del reconocimiento de los galones académicos.

Este libro es fruto de su tesis doctoral, largamente trabajada, hondamente pensada y repensada. Quien se adentra en la preparación de una tesis doctoral inicia una aventura, dilatada en el tiempo y sujeta a más pesadumbres que alegrías, toda vez que el doctorando vive transido de las dudas ínsitas a todo investigador y al tiempo de la voracidad, propia de las aves rapaces, de agotar cualquier lectura mínimamente relacionada con su tema. El doctorando cumple, con obediencia monacal, con su deber de dación de cuenta periódica al director de su tesis, acto que transcurre entre una marejada compuesta de esperanzas y temores. En la práctica se entremezclan correcciones por acción o por omisión con medidas felicitaciones por los avances, pues el director sabe bien que es imprescindible que el doctorando mantenga la tensión y no baje la guardia en momento alguno. Avanzan los meses de unos cuantos años, pero la normativa universitaria no permite eternizar el trabajo doctoral. Hay que cerrarlo a una fecha límite, y las inseguridades y los duermevelas se proyectan en un nerviosismo que no desaparece. El director no deja de exigir y el doctorando no deja de exigirse. Parece alumbrarse el final, el visto bueno final que da lugar al depósito de la tesis doctoral. Los poros del doctorando dejan de sudar durante unos días y se recupera el sueño, además de la sociabilidad hibernada. Más trámites y llega la fecha ambicionada, la defensa ante el tribunal académico, en un acto público en el que la doctoranda se esmera por concentrar en pocos minutos las cuatrocientas páginas de su trabajo de investigación. El tribunal lo pondera, en parte, con guantes de seda y, en parte, con criticismo constructivo. Y tras su deliberación, hace público su veredicto, generalmente muy satisfactorio pues por algo las tesis doctorales están sometidas a tal cantidad de controles previos.

Aun no conociendo todos los detalles estoy plenamente convencido que Alba Rosell se encuentra reflejada en la descripción de su periplo doctoral, que ha culminado de forma sobresaliente, la máxima calificación. Y permítame contar un detalle de cierta intimidad. Alba Rosell comenzó la tesis doctoral al tiempo en que se iniciaba el embarazo de Luis y la ha concluido cuando ha conocido su segundo embarazo. En fin, Alba Rosell, que dio sus primeros pasos con Vicente Gimeno Sendra tristemente fallecido ha contado con un extraordinario director para su tesis doctoral, el Profesor Titular de Derecho Procesal de la UCLM, Javier Vecina Cifuentes, cuya mano conductora queda claramente demostrada. El prestigioso tribunal de la tesis doctoral de Alba Rosell fue plenamente consciente de la magnitud de la obra que juzgaba, y así lo expresaron en sus intervenciones. Tanto el presidente, mi compañero y amigo, Catedrático de Derecho Constitucional de la UCLM, Francisco Javier Díaz Revorio, y los dos vocales, ambos Catedráticos de Derecho Procesal, Sonia Calzada López y Vicente Pérez Daudí, respectivamente, de la UNED y de la Universidad de Barcelona.

El tema de estudio elegido por Alba Rosell Corbelle es el principio de oportunidad en el proceso, desde un enfoque que aúna tanto la vertiente jurídico-procesal del mismo como la política, con la finalidad de examinar las líneas que deben separar ambas vertientes, límites que, en ocasiones, como se expone en el libro, son difíciles de definir. Comienza con una exposición que permite conocer los orígenes y los fundamentos doctrinales y legales del principio de oportunidad en contraposición con el principio de legalidad. Esta confrontación pone de relieve que ningún precepto constitucional ha proscrito la instauración del principio de oportunidad, pero claro está, siempre que la regulación del mismo se ajuste a los principios del Estado de Derecho.

El relato de los orígenes de este principio embebe de los textos publicados por reconocidos filósofos de todas las épocas, (Cicerón, Aristóteles, Santo Tomás de Aquino, Kant, Hegel, Nietzsche, etc....) que permiten enmarcar en mayor medida el concepto del principio de oportunidad que se aplica en la actualidad. Es de especial interés el estudio que realiza sobre la aplicación discrecional por los integrantes del Ministerio Fiscal del principio de oportunidad, así como el examen comparativo de este principio, con su origen y aplicación en otros países. Nace en el Derecho anglosajón (tanto en EE. UU. como en el Derecho inglés con el "*nolle prosequi*" y el "*testigo de la corona*") y alcanza un importante desarrollo en el Derecho continental, principalmente en Alemania y Portugal.

La primera parte del libro concluye con la normativa aplicable al principio de oportunidad en el ordenamiento jurídico español, y continúa con una segunda parte en la que Alba Rosell analiza de forma brillante los componentes del principio de oportunidad, señalando que éste se basa no sólo en elementos jurídicos, sino en criterios de conveniencia y utilidad ajenos al Derecho. Asimismo, resalta que esos criterios de carácter metajurídicos son propios de la política, de forma que la introducción de estos elementos en el ordenamiento jurídico o su utilización legal o extralegal por la Administración de Justicia genera espacios de opción discrecional sumamente amplios. Y es esta discrecionalidad el objeto nuclear de su aportación, pues justicia y política, como bien se señala en el libro, deben quedar separadas, en cuanto que el Estado de Derecho requiere la persecución de todo delito que se cometa en él, y contra él independientemente de cualquier factor exógeno que pueda presentarse sobre los Tribunales que deben juzgarlos. En fin, esta segunda parte concluye con el examen del llamado *derecho de gracia*, que conforma un claro factor del principio de oportunidad reflejado en las figuras de la amnistía o el indulto, elementos controvertidos pues su carácter discrecional muestra que la separación entre Derecho y Política presenta unos límites difusos; y con el análisis de dos figuras clave del principio de oportunidad: a) la colaboración eficaz y b) la entrega o circulación vigilada. Estas figuras reducen o eliminan las penas que corresponderían a los autores de los delitos, bien por la colaboración en el esclarecimiento del delito, bien porque el mismo se ha cometido por un policía en el ejercicio de su función.

El Derecho Procesal es una rama horizontal o transversal que se proyecta sobre todas las ramas del Derecho. La investigación de la doctora Rosell profundiza con rigor en un principio sometido a permanente discusión tanto en el ámbito académico como en el foro y lo aborda con un texto esclarecedor, iluminador, para los teóricos y para los prácticos del Derecho. Todos ellos encuentran en el mismo respuestas fundadas en la razón, a la que apela Sófocles, a las cuestiones que a todos preocupan y ocupan.

Enrique Arnaldo Alcubilla
Magistrado del Tribunal Constitucional
Catedrático de Derecho Constitucional

Abreviaturas

ADPCP.- Anuario de Derecho Penal y Ciencias Penales

ALECRIM 2011.- Anteproyecto de Ley de Enjuiciamiento Criminal de 2011

ALECRIM 2020.- Anteproyecto de Ley de Enjuiciamiento Criminal de 2020

Art.- Artículo

BGH.- Tribunal Supremo (RFA)

BtMG.- Ley de Tráfico de Drogas (RFA)

BVerfGE.- Sentencia del Tribunal Constitucional (RFA)

C.- Capítulo

Cfr.- Confróntese

Cit.- Citado

CC.- Código Civil

CE.- Constitución Española

CP.- Código Penal

DEA.- Agencia Antidroga estadounidense

Dir.- Director

Dirs.- Directores

Ed.- Editorial

GA.- Goldtdammers Archiv für Strafrecht

INCPECCP.- Instituto Peruano de Criminología y Ciencias Penales

JuS.- Juristische Schulung

JZ.- Juristische Zeitung

L.- Libro

LDC.- Ley de Defensa de la Competencia

LEC.- Ley de Enjuiciamiento Civil

LECrim- Ley de Enjuiciamiento Criminal

LJCA.- Ley de la Jurisdicción Contencioso-Administrativa

LMD.- Ley de Memoria Democrática

LO.- Ley Orgánica

LPAC.- Ley del Procedimiento Administrativo Común de las Administraciones Públicas

Loc.- Lugar

LOPJ.- Ley Orgánica del Poder Judicial

LORPM.- Ley Orgánica reguladora de la Responsabilidad Penal del Menor

NJW.- Neue Juristische Wochenschrift

NStZ.- Neue Zeitschrift für Strafrecht

OWIG.- Ley de Infracciones Administrativas (RFA)

Op.cit.- Obra citada

Pr.- Parágrafo

PCPP.- Propuesta de Código Procesal Penal de 2013

P.- Página

Pp.- Páginas

Prs-. Parágrafos

STC.- Sentencia del Tribunal Constitucional

STS.- Sentencia del Tribunal Supremo

STEDH.- Sentencia del Tribunal Europeo de Derechos Humanos

STJUE.- Sentencia del Tribunal de Justicia de la Unión Europea

StPO.- Código Procesal Penal alemán

StGB.- Código Penal alemán

T.- Tomo

TC.- Tribunal Constitucional

TEDH.- Tribunal Europeo de Derechos Humanos

TJUE.- Tribunal de Justicia de la Unión Europea

TS.- Tribunal Supremo

UCO.- Unidad Central Operativa de la Guardia Civil

UDYCO.- Unidad de Drogas y Crimen Organizado del Cuerpo Nacional de Policía

UE.- Unión Europea

US.- Estados Unidos

USC.- Código de Estados Unidos

VVAA.- Varios autores

Vol.- Volumen

ZStW.- Zeitschrift für die gesamte Strafrechtswissenschaft

Introducción

En España, tradicionalmente, el proceso penal se ha regido por el denominado *principio de legalidad*, el cual, en su acepción ligada a las teorías retribucionistas de la pena, supone que todo delito cometido debe ser perseguido y castigado por los órganos del Estado encargados de la aplicación de la ley penal. El art. 100 de la Ley de Enjuiciamiento Criminal expresa el referido principio, en su vertiente procesal, cuando establece que de todo delito nace acción penal para el castigo del culpable. Dicho en términos vulgares, el principio implica que *quien la hace la paga*. Para quien prefiera un brocardo clásico recordaremos el aforismo *fiat iustitia, et pereat mundus* (hágase justicia, aunque perezca el mundo). Immanuel Kant calificó el proverbio como enunciado "*verdadero*" y un "*enérgico principio del derecho*" que, si bien no autoriza al ejercicio de los derechos al margen de las consecuencias que se deriven para otros, implica que los principios políticos no han de asentarse en una predicción utilitarista, basada en el análisis de costes y beneficios, sino "*en la idea pura del deber, cualesquiera que sean las consecuencias físicas que se desprendan de ello*"[1].

Como *par dialéctico* del *principio de legalidad* se presenta el *principio de oportunidad*, el cual rige allí donde el ordenamiento jurídico acepta como jurídicamente correcta la posibilidad dependiente de la voluntad de omitir la persecución penal de un hecho punible de cuya comisión existen sospechas y cuyo esclarecimiento y enjuiciamiento podría conducir hipotéticamente a la condena del culpable, en contraposición al principio de legalidad entendido -según acaba de exponerse- como necesidad

---

1 "*Project for a perpetual peace. A philosophical essay*", printed by Stpheen Couchman, London, 1796, pp. 61 y 62.

ineludible de persecución derivada de la concurrencia de una sospecha suficiente para la activación y el funcionamiento de la maquinaria de la justicia penal. Aunque minoritariamente se ha criticado la contraposición, goza de consenso mayoritario[2].

Dicha posibilidad de omisión legalmente establecida del proceso de persecución penal va más allá del reconocimiento normativo de la incapacidad de las autoridades para tomar conocimiento y procesar dentro del sistema de justicia penal la totalidad de los hechos que aparentemente presentan caracteres de delito, incapacidad que resulta fácticamente irremediable[3], tal y como ya en el siglo XIX puso de manifiesto el político y jurista austriaco Julius Anton Glaser, el primero que se planteó, con tal nombre, la cuestión de la *oportunidad* como principio de la persecución penal[4].

---

2 Para BAUMANN, JÜRGEN, siguiendo a Henkel, la dicotomía no es acertada, pues "*no se trata siempre de oportunidad, sino de intereses y presupuestos jurídicos diferentes*". "*Derecho procesal penal. Conceptos fundamentales y principios procesales. Introducción sobre la base de casos*", Ediciones Depalma, Buenos Aires, 1986, p. 62. En contra de la consideración de la oportunidad como principio, CALAZA LÓPEZ, SONIA/MUINELO COBO, JOSÉ CARLOS, "Principios transformadores del proceso judicial: Oportunidad y proporcionalidad. Doctrina y jurisprudencia ante el principio de oportunidad. Transferencia del conocimiento científico a la sociedad civil", en "*Principio de oportunidad y transformación del proceso penal*", Wolters Kluwer, Madrid, 2019 (ebook); MUINELO COBO, JOSÉ CARLOS, "Efectos y consecuencias socio-jurídicas del principio del principio de oportunidad", "*Principio de oportunidad y transformación del proceso penal*", *cit.* (ebook).

3 MAVANY, MARKUS, "*Löwe-Rosenberg. Die Strafprozessordnung un das Gerichtsverfassungsgesetz*", Fünfter Band, T. 1. Parágrafos 151-157, De Gruyter, Berlin/Boston, 2020, p. 74.

4 "Das prinzip der Strafverfolgung", en "*Gesammelte kleinere Schriften über Strafrecht, Civil-und Strafprocess*", Ersten Band, Verlag von Lendler & Comp, Wien, 1868, pp. 442, 443 y 454.

Sólo un Estado constituido en Gran Hermano y con ingentes recursos susceptibles de ser dedicados a la represión del delito con independencia de su gravedad y significación social podría desempeñar con éxito tal tarea. Pero tal Estado no ha existido nunca en el pasado, no se identifica con ninguno en el presente y, de ser de posible aparición en el futuro, lo cual es dudoso, su resultado sólo sería del agrado de formalistas totalitarios.

El filtrado de asuntos es inevitable, no sólo porque el Estado como toda obra humana sea imperfecto, que lo es, sino además porque la línea que separa el ámbito de lo prohibido de las conductas que se desarrollan en el terreno general de la libertad de actuación no se marcan por la ley con trazos ajenos a consideraciones sociológicas, que corresponde realizar, en el caso concreto, a los aplicadores de las normas. Dichas consideraciones, en la realidad práctica, conducen a los particulares como potenciales denunciantes de los delitos, a la policía, a los fiscales y a los jueces encargados de la persecución a realizar una *selección primaria* de casos de interés para la justicia penal, previa a la proyección del pensamiento jurídico sobre el hecho y atinente al valor social de la conducta en cuestión, tal y como afirma con razón Karl Peters al plantearse la utilidad del concepto de *adecuación social* de Welzel para la comprensión del principio de legalidad en el proceso penal[5].

La proyección fragmentaria de la persecución penal sobre la realidad constituye, en suma, una realidad que se deriva de la naturaleza de las cosas y que sólo podría evitarse con un aplastante despliegue de medios al servicio de la represión penal sobre la más mínima ilegalidad y una sujeción de la población en su conjunto y de las instituciones a una com-

---

5 "Sozialadäquanz und Legalitätsprinzip", en "*Festschrift für Hans Welzel zum 70. Geburstag am 25.III.74*", De Gruyter; Berlin, New York, 1974, p. 421.

prensión de los sucesos de la vida determinada por el más exacerbado formalismo jurídico.

Con la instauración del principio de oportunidad el Estado acepta las limitaciones prácticas para la persecución de los delitos que las normas penales definen en términos generales a las que se ha hecho referencia, pero simultáneamente da un paso más, al crear espacios normativos de contornos, más o menos definidos, en los cuales atribuye a los aplicadores del Derecho un poder de elección en la toma de la decisión sobre la persecución penal, situado en el campo de la discrecionalidad y orientado por criterios de conveniencia.

Tal poder de elección puede atribuirse con mayor o menor extensión objetiva según el tipo de asuntos de que se trate y con un carácter absoluto (*oportunidad pura*) o relativo, por la existencia de requisitos legales y/o criterios normativos que limiten y/o guíen el arbitrio concedido al titular de la acción penal (*oportunidad reglada o bajo condición*).

Se relativiza así, por la misma normativa, la utilidad de la persecución penal, lo cual resulta altamente problemático desde la perspectiva de la función que en el Estado de Derecho cumple el proceso penal. Únicamente puede quedar justificado si concurren finalidades constitucionalmente legitimas que amparen las excepciones a la regla general y en tanto el empeño no ponga en peligro el mantenimiento de la paz jurídica que el proceso jurisdiccional asegura frente al recurso a la autotutela que puedan ejercer particulares o grupos sociales para la resolución de los conflictos.

Generalmente la oportunidad y la conveniencia se consideran factores propios de la política, de carácter extralegal. Pero la ley puede valerse de ellos para evitar el automatismo ciego ajeno a las circunstancias del caso también en la justicia penal. Ahora bien, el principio del Estado de Derecho para subsistir como tal rechaza su conversión en el Estado de la Política, sea cual sea el adjetivo que se pretenda asignar a las tendencias de rechazo de la normatividad, las cuales pueden perseguir:

i. la creación de una situación eterna de debate constituyente que permita al poder político campar por sus respetos sin ataduras jurídicas, una vez puesta en la duda permanente la legitimidad del orden establecido; o

ii. la sustitución del sistema constitucional democrático por otro distinto, fruto de ideas milenaristas de tipo anarquista, marxista, nacionalista o del simple capricho de sus impulsores, teñido de cualquier barniz populista vistoso para la propaganda.

El Estado existe porque tiene la fuerza para imponerse. La justicia penal implica la utilización de la violencia institucional en sustitución de la venganza como reacción ante la apariencia delictiva. Su origen se encuentra entrelazado con la idea de la guerra y su desarrollo nunca se ha desvinculado del todo de la épica militar, orientada por criterios de oportunidad y sustentada en proclamas justificativas del uso de la fuerza, también cuando la acción bélica satisface el arcaico -pero perenne- papel retributivo de la justicia penal, si el Estado actúa contra un objetivo enemigo que no se encuentra al alcance de su Administración de Justicia. Los ejemplos han proliferado en la práctica en la *guerra contra el terrorismo* y se han producido también recientemente.

El Estado de Derecho autolimita su poder de utilización de la fuerza mediante garantías constitucionales que se proyectan sobre la justicia penal, cuyos fines no pueden alcanzarse a toda costa. Cotidianamente se sacrifica el interés de persecución penal ante el interés predominante de tutela de los derechos fundamentales cuando así se desprende las exigencias del principio de proporcionalidad en el caso concreto. El Poder Judicial, que es parte del Estado pero ha de actuar sometido a la ley y con independencia de consideraciones políticas, que le son constitucionalmente ajenas, debe partir de la base de la igualdad de armas entre la acusación (aunque sea oficial) y el sospechoso y tratar a este último como persona revestida de dignidad, titular de derechos y no como enemigo.

El sacrificio del interés público mencionado en su realización práctica también puede obedecer a la conveniencia de alcanzar fines justificativos de la omisión de la persecución penal, pero sólo en la medida en que el Estado de Derecho siga siendo socialmente reconocible como tal, pues en caso contrario la presión de la violencia hasta entonces contenida gracias a su asunción del monopolio sobre el uso de la fuerza provocaría su desbordamiento, el cual es seriamente de temer que sería la indeseable consecuencia de una imprudente desjudicialización irreflexiva del tratamiento de las sospechas de comisión delictiva que socavara la confianza de la ciudadanía en una respuesta institucional apropiada a la *notitia criminis.*

En palabras de nuestro añorado maestro Vicente Gimeno Sendra, pionero en España en la propuesta de aceptación del principio de oportunidad[6], "*por principio de oportunidad cabe entender la facultad que el ordenamiento confiere al Ministerio Fiscal para no obstante la sospecha de la comisión de un delito público, dejar de ejercitar la acción penal o solicitar de la autoridad judicial un sobreseimiento o una reducción sustancial de la pena a imponer al encausado en los casos expresamente previstos por la norma y siempre y cuando hayan de tutelarse intereses constitucionalmente protegidos*"[7]. Puede observarse como en el concepto propuesto por el citado autor se incluyen reducciones penológicas en la definición, junto a

---

[6] "Los procesos penales simplificados (<<principio de oportunidad>> y proceso penal monitorio)", *Poder Judicial.* Número especial II, Jornadas sobre la Justicia Penal en España, Madrid, 24 a 27 de marzo de 1987, pp. 31 y ss.

[7] "El principio de oportunidad y el M.F.", *Diario La Ley,* nº 8746, 2016, p. 1-

la ausencia de ejercicio de la acción penal, y se introduce ya una decidida preferencia por la que antes hemos denominado *oportunidad bajo condición.*

La introducción en nuestra legislación procesal penal de adultos, en la reforma de 2015, del principio de oportunidad en el proceso por delito leve (arts. 963 y 964 de la Ley de Enjuiciamiento Criminal) y las propuestas de extensión del mismo en un ámbito más ambicioso, como incluye el Anteproyecto de LECrim de 2020 y ya propugnaran el Anteproyecto de LECrim de 2011 y la Propuesta de Código Procesal Penal de 2013, colocan el debate sobre su regulación *lege lata* y, especialmente, *de lege ferenda,* entre los temas de mayor actualidad e interés en la dogmática procesal española[8]. En particular dicho interés se centra en la figura del *colaborador eficaz* o *arrepentido,* una persona penalmente responsable de algún delito, a quien se le otorga un tratamiento procesal y/o penal favorable a cambio de su cooperación en la obtención de información y en la práctica de la prueba y en la figura del agente encubierto, a quien llega a permitírsele la comisión de delitos con el fin de lograr el esclarecimiento del hecho punible.

El debate sobre el desarrollo del principio de oportunidad debe tener su fundamento, más allá de las preferencias de política legislativa de cada cual, en el análisis de los antecedentes doctrinales y de los parámetros constitucionales en los que la normativa debe encuadrarse y en las experiencias que proporciona el Derecho comparado, cuestiones que serán abordadas en la primera parte del presente trabajo (*Fundamentos doctrinales y legales del principio de oportunidad*), que proseguirá -en la segunda parte (*Justicia y Política*)–con la consideración del principio desde la perspectiva de la relación entre el Poder Judicial y la política, tanto en el ámbito interno como internacional. Ya

---

8 Cfr. GIMENO SENDRA, VICENTE, *op. y loc. ult. cit.*

en la tercera parte (*La oportunidad para la eficacia*) se examinará la colaboración eficaz y el agente encubierto, tanto presencial como virtual.

Por último, la autora, quien presentó esta obra como tesis doctoral en el primer trimestre de 2023 en la Facultad de Ciencias Jurídicas y Sociales de Toledo de la Universidad de Castilla-La Mancha, desea rendir en estas líneas un merecidísimo tributo de agradecimiento a sus directores de tesis, el Prof. Dr. D. Vicente Gimeno Sendra -siempre en nuestro recuerdo- y el Prof. Dr. D. Javier Vecina Cifuentes, así como a los miembros del Tribunal que enjuiciaron el trabajo, el Prof. Dr. Francisco Javier Díaz Revorio, Presidente, el Prof. Dr. D. Vicente Pérez Daudí y la Prof. Dra. Dña. Sonia Calaza López, que le concedieron la máxima calificación. Entre tantas personas a las que debo gratitud por su consejo y ayuda, mención especial merece, por su trascendencia como apoyo académico y humano para la realización del trabajo, la Fundación Privada Manuel Serra Domínguez, la cual me concedió una beca de doctorado, con la que dí mis primeros pasos en la vida universitaria. La redacción de este libro no hubiera sido posible sin el respaldo de tan importante Fundación para el desarrollo del Derecho Procesal de hoy.

PRIMERA PARTE

FUNDAMENTOS DOCTRINALES Y LEGALES DEL PRINCIPIO DE OPORTUNIDAD

Capítulo 1

Justicia penal y guerra

I. LA RELACIÓN ENTRE LA JUSTICIA PENAL Y LA GUERRA

Existe una evidente vinculación entre el binomio *delito* y *castigo* y el concepto de *guerra justa,* como ya advertía el jurista brasileño Tobías Barreto de Menezes cuando aconsejaba indagar sobre la justificación de la guerra antes de tratar de dilucidar el origen y finalidades del derecho de punir[9].

Ciertamente, en la historia de la humanidad *justicia penal* y *guerra* han estado fuertemente enlazadas. Los tribunales de justicia, en la Edad Antigua y Alta Edad Media, ya estuvieran compuestos por asambleas o personas singularmente revestidas de autoridad -magistrados-, tenían como fin otorgar una solución a los conflictos entre miembros de distintos clanes o familias para evitar la violencia dentro de las tribus, cuya cohesión -cimentada en la devoción religiosa por los ancestros comunes- resultaba crucial para la consecución de los valiosos fines de defensa y ataque que la confederación de allegados ofrecía. Para evitar la venganza privada, que conduciría a la organización social a una espiral de odio y sangre, se arbitraron mecanismos de resolución, los cuales serían ahora asimilables con las figuras de la mediación o el arbitraje, dada la ausencia

9 *Vide infra* C.3.I.A.

de poder de coerción para la ejecución por el tribunal de la decisión considerada justa[10].

Se puede decir, por tanto, que el proceso jurisdiccional, tal y como hoy lo entendemos, como mecanismo arbitrado por el Estado para la consecución de la paz social, tiene su origen remoto, en la necesidad de evitar la guerra civil.

A su vez, en aparente paradoja, la guerra ha sido considerada un sustituto del proceso jurisdiccional frente al daño antijurídico, como se verá[11], y la pena ha llegado a ser conceptuada como un arma en la guerra del Estado por su supervivencia.

Graciano llegó a calificar la guerra como *juez* llamado a dirimir el derecho entre las partes en disputa[12]. Y la equiparación no puede resultar extraña: el *duelo* o *combate* singular, como forma de resolución de conflictos, constituía una alternativa al proceso jurisdiccional que dejaba el asunto en manos de Dios, a la vez que limitaba la violencia a los campeones que medían sus habilidades guerreras y sus fuerzas en la *justa*. Con antecedentes ancestrales en las costumbres de los pueblos europeos, el *duelo* se convirtió en la Alta Edad Media en un remedio para evitar el falso testimonio en juicio[13].

---

10 *Vide* GONZÁLEZ-CUÉLLAR SERRANO, NICOLÁS, "El origen de los tribunales", en "*El poder de los tribunales*", Miguel Ángel Recuerda Girela dir., Thomson Reuters Aranzadi, Pamplona, 2022, pp. 34 y 35.

11 *Vide infra* punto B de este epígrafe.

12 "*Iustum est bellum, quodo ex delicto geritur, de rebus repetendis, aut propulsandorum hostium causa. Iudez dictus, quasi ius dicens populo sive quod iure disceptet*". Summa 2ª.2ª, a, 40, art. I. Recogido en FRAGA IRIBARNE, MANUEL, "*Luis de Molina y el derecho a la guerra*", Consejo Superior de Investigaciones Científicas, Madrid, 1947, p. 91.

13 Cfr. LEA, HENRY CHARLES, "*Superstition and Force. Essays on the wager of law, the wager of Battle, the ordeal, torture*", Collins Printing House, Philadelphia, 1892, pp. 117 y 118.

Ahora bien, no es necesario remontarnos al medioevo o a otras épocas históricas posteriores para constatar la íntima relación entre *justicia penal* y *guerra justa*, pues también en la actualidad se observa que sus caminos se entrecruzan de nuevo.

En el Derecho interno de los Estados, la propuesta de configuración del *Derecho penal del enemigo* ideado por Günther Jakobs ha introducido en la dogmática una perspectiva belicista en la comprensión del Derecho penal material y del Derecho procesal penal, como instrumentos de lucha contra fenómenos criminales sobre cuya potencialidad para causar estragos se advierte a la población[14]. Se pregunta Jakobs si "*puede conducirse una guerra contra el terror con los medios de un Derecho penal propio de un Estado de Derecho*" y se responde a sí mismo: "*Un Estado de Derecho que todo lo abarque no podrá conducir esa guerra; pues habría de tratar a sus enemigos como personas y, correspondientemente, no podrá tratarlas como fuentes de peligro*"[15]. Frente a tal planteamiento, no es extraño que se haya propuesto, no sin ironía, introducir los criterios de contención de la *guerra justa*, en especial en relación con el terrorismo y la delincuencia organizada[16]. Pero la crítica más aguda realizada contra la doctrina de Jakobs pone de manifiesto la contradicción en los propios términos de la denominación utilizada, pues el *Derecho penal del enemigo* no es un Derecho sobre el hecho, sino una demonización del autor a quien se le niega la condición de ciudadano por su peligrosidad para el sistema legal, la cual no debería conducir a la

---

14 "Kriminalisierung im Vorfeld einer Rechtsgutsvertletzung", *ZStW*, *97* Heft 4 , 1985, pp. 751 y ss;

15 "¿Terroristas como personas en Derecho?", GÜNTHER, JAKOBS/ CANCIO MELIÁ, MANUEL, "*Derecho penal del enemigo*", Thomson Civitas, Cizur Menor, 2006, p. 83.

16 SCHNEIDER, HENDRICK, "Bellum Justum gegen den Feind im Inneren? Über die Bedeutung der vefassungsrechtlichen Verfahrengaratien bei der <<Bekämpfung>> der Organisiert Kriminalität", *ZStW*, 113 Heft 3, 2001, p. 502.

renuncia a la imposición de la normatividad general mediante excepciones excluyentes, sino a la afirmación de la autoridad del Estado en la inclusión de todos en el ordenamiento jurídico, que no admite la apostasía de quien pretende combatirlo, como sostiene Manuel Cancio Meliá[17].

En el ámbito internacional, como recuerda Leslie Johns[18], antes de 2001 dominaba la idea de que sólo los Estados podían lanzar *ataques armados* susceptibles de ser respondidos con el uso de la fuerza, en *legítima defensa*, por el Estado agredido sobre el territorio de otro Estado, conforme a los arts. 2.4 y 51 de la Carta de Naciones Unidas. Los ataques perpetrados por actores no estatales caían en el ámbito de la jurisdicción penal interna y no en el campo del Derecho internacional. Pero -prosigue la citada autora- tras el 11-S, el entendimiento de la legítima defensa como causa de justificación del uso de la fuerza cambió radicalmente. La Resolución 1368 del Consejo de Seguridad, condenatorio del ataque contra las Torres Gemelas, invocó expresamente el derecho a la legítima defensa individual o colectiva y la Resolución 1373 confirmó su aplicabilidad frente al terrorismo, animando a los Estados a cooperar entre sí para erradicarlo. En este contexto, no sólo se produjeron ocupaciones de territorios de otros Estados (Afganistán, Irak, Siria), sino también la sustitución de la persecución penal de sospechosos de la comisión de delitos terroristas por su directa ejecución sobre suelo extranjero, sin juicio previo, por decisión del poder gubernativo y por medios militares (comandos, bombas, mísiles o drones), como acto de guerra contra el enemigo (Osama Bin Laden, Ayman al-Zawary y tantos otros). En

---

17 De nuevo ¿Derecho Penal del Enemigo?", en GÜNTHER, JAKOBS/ CANCIO MELIÁ, MANUEL, "*Derecho penal del enemigo*", *cit.*, pp. 124 y ss.

18 "*Politics and International law*", Cambridge University Press, Cambridge, 2022, pp. 331 a 335.

definitiva, con el replanteamiento del alcance de la legítima defensa estatal después del 11-S se ha abierto una *caja de Pandora*[19] que, entre otras cuestiones, como observa Olivier Corten, paradójicamente transforma a los terroristas de simples criminales en sujetos de Derecho internacional: se les incluye en la normativa que regula las relaciones internacionales y "*se le reconoce un estatuto de sujeto soberano al que se le puede aplicar la normativa sobre la prohibición de uso de la fuerza establecido por la Carta de Naciones Unidas*"[20].

Pero el entrelazamiento posmoderno de justicia y guerra no se limita al empleo de la *guerra* para la realización de la *justicia* del modo indicado, sino también a la utilización de la *justicia* como *arma de guerra,* fenómeno que, desde el inicio del presente siglo, se designa con la expresión *lawfare,* neologismo ingles formado con la palabra *law* (ley) y el morfema *fare* de *warfare* (guerra). Algo así como *leyrra* en español. Aunque dicho neologismo fue formado en 1975 por los australianos John Carlson y Neville Yeomans para designar el método dialéctico del proceso acusatorio en un artículo sobre mediación[21], fue incorporado al léxico académico militar en EEUU por Charles J. Dunlap en 2001[22] y, actualmente, se utiliza profusamente para designar la utilización del ordenamiento ju-

---

19 CASSESE, ANTONIO, "Terrorism is also disrupting some crucial legal categories in Internacional law", *European Journal of International Law,* Vol. 12, N° 5, pp. 997 y 998.

20 CORTEN, OLIVIER, "*The law against war*", Hart Publishing, Dublin, 2010, p. 169.

21 "Wither goeth the law; humanity or barbarity", en "*The way out – Radical alternatives in Australia*", Landsowne Press, Melbourne, 1975. Texto en http://www.laceweb.org.au/whi.htm.

22 DUNLAP, CHARLES J., "Law and Military Interventions: Preserving Humanitarian Values in 21St Conflicts. Prepared for the Humanitarian Challenges in Military Intervention Conference. Carr Center for Human Rights Policy Kennedy School of Government, Harvard

rídico nacional o internacional como instrumento de lucha política, para conseguir, a través del abuso del Derecho, la obtención o el mantenimiento del poder, táctica que ya se planteaba desde el marxismo en los años setenta del pasado siglo con el *uso alternativo del Derecho,* concebido como herramienta de la lucha de clases para la atribución del poder al proletariado[23].

II. LA GUERRA JUSTA EN LA ANTIGÜEDAD

Cuenta Tucídides en su Historia sobre la Guerra del Peloponeso, que, para doblegar al pueblo de Melos, los atenienses, sin mayor razón para la guerra que romper la alianza de dicha ciudad con Esparta, conminaron a sus gobernantes para que se pusieran a sus órdenes. Los senadores y cónsules de Melos rechazaron el ultimátum, ofreciendo su neutralidad, pero no su sumisión, y su negativa a perder la libertad provocó el inicio de las hostilidades militares, en las que no recibieron ayuda de los espartanos y que acabaron con su derrota militar y su rendición incondicional. Tras ella los atenienses ejecutaron a todos

University Washington., DC", 29 de noviembre de 2001. https://people.denke.edu.

23 *Vide* LÓPEZ CALERA, NICOLÁS, SAAVEDRA LÓPEZ, MODESTO, ANDRÉS IBÁÑEZ, PERFECTO, "*Sobre el uso alternativo del Derecho*", Fernando Torres ed., Valencia, 1978, passim; LASO PRIETO, JOSÉ MARÍA, "Sobre el uso alternativo del Derecho", *El Basilisco,* nº 2, mayo-junio 1978, pp. 107 y ss; SOUZA, MARÍA DE LOURDES, "Del uso alternativo del Derecho al garantismo: una evolución paradójica", *Anuario de Filosofía del Derecho,* nº 15, 1998, pp. 233 y ss; y ANDRÉS IBÁÑEZ, PERFECTO, "¿Desmemoria o impostura? Un torpe uso del <<uso alternativo del derecho>>", *Jueces para la Democracia,* nº 55, 2006, pp. 279 y ss.

los hombres mayores de catorce años, redujeron a la esclavitud a las mujeres y a los niños y colonizaron el lugar[24].

No eran los griegos muy dados a la definición de leyes de guerra. Aristóteles consideraba *guerra justa* toda aquella sostenida por los griegos contra los bárbaros (no helenos). Mediante la violencia los griegos podían adquirir territorio de los bárbaros y esclavizar a sus enemigos. La esclavitud, pensaba Aristóteles, sometía a las personas de menos capacidad al gobierno de los más aptos[25]. "*La virtud cuando dispone de medios* -señala Aristóteles- *tiene también la mayor fuerza coercitiva y el vencedor destaca siempre en la posesión de algún valor*"[26]. Como se desprende de la frase transcrita, Aristóteles no establecía un claro deslinde entre *guerra justa* y *guerra victoriosa*[27], al vincular la virtud con el éxito en la contienda.

Como Frederick H. Russell afirma, los romanos contribuyeron a dotar de contenido al concepto de *guerra justa* con la explicación de sus causas, que Aristóteles no había identificado, al prescindir de la diferencia entre *guerra justa* y *guerra victoriosa*[28].

En el pensamiento romano, al igual que el incumplimiento de un contrato entre particulares justificaba acudir al proceso judicial para recobrar los *damna* e *iniuriae*, en las relaciones internacionales la parte injuriada podía tomarse la justicia por

---

24 "*Guerra del Peloponeso*", Trad. Diego Gracián, Biblioteca Clásicos Grecolatinos, Madrid, 2007, pp. 516 a 529.

25 Cfr. RUSSELL, FREDERICK H., "*The just war in the middle ages*", Cambridge University Pres, London, New York, Melbourne, 1975, pp. 3 y 4.

26 "*Política*". Introducción y notas de Salvador Rus Rufino. Trad. Carlos García Gual y Aurelio Pérez Jiménez, Ed. Tecnos, Madrid, 2004, p. 127.

27 RUSSELL, FREDERICK H., *op. cit.*, p. 4.

28 RUSSELL, FREDERICK H., *op. et loc. cit.*

su mano para exigir una compensación. Así -sostiene el autor citado- la *guerra justa* exigía la previa culpabilidad del ofensor. Las ciudades-estado -añade Russell- eran responsables de reparar las afrentas realizadas por los ciudadanos a los extranjeros y si no satisfacían tal obligación la patria de la parte ofendida tenía derecho a castigar la denegación de justicia mediante la guerra, vista así como un proceso legal extraordinario[29].

La palabra latina *pax* -explica Russell- proviene de *pangere*, que significa formulación de pacto o contrato y cuya ruptura se encuentra en el origen de la guerra[30].

Fue Cicerón quien estableció una definición más específica de *guerra justa*. Así, en Los Oficios condiciona la *guerra justa* a la declarada y librada para recuperar bienes robados (*rebus repetitis*)[31], incluidos derechos incorporales. Sin justa causa una guerra no era tal, sino *latrocinio* o *piratería*[32]. Durante la República, con justa causa por la culpa del enemigo y previa declaración formal de guerra por la autoridad -los sacerdotes *fetiales*, con autorización del Senado y del pueblo romano-, la guerra era *justa* y también *piadosa* (*bellum pium*)[33].

---

29 *Op. cit.*, p. 5.

30 *Op. cit.*, p. 4.

31 "*De officis*", I, II, 36.

32 RUSSELL, FREDERICK H., *op. cit*, p. 5.

33 RUSSELL, FREDERICK H., *op. cit.*, p. 6.
Tito Livio narra como Antón Marcio, nieto de Numa, instauró la práctica religiosa de la guerra, para que fuera declarada conforme a un rito. Para ello importó las formas de los equícolas, que adoptaron los sacerdotes feciales. El rito comenzaba con una reclamación efectuada por un emisario de cosas o personas como propiedad del pueblo romano, seguido de un plazo de treinta días, cuyo transcurso sin satisfacción de la reclamación daba lugar a una advertencia de guerra. Inmediatamente el rey consultaba con el senado, el cual por mayoría podía acordar la guerra. Su declaración formal se realizaba

Así, explica Russell, tanto la ley divina como humana reclamaba la guerra si los augurios eran favorables. Más tarde, los Emperadores asumieron toda la autoridad para declarar y conducir la guerra[34].

Para Cicerón una *guerra justa* había de ser librada, además, de forma justa y con vigor y coraje y no mediante la traición[35], en coherencia con su naturaleza de procedimiento legal extraordinario[36]. Por ello debía mantenerse la palabra dada al enemigo bajo juramento, so pena de cometer sacrilegio[37]. No obstante, con la declaración de guerra el enemigo perdía sus

---

mediante el lanzamiento de una jabalina al territorio enemigo con la siguiente proclamación, en sus términos originarios:

> *"Dado que los pueblos de los antiguos latinos hicieron o cometieron delito contra el pueblo romano de los quirites; dado que el pueblo romano de los quirites decidió que hubiera guerra contra los antiguos latinos, o que el senado del pueblo romano de los quirites dio su parecer, acuerdo y decisión de que se hicieses la guerra a los antiguos latinos, por eso motivo yo, al igual que el pueblo romano, declaro y hago la guerra a los pueblos de los antiguos latinos".*

"*Historia de Roma desde su fundación*". *1.32.* Traducción de J.A. Villar Vidal. http://historicodigital.com/download/Tito%20Livio%20ll.pdf.

34 *Op. cit.*, p. 6

35 "*De Officiis*", III, 22, 86-7. La palabra dada a los piratas, por el contrario, no tenía por qué cumplirse, al no tener la condición de *soldados*, sino de *comunis hotis omnium*: (De Officiis, III, 29, 107-8). Sobre el tratamiento de los piratas en la obra de Cicerón y de los autores medievales y modernos posteriores *vide* GONZÁLEZ-CUÉLLAR SERRANO, NICOLÁS, "Bases metodológicas de la jurisdicción universal", en "*Derecho, justicia, universidad. Liber amicorum de Andrés de la Oliva Santos*", Vol. II, Editorial Universitaria Ramón Areces, Madrid, 2016, pp. 1506 y 1507.

36 RUSSELL, FREDERICK H., *op. cit.*, p. 6

37 "*De Officis*" I, 13, 29-40; III, 29, 107-8.

derechos, su territorio podía ser ocupado y tanto militares como civiles podían ser esclavizados[38].

Con la conversión de Constantino, el cristianismo mutó desde su anterior oposición a las guerras de conquista romana a la justificación de las guerras contra los bárbaros que, además de enemigos del imperio eran herejes. San Ambrosio en el siglo IV combinó la doctrina de la *guerra justa* ciceroniana con la necesidad de castigar la herejía en el contexto del tratamiento de las guerras de los israelitas en el Antiguo Testamento, en un "*análisis difuso*" de la cuestión, en opinión de Russell, que influyó en el pensamiento medieval[39].

III. LA EDAD MEDIA

Fue, sin embargo, San Agustín el pensador cuyo magisterio acerca de la cuestión de la *guerra justa* mayor repercusión tendría más tarde. Su principal aportación consistió en considerar el pecado como causa y consecuencia de la guerra y su declaración y desarrollo un castigo contra los pecadores administrado por caridad, como acto de amor y no por venganza o sadismo[40]. Gracias a su distinción entre *disposición interna* y *externa* del corazón, el castigo no resultaría contradictorio con la paciencia y benevolencia que el Nuevo Testamento impondría a los cristianos. Incluso el Sermón de la Montaña, que había espoleado el pacifismo de los primeros cristianos, se convertía ahora en un apoyo para la guerra[41].

Sobre dicha base, San Agustín definió la *guerra justa* en los siguientes términos: "*iusta bella ulciscuntur iniurias*": si un pue-

---

38 *Op. cit.*, p. 7

39 *Op. cit.*, pp. 14 y 15.

40 RUSSELL, FREDERICK H., *op. cit.*, pp. 16 a 17.

41 RUSSELL, FREDERICK H., *op. cit.*, p. 17.

blo o ciudad no cumplía su obligación de castigar el mal o devolver lo injustamente ocupado, la guerra era justa. No se trataba ya, como propugnaba Cicerón, de atribuir a la guerra una finalidad resarcitoria, sino punitiva, con fundamento no sólo en la infracción del orden legal, sino del orden moral atacado por los pecados de la parte culpable. Como Russell sostiene, "*como pecados y como delitos, vistos en un concepto amplio de justicia en el que no sólo los actos ilegales son punibles, sino también los inmorales y sacrílegos, las transgresiones son un crimen contra la ley y un pecado contra la rectitud*"[42].

Investidos de la ira de Dios, los guerreros justos podían castigar a toda la población sin ninguna determinación individual de culpa y con independencia de la naturaleza y destinatario de la *iniuria*, lo que supuso una expansión de la idea de *guerra justa* y permitió su extensión a las Cruzadas, destinadas a terminar con lo que se consideraba vicio y debilidad[43].

Para San Agustín, el orden natural exige el castigo del pecado y mediante la guerra se castiga el pecado de los vencidos, incluso cuando el vencedor es un atacante injusto. La esclavitud forma parte de dicho castigo:

> *"El origen latino de la palabra esclavo (servus) parece ser que radica en los que por derecho de guerra podían ser ajusticiados, pero los vencedores a veces les <<conservaban>>, haciéndoles siervos (servi), llamados así de servare (conservar). Todo lo cual no sucede, tampoco si la culpa del pecado. En efecto, aunque se luche en una guerra justa, el adversario lucha cometiendo pecado. Y toda victoria, conseguida incluso por los malos, humilla a los vencidos, según un divino designio, corrigiendo o castigando los pecados (...)"*[44].

---

42 *Op. cit.*, p. 19.

43 RUSSELL, FREDERICK H., *op. cit*, pp. 19 y 20.

44 DE HIPONA, AGUSTÍN, "*La ciudad de Dios*", Edición abreviada, estudio preliminar, selección de textos, notas y síntesis de Salvador Antuñano Alea, Tecnos, Madrid, 2007, p. 415.

Y un poco más adelante San Agustín añade:

> *"La causa primera de la esclavitud es, pues, el pecado, que hace someterse un hombre a otro hombre con un vínculo de condición social. Y todo ello no sucede sin un designio de Dios, en quien no existe la injusticia, y que sabe distribuir castigos diferentes según la culpa de cada reo"*[45].

Y también el castigo comprende la muerte. Ya en el Libro I de su obra (Cap. XXI) San Agustín exime del mandato divino "*no matarás*" a "*los que por orden de Dios declaran guerras o representando la potestad pública y obrando según el imperio de la justicia castigan a los facinerosos y perversos quitándoles la vida*".

Conectada con su doctrina sobre la *guerra justa,* aunque sin confundirse con ella, San Agustín defendió también el uso de la coerción oficial para la imposición de la ortodoxia, si bien de forma ambigua. Pero como, al fin y al cabo, su justificación de la guerra -asentada sobre ejemplos del Antiguo Testamento- se proyectaba sobre la protección del orden moral pudo extenderse más adelante, en la Baja Edad Media, a todo tipo de pecado, particularmente a la herejía, que podría ser erradicada mediante la cruzada[46].

Inspirado en la doctrina agustiniana, la epístola apócrifa *Gravi de pugna* sostuvo la segura victoria de los cristianos en las guerras declaradas del lado de Dios -pese a que San Agustín preveía el posible triunfo de los injustos-. Dicho texto reforzó la confianza en el resultado de las ordalías y en la consideración de la victoria en la guerra como señal de favor divino, según indica Russell[47].

---

45 *Op. cit.*, pp. 415 y 416.

46 *Vide* RUSSELL, FREDERICK H., *op. cit.*, pp. 25 y 26.

47 *Op. cit.*, 26.

Más adelante, Isidoro de Sevilla volvió a los términos romanos de definición de la *guerra justa* y su obra sirvió para su transmisión a los canonistas de la Baja Edad Media[48].

Gregorio el Grande, por su parte, a diferencia de San Agustín, consideró la represión de la herejía auténtica guerra, en un contexto de indefinición de su autoridad eclesiástica y temporal en sus actividades de persecución y guerra [49].

Siguiendo las ideas de Gregorio el Grande, Carlomagno concibió la guerra como instrumento de la venganza divina y medio para la expansión de sus dominios y la conversión de infieles, asumiendo que su tarea como monarca comprendía la corrección de la impiedad y la defensa de la Iglesia, una tarea en la que los clérigos también podían participar. Tras la muerte de Carlomagno, la proliferación de conflictos internos entre sus descendientes provocó una sensación de inseguridad que provocó un cambio de perspectiva, de mayor prevención ante la pérdida de vidas y la devastación provocada por las operaciones militares. Por ello, los clérigos rechazaron poder verse involucrados en los combates y los libros penitenciales contemplaron la necesidad de expiar las muertes causadas en la batalla, aunque se tratara de guerras declaradas por autoridades legítimas y con causa justa. No obstante, el paradigma de la época era la ambivalencia de la visión sobre la justificación de la guerra, porque los enfrentamientos entre monarcas, príncipes y nobles cristianos convivían con amenazas externas provenientes del Islam, contra cuyas incursiones el papa León I reclamó la ayuda de los Francos en la defensa de la patria cristiana, con el deseo de la salvación y la vida eterna para quienes dieran su vida en el empeño, aspiración que el Papa Juan VIII ofreció como recompensa. Más tarde el Papa Nicolás I prohibió la conversión por la fuerza de los infieles, pero, aun res-

---

48 RUSSELL, FREDERICK H., *op. cit.*, 27.

49 RUSSELL, FREDERICK H., *op. cit.*, p. 28.

tringiendo el uso de la violencia, se mostró tolerante con las guerras defensivas[50].

Al caos del siglo X le siguió el *movimiento por la paz* del siglo XI, que se manifestó en la Tregua de Dios y la Paz de Dios decretados en sínodos y concilios como instrumentos de reducción de la violencia. Hildebrando, el papa Gregorio VII, hizo responsable a los nobles de las muertes acaecidas en las guerras entabladas para conseguir mayor poder terrenal, a la vez que autorizó las guerras dirigidas por la Santa Sede contra los herejes y otros enemigos de la Iglesia, entre los que sobresalía el Emperador Enrique IV. En estas últimas guerras estaban obligados a colaborar los poderes laicos y también los obispos (con el envío de tropas). La noción de *militia Christi*, anteriormente situada en el ámbito espiritual pasaba al terreno bélico y ello permitió a Urbano II llamar a la Cruzada para la toma de Jerusalén en el Concilio de Clermont en 1095[51].

Según Bernardo de Claraval, la espada material debía ser empuñada por los soldados para ejecutar la voluntad de la Iglesia, a la que le correspondía blandir la espada espiritual:

> *"Uterque ergo Ecclesiae el espiritualis scilicet gladius, et materialis; sed is quidem Ecclesia, ille vero et ab Ecclessia exserendus: ille sacerdotis, is milites manu, sed sane ad nutum sacerdotis, et jussum imperatoris"*[52].

Como valedor de la Orden del Temple, San Bernardo de Claraval revistió a la guerra de carácter sagrado, con la participación de monjes soldados, que constituía la excepción a la

---

50 RUSSELL, FREDERICK H., *op. cit.*, pp. 28 a 34

51 RUSSELL, FREDERICK H., *op. cit.*, pp. 34 y 35.

52 "*De considerationes*", IV, 3, 7. Accesible en www.binetti.ru/bernardus/10.shtml.

regla de la prohibición de la participación de los clérigos en las hostilidades[53].

Otros eclesiásticos, como Anselmo de Lucca y e Ivo de Chartres, dedicaron sus esfuerzos a compilar cánones el primero y textos diversos el segundo, referidos al ejercicio de la guerra al servicio de la Iglesia[54].

Ya en el siglo XII, el desarrollo del derecho romano canónico afectó también a la definición de guerra justa abordado por la escolástica.

El Digesto permitía la utilización de la violencia como medio de defensa: "*vim vi defenderé omnes leges omniaque iura permittunt*" (9.2.45.4). No obstante, los glosadores restringieron el principio, entre otras consideraciones relativas a la *inmediatez* y a la *moderación*, a la exclusión de la posibilidad de acudir al proceso judicial como solución idónea, como sostenía Azo. Siempre que fuera posible era preferible acudir a una milicia de abogados, en vez de soldados, advertía Odofredo[55].

Pero tales reflexiones se efectuaban acerca de conflictos entre particulares[56]. En la definición de *guerra justa*, los glosadores civilistas no realizaron ninguna nueva aportación, salvo la adaptación de la doctrina anterior a las peculiaridades del reparto del poder propio del feudalismo[57].

Mucho más rico fue el análisis efectuado por los canonistas. El primer compilador de cánones y otros textos que les otorgó una ordenación sistemática fue Graciano, en su "*Concordia Discordantium Canonum*" (conocido como el *Drecretum*) -año 1140-.

---

53 RUSSELL, FREDERICK H., *op. cit.*, p. 37

54 RUSSELL, FREDERICK H., *op. cit.*, p. 38

55 RUSSELL, FREDERICK H., *op. cit.*, p. 42 a 44.

56 RUSSELL, FREDERICK H., *op. cit.*, p. 45

57 RUSSELL, FREDERICK H., *op. cit.*, p. 47.

Aceptando la posición de Isidoro de Sevilla de que la ley natural permite rechazar la violencia con violencia y de que la guerra se regula por el *Ius Gentium*, Graciano sostuvo el fin del servicio militar es rechazar injurias e infligir castigos, lo cual no considera contradictorio con la virtud de la paciencia que el Nuevo Testamento impone, porque dicha virtud opera en el *fuero interno*, mientras que en el *externo* prima la necesidad de castigo al infractor por su propio bien, por amor al prójimo, tal y como San Agustín enseña. Ello incluye -afirma- la aplicación de la pena de muerte y la amputación de miembros. No son actos de crueldad -opina-, sino manifestaciones de la ira divina aplicada por autoridades legítimas[58].

Una *guerra justa*, para Graciano, es la ordenada por una autoridad legítima, para recobrar bienes y repeler ataques del enemigo, como sostiene Isidoro de Sevilla. Cuando un proceso judicial no puede ser utilizado para lograr dichos fines, la guerra ocupa su lugar como medida excepcional, admisible en circunstancias extraordinarias[59].

Graciano, sin embargo, no identifica las autoridades legítimas autorizadas para declarar la guerra, si bien asegura una posición protagonista de la Iglesia en su convocatoria para su defensa frente a sus enemigos, incluidos infieles y herejes, aunque sin participación directo de los clérigos, a los que ya un canon, el undécimo concilio de Toledo, celebrado el año 675, había prohibido participar en cualquier *iudiciium* que entrañara la efusión de sangre[60].

---

58 RUSSELL, FREDERICK H., *op. cit.*, pp. 56 a 59.

59 RUSSELL, FREDERICK H.,*op. cit.*, pp. 62 y 63.

60 "*His a quibus Domini sacramenta tractanda sunt, iudicium sanguinis non licet*". C. 23, q.c. 30. RUSSELL, FREDERICK H., *op. cit.*, pp 71, 74 y 77, nota 80.

Pese a sus lagunas e imprecisiones, que los canonistas y teólogos posteriores trataron de integrar y solventar, Graciano puso las bases del desarrollo posterior del Derecho internacional acerca de la *guerra justa,* sustentadas sobre las ideas de San Agustín y San Isidoro de Sevilla[61]. Su estela fue seguida, como se ha indicado, por canonistas y teólogos, los cuales utilizaron distintos enfoques: mientras los canonistas descartaron el fin punitivo de la guerra, los teólogos siguieron viendo en ella un medio divino de castigo de la humanidad pecadora, como sostuvo Pedro de Chartres[62].

Un cambio de rumbo radical lo dio Santo Tomás de Aquino, quien abordó la *guerra justa* en la *Pars Secunda Secundae* de su *"Suma Teológica"*[63].

Partiendo de la doctrina de San Agustín, añadió que el príncipe podía ejecutar al malhechor al igual que un cirujano puede extirpar un órgano enfermo para salvar el cuerpo y, utilizando los postulados políticos aristotélicos para justificar la prerrogativa del príncipe para declarar la guerra, afirma que el mantenimiento de la paz constituye un imperativo moral que debe ser mantenido para salvaguardar el bien común. Su doctrina, seguida por sus discípulos, fue muy provechosa para las unidades políticas emergentes al finalizar el siglo XIII. La guerra no era vista ya como una consecuencia del pecado, sino como una herramienta enraizada en la naturaleza de las comunidades humanas. *Autoridad, justa causa* y *justa intención* fueron los tres requisitos tomistas de la *guerra justa,* asentada sobre la idea nuclear, antes mencionada, de bien común[64]. Un particular podía acudir a un tribunal y carecía de potestad para declarar la guerra. Con su fórmula, que so-

---

61 RUSSELL, FREDERICK H., *op. cit.*, pp. 84 y 85.

62 RUSSELL, FREDERICK H., *op. cit.*, pp. 213 a 215.

63 Accesible en: https://hjg.com.ar/sumat/c/c62.html.

64 RUSSELL, FREDERICK H., *op. cit.*, pp. 259 a 267.

brevivió durante siglos, Santo Tomás sintetizó las anteriores doctrinas de forma magistral[65].

Es en la Cuestión 40 de la Parte antes indicada, Santo Tomás se formula la pregunta de la existencia de la *guerra justa*, antes de plantearse si los clérigos pueden participar en la guerra, si ésta puede tener lugar en días festivos y si las estratagemas son lícitas.

Respondiendo a la cuestión, Santo Tomás afirma que el primer requisito de la *guerra justa* es "*la autoridad del príncipe bajo cuyo mandato se hace la guerra*":

> *"No incumbe a la persona particular declarar la guerra, porque puede hacer valer su derecho ante tribunal superior; además, la persona particular tampoco tiene competencia para convocar a la colectividad, cosa necesaria para hacer la guerra. Ahora bien, dado que el cuidado de la república ha sido encomendado a los príncipes, a ellos compete defender el bien público de la ciudad, del reino o de la provincia sometidos a su autoridad. Pues bien, del mismo modo que la defienden lícitamente con la espada material contra los perturbadores internos, castigando a los malhechores, a tenor de las palabras del Apóstol: No en vano lleva la espada, pues es un servidor de Dios para hacer justicia y castigar al que obra mal (Rom 13,4), le incumbe también defender el bien público con la espada de la guerra contra los enemigos externos. Por eso se recomienda a los príncipes: Librad al pobre y sacad al desvalido de las manos del pecador (Sal 81,41), y San Agustín, por su parte, en el libro Contra Faust. enseña: El orden natural, acomodado a la paz de los mortales, postula que la autoridad y la deliberación de aceptar la guerra pertenezca al príncipe".*

El segundo requisito es "*la causa justa*":

> *"Es decir, que quienes son atacados lo merezcan por alguna causa. Por eso escribe también San Agustín en el libro Quaest.: Suelen llamarse guerras justas las que vengan las injurias; por ejemplo, si ha habido lugar para castigar al pueblo o a la ciu-*

---

65 RUSSELL, FREDERICK H., *op. cit.*, p. 270.

> *dad que descuida castigar el atropello cometido por los suyos o restituir lo que ha sido injustamente robado".*

La tercera exigencia radica en "*la recta intención de los contendientes*":

> *"es decir, una intención encaminada a promover el bien o a evitar el mal. Por eso escribe igualmente San Agustín en el libro De verbis Dom. : Entre los verdaderos adoradores de Dios, las mismas guerras son pacíficas, pues se promueven no por codicia o crueldad, sino por deseo de paz, para frenar a los malos y favorecer a los buenos. Puede, sin embargo, acontecer que, siendo legítima la autoridad de quien declara la guerra y justa también la causa, resulte, no obstante, ilícita por la mala intención. San Agustín escribe en el libro Contra Faust.: En efecto, el deseo de dañar, la crueldad de vengarse, el ánimo inaplacado e implacable, la ferocidad en la lucha, la pasión de dominar y otras cosas semejantes, son, en justicia, vituperables en las guerras.*

Concluye Santo Tomás que "*también quienes hacen la guerra justa intentan la paz*":

> *"Por eso no contrarían a la paz, sino a la mala, la cual no vino el Señor a traer a la tierra (Mt 10,34). De ahí que San Agustín escriba en Ad Bonifacium: No se busca la paz para mover la guerra, sino que se infiere la guerra para conseguir la paz. Sé, pues, pacífico combatiendo, para que con la victoria aportes la utilidad de la paz a quienes combates".*

Respecto a las víctimas colaterales de las *guerras justas*, Santo Tomás no las encomendaba a la gloria de Dios, como parece sugerir Russell, cuando sostiene que con la preferencia a la salvación de los inocentes el autor debilita la fuerza de la prohibición que con carácter general proclama[66]. El problema se plantea en la Cuestión 64, en el artículo 6, en el cual se plantea si es lícito matar a un inocente. Al contestar a la objeción

---

66 RUSSELL, FREDERICK H., *op. cit.*, pp. 273 y 274.

que sostendría que en ocasiones es lícito matar a un inocente porque se le permitiría "*pasar de la miseria de esta vida a la gloria terrenal*", se pronuncia las siguientes frases:

> *"En la apreciación de la gravedad del pecado, se debe considerar más lo que es esencial que lo que es accidental. Por eso el que mata a un justo peca más gravemente que el que mata al pecador: primero, porque perjudica a alguien a quien debe amar más y, de este modo, quebranta más la caridad; segundo, porque profiere injuria al que menos la merece y, así, viola más la justicia; tercero, porque priva a la sociedad de un bien mayor; cuarto, porque desprecia más a Dios, según aquello de Lc 10,16. El que a vosotros desprecia, a mi me desprecia. Que el justo muerto sea llevado por Dios a la gloria, es accidental al homicidio".*

Es verdad que, a continuación, al considerar la posibilidad de que un juez tenga que condenar a muerte a un acusado como consecuencia de las declaraciones de testigos falsos y de que un verdugo tenga que ejecutar la pena pese a conocer la injusticia de la resolución, se justifica la muerte del inocente (siempre que la injusticia no sea manifiesta). Pero la reflexión no se efectúa en el contexto del tratamiento de la *guerra justa*, sino del proceso judicial. En el párrafo anteriormente transcrito -que tampoco se refiere específicamente a la *guerra justa*- Santo Tomás no se refiere a la posibilidad de que el inferior discuta las órdenes del superior, por una discrepancia acerca de la culpabilidad del enemigo, ni se encuentra en juego la protección del principio de autoridad. Simplemente se niega que la salvación del justo sirva como criterio de justificación de su muerte. Así Santo Tomás se aparta de la lógica agustiniana de la consideración de la guerra como castigo de los pecados de los vencidos y, también, de la consideración de la masacre como oportunidad para la aplicación de la justicia divina, manifestada en la célebre frase atribuida al legado papal Arnaldo Amaury en las guerras cátaras, antes de la entrada de las tropas cruzadas en Bèziers el 21 de julio de 1209:, cuando le preguntaron cómo diferenciar a los herejes de los católicos: "*matadlos, Dios sabrá quienes son suyos*"[67].

En la misma Cuestión, en el artículo 7, Santo Tomás deja clara su postura sobre la muerte de inocentes, al recordar que "*el Señor mandó que se abstuvieran de arrancar la cizaña por evitar que se arrancara el trigo*":

> *"el Señor enseña que vale más dejar vivir a los malos y reservar la venganza hasta el juicio final, que hacer perecer al mismo tiempo a los buenos. Pero cuando la muerte de los malos no entraña un peligro para los buenos, sino más bien seguridad y protección, se puede lícitamente quitar la vida a aquéllos".*

Con su obra, la guerra se desconecta de la idea de represión del pecado y se sitúa en el lugar de la política, como instrumento de retribución dirigido a proteger el bien común y la búsqueda de la paz.

Como afirma Russell, a partir de la obra de Santa Tomás de Aquino, el desarrollo de la idea de *guerra justa* puede verse como una manifestación del camino hacia el monopolio de la violencia legítima por el Estado, una contribución al nacimiento del Leviatán. A la postre, el concepto de bien común, aplicado a sociedades separadas, pero unidas por el Papado, adquirió un distinto significado con el nacimiento del Estado moderno[68].

Un Estado en el que, como sostiene Pietro Costa, "*la guerra y la justicia penal expresan -contextual y análogamente- el poder puni-*

---

67 *Vide* GONZÁLEZ-CUÉLLAR SERRANO, NICOLÁS, "*Ecos de Inquisición*", Ediciones jurídicas Castillo de Luna, Madrid, 2014, pp. 70 y 71.

68 RUSSELL, FREDERICK H., *op. cit.*, pp. 302 y 303.

tivo del soberano", como se desprende del tratamiento del concepto de *guerra justa* en la *Summula* de *Thomae de Vio Caietani*[69].

IV. LA EDAD MODERNA

Sobre la base de la teoría de Santo Tomás, los teólogos-juristas españoles de los siglos XVI y XVII llevaron a su apogeo la doctrina sobre la *guerra justa*[70], basada en la necesidad de castigar injurias. No así en la de idea de la protección de la ley natural y el castigo de atrocidades, que Francisco de Vitoria expresamente rechazó en su "*Relectio de Indis*"[71].

Fue Francis Bacon quien, en 1622, en un trabajo incompleto sobre la *guerra justa* sostendría que la guerra de conquista resultaba lícita contra las naciones proscritas por las leyes de la naturaleza y de gentes y que el castigo de las monstruosidades constituía causa justa para la ocupación e incluso el exterminio de las comunidades como medio para terminar con un estado criminal que no tendría remedio[72].

---

69 "Acerca de las raíces remotas de la Intervención humanitaria, entre paradigma colonial y universalismo de los derechos", *Soft Power*, Vol. 2, num 2, julio-diciembre 2015, p. 215. La equiparación de la guerra al proceso penal efectuada por Thomae de Vio se encuentra en la *Summula*, en la p. 22, en la edición de 1538. Accesible en www.archive.org.

70 RODRÍGUEZ GÓMEZ, EDGARDO, "Guerra justa", *Eunomia, Revista en Cultura de la Legalidad*, nº 6, marzo-agosto de 2014, p. 228.

71 *Vide* GONZÁLEZ-CUÉLLAR SERRANO, NICOLÁS, "Bases metodológicas…", *cit.*, pp. 1511 y 1512.

72 *Vide* GONZÁLEZ-CUÉLLAR SERRANO, NICOLÁS, "Bases metodológicas...", *cit.*, p. 1513.

Y en parecidos términos se pronunciaría Hugo Grocio en 1625 en su obra "*De iure belli ac pacis*"[73]. Debe recordarse que, con anterioridad, en el siglo XIII, el Papa Inocencio IV había atribuido jurisdicción a la Santa Sede para castigar los delitos contra las leyes de la naturaleza cometidos por los infieles y había reconocido el derecho de conquista de los cristianos sobre ellos[74]. Ambos autores -en contra del criterio de Francisco de Vitoria- concibieron la guerra como mecanismo de retribución por la comisión de crimines gravísimos, lo que desgraciadamente dotó de cobertura doctrinal a las políticas genocidas que determinadas naciones supuestamente civilizadas llevaron a cabo contra los indígenas, naciones -por cierto- que, como arma de propaganda de especial cinismo, espolearon la "*leyenda negra*" contra España -antecedente de lo que hoy en día denominamos *desinformación*-.

Hasta entonces el concepto de *guerra justa* había estado ligado, al menos en parte, a la idea de la retribución y de la naturaleza *cuasijurisdiccional* de la utilización de la fuerza militar por la entidad política. Pero desde ese momento, se produjo un cambio de paradigma y la guerra -más que *justa, formal* o *solemne*- paso a quedar concebida como mecanismo de conveniencia o utilidad en el ejercicio del poder soberano de los Estados, cuyas razones de oportunidad para generar el conflicto armado no habían de ser enjuiciados por nadie[75].

Emer de Vattel, definió la guerra como "*aquel estado en el cual se persigue su derecho por la fuerza*"[76], cuya causa sitúo en la *ven-*

---

73 *Vide* GONZÁLEZ-CUÉLLAR SERRANO, NICOLÁS, "Bases metodológicas...", *cit.*, pp. 1513 y 1514.

74 *Vide* GONZÁLEZ-CUÉLLAR SERRANO, NICOLÁS, "Bases metodológicas...", *cit.*, pp. 1509 y 1510.

75 RODRÍGUEZ GÓMEZ, EDGARDO, *op. cit.*, 228.

76 "*El derecho de gentes o principios de la ley natural, aplicados a la conducta y a los negocios de las naciones y de la soberanía*", T. II, Trad.: Manuel Ma-

ganza o prevención de injurias. Pero, tras exponer las causas de la guerra justa conforme al derecho natural, negó que en la *guerra formal* los Estados pudieran juzgar los motivos de enemigos, pues "*pertenece á todo estado libre y soberano juzgar en su conciencia sobre lo que sus deberes exigen de él y de lo que puede o no puede hacer en justicia y si los demás se atreven á juzgarle, atentan contra su libertad y le ofenden en sus más preciosos derechos*"[77].

V. LA EDAD CONTEMPORÁNEA

A) EL SIGLO XIX

Georg Wilhem Friedrich Hegel expresó un punto de vista parecido al de Vattel. En su obra "*La Constitución de Alemania*" manifestó que las guerras "*sólo pueden denominarse injustas si los acuerdos de paz estipulan una paz incondicionada por ambos lados*", aunque con la advertencia de que expresiones como *paz perpetua* (anhelo racional kantiano[78] que Hegel aquí criticaba sin citarlo) o *amistad perpetua* deben entenderse con las limitaciones propias de la naturaleza de las cosas: "*hasta que una parte ataque o sea tratada como enemiga*"[79].

Cuando los intereses y derechos de un Estado se contraponen a los intereses y derechos de otro Estado, "*deben ser defendidos con toda la fuerza del poder*" y es la guerra la que tiene que decidir cual entre los afirmados entre los contrapuestos es el

---

ría Pascual Hernández, Imprenta de León Amarita, Madrid, 1934, p. 6.

77 *Op. cit.*, pp. 173 y 174.

78 *Vide* KANT, INMMANUEL, *op. et loc cit.*

79 Estudio preliminar, traducción y notas de Dalmacio Negro Pavón, Ed. Tecnos, Madrid, 2010

verdadero derecho: haciéndolos desiguales para que puedan llegar a unificarse -proclama Hegel dialécticamente-[80].

Más tarde, en su "*Filosofía del Derecho*", Hegel sostuvo que los conflictos entre los Estados sólo pueden ser resueltos mediante la guerra *en cuanto las voluntades particulares* no se concilian y sostuvo que las ofensas consistentes en las vulneraciones de los tratados o del reconocimiento y de la dignidad quedan indeterminadas, *porque el Estado puede* colocar su *infinitud y su dignidad* en cada una de sus individualidades, las cuales pueden buscar en la guerra, en periodos de paz interna, una materia para la acción. Además, afirmó Hegel que el Estado puede no limitarse a considerar la *realidad* de la ofensa, sino su mera *representación* como una *amenaza* causante de la guerra. Consideró que la ley suprema de la conducta de los Estados frente a los demás es su bienestar sustancial y el *principio para la justicia de la guerra* y sostuvo que de los tratados "*no es un pensamiento general (filantrópico), sino el bienestar realmente ultrajado o amenazado en su particularidad determinada*". Al respecto Hegel aseveró que el Estado existe, como sustancia ética y en derecho, de forma no abstracta, sino concreta y que es la existencia concreta la que sirve como *principio de acción y de comportamiento* y no los preceptos morales[81].

Hegel, que considera la guerra como una situación de ausencia de derecho[82], expresa a la perfección el pensamiento de la guerra contra el "*enemigo justo*", que finalizó con la incrimi-

---

80 *Op. cit.*, pp. 175 y 176.

81 HEGEL, GEORG WILHELM FRIEDICH, "*Filosofía del Derecho o compendio de derecho natural y ciencia del estado*", Trad. Eduardo Vázquez, Ed. Biblioteca Nueva, Madrid, 2000, pp. 384 y 385 (§§ *334*, *335* y *337*). El *bienestar* -o *felicidad*- es definido por Hegel como "*existencia empírica abstracta de la libertad*" en la misma obra (p. 195 -§128-). Cfr. También p. 191 (§ 123).

82 "*Filosofía...*", *cit.*, p. 243.

nación del adversario tras la I Guerra Mundial, con la previsión de la persecución penal de los vencidos en los tratados de paz por crímenes de guerra, aunque con escasa eficacia práctica en aquel momento[83].

B) EL SIGLO XX

Posteriormente, siguiendo a Edgardo Rodríguez Gómez, desde finales del siglo XIX y a lo largo del siglo XX, se logró la positivización en el Derecho Internacional de contenidos esenciales de la doctrina de la guerra justa, como es la definición de la legítima defensa o el trato de prisioneros o de la población civil, pero la revitalización del debate sobre la guerra justa tuvo que esperar hasta el debate posterior a la Guerra de Vietnam, por influencia de la obra "*Just and Unjust Wars*" de Michael Walzer[84].

En dicho debate podría pensarse que la idea de retribución pierde interés en el llamado *ius ad bellum*, al resultar anacrónico en el marco del examen de la legítima defensa, aunque en realidad resulta perfectamente actual, desde la perspectiva del *ius in bellum*, en la reflexión sobre la estrategia de la *destrucción mutua asegurada* a la que conduciría una guerra nuclear. Y se muestra totalmente pertinente dentro del llamado *ius post bellum*, en el cual los crímenes internacionales cometidos con ocasión de la guerra deben ser tratados. A esta última cuestión, atinente al ámbito concedido al principio de oportunidad en

---

83 *Vide* NEGRO PAVÓN, DAMACIO, Notas a Hegel, "*La Constitución de Alemania*", *cit.*, p. 173.2, nota 2 y GONZÁLEZ-CUÉLLAR SERRANO, NICOLÁS, "Bases metodológicas…", *op. et loc. cit.*

84 RODRÍGUEZ GÓMEZ, EDGARDO, *op. cit.*, p. 230; WALZER, MICHAEL, "*Just and unjust wars. A moral argument with historical illustrations*", Basic Books, New York, 1977, *passim.*

la justicia penal internacional y transicional nos referiremos en otra parte del presente trabajo.

Finalizará nuestra indagación sobre el concepto de *guerra justa* con una breve referencia a la invasión rusa de Ucrania, una guerra eufemísticamente denominada por el agresor como "*operación militar especial*". Paradójicamente, al menos en apariencia, un miembro permanente del Consejo de Seguridad de Naciones Unidas (con derecho de veto) -Rusia-ha incumplido de forma manifiesta el Derecho Internacional, mediante una guerra de agresión consistente en la invasión de un Estado soberano –Ucrania-, y se ha permitido amenazar con el uso de su armamento nuclear, sin precisar si lo emplearía con alcance táctico o estratégico, para disuadir a Occidente de mantener las sanciones económicas impuestas o adoptar nuevas medidas.

El desprecio por la Carta de Naciones Unidas es obvio, pues en su artículo 51 la guerra sólo se autoriza para el ejercicio del derecho de los Estados a la legítima defensa y Rusia, ni ha reconocido haber desatado una guerra, ni ha sido objeto de ningún ataque armado actual o inminente que pudiera justificar su acción.

Su única *ley –quod non–* es la *ley del más fuerte*, una *ley* que difícilmente seguirá siendo percibida en el futuro como base de un orden mundial justo por el resto de los Estados sin derecho de veto y desprovistos de armamento nuclear. Una *ley* que -debido a la falta de autocontención de Rusia- se muestra simultáneamente como hecho fundante del orden mundial y regla pseudojurídica de definición y regulación del mismo, la cual invitará sin duda al escepticismo colectivo frente a las decisiones de Naciones Unidas y al rearme, con potenciales consecuencias catastróficas.

Rusia, con el mayor arsenal nuclear del mundo, sin reparos en la utilización de la fuerza militar para el logro de sus objetivos políticos a costa de la soberanía e integridad de Ucrania, probablemente ha dinamitado el sistema de relaciones internacionales surgido tras la Segunda Guerra Mundial. Veremos por cuál es sustituido, ya que su recomposición parece altamente improbable.

Mientras tanto, es de lamentar que la Destrucción Mutua Asegurada -derivada del potencial nuclear occidental de EEUU, Gran Bretaña y Francia- sea el arma disuasoria fundamental ante la puesta en alerta de armas atómicas por el Kremlin. Se trata de una disuasión basada en el anuncio de una segura retribución. Una ley del Talión autodestructiva que nos remonta a San Agustín y a su teoría de la *guerra justa* como expiación del pecado del vencido -ya estuviera investida su causa de razón o no-, el pecado original de toda la humanidad, cuya redención sólo sería posible mediante la vuelta a un *orden y belleza del un*iverso coincidente con el caos del *big bang*.

VI. GUERRA, JUSTICIA Y OPORTUNIDAD

Guerra y *justicia* comparten un trasfondo ancestral y un desarrollo conceptual entrelazado a lo largo de la historia, conducente en la actualidad a una intersección de ambas ideas, que llega a solapar sus espacios de materialización práctica en el terreno de la *persecución justiciero-militar* de enemigos del Estado, susceptibles de ser ejecutados por sus crímenes allá donde se encuentren y puedan ser alcanzados. Dada la inescindibilidad de los referidos conceptos, no es extraño que se otorgue a la acción humana que los traslada a la realidad -la declaración de guerra, la solicitud de tutela judicial- una misma naturaleza, como actos de expresión de voluntad y ejercicio de poder -militar el uno, jurídico el otro; *militar-jurídico* o *jurídico-militar* (aquí el orden no es significativo) en el campo de las ejecuciones en *legítima defensa* internacional (salvo que se niegue la juridicidad de tales acciones, en aras a la proclamación de un Derecho internacional ideal que, hoy por hoy, no es de este mundo)-.

La guerra se inicia por voluntad soberana. Ninguna norma jurídica internacional obliga a efectuar una declaración de guerra. La misma se rige por el principio de oportunidad y depende del poder militar del sujeto. En la noche de los tiempos, la justicia estaba en manos de quien tuviera voluntad y fuerza para aplicarla. Al asumir el Estado el monopolio de la justicia penal, condiciona su actuación a la voluntad del soberano, que lo es precisamente por tener poder suficiente para imponerla. Resulta así consustancial a la idea de soberanía la voluntariedad en el ejercicio de la acción procesal. Con independencia de a quien se atribuya, tribunal, acusador oficial o súbdito, en el Estado la justicia se aplica por decisión soberana, no por obligación, pues tal obligación resultaría contradictoria con la idea de soberanía. En el Estado democrático de Derecho se reparten los poderes. También el de acusar, con mayor o menor generosidad, constreñido a un órgano oficial y/o difundido entre la población con arreglo a criterios estrictos o laxos. Pero, con independencia del sujeto al que se adjudique, la función de acusar continúa siendo la misma: una función pública, atribuida como poder jurídico, de expresión de la voluntad de que el delito sea enjuiciado. Una voluntad que, por serlo, depende del querer y no del deber. Dicho de otro modo, el poder jurídico de acusar, como el poder de declarar la *guerra justa*, no resultaría constitutivo de obligación alguna

Ahora bien, la anterior reflexión precisa ser matizada, no ya desde una perspectiva jurídica, sino fáctica, conectada con la misma idea de soberanía. Para que la soberanía subsista debe mantener su poder, el cual puede perderse si la cohesión social en el que se sustenta desaparece o se debilita en la medida necesaria para amenazar la estabilidad institucional. Desde Roma es sabido que corresponde a la autoridad declarar la guerra, pero la decisión de no entablar combate puede suponer la perdida de la autoridad, por acción del enemigo o por rebelión interna. También podría perder el Estado su poder político por inacción procesal, si la comunidad política sobre la que el Estado se asienta deja de reconocerlo como *topos* de realización de una justicia sobre la que ha asumido el monopolio. En consecuencia, ir a la guerra o llevar a los sospechosos ante la justicia son decisiones voluntarias para el Estado si y en la medida en que el Estado puede sostenerse como tal sin hacerlo. Pero para los Estados las guerras que afrontar son pocas y los hechos punibles que tratar muchos, y su gestión precisa de una maquinaria institucional compleja, cuyo funcionamiento regular, no espasmódico, es condición para la subsistencia del sistema político, la cual sólo puede quedar asegurada cuando la persecución de los delitos sea proclamada normativamente, y/o percibida empíricamente por la sociedad, como la regla general y la omisión de la acción de la justicia para la exacción de la responsabilidad penal que corresponda, por motivo de (in)oportunidad, la excepción tolerable. Acertadamente Carl Schmitt define la soberanía como el poder de decisión sobre la excepción[85]. La conserva, como se ha expuesto, mientras ostenta la fuerza suficiente para ejercerlo.

---

[85] "*Teología política. Cuatro capítulos sobre la doctrina de la soberanía*", Ed. Trotta, Madrid, 2009, p. 13.

Capítulo 2

Crimen y castigo

I. LA DISTINCIÓN ENTRE LAS TEORÍAS ABSOLUTAS Y RELATIVAS DE LA PENA

Como recordaba Luis Jiménez de Asúa[86], puede distinguirse entre las teorías absolutas, relativas y mixtas sobre el *ius puniendi.* Para las *teorías absolutas* el fundamento y fin de la pena se confunde en la necesidad de castigo *per se,* como reacción jurídica ineludible ante la comisión del delito. Las *teorías relativas* se orientan a la finalidad de la pena o de la sanción desde una perspectiva externa a la realización del hecho punible, atendiendo a las consecuencias de la pena o de la medida de seguridad. Las *teorías mixtas* combinan ambos enfoques, considerando la comisión del delito presupuesto de la pena, pero atribuyendo su finalidad a un objetivo externo.

El primer autor que sistematizó y explicó el contenido de las teorías de la pena distinguiendo entre *absolutas, relativas* y *mixtas* fue Anton Bauer, en la segunda parte de su obra "*La teoría de la advertencia y una exposición y evaluación de todas las teorías del*

---

86 "*Tratado de Derecho Penal*", T.II. "*Filosofía y ley penal*", Ed. H. Losada, Buenos Aires, 1965, pp. 31 y ss.

derecho penal", publicada en 1830[87], con base en la dicotomía establecida por C.S. Zachariä en 1801[88].

Según Anton Bauer, las teorías absolutas se basan en la *necesidad de pena* y en la *relación de causalidad* entre delito y pena, con total independencia del fin de la sanción. La pena debe ser un fin en sí misma y no ser concebida como un medio, ni para beneficiar al infractor ni como herramienta en provecho del Estado. Además, las teorías absolutas consideran -prosigue Bauer- que si la pena se entiende como un producto del *arte del gobierno* ello lesiona los *derechos de la personalidad*, si el infractor es utilizado como medio para la consecución de un fin ajeno, lo que supone un demérito para la justicia penal[89].

Bauer distingue entre dos fundamentos de las teorías absolutas: para unos se situaría en el sentimiento moral derivado de la *voz de la conciencia*; para otros se encontraría en el *orden moral del mundo*, originado por el *gobierno divino del mundo*, que impondría un *mal* como consecuencia de un *hecho maligno*[90].

Dado que las teorías absolutas se caracterizan por reclamar el castigo de todo delito, es consustancial a sus postulados ex-

---

87 "*Die Wahrnungstheorie nebst einer darstellung und Beurtheilung aller Strafrechtstheorien*", bei Vandenhoeck un Ruprecht, Göttingen, 1830, pp. 270 a 391. La obra se encuentra traducida al castellano por Eugenio Raúl Zaffaroni, con el título indicado *supra*, en la Editorial Ediar, Buenos Aires, 2019. No obstante, las citas que siguen se corresponden con el libro original.

88 Según FEIJOO SÁNCHEZ, BERNARDO, quien cita a Hippel. "*Un estudio sobre la teoría de la pena y las funciones del Derecho penal*", Julio César Faria Editor, Montevideo-Buenos Aires, 2007, p. 3; "*La pena como institución jurídica. Retribución y prevención general*", Julio César Faria Editor, Buenos Aires, 2014, p. 26, nota 62.

89 *Op. cit.*, pp. 270 y 271.

90 *Op. cit.*, pp. 270 y 271.

cluir -con limitadísimas excepciones materiales- cualquier manifestación de la oportunidad en el ejercicio del *ius puniendi*[91].

A continuación, se examinará la fundamentación de las principales construcciones doctrinales a las que Bauer ser refería, susceptibles de integrarse en dicha categoría, la cual -como se ha señalado- incluye postulados que tan sólo contemplan muy contadas excepciones a la necesidad de sanción en el orden material y ninguna en *el plano procesal.* No obstante, con carácter previo examinaremos, como antecedentes de dichas construcciones, el miedo ancestral de la humanidad a la impunidad del delito y el tránsito del entendimiento de la infracción como pecado a delito.

II. EL MIEDO ANCESTRAL A LA IMPUNIDAD

La estrecha relación entre crimen y castigo hunde sus raíces en miedos ancestrales y en la religión. La *ley del talión*, en cuanto exige pagar *ojo por ojo y diente por diente*, parte de la necesaria retribución del delito mediante la imposición de un castigo idéntico al mal ocasionado[92]. Limita así la respuesta punitiva,

---

91 Cfr. DEITERS, MARK, "*Legalitätsprinzip und Normgeltung*", Mohr Siebeck, Tübingen, 2006, p. 27.

92 La *ley del talión* se recogía ya en Babilonia en el Código de Hammurabi (S XVIII ac):
"Si un hombre vacía el ojo de otro hombre, se vaciará su ojo.
Si rompe un hueso de otro hombre, se le romperá su hueso.
Si un hombre arranca un diente a un igual, se le arrancará su diente.
Si un constructor construye una casa para alguien, y no lo hace adecuadamente, y la casa se hunde y mata a su propietario, el constructor será ejecutado.
Si mata al hijo del propietario de la casa, el hijo del constructor será ejecutado".
PRITCHARD, JAMES B., "*The ancient Near East: an antology of text and pictures*", Vol. 1, Pricenton University Press, 2010, p. 161.

para evitar una escalada sangrienta de la violencia, mientras que presupone que el delito no debe quedar impune, por un doble motivo:

i. porque es necesario reestablecer el orden perturbado y evitar una respuesta vindicativa excesiva que lo desestabilice de forma aún más grave; y

ii. porque la sanción sirve para purgar la culpa, en bien del alma del infractor-pecador.

En la Biblia se formula primero en el Éxodo (21, 22-25):
"22 Si en riña de hombres golpeare uno a una mujer encinta haciéndola parir y el niño naciere sin más daño, será multado en la cantidad que el marido pida y decidan los jueces; 23 pero si resultare algún daño, entonces dará vida por vida, 24 ojo por ojo, diente por diente, mano por mano, pie por pie, quemadura por quemadura, herida por herida, cardenal por cardenal".
Posteriormente se reitera en el Levítico 24 (17-21):
"17 Quien hiera a otro mortalmente, morirá. 18 Quien hiera mortalmente una bestia, restituirá bestia por bestia. 19 Al que maltrataré a su prójimo se le hará como él ha hecho: 20 fractura por fractura, ojo por ojo, diente por diente; se le hará la misma herida que el haya hecho a su prójim. 21 Quien ataré una bestia, págasela, pero quien mataré a un hombre, será muerto".
Y después en el Deutoronomio 19, 16-21:
"16 Si surgiere contra uno un testigo malo acusándole de un delito, 17 los dos interesados en al causa se presentarán ante Yavé, ante los sacerdotes y los jueces en funciones en ese tiempo; 18 quienes, si después de una escrupulosa investigación, averiguasen que el testigo, mintiendo había dado falso testimonio contra su hermano, 19 le castigarán haciéndole a él lo que pretendía se hiciese con su hermano; así quitarás el mal de en medio de Israel. 20 Los otros, al saberlo, temerán y no cometerán esa mala acción en medio de ti. 21 no tendrá tu hijo piedad; vida por vida, ojo por ojo, diente por diente, mano por mano, pie por pie".
Biblia Nacar/Colunga. Biblioteca de autores cristianos, Madrid, 2007, pp. 89, 145, 228 y 229.
También se encuentra presente en las Doce Tablas (450-451 a.c): *"Pero la pena por la injuria según la ley de las XII Tablas por un miembro ciertamente roto era el talión"* (Gayo, Inst., 224).

Detengámonos brevemente en cada una de las razones expuestas.

En relación con la búsqueda del equilibrio perdido, resulta curioso e ilustrativo comprobar como las causas penales que en la Edades Antigua, Media y Moderna se seguían contra animales obedecían a una doble finalidad, como objetivo del proceso y la sanción:

i. intentar conjurar las plagas de roedores o insectos mediante la celebración por los tribunales eclesiásticos de procesos seguidos como ritos necesarios previos al anatema que habría de proclamarse para contener el ataque de los bichos (considerados o bien instrumentos del demonio o bien seres creados por Dios a los que había que ofrecer alternativas adecuadas de ubicación que les permitiera subsistir en paz con el ser humano); y

ii. tratar de imponer la justicia divina y humana en caso de muerte violenta de una persona a causa del ataque de un animal domesticado que sirviera como bestia de carga o incluido en el ganado, pues se pensaba que el instigador del hecho había sido un demonio y que, una vez conseguido su criminal objetivo, una legión de seguidores de Satanás se apoderarían del espacio en el que el crimen había sido perpetrado, si el crimen no era castigado de la forma como consideraban que exigía la justicia (esto es, con la cruenta ejecución del delincuente)[93]. Actualmente, la misma creencia se recrea reiteradamente en muchas películas sobre casas o terrenos poseídos por el maligno, cuya influencia los protagonistas no logran impedir hasta que el

---

93 EVANS, E.P., "*The criminal prosecution and capital punishment of animals*", London, William Heinnenhan, MCMVI, pp. 3 y ss.

suceso causante de la posesión demoniaca se purga adecuadamente (si ello es posible).

El primero de los puntos suscitados concierne al aspecto ceremonial del proceso legal como valor en sÍ mismo, antiguamente con finalidad religiosa -el contacto con la transcendencia y la proclamación del anatema- y, en la actualidad, como factor de fortalecimiento de la fe en el Estado de Derecho, que también precisa de ritos litúrgicos mediante los que se aplica la ley como proclamación de la actuación práctica del poder soberano[94].

Pero el segundo de los puntos resulta, si cabe, de mayor utilidad para la comprensión de la carga retributiva asignada de ordinario al principio de legalidad penal en el imaginario colectivo.

Como sostiene Evans, "*los antiguos griegos afirmaban que un asesinato cometido por un hombre, bestia u objeto inanimado, al menos que fuera expiado de la forma adecuada, atraería a las furias y traería la peste sobre el territorio; la Iglesia medieval enseñó la misma doctrina, si bien sustituyó las furias de la mitología clásica por los demonios de la teología cristiana*"[95].

Ya en la Biblia, en diversos pasajes, aparece normalizado el enjuiciamiento de animales, desde el Génesis, con la expulsión de la serpiente del Paraíso y más tarde como mandato divino. En el Sinaí, Yahvé ordenó:

---

94 *Vide* GONZÁLEZ-CUÉLLAR SERRANO, NICOLÁS, "El derecho de defensa y la marca de Caín", en "*Legalidad y defensa. Garantías constitucionales del Derecho y la Justicia penal*", Nicolás González-Cuéllar Serrano/Eduardo Demetrio Crespo dirs., Ediciones Jurídicas Castillo de Luna, Madrid, 2015, p. 27.

95 *Op. cit.*, p. 9.

> *«Si un buey acornea a un hombre o a una mujer y se sigue la muerte, el buey será lapidado, no se comerá su carne, y el dueño será quito»* (Éxodo 21, 28)[96].

El célebre jurista francés del siglo XVI Bartholomeu Chaseneé explicaba que el enjuiciamiento de los animales y de las cosas tenía su sustento en la Biblia y afirmaba que los animales debían ser juzgados por tribunales eclesiásticos, excepto en los casos en los que la pena aplicable supusiera derramamiento de sangre, supuesto en el cual la causa competía a los tribunales laicos. Eso sí, entendía que las formas del proceso resultaban esenciales, porque de su pureza dependía el efecto milagroso del anatema. En su práctica procesal como abogado Chaseneé había tenido ocasión de manifestar su devoción por las formas, cuando fue designado para defender a las ratas que asolaban la región de Autum y había conseguido que se citara por edicto a los molestos roedores, mediate notificaciones publicados en todas las parroquias del territorio. Como los animalitos no se presentaron en el juicio, el letrado, diligentemente, excusó su falta de comparecencia en razón a la distancia y a la dificultad del viaje, en especial por los peligros que se derivaban de los desplazamientos por la presencia de gatos. Alegó que los felinos suponían una grave amenaza para las ratas, que les dispensaba de la obligación de acudir al llamamiento judicial efectuado en el proceso contra ellas, el cual finalmente quedo sobreseído[97].

Se comprueba, así, que la impunidad es rechazada en la religión, lo que la sitúa en una relación problemática con el perdón. Nuevamente en la cima del Sinaí, Moisés, en presencia de Yahvé, proclama que se encuentra ante un "*¡(…) Dios misericordioso y clemente, tardo a la ira, rico en misericordia y fiel, que mantiene*

---

96 Biblia Nácar/Colunga. Biblioteca de autores cristianos, *cit.*, p. 89.

97 EVANS, *op. cit.*, pp. 18 y 31.

su gracia por mil generaciones y perdona la iniquidad, la rebelión y el pecado, pero no los deja impunes, y castiga la iniquidad de los padres en los hijos hasta la tercera y cuarta generación!" (Éxodo, 34, 6)[98].

Sobre tal base, siguiendo la distinción agustiniana entre el *fuero interno* y *externo*, el Santo Oficio de la Inquisición sancionaba con las graves penas prescritas para los pecados/delitos atribuidos a su conocimiento -herejía y apostasía, entre otros- también a las personas que habían borrado el pecado de su alma mediante la absolución obtenida del confesor. La absolución limpiaba el pecado en el *fuero interno*, pero sólo la ejecución de la pena valía como consecuencia -necesaria e inexorable- de la comisión del pecado/delito en el *fuero externo*[99]. Aunque al entregar al reo al brazo secular para su ejecución los Inquisidores solicitaban clemencia para el condenado, la fórmula se utilizaba con total hipocresía, pues se amenazaba a la autoridad civil con la excomunión si no cumplía la sentencia[100].

No obstante, ello no supone que el castigo terrenal quedara desvinculado de la curación del alma del pecador. El célebre Inquisidor francés Bernard Guy se consideraba un "*prudente médico de almas*"[101]. En realidad, todo el procedimiento inquisitorial constituía, además de un cauce jurídico, un rito espiritual y, en especial, la tortura -vinculada con el sacramento de la penitencia y la confesión- se entendía como medio de expiación anticipada de la culpa[102].

---

98 Sagrada Biblia Nácar/Colunga, *cit.*, pp. 15 y 106.

99 GONZÁLEZ-CUÉLLAR SERRANO, NICOLÁS, "*Ecos de Inquisición*", *cit.*, p. 82.

100 GONZÁLEZ-CUÉLLAR SERRANO, NICOLÁS, "*Ecos de Inquisición*", *cit.*, p. 104.

101 GONZÁLEZ-CUÉLLAR SERRANO, NICOLÁS, "*Ecos de Inquisición*", *cit.*, 80.

102 GONZÁLEZ-CUÉLLAR SERRANO, NICOLÁS, "*Ecos de Inquisición*", *cit.*, p. 92.

Laura Gutiérrez Masson explica que, en el Derecho canónico, *"tal línea de pensamiento se mantuvo hasta el Código de 1975, cuyo canon 11618 proclamaba la siguiente máxima: Iudex procedere poest in delictis et in iis quae publicum Ecclesiae bonum aut animarum salutem rescipunt"*, matizada por el vigente texto normativo de la Iglesia Católica de 1983, el cual en el canon 1452 condiciona el ejercicio de la jurisdicción al legítimo inicio de la causa por el promotor de la justicia o por una parte. Pero, en lo sustancial, el Derecho canónico el principio permanece vigente, por cuanto el cuidado del alma no se concibe como un poder, sino como un deber del juez ("*iudex procedere potest et debet*"), al cual se le conceden amplias facultades inquisitivas[103].

III. DE PECADO A DELITO

A) LA DOCTRINA DE LA EXPIACIÓN DE ANSELMO DE CANTERBURY

Es claro que el retribucionismo impone la pena como consecuencia necesaria e inexorable de la comisión del delito, lo cual bloquea la aceptación del principio de oportunidad en el proceso penal. Cualquier intento de vincularlo a una aplicación eventual de la pena, desconoce su significado e implica la aceptación de finalidades de la pena ajenas al castigo del hecho por su mera realización, las cuales no concurrirían en los supuestos en los que la sanción se excluye. Ello no es obstáculo, sin embargo, para el perdón por decisión divina, en la religión, o la gracia concedida por el poder soberano, en el mundo.

---

103 "Inquisitio, Fama, Evientia: la contribución de Inocencio III a la teoría de la notoriedad del delito", *Vergentis,* 2 de julio de 2016, p. 298.

El origen de la idea de retribución se sitúa en la venganza y se encuentra en lo sagrado, como más adelante se examinará más detenidamente[104]. En el cristianismo se formuló doctrinalmente, por primera vez, con las enseñanzas sobre *la expiación* del pecado formulada por San Anselmo de Canterbuy (1033-1109 d.c.) en su obra "*Cur Deus Homo*"[105].

En dicha obra se presenta al mismo Anselmo, que era monje benedictino y llegó a ser prior y arzobispo, en diálogo con su discípulo Boso sobre el motivo de Dios para convertirse en hombre y se explica que fue el único modo de lograr la expiación del pecado original, mediante la muerte de Cristo. Explica San Anselmo que, al haber traicionado el ser humano a Dios al desobedecerle, su pecado no tenía forma de ser eliminado de manera distinta. Dios hubiera podido perdonarlo, al ser su misericordia infinita, pero ello hubiera sido contradictorio con la idea de la justicia y del orden universal.

En el capítulo XI del Libro I de la obra ("*Lo que es pecar, y hacer satisfacción por el pecado*"), Anselmo sostiene que la justicia o rectitud de voluntad es una deuda de honor del ser humano hacía Dios y añade:

> *"El que no paga este honor que es debido a Dios, roba a Dios lo suyo y le deshonra; y esto es pecado. Además, mientras no restaure lo que ha quitado, permanenece en la culpa; y no basta con restaurar lo que se le ha quitado, sino que, teniendo en cuenta el mal causado, debe restaurar más de lo que ha quitado. Porque como quien pone en peligro la salud de otro, no basta con restaurar su salud, sin compensar la dolorosa angustia causada"*[106].

---

104 *Vide infra* C.3.I.D.

105 "*Cur Deus Homo. ¿Por qué Dios se hizo hombre?*", Emporium Books, 2020.

106 *Op. cit.*, p. 22

A continuación, en el capítulo XII, bajo el título "*si es apropiado que Dios perdonara los pecados solo por compasión, sin ningún pago de deuda*", San Anselmo se plantea si resulta apropiado el perdón sin castigo, para responder negativamente a la pregunta:

> *"Si la injusticia, por lo tanto, es perdonada solamente por la misericordia, entonces la injusticia es más libre que la justicia, algo que parece muy consistente. Y a esto también se agrega una incongruencia más, a saber, que esta falta de adecuación es tan extensa que hace que la injusticia se asemeje a Dios, pero Dios no está sujeto a ninguna ley, ni hace injusticia como Dios"*[107].
>
> (...)
>
> *"No hay inconsistencia en Dios que nos manda a no tomar sobre nosotros lo que le pertenece a él solo. Porque ejecutar la venganza no pertenece a nadie sino al que es Señor de todos (Rm. 12,19). Ahora cuando los poderes del mundo ejercen la retribución, Dios mismo lo hace, pues fue El quien los nombro para tal propósito"*[108].

Y más adelante, en el capítulo XIII ("*Como nada menos era para tolerar, en el orden de las cosas, que el que la creatura quitara el honor debido a su creador y no restaurar lo que él quitó*"), se afirma que "*el honor tomado debe ser pagado, o el castigo debe seguir*":

> *"...de lo contrario, Dios no sería justo consigo mismo, o sería débil o sin poder para hacer una u otra cosa; esto es impío incluso de pensar".*

El razonamiento se enriquece en el capítulo XXV ("*Dios permite que su honor sea violado incluso en el menor grado*"), con la inclusión de la retribución en el equilibrio y la belleza del orden cósmico.

---

107 *Op. cit.*, pp. 22 y 23.

108 *Op. cit.*, p. 24.

Partiendo de la base de que el individuo racional, que "*se pone libremente bajo la voluntad y la disposición de Dios*", "*mantiene su propia posición en el universo, y preserva la belleza del universo mismo*" y de que quien deshonra a Dios "*perturba el orden y la belleza del universo*", la retribución se explica como vuelta a la "*belleza del orden*":

> *"E incluso esta elección o acción rebelde es redirigida, bajo la Sabiduría Infinita hacia el orden y la belleza del Universo antes mencionada. Porque cuando se entiende que Dios saca lo bueno de muchas formas de mal, entonces la satisfacción por el pecado realizado libremente, o, la imposición del castigo del que no ha satisfecho su pecado, tiene su propio lugar y preserva la belleza del orden en el mismo Universo. Si donde la maldad intenta perturbar el orden correcto de la sabiduría Divina no incluía estas cosas (es decir, no preveía la satisfacción y la exigencia del castigo), luego en el Universo (que Dios debía ordenar) se produciría una cierta desfiguración como resultado de la violación de la belleza del orden; y Dios parecería fracasar en Su gobierno. Y estas dos cosas no sólo son inadecuadas, sino consecuentemente imposibles; de modo que la satisfacción o el castigo deben seguir a cada pecado"*[109].

Ya en el capítulo XXII la doctrina se aplica a la búsqueda del motivo de la encarnación. Al sucumbir al Diablo el hombre faltó a la voluntad de Dios, pecado que carece de expiación posible porque, al haber sido concebido y nacido en el pecado, el ser humano no puede derrotar al Diablo para honrar a Dios. Posteriormente, en el capítulo XXIV ("*Mientras el hombre no restaure lo que le debe a Dios, no puede ser feliz, ni es excusado por su incapacidad*"), se insiste en la improcedencia del perdón:

> *"Por un lado, si Dios perdona lo que el hombre debe pagar libremente, por la razón de que el hombre no puede pagarlo, ¿Qué es esto sino decir que Dios abandona lo que no puede obtener? Pero es una burla atribuir tal compasión a Dios (…) Y verdaderamente tal compasión por parte de Dios es totalmen-*

---

109 *Op. cit.*, pp. 27 y 28.

> *te contraria a la justicia divina, que no permite sino el castigo como recompensa del pecado. Por lo tanto, como Dios no puede ser inconsistente consigo mismo, su compasión no puede ser de esta naturaleza"*[110].

En el Libro Segundo, San Anselmo defiende la idea de que solo el Dios-hombre -nacido sin pecado de una mujer también sin pecado- pudo hacer la expiación por la cual el ser humano es salvado, mediante su crucifixión[111].

Como sostiene Harold J. Berman, la *doctrina de la expiación* se enmarca en una evolución del pensamiento religioso fundamental para la tradición jurídica occidental, en la que se supera la visión escatológica del Juicio Final y se vincula el pecado, antes que con la salvación o condenación eterna, con la liturgia del Día de Todas las Almas (2 de noviembre), el purgatorio y la penitencia[112].

El himno *Dies irae*[113], escrito en el siglo XIII, centrado en el conflicto entre la justicia y el perdón, expresa la conciliación

---

110 *Op. cit.*, pp. 51

111 *Op. cit.*, p. 59.

112 "*Law and revolution. The formation of the western legal tradition*", Harvard University press, Cambridge, Massachusets and London, 1983, pp. 169 a 172 y 174 181

113 Atribuido a Tomás de Celano:
"*Día de la ira, aquel día/en que los siglos se reduzcan a cenizas;/como testigos el rey David y la Sibila./¡Cuánto terror habrá en el futuro/cuando el juez haya de venir/a juzgar todo estrictamente!/La trompeta, esparciendo un sonido admirable/por los sepulcros de todos los reinos/reunirá a todos ante el trono./La Muerte y la Naturaleza se asombrarán,/cuando resucite la criatura/ para que responda ante su juez./Aparecerá el libro escrito/en que se contiene todo/y con el que se juzgará el mundo./Así, cuando el juez se siente/lo escondido se mostrará/y no habrá nada sin castigo/¿Qué diré yo entonces, pobre de mí?/A qué protector rogaré/cuando apenas el justo esté seguro?/Rey de tremenda majestad/tú que salvas gratuitamente a los que hay que salvar,/ sálvame, fuente de piedad./Acuérdate, piadoso Jesús/de que soy la causa*

de ambos valores en el *Juicio Final*, en una reunión de todos los seres humanos ante el Creador para un enjuiciamiento de sus acciones, que dota a los hombres y mujeres de igual dignidad, la de ser juzgado[114].

Previamente, sin embargo, la estancia en el purgatorio se rige por un elaborado régimen normativo sobre las consecuencias de las acciones, respecto al cual el Papado asume la jurisdicción, al reservarse el poder de reducir el tiempo de permanencia en el lugar[115].

Ya durante la vida se permite obtener el perdón, con base en un poder eclesiástico de "*atar y desatar*" (Mateo, 16:19), que se convierte en fundamento de la confesión como sacramento y cristaliza en este ámbito en la fórmula "*ego te absolvo*"[116].

En dicho contexto, San Anselmo, el primer teólogo en sentido moderno, concibe la razón como un instrumento para demostrar la verdad revelada por la fe, no porque ello le parezca necesario, sino posible y alcanzable como ejercicio intelectual.

---

de tu calvario;/no me pierdas en este día./Buscándome, te sentaste agotado /me redimiste sufriendo en la cruz/no sean vanos tantos trabajos./Justo juez de venganza/concédeme el regalo del perdón/antes del día del juicio./Grito, como un reo;/la culpa enrojece mi rostro./Perdona, Señor, a este suplicante./ Tú, que absolviste a Magdalena/y escuchaste la súplica del ladrón,/me diste a mi también esperanza. Mis plegarias no son dignas,/pero tú, al ser bueno, actúa con bondad/para que no arda en el fuego eterno./Colócame entre tu rebaño y sepárame de los machos cabríos/situándome a tu derecha./Refutados los malditos/arrojados a las llamas voraces/Hazme llamar entre los benditos./te lo ruego, suplicante y de rodillas,/el corazón acongojado, casi hecho cenizas:/hazte cargo de mi destino./Día de lágrimas será aquel renombrado día/en que resucitará, del polvo/para el juicio, el hombre culpable./A ése pues, perdónalo, oh Dios./Señor de piedad., Jesús,/concédeles el descanso./ Amén".

114 *Vide* BERMAN, HAROLD J., *op. cit.*, p. 170.

115 BERMAN, HAROLD J., *op. cit.*, p. 171

116 BERMAN, HAROLD J., *op. cit.*, pp. 170 y 171.

Credo ut intelligam ("*creo para entender*") -asevera- y proclama la *doctrina de la expiación* para explicar la *encarnación*. Al hacerlo, dota de una base dogmática al retribucionismo que, aunque quedaba anclada a la comprensión de la infracción como pecado, tendría una gran influencia posterior. Como afirma Harold J. Berman, su teoría no fue oficialmente acogida por la Iglesia Católica, "*pero otorgó a la teología occidental su carácter distintivo y su conexión distintiva con el derecho occidental*"[117]. Creó una "*teología de la ley*" y explicó la redención "*esencialmente en términos de transacción legal*"[118].

Además, siguiendo de nuevo a Harold J. Berman, se observa que, al vincularse *infracción* con *pecado* y pena con *expiación*, se concedió al criminal o pecador una "*cierta dignidad equiparable a la su acusador y su juez y el resto de los cristianos*", pues todos ellos están llamados a responder de sus actos el día del Juicio Final, lo cual "*aminoraba el elemento de superioridad moral presente en toda teoría de justicia retributiva*"[119].

B) SANTO TOMÁS DE AQUINO

San Anselmo vinculó el castigo con la idea de justicia en sí misma considerada. Más de dos siglos después, Santo Tomás reconoció la pena como el precio a pagar por la infracción de la ley[120].

---

117 *Op. cit.*, p. 177.

118 *Op. cit.*, pp. 180 y 181.

119 *Op. cit.*, p. 183.

120 BERMAN, HAROLD J., *op. et loc. cit.*

Según Santo Tomás, la restitución de lo que se debe devolver no es suficiente si existe "*culpa de injusticia*", cuyo remedio consiste en la pena impuesta por el juez[121].

"*Lo recibido en retribución implica igualdad de compensación entre lo que se recibe y la acción precedente*", pero

> *"cuando alguien perjudica a otro en sus bienes sin su consentimiento, mayor es la acción que sería la retribución si solamente se le quitase aquella cosa que él arrebató, pues el que dañó a otro en lo suyo en nada propio quedaría perjudicado; y por esto se le castiga a que restituya una mayor cantidad, porque no sólo perjudicó a una persona privada, sino al Estado, violando la seguridad de su tutela"* [122].

Claro que el castigo -retributivo- también se vincula con la protección del bien común:

> *"si un hombre es peligroso a la sociedad y la corrompe por algún pecado, laudable y saludablemente se le quita la vida para la conservación del bien común; pues, como afirma 1 Cor 5,6, un poco de levadura corrompe a toda la masa"*[123].

Considera Santo Tomás que el pecador se separa del orden de la razón y "*decae en su dignidad*", lo que le hunde "*en cierto modo en la esclavitud de las bestias*", lo cual permite a los demás servirse de él al igual que la humanidad se sirve de las bestias, a lo que añade, citando a Aristóteles:

> *"Por consiguiente, aunque matar al hombre que conserva su dignidad sea en sí malo, sin embargo, matar al hombre pecador puede ser bueno, como matar una bestia, pues peor es el hombre malo que una bestia y causa más daño (...)"*[124].

---

121 "*Suma Teológica*", *Pars Secunda secundae, cit.* Cuestión 62. La restitución. Artículo 3. ¿Basta restituir lo que injustamente se ha quitado?

122 Cuestión 64. El homicidio. Artículo 2. ¿Es lícito matar a los pecadores?

123 *Op. et loc. cit.*

124 Cuestión 64. Artículo 7. ¿Es lícito matar a otro en defensa propia?

No obstante, previamente Santo Tomás defiende que el castigo puede ser atemperado según la gravedad del daño causado y en atención a un criterio utilitarista:

> *"Dios, según el orden de su sabiduría, arrebata, algunas veces inmediatamente, la vida de los pecadores para liberar a los buenos; pero otras veces les concede tiempo de arrepentirse, si prevé que es conveniente para sus elegidos. También en esto le imita la justicia humana según su posibilidad, pues hace morir a los que son funestos para los demás, pero reserva a los que pecan sin perjudicar gravemente a otros, para que hagan penitencia"*[125].

IV. KANT: LA RETRIBUCIÓN COMO EXIGENCIA RACIONAL

Enmanuel Kant atribuyó expresamente una esencia retributiva a la pena en su obra "*La metafísica de las costumbres*", en su primera parte, dedicada a "*Los principios metafísicos del Derecho*", dentro de su segundo capítulo, relativo al *Derecho Público y*, más en concreto, en su epígrafe F, sobre *el derecho de castigar y perdonar*[126], en el cual aplica al Derecho penal los postulados filosóficos sobre la moral expuestos previamente en su libro "*Fundamentación de la metafísica de las costumbres*"[127], al cual se hará referencia en primer lugar.

Su pensamiento retribucionista, basado exclusivamente en la razón, opuesto a la corriente imperante en la Ilustración sobre la utilidad social de la pena -asentada en las ideas de Pro-

---

125 *Op. et loc. cit.*

126 "*Los principios metafísicos del Derecho*", Trad. De G. Lizarra, Librería de Victoriano Suárez, Madrid, 1873, pp. 194 a 205.

127 Trad. Manuel García Morente, Edición de Pedro M. Rosario Barbosa, San Juan, Puerto Rico, 2007 (reproduce la edición de Madrid, 1921).

tágoras, Platón y Séneca[128]-, supuso un punto de inflexión en el retribucionismo, en opinión de Carlos Pérez del Valle[129], siguiendo a Louis Günther[130].

Kant parte de la base de que las obras hechas por *inclinación* y no por *deber* carecen de contenido moral. La voluntad no puede considerarse buena por el fin que se persigue alcanzar, sino por sí misma, si la máxima a la que responde es correcta. Así, el valor moral de la acción depende del principio de la voluntad que la origina, el cual es apriorístico, absoluto o formal. Se basa en el cumplimiento del deber, con independencia de cualquier principio material que subyazca y que el filósofo considera indiferente[131].

Como consecuencia de tales premisas, Kant entiende que "*el deber es la necesidad de una acción por respeto a la ley*", sin que importen las inclinaciones del individuo ni las consecuencias de la conducta[132]. A su vez la ley será "*aquella que* (el sujeto) *pueda querer que se deba convertir en ley universal*"[133]. Así es la *legalidad* la que sirve de principio a la voluntad[134] (si bien se debe puntualizar que la legalidad es entendida aquí en un sentido moral).

---

128 *Vide* FEIJOO SÁNCHEZ, BERNARDO, *"La pena…", cit.*, pp. 1 a 11.

129 "*Poena forensis* y retribución. Propuesta para la restauración de una teoría". *InDret* 3. 2020, pp. 217 y 218.

130 "*Die Idee der Wiedervergeltung in der Gesichte und Philosophie des Strafrechts. Ein Betrag zur universal-historischen Enwicklung desselben. Abteilung II: Das deutsche Strafrecht nach der Carolina bis zur Mitte des 18 Jahrhundert und die juristische und philosophische Strafrechts-Literatur von Kant*", TH, Bläsing´s Universitätbuchhandlung, H. Metzer & A. Eifflander, Altenburg, 1891.Vorwort V.

131 "*Fundamentación….*", *cit.*, pp. 9 a 14.

132 "*Fundamentación….*", *cit.*, p. 14.

133 "*Fundamentación….*", *cit.*, pp. 15 y 16.

134 "*Fundamentación….*", *cit.*, p. 16.

Surge así, como *imperativo categórico*, el de la *moralidad*. Como imperativo categórico constituye un principio supremo y apriorístico, por ser meramente racional y no dependiente de dato alguno de experiencia[135]. Se trata de mandatos *morales* que se diferencian:

i. de las *reglas de la habilidad* (imperativos *técnicos* que son aptos para obtener fines buenos o malos, como sucede con la pericia de un boticario que puede usar sus conocimientos para sanar con medicinas o matar con venenos);

ii. de los *consejos de la sagacidad* (imperativos *pragmáticos* dirigidos a conseguir la felicidad)[136].

Como mandato incondicionado, la moralidad no deja espacio al arbitrio del sujeto y conduce la voluntad a la necesidad que Kant afirma que se exige siempre a la ley[137].

El imperativo categórico de moralidad es enunciado por Kant del siguiente modo:

> *"obra sólo según una máxima tal que puedas querer al mismo tiempo que se torne en ley universal"*[138].

A diferencia del *imperativo categórico*, un *imperativo hipotético* tiene su fundamento en fines relativos. El fin del imperativo categórico consiste en su propio cumplimiento, porque posee un valor absoluto[139]. Como el hombre es un ser racional que existe como un fin en sí mismo, no para ser utilizado por cualquier voluntad, debe ser considerado simultáneamente como fin[140].

---

135 "*Fundamentación....*", *cit.*, p. 29.

136 "*Fundamentación....*", *cit.*, pp. 29 a 31.

137 "*Fundamentación....*", *cit.*, p. 31.

138 "*Fundamentación....*", *cit.*, p. 35.

139 "*Fundamentación....*", *cit.*, p. 29.

140 "*Fundamentación....*", *cit.*, p. 41.

Los seres humanos no son cosas -de valor condicionado y no absoluto- que puedan usarse como medios, lo que conduce al siguiente *imperativo práctico*: "*obra de tal modo que uses la humanidad, tanto en tu persona como en la persona de cualquier otro, siempre como un fin al mismo tiempo y nunca como un medio*"[141].

Dicho principio debe aplicarse con independencia de cualquier interés y sirve como ley universal, lo cual conduce a un *reino de los fines* en el cual todos los seres racionales -vinculados sistemáticamente por leyes comunes- son a la vez soberanos y miembros[142], lo que permite que gocen de *dignidad*, pues la *dignidad del ser racional* supone que no obedezca a ninguna otra ley distinta de la que se otorga a sí mismo. Lo opuesto a la dignidad, en el reino de los fines, es el *precio*, el equivalente en lo fungible. Lo que no tiene *precio* -por no existir equivalente- tiene *dignidad*[143].

Por ser capaz de moralidad la humanidad posee *dignidad*[144]. Concebida la moralidad como relación entre las acciones y la *autonomía de la voluntad*, en una voluntad santa, absolutamente buena, la concordancia entre acciones y autonomía sería total. En una voluntad distinta, su dependencia respecto del principio de autonomía -la constricción moral- es la *obligación*. El *deber*, concluye Kant, es la necesidad objetiva de una acción por obligación. La *dignidad* de la humanidad consiste en la conjunción de su capacidad de actuar como legislador universal y de su sumisión a tal legislación. Por dicha razón Kant puede afirmar la coincidencia entre la voluntad libre y la voluntad sometida a leyes morales[145].

---

141 "*Fundamentación*....", *cit.*, pp. 42.

142 "*Fundamentación*....", *cit.*, p. 46.

143 "*Fundamentación*....", *cit.*, pp. 47 y 48.

144 "*Fundamentación*....", *cit.*, p. 48.

145 "*Fundamentación*....", *cit.*, pp. 29 y 48 a 53.

Proyectando los postulados examinados en el Derecho penal, dentro de su análisis de los principios metafísicos de la doctrina del Derecho, Kant concibe la pena como necesaria retribución por el delito cometido.

Entiende Kant que el *derecho a castigar* por la transgresión de la ley es propio del soberano, quien a su vez no puede ser castigado, sino tan sólo *esquivado*[146]. Los delitos públicos deben ventilarse ante la justicia penal y en ella aplicarse la pena jurídica (*poena forensis*), distinta de la pena natural (*poena naturalis*), que supone el propio castigo del vicio y que no debe ser tomada en consideración por la ley. Dicha pena jurídica no puede ser aplicada con la finalidad de obtener otro bien, ni en beneficio del culpable ni de la sociedad, "*porque jamás un hombre puede ser tomado por instrumento de los designios de otro ni ser contado en el número de las cosas como objeto de derecho real*"[147], tal y como proclama el imperativo categórico que anteriormente referimos y que ahora Kant emplea en su exposición sobre el castigo penal.

En efecto, expresamente sostiene Kant que la ley penal es un imperativo categórico y que, antes de atribuir finalidades a la pena, el delincuente ha de ser considerado "*digno de castigo*"[148]. En la otra cara de la moneda, "*la justicia deja de serlo desde el momento en que se da por un precio cualquiera*"[149].

Con cita en el proverbio farisaico "*más vale la muerte de un hombre que la pérdida de todo el pueblo*", Kant señala que el desconocimiento de la justicia priva de razón de ser a la humanidad sobre la tierra[150].

---

146 "*Los principios.*", *cit.*, p. 194.
147 "*Los principios...*", *cit.*, p. 195.
148 "*Los principios...*", *cit.*, p. 195.
149 "*Los principios...*", *cit.*, p. 196
150 "*Los principios...*", *cit.*, p. 196

En cuanto a la naturaleza y graduación del castigo, Kant se remite al "*principio de igualdad apreciado en la balanza de la justicia*", lo que implica que la sanción debe suponer la aplicación al delincuente del mismo mal inmerecido causado a otro y ello supone la *ley del talión* en la determinación de la cualidad y la cantidad de la pena, si bien dejada en manos de un tribunal. Como no siempre es posible la administración de una justicia "*pura y estricta*", la imposición de un mal idéntico al causado, debido a la concurrencia de factores extraños, como -a su juicio- "*la diferencia de condición*", debe buscarse la igualdad "*en cuanto al efecto*"[151].

Ahora bien, Kant sostiene que no hay posible conmutación ante el homicidio. El delincuente debe ser ejecutado, pero tras la sentencia de un tribunal y sin malos tratos que la naturaleza humana aborrece. Y, llegado a tal punto, el filósofo afirma que, si la sociedad llegara a disolverse por consentimiento de sus miembros, como podría suceder en una isla cuyos moradores decidieran abandonar, "*el último asesino detenido en una prisión, debería ser muerto antes de esta disolución*". Ello para que el culpable sufriera la pena por su delito y el mismo no recayera sobre el pueblo que no impusiera la sanción, el cual "*entonces podría ser considerado como cómplice de esta violación pública de la justicia*"[152], idea que nos retrotrae al pensamiento romano sobre la justificación de la guerra en la pasividad de una comunidad en el castigo de los delitos cometidos contra ciudadanos o bienes de Roma[153].

Siguiendo con la pena de muerte, Kant apela a su "*proporcionalidad a la maldad interna del criminal*", no sólo respecto al homicidio, sino a los crímenes de Estado castigados con la misma

---

151 "*Los principios...*", *cit.*, p. 197

152 "*Los principios...*", *cit.*, p. 198.

153 *Vide supra* C.1.II.

sanción[154]. Duda, sin embargo, acerca del castigo que merecen los delitos contra "el *honor del sexo*" -el infanticidio- y el honor militar -el duelo-[155].

En el caso del infanticidio, Kant considera al niño nacido fuera del matrimonio carente del amparo de la ley y menciona su comparación con mercancía prohibida que la república puede ignorar. En el supuesto del duelo, el militar que mata a su adversario en un combate singular actuaría obligado por la *opinión pública de su profesión*. Ambos delitos, concluye Kant, colocan a la justicia en "*muy grave compromiso*": la pena de muerte devendría cruel, mientras que su no aplicación revelaría debilidad. Como solución defiende la conservación de la fuerza de su imperativo categórico de *muerte por muerte*, pero con el reconocimiento de que la legislación -en esto bárbara y grosera- sufre el error de no alinear "*los móviles de honor en el pueblo (subjetivamente)*" con "*las reglas que son (objetivamente) conformes a su objeto*", lo que supone una disociación entre la justicia pública del Estado con la "*justicia que parte del pueblo*"[156].

Tratando de refutar la tesis abolicionista de la pena de muerte del marqués de Beccaria, basada en la imposibilidad de que el contrato social incluya tal sanción, Kant tacha tal idea de "*sofisma y falsa concepción del Derecho*", con el argumento de que el delincuente es castigado no por haber aceptado la pena, sino la acción punible, pues la pena no puede ser querida y la persona que colegisla es santa y no puede ser la misma que, como súbdito, es culpable[157]. Además, quien aplica la pena es el tribunal y no el culpable, a quien no correspondería reconocerse digno de pena y actuar como su propio juez[158].

154 "*Los principios...*", *cit.*, p. 199.
155 "*Los principios...*", *cit.*, pp. 202 a 204.
156 "*Los principios...*", *cit.*, p. 204.
157 "*Los principios...*", *cit.*, p. 201.
158 "*Los principios...*", *cit.*, p. 202.

Dicha afirmación, sin embargo, parece contradictoria con la descripción efectuada en la "*Fundamentación de la Metafísica de las Costumbres*" acerca del concepto de ser racional como "*universalmente legislador, para juzgarse a si mismo y a sus acciones desde este punto de vista*" debido a su voluntad[159].

Como excepción a la ejecución de la pena de muerte, para el caso de que el número de partícipes en un delito sea tan grande que pueda disolverse la sociedad por la aplicación de la pena o que su ejecución suponga un espectáculo sangriento que conmocione al pueblo, Kant defiende la posible conmutación de la pena por decisión del soberano, por razón de necesidad (*casus necessitatis*), como acto de majestad, que se situaría por encima de la ley y que sólo cabría en supuestos particulares[160].

Como Kant expone previamente en la misma obra, en el *apéndice a la introducción al derecho*, la *necesidad* expresaría "*una exigencia sin derecho*", incardinable -junto con la *equidad*- en un derecho *en sentido lato* (*ius latum*), de carácter ambiguo y cuya decisión no puede encomendarse a nadie[161] (salvo el soberano, según el autor aclara en relación con la conmutación de la pena de muerte). Como sucede cuando se mata para defender la vida a quien no hace daño, "*es evidente que aquí debe haber un conflicto del derecho consigo mismo*"[162]. Al respecto concluye Kant la siguiente máxima:

> *"La necesidad carece de ley; y, sin embargo, no puede haber necesidad que haga legal la injusticia"*[163].

---

159 "*Fundamentación...*", *cit.*, p. 46.

160 "*Los principios...*", *cit*, p. 200 y 201.

161 "*Los principios...*", *cit*, p. 48.

162 "*Los principios...*", *cit.*, p. 53.

163 "*Los principios...*", *cit.*, p. 54.

Sobre el derecho a perdonar al culpable, total o parcialmente, opina Kant que es "*aquel que da más brillo a su grandeza y en cuyo ejercicio puede también cometer una grande injusticia*". Niega que el *derecho de gracia* deba emplearse para delitos cometidos por unos súbditos contra otros, por que la impunidad sería injusta para las víctimas[164], otorgando así un evidente interés del ofendido por el hecho punible en la aplicación de la ley penal, que a todas luces resulta contradictorio con su visión categórica de la respuesta al delito, extraída de una razón que guiaría la moralidad de los seres racionales sin consideración de interés propio o ajeno alguno[165]. Y restringe el derecho a la concesión de la *gracia* a los crímenes *de lesa majestad*, en los que es el soberano que perdona el que ha resultado lesionado, siempre que la impunidad no resulte peligrosa para la seguridad pública. "*Este derecho* -asevera Kant- *es el único digno del nombre de derecho mayestático*"[166], resaltando así el carácter excepcionalísimo del que dota a la prerrogativa regia en su construcción filosófica.

Una construcción filosófica de aparente solidez doctrinal que muy pronto recibiría contundentes críticas por parte de Arthur Schopenhauer -como más adelante se verá- y que, en relación con la naturaleza y finalidad de la pena, no está exenta de alguna contradicción, como es la ya señalada en relación con la puesta en valor por el mismo Kant del interés de la víctima en el análisis del *derecho de gracia* y su caída argumental en la disuasión como objetivo esencial del castigo en la exposición de la reacción frente al delito cometido en estado de necesidad. Acudiendo al ejemplo del náufrago que en peligro de perecer ahogado arrebata el flotador a otro desdichado que perece en el mar, el filósofo de Könisberg defiende que la pena de muerte no sea impuesta y para ello no da otra razón sino

---

164 "*Los principios...*", *cit.*, p. 204.

165 *Vide* "*Fundamentación...*", *cit.*, p. 46.

166 "*Los principios...*", *cit.*, p. 204 y 205.

la siguiente: "*porque la pena impuesta por la ley al que despojara a otro de la tabla salvadora, nunca podría ser mayor que la pérdida de la vida*" y así "*semejante ley penal no tendría fuerza alguna represiva; por la amenaza de un mal todavía inseguro (la muerte por sentencia del juez) no puede igualar el temor de un mal seguro (el de perecer ahogado)*"[167].

V. HEGEL: LA RETRIBUCIÓN COMO INSTRUMENTO DIALÉCTICO

Georg Wilhelm Friedich Hegel concibe la retribución como instrumento dialéctico que supone la negación de la negación del Derecho y su concepto de *crimen y castigo* juega un papel central en su Filosofía del Derecho, como sostiene Peter J. Steinberger[168].

En síntesis, siguiendo a dicho autor[169], el castigo, para Hegel, es el par dialéctico del delito. El punto de partida de Hegel es que toda persona tiene una voluntad que es libre y que se expresa en la asunción de la propiedad. El delito supone la negación de la propiedad como derecho y, en definitiva, del derecho como derecho. La función de la pena es anular el delito, borrarlo al menos simbólicamente y así restaurar el derecho de propiedad y el derecho como derecho. En términos dialécticos, supone la *negación de la negación*, el reconocimiento de que el delincuente ha actuado mal, en interés de la libertad y del derecho. Con la sanción, el delincuente es dignificado como ser racional, al responsabilizársele de sus actos.

---

167 "*Fundamentación...*", *cit.*, p. 54.

168 "Hegel on crime and punishment", *The American Political Science Review*, Dec. 1983, Vol. 77, nº 4, p. 858.

169 *Op. cit.*, pp. 860 a 862.

La prevención del delito y la rehabilitación del delincuente no son objetivos de la ley penal.

Tal doctrina se ha expuesto, se desarrolla por Hegel en su obra *Fundamentos de la Filosofía del Derecho*[170], en la tercera sección -Lo injusto (82-104)- de su primera parte -El derecho abstracto- y, más puntualmente, en la tercera sección, punto B (La administración de justicia *-218, 220 y 225-*) y punto C (El Estado *-243-*), de la tercera parte -La ética-.

Para Hegel la voluntad al existir es Idea y, en consecuencia, es libre, lo que supone que la violencia se destruye de inmediato a sí misma en su concepto como manifestación de la voluntad y, tomada abstractamente, es injusta. Y porque se destruye a sí misma en su concepto, la violencia es anulada con la violencia, tanto jurídica como necesariamente[171]. "*El delito es la primera violencia ejercida por el ser libre y que viola la existencia de la libertad en su sentido concreto, el Derecho en cuanto a Derecho*". Con el mismo se niega no ya lo particular, sino lo universal, la *capacidad jurídica*, lo cual constituye la *esfera del Derecho Penal*"[172]. Frente a ello la realidad y la necesidad del Derecho se concilia consigo misma mediante la negación de su vulneración, que es una existencia positiva y exterior nula en sí misma[173]. Se trata de la *anulación de la anulación* -según el término que emplea más tarde Hegel y anticipa aquí la Adición de Eduardo Gans-[174].

---

170 *Op. et loc. cit.*

171 *Op. cit.*, p. 165 (*§§ 92-93*).

172 *Op. cit*, p. 166 (*§ 95*).

173 *Op. cit.*, p. 167 y 168 (*§§ 96 y 97*).

174 Las *Adiciones* realizadas por el discípulo de Hegel, Eduard Gans, en la obra fueron incluidas en la segunda edición. Sobre el papel de Eduard Gans en la edición de la obra de Hegel y su importancia para su recepción, *vide* GINZO FERNÁNDEZ, ARSENIO, "Eduard Gans y la idea de Europa", *Ingenium. Revista de historia del pensamiento moderno*, nº 6, 2012, pp. 59 y 60.

Dicha negación -sostiene Hegel- es la anulación del delito y el restablecimiento del Derecho. No es simplemente un mal que sigue a otro mal, sino la negación de lo injusto y la afirmación de la justicia. Las consideraciones sobre el carácter disuasorio o corrector de la pena son relevantes respecto a las modalidades de pena, pero presuponen el fundamento de la justicia de la pena en sí misma. En su "Adición" a tal planteamiento, Gans critica la teoría de la pena de Johan Anselm Fueurbach, basada en la amenaza, pues "*presupone a los hombres no libres*": "*ocurre con la fundamentación de la pena de este modo como cuando uno levanta el garrote frente a un perro, y el hombre ya no es tratado según su honor y libertad, sino como un perro*"[175].

El posicionamiento retribucionista hegeliano incluye la pena de muerte. Sostiene Hegel -al igual que anteriormente había hecho Kant- que la crítica del marqués de Beccaria es injustificada, porque el Estado no presupone un contrato, ni debe proteger la vida de forma incondicional. Además, el Estado debe hacer válida la racionalidad formal y la misma está ínsita en la voluntad del delincuente y, como ser racional, el delincuente es honrado con la pena, lo que no sucede si es tomado "*como un animal dañino, al que habría que hacer inofensivo, o en las finalidades de la intimidación o del mejoramiento*"[176]. El delito se supera con el castigo, pero delito y castigo no tienen una identidad en el concepto equivalente a la *igualdad* de la naturaleza específica y externa de la vulneración, sino de acuerdo a su *valor*[177]. En su correspondiente Adición al fragmento, Gans sostiene que la simple represalia o venganza se muestra como inmoral y parece algo personal[178]. Aunque en su contenido sea *venganza justa* -continúa Hegel-, en su forma es la acción de una

---

175 *Op. cit.*, p.170 (*§ 99*).

176 *Op. cit.*, p. 170 y 171 (*§ 100*).

177 *Op. cit.*, p. 173 (*§101*).

178 *Op. et loc. cit.*

voluntad subjetiva que da lugar a una *justicia contingente* y que se convierte en una nueva violación, contradicción que progresa en el infinito (pues a cada venganza sigue otra). Como Gans explica al respecto en su Adición, la venganza propia de la incivilización es una venganza inmortal[179]. Explica Hegel seguidamente, mediante una argumentación sumamente alambicada y compleja, que la justicia del Estado se despoja del interés y surge una voluntad que quiere lo universal[180], lo que supone la confirmación del derecho mediante la *nulidad de la nulidad*, lo cual conduce a la moralidad, a la cual el derecho transita[181].

Más adelante en la misma obra, añade importantes consideraciones, al ocuparse de la *Administración de Justicia*, dentro de la Segunda Sección -*La sociedad civil*- de la Tercera Parte -*La eticidad*-, a la que transita la *moralidad*[182] y que define como "*concepto de la libertad que se ha convertido en mundo existente y en naturaleza de la autoconciencia*"[183].

Insiste Hegel en que el delito no sólo viola un infinito subjetivo, sino la cosa universal, lo que convierte a la acción en peligrosa para la sociedad y aumenta su magnitud. Pero una sociedad segura de sí misma disminuye la importancia externa de la violación, lo que conduce a la fijación de un castigo más benigno. Añade Hegel, en relación con ello, que la *representación* y la *conciencia* de la sociedad civil respecto a la existencia externa del delito es relevante. El delito -aunque es infinito- como existencia empírica presenta diferencias cualitativas y cuantitativas que se determinan básicamente como *representación* y *conciencia de la vigencia de las leyes*, así que la *peligrosidad para la sociedad* se convierte en un factor de medición de su

---

179 *Op. cit.*, p. 174 (*§ 102*).

180 *Op. cit.* p. 175 (*§ 102*).

181 *Op. cit.*, pp. 175 y 176 (*§ 104*).

182 *Op. cit.*, p. 221 (*§ 141*).

183 *Op. cit.*, p. 223 (*§ 142*).

magnitud, la cual es variable y depende de la *situación* de la sociedad civil. Como ejemplo ofrece el hecho de que el robo de unos centavos o de un nabo que se sancione con la muerte, en comparación con una pena menos graves para robos por cuantías mucho mayores. Pero, en realidad, la perspectiva de la peligrosidad -sostiene Hegel- más que agravar la sanción ha disminuido el castigo[184].

Añade Gans, en su Adición, que la sociedad no puede dejar impune un delito, pues supondría establecer el delito como derecho (lo que obviamente supone negar resquicio alguno al principio de oportunidad en la persecución penal). Pero -añade el discípulo de Hegel- como el delito es algo aislado en la sociedad y se muestra ocasionado por impulsos naturales, la estabilidad de la sociedad conduce a la adopción de castigos más benignos. Así quedaría superada la aparente contradicción entre el hecho de que el delito cometido en sociedad parezca de mayor gravedad y la circunstancia de que se sancione con menor rigor. A continuación, Hegel añade, asignando claramente a la pena una finalidad preventivo general, que, si la sociedad todavía vacila en cuanto a su consistencia, deben establecerse ejemplos a través de la pena, "*pues el castigo es el mismo un ejemplo contra el ejemplo del delito*"[185].

Más adelante, Hegel realiza una referencia a la discrecionalidad acusatoria en el Derecho inglés, aunque sin mayor consideración por su parte sobre su transcendencia. Así, recuerda que "*la pena es el restablecimiento del Derecho en el proceso penal*" y añade – sorprendentemente sin exposición de consecuencia alguna sobre el principio enunciado-, que "*la caracterización de la acción en cuanto a su cualidad delictiva*" "*se remite al juicio o al arbitrio del acusador, y el juez no puede tomar ninguna otra determinación si encuentra aquella injusta*". ¿Se compagina la comprensión

---

184 *Op. cit.*, pp. 277 a 279 (*§ 218*).

185 *Op. cit.*, pp. 279 y 280 (*§ 218*).

de la pena como negación de una negación del derecho que se dice infinita con una la posibilidad de una voluntaria (fruto del *arbitrio*) dejación del titular de una acción necesaria para la aplicación del *ius puniendi*?[186] Expresamente Hegel no responde la pregunta aquí planteada, aunque implícitamente su doctrina otorga a la cuestión una respuesta claramente negativa.

Por lo demás, sobre el *derecho de gracia* escribe Hegel -al ocuparse del Estado, dentro de la misma Tercera Parte dedicada a *La Eticidad*- que tal prerrogativa se deriva de la soberanía del monarca, a quien corresponde "*el ejercicio del poder del Espíritu, de considerar como no sucedido lo acaecido y de negar el delito con la absolución y el olvido*", lo que supone "*uno de los más elevados reconocimientos de la majestad del Espíritu*"[187]. De tal modo, la impunidad no se contempla como excepción en el sistema hegeliano, sino que se aborda desde el método dialéctico de la negación/anulación -aplicado de modo distinto a la imposición de pena- en el marco de la divinización filosófica del Estado y del poder real, ínsita en toda su obra.

VI. LA CRÍTICA DE SCHOPENHAUER

Pronto Arthur Schopenhauer sometió a crítica las teorías absolutas de la pena sostenidas por Kant y Hegel, negando que la retribución constituya una exigencia racional y situando su finalidad en la disuasión.

En su obra "*El fundamento de la moral*", anticipó buena parte de las críticas dirigidas hasta el día de hoy contra la ética kantiana. Entre ellas, la pretensión de construir una moral prescriptiva ajena a la realidad y a la experiencia de los seres humanos. La ética, para Schopenhauer, no puede basarse en conceptos

---

186 *Op. cit.*, p. 196 (*§ 225*).

187 *Op. cit.*, p. 243 (*§ 282*).

como *deber, obligación* o *ley*, que tan sólo adquirirían sentido en la teología y en la idea de una divinidad que administrara premios y castigos. Para Schopenhauer los imperativos siempre son condicionados por el deber del agente y, por ello, sólo pueden ser hipotéticos. La ética queda reducida a la descripción, al no poder ser prescriptiva[188]. Además, la ética no puede fundarse en la razón, porque frecuentemente lo racional es vicioso. El fundamento de la ética es empírico y se encuentra en la compasión, único móvil que posee valor moral, del que carece el egoísmo (que busca el bienestar sin que importe dañar a otro) y la maldad (que busca dañar a otro). Consistiría la compasión en la participación en el dolor ajeno y en la búsqueda de la eliminación o disminución de dicho dolor. Y de la compasión deriva la *justicia* y la *filantropía*. La primera perseguiría guardarse de provocar dolor (*neminem laedere*), mientras que la segunda promociona el bien del otro. El carácter humano, innato e invariable para Schopenhauer, sería el resultado de la agregación de las virtudes y los vicios de la persona[189].

Respecto a la ley y a su cumplimiento, Schopenhauer considera que la pena se encuentra dirigida al futuro y no al pasado, lo que la diferencia de la venganza. En la venganza se ocasiona un mal como revancha por la injusticia infligida en el pasado, como instrumento de consolación del dolor con la contemplación del dolor ajeno y sin un fin futuro. "*Eso es la maldad y la crueldad y éticamente no se puede justificar*". Afirma que la "*devolución de mal por mal sin otro propósito*" carece de fundamento racional y que el *ius talionis*, como principio último del Derecho penal, no tiene sentido. Así pues, rechaza la teoría de Kant "*de la pena como un mero vengarse por vengarse*",

---

188 SAMAMÉ, LUCÍA, "Schopenhauer como teórico de la virtud", *Revista Voluntas: estudios sobre Schopenhauer*, Vol. 3, Núms. 1 y 2, 2012, pp. 252 y 253.

189 SAMAMÉ, LUCÍA, *op. cit.*, pp. 254 a 262.

que califica como "*visión totalmente infundada y errónea*", pese a su amplia aceptación, que la había llevado ya en tiempos de Schopenhauer a convertirse en lo que denomina "*una obsesión*" formulada "*en elegantes tópicos que vienen a ser mera palabrería, como: a través de la pena el delito se expía, o se neutraliza o se suprime y cosas similares*"[190].

Descalifica así, aunque sin citarle, Schopenhauer a Hegel, a quien aborrecía, en contraste con la profunda y declarada admiración que profesaba por Kant, cuya obra no sólo respetaba, sino que en buena parte seguía, aunque con la manifestación de importantes desacuerdos[191]. Para Schopenhauer -quien sin éxito alguno de público programaba sus clases en la Universidad en el mismo horario que Hegel, hasta que, hastiado, dejó la docencia[192]-, éste era "*burdo y falto de ingenio*"[193], "un Calibán intelectual" (en referencia al monstruo medio humano de la obra "*La Tempestad*" de Shakespeare) y su filosofía era "*charlatanería*"[194], "*falsa, mala, absurda y sin sentido*"[195], "*pseudosabiduría*" causante de un "*influjo embrutecedor*", que habría "*arruinado y hecho tan burda la época*", a través de lo que llega a calificar como "*filosofemas de chusma*"[196]. En una nota manuscrita en un ejemplar de la Enciclopedia de las ciencias filosóficas

---

190 SCHOPENHAUER, ARTHUR, "*El mundo como voluntad y representación*", Trad. Pilar López de Santamaría. https://archive.org/details/arthur-schopenhauer-el-mundo-como-voluntad-y-representacion.

191 SCHOPENHAUER, ARTHUR, "Apéndice. Crítica a la filosofía kantiana", en "*El mundo como voluntad...*", *cit.*, pp. 230 a 289.

192 SOLÉ, JOAN, "*El pesimismo se hace filosofía*", Llibres Detot-Uniliber, Barcelona, 2015, pp. 10 y 11.

193 "*El mundo como voluntad...*", *cit.*, p. 340.

194 "*Op. cit.*, p. 18.

195 *Op. cit.*, pp. 24 y 353.

196 *Op. cit.*, p. 193, nota 38.

de Hegel, Schopenhauer exclamó "¡*Pero qué bestia!*", junto con el dibujo de una cabeza de asno[197].

Volviendo a la comprensión de la pena por Schopenhauer, éste considera que ninguna persona tiene la atribución de erigirse en "*juez y vengador*" e imponer como penitencia el mismo mal ocasionado por el delito, con cita del bíblico versículo "*Mía es la venganza, dice el Señor, y yo me desquitaré*" (Rom. 12, 19)[198], pasaje que también utilizó Gans en una Adición al texto de Hegel el contexto de la explicación de la superioridad de la justicia estatal sobre la venganza privada[199].

Lo que sí tiene la persona, sostiene Schopenhauer, es "*el derecho a velar por la seguridad de la sociedad*", lo que se consigue mediante la prohibición de las acciones designadas por el Derecho penal con un fin preventivo, el cual depende de las penas con las que se amenaza y que funcionan como "*contramotivos*". Dicha amenaza -añade Schopenhauer- "*sólo puede ser eficaz,*

---

197 MORENO CLAROS, LUIS FERNANDO, "*Schopenhauer. Una biografía*", Editorial Trotta, Madrid, 2014, p. 259

198 *Op. cit.*, p.289.

199 *Op. cit.*, p. 173 (*§ 101*).
Situemos el versículo completo en su contexto, en el que el evitar la retribución del mal con mal aparece como regla para alcanzar el bien a través de la paz:
"*17. No volváis mal por mal, procurad lo bueno a los ojos de todos los hombres.*
18. A ser posible y cuanto de vosotros depende, tened paz con todos.
19. No os toméis la justicia por vosotros mismos, amadísimos, antes dad lugar a la ira (de Dios); pues escrito está: <<A mí la venganza, yo haré justicia, dice el Señor>>"
Sagrada Biblia, cit. p. 1432.
En la Vulgata se lee: "<<*Mihi vindicta, ego retribuam*>>, *dicit Dominum*" ("*Mía es la venganza, yo retribuiré, dice el Señor*". https://www.vatican.va/archive/bible/nova_vulgata/documents/nova-vulgata_nt_epist-romanos_lt.html#12.

si se lleva a cabo cuando se da el caso"[200] y debe cumplirse inexorablemente, para salvaguardar la finalidad intimidatoria de la ley[201], lo cual aleja su pensamiento de la posible aplicación del principio de oportunidad, pese a la superación del obstáculo de la concepción absoluta de la pena como fin en sí misma.

Taxativamente Schopenhauer afirma que la asignación de una finalidad preventiva a la pena es una verdad generalmente reconocida y convincente por sí misma y que se demuestra en las antiguas fórmulas acusatorias inglesas, que invocaban la disuasión como propósito del castigo en caso de condena. Y frente a ello rechaza que pueda plantearse la objeción kantiana de la prohibición de la utilización del ser humano como medio para la consecuencia de un objetivo ajeno a sí mismo, pues la máxima -aún siendo sonora, es "*sumamente vaga e indefinida*", "*general, pero insuficiente, vacía y problemática*", la cual para su aplicación "*necesita primero especial explicación, determinación y modificación*". Es más, implícitamente niega que sea pertinente en la discusión sobre la pena, pues sostiene que ajusticiar a un criminal supone utilizarle legítimamente con medio para cumplir la ley y restablecer la seguridad pública, "*a fin de hacer efectivo el contrato social que él también aceptó como ciudadano (...) a fin de disfrutar él de la seguridad en su vida, su libertad y su propiedad*"[202], dando así la vuelta al argumento *roussoniano* contra la pena de muerte que Kant y Hegel habían refutado en su defensa de la pena capital como retribución.

La asignación de una finalidad disuasoria a la pena reconoce Schopenhauer que no es una doctrina nueva, sino "*desbancada por nuevos errores*" y se remonta Platón y a Cicerón para llegar a Feuerbach, tras citar también a Hobbes y a Pufendorf[203].

---

200 *Op. cit.*, p. 198.

201 *Op. cit.*, p. 199.

202 *Op. cit.*, p. 199.

203 *Op. et loc. cit.*

Hobbes había considerado la pena un mal infligido por la autoridad pública debida a una transgresión de la ley "*a fin de que la voluntad de los hombres esté por ello mismo mejor dispuestos a la obediencia*". Su base no se sitúa en la admisión por los miembros de la comunidad de su propio castigo, sino por la cesión al soberano del poder que en estado de naturaleza les asistía para su preservación, "*para la preservación de todos ellos*". Expresamente asigna a la pena la *finalidad* de conseguir la obediencia a la ley. La meta de la pena no es la *venganza*, sino el *terror* -había afirmado Thomas Hobbes-[204].

Apoyándose en la visión de la pena de Hobbes, Pufendorf más adelante sostendría que no debe castigarse necesariamente todo delito, si no es posible obtener como ventaja la evitación de su repetición en el futuro, mediante la corrección del delincuente o el ejemplo disuasorio que la pena supone[205].

Para Schopenhauer -por último-, en la *justicia temporal* la sanción mira al futuro, para evitar el delito mediante la amenaza, cosa que no hace la *justicia eterna,* en la que ni siquiera existe *retribución* porque el concepto en sí mismo encierra el factor *tiempo.* La justicia eterna no depende del Estado, ni de otra institución humana, sino del mundo y en ella el castigo "*tiene que estar aquí tan unido al delito, que ambos son la misma cosa*"[206]. Con la transcripción de los versos de Eurípides sobre la anotación de los delitos en el Olimpo, Schopenhauer nos recuerda que Zeus no puede sentenciar y castigar todos los delitos cometidos por los mortales porque no puede siquiera ver cada uno de ellos. "*El castigo ya está aquí, sólo con que lo queramos ver*"[207].

---

204 "*Leviatán*", Editorial Losada, Buenos Aires, 2003, pp. 266 a 268.

205 "*The law of the nature and the nations*" (L.VIII. C.IV), Trad. del latín al inglés de Basil Kennett, J Walther et alt., London, 1729, pp. 763 a 772.

206 *Op. cit.*, p. 200.

207 *Op. cit.*, p. 200, nota 70.

Capítulo 3

Entre el sacrificio aleatorio y la epiqueya

I. LA RETRIBUCIÓN COMO REALIDAD FÁCTICA SACRIFICIAL

A) LA PENA Y LA IDEA DE ESTADO

Acertadamente se ha defendido el carácter fáctico de la pena, que constituye una realidad social que el Derecho incorpora a la norma penal, como consecuencia de la condena por la comisión de delito, no tanto porque el ordenamiento se encuentre en la necesidad de hacerlo, por exigencias morales o racionales absolutas o porque persiga una finalidad relativa -preventivo general o especial-, sino porque no puede evitarlo, dado el papel que juega la pena en la contención de la venganza. Así lo entiende Raúl Zaffaroni[208], con base, esencialmente, en las ideas del filósofo y jurista Tobias Barreto y del antropólogo francés René Girard, en un lúcido trabajo, en el cual, con "*síntesis abarcativa*", distingue entre dos polos fundamentales: uno de exegesis y armonización de las leyes, que expande el ámbito del Derecho penal; y otro que resiste la tendencia manteniendo el poder punitivo en la *retribución justa*.

---

[208] "*La pena como venganza razonable*". *Lectio doctoralis* en Udini (14. VII.2009), Portal Iberoamericano de las Ciencias Penales. UCLM. http://www.cienciaspenales.net

Partiendo de la crítica metodológica a una defectuosa teorización del Derecho penal basada en un escaso manejo de datos de experiencia, que atribuye a la "*teoría del conocimiento neokantiana sudoccidental*", el jurista argentino sostiene que, con los datos empíricos, se verifica que "*el poder punitivo es altamente selectivo*", lo que sugiere que choca con el principio de igualdad. Opina el mismo autor, con cita de Jean Bodin, que la selección penal se encuentra ya presente en el pensamiento de la Edad Moderna, pero se subestima su importancia. Y, llegado a este punto, recuerda las ideas de Tobias Barreto, quien, a finales del siglo XIX ya expuso en su obra "*Algunas ideas sobre el denominado fundamento del derecho de pu.nir*", citada en el primer capítulo, que la pena es una realidad de carácter fáctico, cuya justificación no puede comprenderse sin entender antes la de la guerra y que el poder punitivo es, en realidad, un hecho político, no jurídico[209].

Barreto, con fina ironía, parte de la base de que el ser humano muestra un don especial para tornar en incomprensibles los conceptos más simples y para situar los conceptos más claros en definiciones mediante las que incluso los axiomas se convierten en enigmas monumentales. El mismo autor reprocha a los metafísicos del derecho complacerse en la discusión de problemas irresolubles, como sucede -a su entender- con el origen y fundamento del derecho de punir[210].

Sostiene el citado autor brasileño, con los pies en el suelo, que el *derecho de punir* constituye una necesidad impuesta por el propio desarrollo social y que es, al concepto general de

---

209 El trabajo se encuentra publicado como apéndice en la 2ª edición de "*Menores e luocos em Direito criminal*", Recife, Thypografia Central, 1886, pp. 123 a 145. Se recoge también en "*Obras completas V. Direito de menores e loucos e fundamento do direito de punir*", 1926, Ed. do Estado de Sergipe, pp. 131 y ss., texto que manejamos.

210 *Op. cit.*, p. 126.

sociedad, lo mismo que la idea de un territorio propio lo es al Estado[211].

Para comprender la idea es útil recordar que Hermann Post, al exponer la historia del Derecho penal, afirma que, primitivamente, la pena surge como sacrificio humano y que el origen último del Derecho penal se encuentra en el sacrificio. Al respecto, el citado autor recuerda que los druidas galos reservaban a los condenados para el sacrificio a los dioses y, en caso de no contar con ellos, los sustituían por esclavos o prisioneros de guerra y constata, con numerosos ejemplos, la coincidencia de las formas de realización de antiguos sacrificios religiosos con los métodos de ejecución de los criminales que aún se aplicaban en la Edad Moderna[212].

Aunque Post señala que resulta claro que las costumbres antiguas "*no tienen nada que ver con el derecho penal público del período de formación del Estado*", sostiene que, como se originan en el sacrificio, "*aparece ya en ellas la idea de derecho como principio de autoconservación de la especie como órgano*". Añade que "*los espíritus enfurecidos por el crimen, que pueblan el mundo en la era animista y son considerados la causa de todos los males, deben ser aplacados mediante el sacrificio humano*". "*Por lo tanto* -concluye-, *el crimen requiere expiación, porque la ira de los espíritus de la comunidad podría volverse peligrosa. Esta sería la causa del sacrificio humano y de la pena más antigua*"[213]. Se trata de una exposición que coincide con la idea ya abordada en nuestro trabajo, en el capítulo segundo, sobre el miedo ancestral a la impunidad como explicación de la pena, aplicada incluso a animales[214].

---

211 *Op. cit.*, p. 136.

212 "*Der Ursprung des Rechtes*", Aldenburg, 1876, pp. 103 y 104.

213 *Op. cit.*, p. 106.

214 *Vide supra* C.2.II.

Explica Post, con base en los hallazgos de la etnología con los que ilumina su obra, que las ideas de *culpa* y de *pena* son pura invención creadas en el periodo de formación del Estado y son completamente ajenas al ser humano primitivo, para el cual el daño ocasionado merece una respuesta, con independencia de su origen causal en la voluntad, en el descuido o en el accidente. Dentro de las tribus, el principio que gobierna unas comunidades, en sus relaciones con otros grupos humanos con las que se encuentran asociadas, es el equilibrio en las fuerzas. Para su mantenimiento se aplica la *ley del talión,* la cual se origina en un marco mágico-religioso para la contención de la venganza, de forma que el daño infligido a uno de los grupos se refleja en el otro (un muerto por otro muerto, con independencia de la autoría individual del hecho que ocasiona la represalia)[215].

"*Punir es sacrificar*", confirma Barreto, con cita de Hermann Post: sacrificar en todo o en parte al individuo en bien de la sociedad. Se trata de una necesidad que no puede ser abolida por sentimientos humanitarios[216]. A la postre, la idea de la venganza es la pena en sí misma considerada en su origen fáctico, lo cual -afirma Barreto- no es entendido por los defensores de las teorías absolutas, relativas o mixtas[217].

Para Barreto, la venganza personal sería la base psicológica de la pena, aunque a su juicio existirían delitos que se castigarían por exigencia de articular la legítima defensa del Estado[218].

El autor brasileño considera insensato buscar un fundamento único al derecho de punir e insiste en que el concepto

---

215 *Op. cit.*, pp. 106 a 111.

216 *Op. cit.*, p. 143.

217 *Op. cit.*, p. 145.

218 *Op. cit.*, pp. 147 y 148.

de pena no es jurídico, sino político, punto que juzga esencial. Entiende que el defecto de las teorías dominantes -en su época, aunque también lo son ahora- es identificar la pena con una consecuencia jurídica fundada en la lógica[219]. Y aconseja a quien trate de encontrar un fundamento jurídico a la pena, que intente buscarlo para la guerra, si es que no lo ha hecho ya (consejo que se ha seguido en la presente investigación, como demuestra el contenido del capítulo primero)[220].

La pena -afirma Barreto- es un arma de la sociedad, que vive en continua guerra defensiva. La cuestión de su finalidad -concluye- es ociosa[221]. En su reflexión, el autor brasileño parece asumir una posición similar a la de Nietzsche, que -como un poco más adelante se verá- entiende que la idea de pena surge de una realidad que es previa al momento en que a la sanción se le asignaran fines racionales.

B) LA VENGANZA RAZONABLE

Entiende Zafforoni que el poder de carácter fáctico y naturaleza política identificado por Barreto, consistente en imponer castigos, se encontraría encomendado en la sociedad actual, no a los jueces, sino a las agencias policiales, que seleccionarían los candidatos a la criminalización. Con la expansión de la legislación penal, el arbitrio de las agencias policiales en su poder de selección habría agrandado notablemente su ámbito de actuación -opina el citado autor-. El poder de los jueces sería secundario, se desenvolvería ya en el plano jurídico y consistiría en la contención del poder político-policial, mediante el impulso o la detención del proceso penal. Dicho

---

219 *Op. cit.*, p. 149.

220 *Op. cit.*, p. 151.

221 *Op. cit.*, p. 152.

poder -judicial-. esencial para el Estado de Derecho, sería un *contra-poder punitivo*[222].

El Estado de Derecho -sostiene Zaffaroni- se confronta diariamente con el Estado de Policía, lo que privaría de sentido a la asignación de fundamentación legitimadora del poder que se trata de contener. "*Es muy poco juicioso* -asevera Zaffaroni- *que quien tiene la función político-constitucional de resistir a un poder se imponga como tarea primordial su legitimación discursiva*"[223].

Considera el autor argentino que tal empeño, el cual entiende absurdo, ha hecho caer a la ciencia penal en el desprestigio, por el afán de basar la legitimidad del poder punitivo en funciones imaginadas, aunque entiende que el prestigio debe ser recobrado[224] y ello con el reconocimiento de que "*la fe en la pena* (...) *es una idolatría*", una "*patología religiosa*", que defenderían fanáticos. Se trataría -a su juicio- de un delirio que se asienta sobre legitimaciones ilusorias, de "*un deber ser que nunca puede llegar a ser*", el cual desconoce "*la selectividad estructural del factum político del poder punitivo*". Frente a ello, propone como respuesta el agnosticismo: en el saber jurídico no interesaría ni qué es, ni para que sirve la pena, sólo importaría la contención del poder punitivo como herramienta de salvación del Estado constitucional de Derecho y de los derechos humanos[225].

Su oposición a la asignación de una finalidad al poder punitivo incluye a quienes le asignan un fin racional de restricción y resistencia desde el Iluminismo, pasando por Kant y Hegel, mediante una *justa retribución* o proporcionalidad. Considera -además- que el utilitarismo liberal trata de contener el poder punitivo mediante su conceptualización racional y, aunque no

---

222 *Op. et loc. cit.*

223 *Op. et loc. cit.*

224 *Op. et loc. cit.*

225 *Op. et loc. cit.*

niega que pueda hacerse, citando como ejemplo la doctrina de Luigi Ferrajoli sobre la función protectora de la pena para el propio delincuente, que recibe una respuesta institucional frente al delito en lugar de una venganza arbitraria[226], niega su efectividad en tanto no se produzca una transformación social y económica profunda, que no ve próxima[227].

Recordando a Friedich Nietzsche, añade que el afán por atribuirle un objetivo noble a la pena devuelve el eco de su definición como venganza, que sería una *venganza contra el tiempo.* La pena sería, así, una palabra engañosa que encubriría la idea de "*venganza razonable*", que sería necesaria para contener el poder punitivo ante la imposibilidad de eliminarlo[228].

C) NIETZSCHE: PENA Y VOLUNTAD DE PODER

Por su parte, Nietzsche, al ocuparse de la venganza en "*Así hablaba Zaratustra*", bajo el epígrafe *De la redención,* exponía la posición que Schopenhauer había expresado. "*La venganza misma* -exclama Zaratustra recordando la teoría del filósofo pesimista- *es la repulsión de la voluntad contra el tiempo y su <<fue>>*"; "*castigo* -añade- *se llama a sí propia la venganza con una palabra engañosa que finge hipócritamente una limpia conciencia*". Pero la posición de Nietzsche difiere de la postura de Schopenhauer. "*Y puesto que en el que quiere hay el sufrimiento, puesto que no cabe querer hacía atrás, por ello el querer mismo y toda la vida debían -¡ser castigo-!*. Zaratustra así lo expone y a continuación reacciona frente a la *canción vieja* entonada por Schopenhauer y, en su *canción nueva,* rechaza su visión pesimista de la *justicia universal* -en la

---

226 "*Derecho y razón. Teoría del garantismo penal*", Ed. Trotta, Madrid, 2005, pp. 331 y ss.

227 *Op. et loc. cit.*

228 *Op. et loc. cit.*

que delito y castigo se fundirían-, al confiar la felicidad a una *voluntad de poder, a* la que incluso se le permitiría "*retroquerer*"[229].

En la "*Genealogía sobre la moral*", Nietzsche desarrolla su concepción de la pena. Comienza afirmando que "*el mundo de los conceptos morales, como culpa y santidad* ha estado salpicado en sangre profunda y prolongadamente y no ha perdido "*un cierto olor a sangre y tortura*", ni siquiera en la filosofía de Kant, pues el viejo imperativo categórico huele -para la percepción del autor- a crueldad. Es el mundo en que se forjó "*el siniestro engarce entre <<culpa y sufrimiento>>*", el cual se podría suponer fundado en el hecho compensatorio de que "*hacer sufrir*" produce "*bienestar en sumo grado*", en el cambio del daño sufrido por la víctima por un "*extraordinario contra-goce: el hacer sufrir -una auténtica fiesta*" [230].

Pero repugna que la crueldad pueda presentarse como ocasión de gozo, sostiene Nietzsche, aunque recuerda que no hace mucho tiempo que las ejecuciones estaban presentes en las bodas reales o en las fiestas populares importantes. Aunque, con tales consideraciones, el autor no pretende llevar "*agua nueva al molino del tedio vital*" de Schopenhauer, como advierte, designándolo como "*nuestro pesimista*", pues por encima de todo defiende el instinto humano[231].

Volviendo sus ojos al pasado, Nietzsche observa que, en un principio, el infractor era considerado como un deudor, que al faltar a su obligación con la sociedad, era devuelto al estado salvaje en el que la furia del acreedor podía ser descargada sobre él, en ejercicio del derecho de la guerra y con celebración

---

229 NIETZSCHE, FRIEDICH, "*Así hablaba Zaratustra. Un libro para todos y para ninguno*", Trad. Antonio de Vilasella, Imprenta de F. Badías, Barcelona, 1905, pp. 129 y 130.

230 "*Genealogia de la moral*", Alianza Editorial, Madrid, 2005, p. 85.

231 "*Geneaología...*", *cit.*, p. 85.

de "*la fiesta de la victoria del vae victus (¡ay de los vencidos!) en toda su inmisericordia y su crueldad*"[232].

Como también observan Hegel[233] y Post[234], respecto al Estado y a la necesidad de pena, Nietzsche afirma que, según aumenta el poder y la autoconciencia de la sociedad, la importancia de las infracciones se debilita y su peligrosidad disminuye, lo cual conduce a la protección del delincuente de la cólera, especialmente de sus víctimas, a través de la conciliación, del entendimiento de que "*todo delito es pagable en algún sentido*". "*Cuando el poder y autoconciencia social crece, el Derecho penal se suaviza*". "*El acreedor* -sostiene Nietzsche- *se ha vuelto siempre más humano en la medida en que se ha enriquecido*"[235].

Y añade que no sería inimaginable que la conciencia de poder de la sociedad le permitiera dejar impunes a quienes la hubieran dañado, lo cual sería "*el lujo más noble que para ella existe*". La justicia "*acaba por hacer la vista gorda y se suprime a sí misma*". Dicha supresión -sostiene Nietzsche- se denomina, que es "*el privilegio del poderoso, su más allá del derecho*"[236], sin que el autor mencione la discrecionalidad acusatoria como distinta manifestación del principio de oportunidad.

La venganza, aunque sea santificada con el nombre de la justicia, surge del resentimiento, que Nietzsche califica como *afecto reactivo.* Más estimable -a su parecer- serían "*los efectos auténticamente activos, como la ambición de dominio, el ansia de posesión y semejantes*", los cuales acercan a la justicia al *hombre activo* cien pasos por delante de donde el *reactivo* se sitúa[237]. Ello le

---

[232] "*Geneaología...*", *cit.*, p. 93.

[233] *Vide supra* C.2.V.

[234] *Op. cit.*, p. 112.

[235] "*Genealogía...*", *cit.*, p. 94.

[236] "*Genealogía...*", *cit.*, pp. 94 y 95.

[237] "*Genealogía...*", *cit.*, pp. 95 a 97.

lleva a defender la sustitución de la venganza por la imposición de la voluntad del poderoso en la aplicación de la ley -su voluntad imperativa-, entendida como instrumento para alcanzar mayor poder, de acuerdo con la *voluntad de vida*[238].

En cualquier caso, la finalidad de la pena no es su causa -afirma Nietzsche-. Se crea la pena -tal y como ahora la entendemos- sobre algo que existía antes que ella, que se reinterpreta. Como sucede con otros muchos fenómenos jurídicos, se dota de un sentido reformulado a una realidad previa. Distingue Nietzsche entre lo *duradero* de la pena -"*el uso, el acto, el drama, una cierta semejanza rigurosa de acontecimientos*"-, de lo *fluido* en ella –"*el sentido, la finalidad, la expectativa vinculada a la ejecución de tales procedimientos-*". Dicho sentido -reformulado- sería una pluralidad compuesta por un conjunto de ellos, que se presentan como unidad indefinible (sentido que antes de su reinterpretación, en la historia de la pena, resultaba más fácil de analizar)[239]. Se habría sobrecargado, así, de finalidades a la sanción penal, incluidas -entre otras que Nietzsche refiere: la "*pena como compromiso con el estado natural de la venganza, en la medida en que rezas poderosas muestran ese estado y lo reivindican como propio*"; y la "*pena como declaración de guerra y medida de guerra contra un enemigo de la paz, del orden de la autoridad, al que (...) se le combate con los medios que proporciona precisamente la guerra*"[240].

D) EL SACRIFICIO

La idea de pena entendida como venganza, también en la sociedad contemporánea, ya se ha señalado que es comparti-

238 "*Genealogía...*", *cit.*, p. 99.

239 "*Genealogía...*", *cit.*, p. 99 y 102.

240 "*Genealogía...*", *cit.*, p. 104

da por Tobías Barreto y recuerda también Zaffaroni[241] que se encuentra en el pensamiento de René Girard, expuesto en su obra "*La violencia y lo sagrado*"[242].

Sostiene el escritor francés en la citada obra que el sistema judicial aleja la amenaza de la venganza, que sumiría a la sociedad en un caos de violencia interminable, no suprimiendo la represalia por la comisión del delito, sino confiándola a una respuesta única que corresponde a una autoridad soberana y especializada: "*la autoridad judicial, cuyas decisiones siempre se afirman como la última palabra de la venganza*". Girard opina que el *principio de venganza* es el único principio de justicia en el sistema penal, basado en la *reciprocidad violenta*, en la *retribución*. "*O bien este principio es justo y la justicia ya está presente en la venganza, o bien la justicia no existe en ningún lugar*" -afirma-. No obstante, existiría una diferencia fundamental entre la venganza privada y la pública, consistente en la finalización del "*principio de la escalada*", pues la respuesta punitiva estatal bloquea la venganza frente a la venganza[243], que se produciría si no existiera un organismo soberano e independiente al que se le reservara[244]. Dicho organismo es la autoridad judicial, que tiene el monopolio de la venganza, actúa con independencia y ante cuyas decisiones todos se inclinan, con la condición de que se encuentre asociado a un poder político verdaderamente sólido[245].

Ahora bien, para René Girard el funcionamiento óptimo del sistema depende de la ausencia de autoconciencia sobre su función, por lo que gira en torno a los principios de culpabilidad y retribución, erigido este último en principio de justicia abstracto. El sistema judicial funcionaría, así, racionalizando la

---

241 *Op. et loc. cit.*

242 Ed. Anagrama, Barcelona, 1983.

243 GIRARD, RENÉ, *op. cit.*, p.23

244 GIRARD, RENÉ, *op. cit.*, p. 25.

245 *Op. cit.*, p. 30

venganza, que se convierte en una técnica de curación primero y prevención después de la violencia. Asume, así, el mismo papel que el sacrificio, aunque es más eficaz[246].

Como el *Libro de los Ritos* chino (*Li Chi*) afirma, en su sección *Yüe Chi*, las ceremonias sacrificiales, junto con la música, los castigos y las leyes, tienen la misma finalidad: "*unir los corazones y establecer el orden*", como recuerda Alfred Reginald Radcliffe-Brown[247]. Con posterioridad -siguiendo al mismo autor-, los filósofos confucianos insistieron en el modo como los ritos sacrificiales, junto con los de duelo, desarrollaban su función en el mantenimiento del orden, mediante la regulación y el refinamiento de los sentimientos humanos. Sobre ello Hsün Tzu (S.IV a.c.) decía:

> *"Los ritos sacrificiales son la expresión de los anhelos afectivos del hombre. Representan lo más alto del altruismo, la fidelidad, el amor y la reverencia. Representan la culminación del decoro y del refinamiento"*[248].

El sacrificio -afirma Girard- propicia el orden al evitar el desarrollo de los conflictos, pero se puede conseguir el mismo efecto sin ritos sangrientos[249].

Dado que todos los procedimientos aptos para moderar la violencia son similares y se basan en la misma violencia, piensa Girard que se encuentran "*enraizados en lo religioso*"[250]. Al igual que la antigüedad las víctimas eran ofrecidas a la divinidad, "*el sistema judicial se ampara en una teología que garantiza la verdad*

---

246 *Op. cit.*, pp. 29 Y 30.

247 "*Structure and function in primitive society. Essays and Adresses*", The Free Press, Glencoe, Illinois, 1952, pp. 158 y 159 (nota 1).

248 *Op. cit.*, p. 159.

249 GIRARD, RENÉ, *op. cit.*, p. 22.

250 *Op. cit.*, p. 29.

de su justicia"[251]. Se trata de una transcendencia que diferencia entre sacrificio y venganza y que "*puede engañar duraderamente a la violencia*", pero la distinción -práctica y mítica- oculta "*la identidad positiva de la venganza, del sacrificio y de la penalidad judicial*". Si produce una crisis los tres recaen en violencia indiferenciada, en el caos[252].

René Girard parte de la base de que la violencia "*constituye el auténtico corazón y el alma secreta de lo sagrado*"[253] y afirma que "*lo religioso tiene por objeto el mecanismo de la víctima propiciatoria*", para mantener la violencia fuera de la sociedad[254]. Hasta el punto que el autor citado piensa con fundamento serio que la finalización del ciclo de la violencia con el sacrificio implica el comienzo de otro circulo vicioso, el rito sacrificial, "*que muy bien pudiera ser el de la totalidad de la cultura*"[255].

Es más, Girard incluso defiende que el fundamento profundo universal de mitos y religiones es un sacrificio originario en una situación de crisis por *indiferenciación*, de desorden caótico, que posteriormente -estabilizada la situación- mutaría la consideración social del *chivo expiatorio*, a quien inicialmente se consideraría maligno y más tarde se le concedería la cualidad de héroe o deidad, al atribuírsele el mérito no ya de eliminar las tensiones internas, con la vuelta la vuelta a la paz y a la sociabilidad, sino también de la supresión de sus causas externas (una epidemia, un fenómeno meteorológico extraordinario, etc.), una vez desaparecidas las mismas. Éste sería el trasfondo de la asignación a héroes o dioses de figuras o acciones mons truosas[256]. De este modo se invierte la relación de la víctima

---

251 *Op. cit.*, p. 30.

252 *Op. cit.*, p. 31.

253 *Op. cit.*, p. 38.

254 *Op. cit.*, p. 100.

255 *Op. cit.*, p. 101.

256 "*El chivo expiatorio*", Anagrama, Barcelona, 1986, pp. 70, 71 y 76.

con sus perseguidores, con la superación de la muerte y en la producción de lo sagrado[257].

Ahora bien, añade Girard que, cuando la venganza se desplaza de lo religioso a lo racional, su objetivo muta. En los ritos sacrificiales la víctima no es la "buena", sino aquella cuya muerte no despertará más violencia. El sistema antiguo se aleja del culpable para no alimentar la venganza[258]. Es significativo que el anatema tenga como fin evitar la violencia sobre el violento[259]. En el sistema judicial, en contraste, la violencia se proyecta sobre la "buena" -la persona a la que el hecho le es reprochado, tras su condena fundada en la culpa-, "*pero con una fuerza y una autoridad tan masiva que no hay respuesta posible*"[260].

E) EL FILTRADO DE ASUNTOS EN EL SISTEMA DE JUSTICIA PENAL

Retornando a la posición de Zaffaroni y a su idea de pena como realidad fáctica y política que sólo podría entenderse como venganza razonable, tributaria de la ancestral práctica del sacrificio mediante el que se conjura la violencia, resalta en ella:

i. su presentación negativa del filtrado de asuntos en el sistema de justicia penal;

ii. el fatalismo político sobre el que se sustenta; y

iii. su, al menos, aparente incoherencia con sobre la visión del mismo autor sobre la persecución penal de delitos contra la humanidad.

---

257 *Op. ult. cit.*, pp. 62 y 63.

258 "*Violencia y sacrificio*", *cit.*, p. 29.

259 *Op. cit.*, p. 34.

260 *Op. cit.*, p. 27

Detengámonos brevemente en cada uno de los puntos.

i. El filtrado de asuntos que acceden al sistema de justicia penal es, por un lado inevitable y, por otro, no siempre negativo. Desde luego, no parece razonable considerarlo como una manifestación de la supeditación de la aplicación de la pena a la "*voluntad de poder*" de las agencias policiales (por utilizar el concepto constitutivo del principal motor del ser humano para Nietzsche y que, como hemos visto, refiere también a la aplicación de la pena).

El filtrado es inevitable, en la práctica, porque la capacidad de la justicia penal de perseguir la totalidad de los hechos punibles es inexistente[261].

Surge, de antemano, la cuestión de la detección de los hechos punibles. Es evidente que la sospecha es condición del comienzo de la persecución en todo sistema que no autorice las causas generales prospectivas y la sospecha debe surgir de datos que se den a conocer o conozcan las autoridades. Ya en esta etapa se produce un primer cribado de los casos que el sistema penal gestiona, pues su acceso queda condicionado a la llegada de la información correspondiente. El establecimiento y la utilización de los medios de detección de las *notitiae criminis* que alimentan el sistema de justicia penal dependen de consideraciones empíricas y normativas de proporcionalidad, que deben situar en un punto de equilibrio el interés en el descubrimiento del delito y el interés -también público, a la par que de los particulares afectados- en la protección de los derechos fundamentales y de las garantías constitucionales.

---

261 *Vide* HARENDORF, STEFAN, "Attrititon in and perfomance of criminal justice system in Europe: a comparative approach", en *European Journal on Criminal Policy and Research*, 2018, 24, p. 9.

Ya de por sí las decisiones atinentes al alcance de la intromisión estatal en la vida social que los sistemas de vigilancia y detección de los delitos suponen se sitúan en un marco de opción entre posibilidades, siempre que sean conformes con el ordenamiento constitucional, que amplían o reducen el elenco de casos en los que pueden aparecer sospechas de delito y que, por tal razón, son susceptibles de originar procesos de persecución penal. No sólo el legislador disfruta de un marco de opción en este terreno. También la policía y las agencias de supervisión disponen del mismo, en cuanto tienen a su disposición medios de vigilancia que pueden emplear con mayor o menor rigor y con una u otra orientación en virtud de criterios subjetivos u objetivos muy variados. En la actualidad, la enorme capacidad de análisis de la información que proporciona la informática, especialmente mediante el cruzado de datos, dota a los creadores de los algoritmos empleados por la policía o por las agencias dedicadas a labores prospectivas de un tremendo poder de preselección de casos susceptibles de acceder a la Administración de Justicia penal, en atención a criterios nada transparentes.

Una vez introducida la *notitia criminis* en el sistema de justicia penal, la selección de casos que serán perseguidos prosigue y depende de diversos factores.

Pueden existir factores políticos, que serán objeto de examen en el capítulo séptimo de este trabajo. Pero son casos patológicos. Dentro de un estricto marco jurídico, incluso si no se reconoce legalmente la posibilidad de archivo por motivo de oportunidad, la opción por perseguir o no las sospechas de delito seguirá existiendo, por razones relativas a la eficacia del sistema y a la adecuación social de las conductas sobre las que las sospechas recaigan.

En los supuestos en los que es posible efectuar un pronóstico razonable de imposibilidad de identificar un sospechoso, sólo excepcionalmente estará justificado que se dediquen recursos públicos para lograrlo. Por ello, resulta adecuado que, en tales casos, como regla general, se evite la transmisión de la denuncia a los juzgados, para evitar un inútil papeleo, como se ha establecido en España tras la reforma de la LECrim de 2015 en el art. 284.2.

Incluso, aunque la identificación del sospechoso sea posible y se haya realizado, ningún sistema penal puede perseguir todos los delitos detectados, porque los recursos que pueden ponerse a disposición de la Administración de Justicia son limitados[262].

Además, el filtrado muestra una faz positiva, siempre que no responda a la arbitrariedad, sino a una perspectiva restrictiva del papel de la justicia penal -contenido a la resolución de los conflictos penales- que oriente a la policía hacia el núcleo de las cuestiones penales y no hacia sus contornos exteriores, situados ya al margen de una tipicidad cuyos muros no deben ser rebasados, para no *criminalizar* la vida ciudadana de forma innecesaria y -simultáneamente- no ahogar a la Administración de Justicia penal con asuntos intranscendentes para ella.

Se ha puesto de manifiesto que existe un vínculo entre la aplicación práctica de los criterios de oportunidad que se producen de manera informal en la actuación de la Policía (y también de la Fiscalía y del Juzgado) con la construcción de categorías dogmáticas para el tratamiento de la problemática del deslinde de responsabilidades en la participación delictiva. ¿Por qué razón unos intervinientes en el delito son investigados, enjuiciados y, en su caso, condenados y otras personas cuyas acciones u omisiones se suman causalmente al curso de los acontecimientos quedan fuera del ámbito penal? La doc-

---

262 *Vide* MORENO CATENA, VICTOR, "La justicia penal y su reforma", *Justicia* 1988, II, p. 316; MAIER, JULIO, "*Derecho procesal penal argentino. 1 b. Fundamentos*", Ed. Hammurabi, Buenos Aires, 1989, p. 555

trina penalista ha realizado enormes esfuerzos teóricos por establecer conceptos útiles en el estudio de los casos e identificar criterios adecuados desde distintas perspectivas. Sin poder analizar aquí, si quiera de forma superficial, la polémica y las múltiples aportaciones académicas que la alimentan (por quedar fuera de nuestro objeto de investigación), sí resaltaremos el discutido alcance de los denominados "*actos neutrales*", que suponen aportaciones causales del participe al delito cometido por el autor, pero que, carecen de tipicidad (por imposibilidad de incardinación en el tipo objetivo por ausencia de imputabilidad objetiva o en el subjetivo, por falta de dolo)[263]. Es el caso del comerciante que vende un cuchillo de cocina al asesino o del taxista que lleva a un atracador de bancos a la sucursal bancaria donde pretende cometer el robo[264].

Junto con la relevancia de las dificultades probatorias –en especial del dolo- que la punición de la participación presenta en supuestos de actuaciones generalmente inocuas, cotidianas o profesionales[265], la vinculación de los planteamientos doctrinales jurídico-materiales con la problemática procesal que la

---

263 La jurisprudencia señala que los actos neutrales son "*conductas causales desde un punto de vista natural, pero que, en tanto que pueden estar amparadas en su adecuación social, pueden no suponer un peligro (o un aumento del peligro) jurídicamente desaprobado para el bien jurídico, y, en esa medida, no resultar típicas*" (SSTS 487/2014, de 9 de junio, F.Jº 14 y 942/2013, de 11 de diciembre, F.Jº 4º). Se trata de conductas casuales pero que son propias del de una conducta amparada por el ejercicio de los derechos como es dedicarse a una profesión o trabajo, el cual tanto desde un punto de vista objetivo como subjetivo no puede considerarse ejecutado para propiciar o favorecer una actuación delictiva (véanse las SSTS 34/2007, de 1 de febrero, 7823/2012, de 30 de octubre y 700/2016, de 9 de septiembre, entre otras muchas).

264 *Vide* ROBLES PLANAS, RICARDO, "*La participación en el delito: fundamento y límites*", Marcial Pons, Madrid, 2003, pp. 31 a 46

265 ROBLES PLANAS, RICARDO, *op. cit.*, pp. 46 y 47

intervención delictiva suscita es evidente, porque, al margen del fundamento doctrinal que se quiera otorgar a la necesidad de restricción de la atribución delictiva al partícipe, lo cierto es que existe una "*explicación criminológica-procesal*", como sostiene Ricardo Robles Planas siguiendo a Günter Kaiser: "*desde que una conducta tiene lugar en la vida social hasta que llega a la fase de juicio oral pasa por una serie de filtros que actúan a modo de proceso de selección de las conductas que finalmente serán juzgadas*"[266].

Según transita la *notitia criminis* de la víctima o del testigo a la Policía, Fiscalía y/o Juzgado, el conflicto, que se enmarca en un contexto complejo de múltiples interacciones sociales, va delimitándose hacia lo esencial y depurándose de intervenciones causales, que se consideran irrelevantes desde el tamiz del criterio social, ajeno a categorías dogmáticas jurídico-penales y dependiente de la *interpretación social-comunicativa* del conflicto, que también influye en las personas que están a cargo de la persecución penal[267], no sólo la policía[268], sino también fiscales y jueces.

Acertadamente Ricardo Robles Planas sostiene la hipótesis de que "*las conductas neutrales, cotidianas o socialmente adecuadas son en su gran mayoría filtrada antes de llegar al nivel judicial porque no contribuyen a la explicación social-comunicativa del hecho delictivo*" y, siguiendo nuevamente a Günter Kaiser, añade que mediante dicho mecanismo se limita la divergencia entre un aparato teórico y la realidad actual de las formas de interacción social[269].

---

[266] *Op. cit.*, p. 47.

[267] ROBLES PLANAS, RICARDO, *op. cit.*, p. 47.

[268] Sobre la postura de Günter Kaiser, *vide* ROBLES PLANAS, RICARDO, *op. cit.*, pp. 47 y 48, nota 80.

[269] *Op. cit.*, p. 48.

En conclusión, Robles Planas defiende que la doctrina penal debe acomodarse a la realidad práctica de la "*filtración*" de las *conductas neutrales* de los intervinientes en el delito en el sistema de persecución penal, de forma que exista sintonía entre las soluciones aportadas por la ciencia jurídica y la percepción social de la criminalidad que influye en la selección de asuntos que entran y son tratados por el sistema[270].

ii. Por otro lado, no se entiende bien por qué Zaffaroni rechaza que la pena tenga el fundamento racional que Ferrajoli le asigna. Recordemos que el autor italiano, en su obra "*Derecho y razón*", sigue la máxima kantiana de prohibición de utilización de un ser humano para la consecución de un fin ajeno y niega que la pena posea alguno de los fines de prevención general o especial -positiva o negativa- que doctrinalmente se le atribuyen, pero observa que con la pena -que debe servir como respuesta institucionalizada y medida frente al delito- se evita un mal mayor para el propio delincuente, que se produciría a manos de la víctima, de sus allegados o de la comunidad si tal respuesta institucionalizada no existiera[271].

Se trata de la atribución a la sanción de una finalidad de protección física del infractor, distinta obviamente de la función purificadora que se concedía a la pena entendida como expiación. Nicolás González-Cuéllar Serrano, aceptando la posición de Ferrajoli, ve en el capítulo cuarto del Génesis la explicación más antigua y clara de la función del Derecho penal: Dios, previa concesión a Caín del derecho de defensa, le advierte de que la *marca* que le impone por el homicidio de su hermano Abel le protegerá de la muerte que, como venganza social por su crimen, le aguardaría (*Génesis* 4,14). Ello permite

---

270 *Vide* ROBLES PLANAS, RICARDO, *op. et loc. cit.*

271 *Op. et loc. cit.*

a Caín rehabilitarse e incluso integrarse nuevamente en la sociedad, para la que funda la ciudad de Enoch. El problema que se presenta, no obstante, es de carácter procesal. Como Nicolás González-Cuéllar Serrano precisa, consiste en que Dios en su omnisciencia permite a Caín defenderse sabiendo ya que es culpable y que dicho conocimiento de la culpabilidad se transmite a una marca que funciona como estigma de todo aquel a quien se atribuye un delito y es llamado a comparecer ante un tribunal para defenderse: la *sospecha* queda así equiparada a una *condena anticipada*[272].

Pero no es de la cuestión de la *presunción de culpabilidad* que socialmente se conserva frente al investigado o acusado la materia de la que ahora nos ocupamos, sino la aptitud del fundamento racional de la pena propuesto por Ferrajoli para conformar su juridicidad en el Estado de Derecho, la cual no se desvanece por su origen sociológico o por el hecho innegable de que la pena juegue un papel político -al igual que sucede con cualquier otra institución jurídica dentro del Estado democrático-. Dicho papel consiste en el cumplimiento en el Estado de la función sociológica que siempre ha ostentado, como instrumento al servicio de la preservación de la integridad grupal. Ilustrativamente Radcliff-Brown manifiesta que las penas expresan la *disforia social* que ocasiona el delito y que su función consiste en restaurar la *euphoria social*, mediante el otorgamiento de una expresión colectiva definitiva a los sentimientos afectados por el hecho punible[273].

Por su parte, aunque Eduardo Demetrio Crespo rechaza que la pena sea un "*sustitutivo*" de la venganza, le asigna una doble finalidad: la prevención general y "*evitar la venganza privada*"[274].

---

272 "El derecho de defensa y la marca de Caín", *cit.*, pp. 38 a 40.

273 *Op. cit.*, p. 211.

274 "Crítica a la retribución como fin de la pena", *Anales de la Cátedra Francisco Suárez*, Protocolo I, 2021, p. 126.

Cosa distinta son las condiciones sociales y económicas en las que se desenvuelven las actuales democracias liberales y la perspectiva política que se adopte al respecto. La de Zaffaroni es de inconformismo pesimista, pero no es clara la razón por la cual tal pesimismo respecto a la mejora de las condiciones indicadas se vincula a la pena, salvo si se sitúa el motivo del rechazo a su legitimación *ferrajoliana* en la protección del mismo delincuente en el hecho de la selección de casos que ingresan en el sistema de persecución penal para su enjuiciamiento y que Zaffaroni asigna a un Estado Policial (*sic*) que actuaría de espaldas al principio de igualdad. Así, opina el profesor y magistrado argentino de forma muy parecida a Michel Foucault[275].

Es verdad que, dentro del ámbito político la reflexión de Catón, el Censor, emitida al comienzo del siglo II A.C ha permanecido vigente: "*quienes roban a un particular acaban su vida en la cárcel; quienes roban al Estado pasan su vida rodeados de oropeles y riquezas*". Sin perjuicio de que Catón pudiera utilizar la lucha contra la corrupción como objetivos políticos contra los Escipiones, tenía razón en que la justicia penal ha tenido históricamente un carácter selectivo[276].

Y, ciertamente, a ello se une la propensión de las personas poderosas a rodarse de garantías en los casos en los que la justicia penal puede afectarles. Ejemplo paradigmático de ello fue la admisión de la discusión de los hechos por el abogado del acusado en los juicios por traición ingleses de 1696, que supuso el origen del hoy denominado *modelo adversarial*, al permitir

---

275 "*Vigilar y castigar. Nacimiento de la prisión*", Ed. Biblioteca Nueva, Madrid, 2012, pp. 50 y ss.

276 *Vide* GONZÁLEZ-CUÉLLAR SERRANO, NICOLÁS, "Halcones y palomas en la justicia penal ", en "*Halcones y Palomas: corrupción y delincuencia económica*", Eduardo Demetrio Crespo y Nicolás González-Cuéllar Serrano, dirs, Ediciones Jurídicas Castillo de Luna, Madrid, 2015, pp. 509 y ss.

al acusado quedar al margen del debate ante el jurado, gracias a la sustitución de su figura por la de su abogado. Primero la clase dominante se aseguró, así, un privilegio procesal que, finalmente, al generalizarse, desembocó en una garantía básica de la justicia penal anglosajona[277] (aunque actualmente haya sido objeto de matización[278]).

Foucault deja claro que, en el incipiente Estado liberal, la justicia penal tenía su lógica aplicativa sobre el proletariado agrícola o industrial. Para la clase dominante se arbitraron mecanismos de gestión del incumplimiento normativo diferentes, "*con jurisdicciones separadas, fórmulas de transacción y cómodas salidas*"[279].

---

277 LANGBEIN, JOHN, H., "*The origin of Adversary Criminal Trial*", Oxford University Press, Oxford, 2002, pp. 40 y ss.

278 En efecto, dicha garantía se ha visto mermada en el Derecho inglés, con la posibilidad de atribuir al silencio del acusado un efecto perjudicial para el mismo (avalada por la SETDH de 8 de febrero de 1996, caso Murray contra el Reino Unido) y -desde la entrada en vigor en el año 2005 de las *Criminal Procedure Rules*- con la atribución a la defensa de la necesidad de proponer ante el tribunal las cuestiones controvertidas antes del juicio. En España, el Presidente de la Sala II del Tribunal Supremo, Excmo. Sr. Manuel Marchena Gómez aclaró durante el juicio comúnmente denominado del *procés* -durante el interrogatorio de Oriol Junqueras- que, siendo el CEDH un convenio de mínimos, la doctrina Murray no puede ser utilizada para otorgar al silencio efectos perjudiciales para el acusado de forma que puedan realizarse preguntas que no tendrán respuesta una vez que el acusado se ha acogido a su derecho a no declarar. *Vide supra* C.7.

279 *Op. et loc. cit.* Como expone Nicolás González-Cuéllar Serrano, siguiendo a Michel Foucault, en la Edad Contemporánea la burguesía triunfante en las revoluciones liberales del finales del siglo XVIII, sustituyó el paradigma de la justicia penal como venganza del soberano, que se ejercía de forma salvaje en el patíbulo mediante atroces métodos de ejecución, "*por el mecanismo más dúctil y eficaz, para la nueva clase dirigente, de la imposición generalizada y estandarizada de la ley*

Pero la descripción de Zaffaroni parece exagerada, pues siendo cierto que la policía tiene el poder de filtrar los supuestos de hecho que se ponen en conocimiento de la Administración de Justicia y lo hace en todos los países, como ya se ha expuesto, ello dista de ser la regla general en los asuntos en los que podría temerse mayor desigualdad en la aplicación de la justicia penal, como son los que afectan al ámbito político y socioeconómico, especialmente en relación con los delitos económicos o de corrupción. La persecución de dichos delitos no suele iniciarse mediante atestados policiales derivados de denuncias policiales de las víctimas o de testigos, que puedan actuar como filtros que impidan que la *notitia criminis* llegue a la Fiscalía o al Juzgado, sino por otras vías: fundamentalmente por la actuación de agencias estatales de supervisión o inspección y denuncias de delatores (que suelen presentarse directamente ante los órganos de la Administración de Justicia y no en la policía). Y dentro ya del ámbito de la Administración de Justicia -en la que se incluye tanto la Fiscalía como el Poder Judicial- no se observa, al menos en los últimos tiempos

---

mediante sanciones medidas, para la protección de la seguridad y la propiedad privada". Con cita del filósofo del derecho norteamericano Paul Kahn, Nicolás González-Cuéllar Serrano añade que "*la destrucción del cuerpo, como máximo rito de glorificación de la soberanía, se desplazó del cadalso a los grandes campos de batalla. La cristología del sufrimiento, en su traducción política, dejó de escenificarse en el reconocimiento de la culpa y la solicitud del perdón del criminal a punto de sufrir un horrible martirio y se asumió por el soldado destrozado en la batalla en su sacrificio por la patria*" (...). Ciertamente, en el Estado liberal el símbolo de la soberanía no se encuentra en el *patíbulo*, sino en la *tumba del soldado desconocido.* "*El poder soberano burgués* -concluye el autor citado- *confió la expresión política de su triunfo al resplandor de las bayonetas de los ejércitos, no a las hogueras de los quemaderos de grandes criminales, e implantó un sistema de justicia penal más racional, impersonal, preparado para la persecución masiva de las infracciones contra los intereses del capital, motor del nuevo sistema económico*". *Op. et loc ult. cit.*

en España, que se dispense un tratamiento privilegiado a las personas infractoras que Edwin Hardin Sutherland denominó "*delincuentes de cuello blanco*"[280]. Por el contrario, se observa gran rigurosidad persecutoria frente a ellas[281], que resulta espoleada por los medios de comunicación (los cuales canalizan una seria preocupación social por los delitos a los que nos referirnos), hasta el punto de que, para el esclarecimiento y prueba de los mismos, se utilizan métodos legales de más que dudosa aceptabilidad (sirva como ejemplo la prueba pericial mediante informe de los actuarios de la Inspección tributaria en el enjuiciamiento del delito fiscal).

Además, la hipotética lesión del principio de igualdad que del filtrado de casos derivaría no sirve para desautorizar una finalidad de la pena consistente en sustituir la venganza privada por una respuesta medida para la protección del mismo delincuente, si la asunción del principio de oportunidad en el ordenamiento no provoca que el sistema penal sea rebasado en la práctica, en las calles y en los campos, por la represalia privada y la imposición por las masas de la *ley de Lynch.*

En la posición de Zaffaroni, en definitiva, parecen sobreponerse y confundirse dos planos distintos: el de la necesidad de la pena desde la perspectiva de la igualdad y el de su utilidad para el delincuente. Que la pena no sea siempre necesaria no implica que su previsión legal -aun como contingente- no sea siempre útil para la protección del infractor: mientras el sistema legal sea estable la venganza quedará contenida.

iii. Por último, merece también que sea tomada aquí en consideración la función de la pena en el Derecho

---

280 "White-Collar criminality", *American Sociological Review*, Vol. 5, 1940, núm. 1, pp. y ss.

281 En este sentido, GONZÁLEZ-CUÉLLAR SERRANO, NICOLÁS, "Halcones y Palomas...", *cit.*, pp. 514 a 516.

penal internacional. El mismo Zaffaroni atribuye a la sanción penal de los delitos de *lesa humanidad* la finalidad de proteger al delincuente de la venganza o de la *justicia revolucionaria*, a través de su enjuiciamiento y castigo mediante el debido proceso legal, que presupondría su dignidad y le colocaría en el ámbito del Derecho[282]. Es difícil entender por qué razón tal justificación de la pena en el ámbito internacional resultaría ilusoria y vana en el Derecho interno, especialmente si se aduce como motivo del *agnosticismo* propugnado por Zafforoni el filtrado de casos que ingresan en la Administración de Justicia como como factor fáctico y político, pues el mismo factor se encuentra presente -y de modo ostensible- en la aplicación de la jurisdicción universal y en el sistema de justicia internacional institucionalizada, que resulta altamente selectiva[283] y en la que expresamente se reconoce además el principio de oportunidad, como en el capítulo cuarto se examinará.

II. PERSISTENCIA EN LA TRIBULACIÓN

Pese a la advertencia de Zaffaroni, sobre la inutilidad del análisis de la finalidad de la pena y la evidente dificultad de desentrañar el conjunto de los sentidos que la orientan y que Nietzsche consideraba confusos e impenetrables, basta, para enfocar el problema de la oportunidad en el proceso penal, con la constatación por la generalidad de la opinión -académica, profesional y lega- de que la pena resulta necesaria para el

---

282 *Vide* GONZÁLEZ-CUÉLLAR SERRANO, NICOLÁS, "Bases metodológicas de la jurisdicción universal", *cit.*, pp. 1524 y 1525 y nota 69.

283 Cfr. GONZÁLEZ-CUÉLLAR SERRANO, NICOLÁS, "Bases metodológicas de la jurisdicción universal", *cit.*, p. 1519.

sostenimiento del Estado, como reconocía incluso el descreído Nietzsche al observar que, cuanto más sólidas fueran sus estructuras más suaves podían ser los castigos, al no ser precisa mayor rigurosidad, hasta el punto de que podía imaginar la supresión de la pena, como en el ejercicio del derecho de gracia acontece[284].

De tal planteamiento se deriva que, sin necesidad de penetrar en la turbación doctrinal que aún hoy sigue produciendo la cuestión de la justificación del derecho de punir, la oportunidad puede encontrar su lugar en el Derecho al margen de la incertidumbre teleológica de los penalistas, siempre que se entiendan superadas las *teorías absolutas* y, simultáneamente, se rechace una implantación y/o aplicación arbitraria del principio que destruya la confianza social en una reacción estatal frente al delito conforme con los parámetros constitucionales y, con ello, la puerta abierta al retorno de la venganza individual o de la *turba*. Aunque, eso sí, la utilización de la oportunidad debe hacerse con base en la *equidad* -como en el próximo epígrafe se examinará- y con *prudencia* -cuestión que se abordará más adelante[285].

Resulta así, como se ha dicho, que la turbación doctrinal sobre los objetivos de las sanciones penales no son relevantes, ni siquiera en cuanto puedan incluir los fines de la *protección de la víctima* o de la *reinserción del delincuente*, puesto que la conveniente persecución de tales objetivos mediante la oportunidad no se deriva de que se encuentren en el punto de mira de la pena o no, ni sobre la aptitud de la pena para satisfacerlos, sino que obedece a que son valores constitucionales cuya bondad no puede ponerse en duda. Dicho de otro modo: el principio de oportunidad no se pone al servicio de la satisfacción de los

---

284 *Vide supra* C.8.

285 *Vide infra* C.7.

fines de la pena, sino de fines propios, que podrá perseguir en cuanto la estabilidad del sistema legal lo permita.

Con ello se demuestra que el proceso penal no puede ser encorsetado como un mero instrumento de aplicación del *ius puniendi*, pues además persigue -también- sus propios fines: la tutela de las garantías de investigados y terceros, la tutela de las víctimas y la reinserción del delincuente, como sostiene Vicente Gimeno Sendra[286].

Finalizaremos las presentes consideraciones sobre las teorías absolutas de la pena haciendo alusión a su renacimiento. Tras haber sido dadas por muertas por Ulrich Klug en 1968 en su trabajo "*Despedida de Kant y Hegel*"[287], han resurgido como *neoretribucionismo o neoproporcionalismo*, entre otras manifestaciones menos comprometedoras para el Estado de Derecho, como *Derecho penal del enemigo*, formulado por Günther Jakobs, tras abrazar el idealismo hegeliano[288].

No cabe duda de que la despedida de Klug era prematura. Dos años antes de la publicación de su trabajo, Claus Roxin

---

286 "*Derecho procesal penal*", Ediciones Jurídicas Castillo de Luna, Madrid, 2018, pp. 18 a 50.

287 "Abscheid von Kant und Hegel", en "*Skeptische Rechtsphilosophie und humanes Strafrecht. Band 2. Materielle unf formelle Strafrechtsprobleme*", Sprigger-Verlag, Berlin, Heidelberg, New York, 1981, pp. 149 y ss.

288 *Vide* FEIJOO SÁNCHEZ, BERNARDO, "Individualización de la pena y teoría de la pena proporcional al hecho. El debate europeo sobre los modelos de determinación de la pena", en *InDret* 1/2007, p. 5; SCHÜNEMANN, BERND, "Aporías de la teoría de la pena en filosofía. Pensamientos sobre Immanuel Kant", en *InDret* 2/2008, pp. 3 y ss.; DURÁN MIGLIARDI, MARIO, "Teoría absoluta de la pena: origen y fundamentos. Conceptos y críticas fundamentales a la teoría de la retribución moral de Immanuel Kant a propósito del neoretribucionismo y del neoproporcionalismo en el Derecho penal actual", en *Revista de Filosofía*, Vol. 67, Santiago (2011), 1123-144. Versión *on line* en http://dx.doi.org/10.4067/S0718-43602011000100009.

había escrito que la confluencia del idealismo y el cristianismo en la concepción cultural de la pena de la burguesía alemana había convertido el retribucionismo en doctrina dominante en su país, la cual, aun en ese momento, contaba con numerosos partidarios[289].

En la actualidad, en su inmensa mayoría los autores que cabría encuadrar en el *neotribucionismo* no prescinden de vincular la pena a un fin disuasorio, sino que niegan su aptitud resocializadora y condicionan la naturaleza y cantidad de la pena a aplicar al responsable a la gravedad del hecho punible que se sanciona, situando pena y gravedad del hecho en una relación de proporcionalidad. Así, el llamado *neoretribucionismo o neoproporcionalismo*, orientado también, desde las *perspectivas socio-comunicativa o expresivas de la pena*, a dar vueltas a la vieja función estabilizadora del Derecho penal a través de la demostración de su eficacia a la comunidad mediante la imposición de la sanción, es compatible con la introducción del principio de oportunidad, pues el mismo:

i. se apoya -entre otros factores- en las dificultades de la pena para la reinserción, las cuales no niega, sino que solventa;

ii. no vulnera en absoluto, sino que profundiza en la aplicación de los postulados del principio de prohibición de exceso o proporcionalidad en sentido amplio -en el que el principio de proporcionalidad penal se inserta[290]-, como en el próximo capítulo tendremos ocasión de examinar; y

---

289 "Sentido y límites de la pena estatal", en "*Problemas básicos del Derecho penal*", Trad. Diego Manuel Luzón Peña, Reus, S.A., Madrid, 1976, p. 12. El trabajo fue publicado por primera vez en 1966 (*JuS* 1966, pp. 377 y ss).

290 *Vide* GONZÁLEZ-CUÉLLAR SERRANO, NICOLÁS, "*Proporcionalidad y derechos fundamentales en el proceso penal*", Editorial Colex, Ma-

iii. es compatible -si no se establece y no se aplica como instrumento del capricho- con el sostenimiento de la fortaleza del sistema punitivo estatal en evitación del retorno a la venganza individual o colectiva.

Resulta sumamente significativo que el mismo Jakobs, quien parte de la base de que el Derecho penal "*no repara bienes, sino confirma la identidad normativa de la sociedad*"[291], mediante una interactuación comunicativa simbólica, no contempla la imposición de la pena como necesidad categórica, pues acepta su dispensa cuando no exista peligro serio de adhesión al contenido material del quebrantamiento de la norma, lo cual, en palabras de Bernard Schünemann, le sitúa "*en el refugio de la prevención general positiva*", donde revela que sin fin preventivo no puede haber pena[292]. Al respecto, Bernardo Feijoo Sánchez precisa que, en los supuestos en los que la culpabilidad se encuentra ausente, la estabilización de la norma es innecesaria, pues no ha dejado de reconocerse. Es cuando el hecho sólo se explica por la ausencia de reconocimiento de la norma por el infractor cuando la pena ha de imponerse conforme al principio de legalidad, aunque añade: "*en la medida necesaria para la estabilidad normativa (de normas esenciales o irrenunciables)*"[293].

---

drid, 1990, pp. 27 y ss.

291 "*Sociedad, norma y persona en una teoría de un Derecho penal funcional*", Trad. Manuel Cancio Meliá y Bernardo Feijoo Sánchez, Editorial Civitas, Madrid, Prólogo, p. 11.

292 "Aporías de la teoría de la pena en filosofía...", *cit.*, p. 5.

293 FEIJOO SÁNCHEZ, BERNARDO, "*Retribución y prevención general...*", *cit.*, p. 625.

III. "SUMMUM IUS SUMMA INIURIA": LA EQUIDAD

A) CICERÓN

Una exposición lo más completa posible de los antecedentes doctrinales del principio de oportunidad no puede limitarse a abordar el problema de la finalidad de la pena desde la perspectiva del obstáculo que las teorías absolutas ofrecen a su implantación, pues debe exponer las bases del pensamiento jurídico sobre la que podría apoyarse su aceptación, situadas en los esfuerzos intelectuales realizados para matizar la rigurosidad del derecho desde sí mismo, su *autocontracción* como exigencia interna, derivada de la autoconciencia del derecho sobre su propia imperfección y de su lesividad, como conjunto de normas de inexorable aplicación con independencia de las circunstancias particulares que se dan cita en un caso concreto.

Tal empeño conduce a la indagación sobre el brocardo *summum ius, suma iniuria* y al examen de la equidad, no cómo una vertiente de la justicia alternativa al Derecho, sino como principio de precaución ínsito en la norma, como mecanismo de desactivación de la sanción jurídica, cuando el interés prevalente al que la norma sirve en abstracto no se encuentra presente o no se muestra necesitado de tutela en el supuesto particular.

Aunque lo cierto es que el origen del principio de oportunidad, como se explicará más adelante, es consecuencia de conveniencias prácticas, más que de la decantación en el ordenamiento jurídico de perspectivas teóricas, tal fenómeno resulta generalizado en el Derecho y no debe constituirse en óbice para una correcta fundamentación doctrinal de las instituciones jurídicas que permita seguir hablando del Derecho como sistema legal.

Pasemos, pues, al análisis del principio de autocontención jurídica indicado.

Como es sabido, a la máxima "*dura lex, sed lex*" (Digesto 40,9,12) se le contrapone el brocardo -también latino- "*summum ius, summa iniuiria*", que identifica el Derecho con su contrario cuando se aplica con rigurosidad.

Dicho brocardo aparece en la literalidad como es usualmente utilizado en "*Los Oficios*" de Marco Tulio Cicerón, si bien había sido previamente utilizado por Terencio en el año 163 a.c. en términos semejantes -*ius summum saepe summa ist malitia*- en su obra "*El atormentador de sí mismo" (Heatontimorenus)*, basada en una obra de Meandro hoy perdida. Más adelante, a mediados del siglo I el hispano Columela, en "*De re rustica*" (Libro I, 7), emplea el aforismo ciceroniano, al tratar sobre la forma como debían relacionarse los propietarios con los colonos, si bien con la sustitución de la palabra "*iniuria*" por "*crucem*", en su acepción de castigo: "*nam summum ius antiqui summam putabant crucem*" . Por su parte, San Jerónimo, en una carta dirigida a Inocencio, exclama: "*¡O vere ius summum suma malitia*!", tras un relato en el que narra la milagrosa salvación de una mujer acusada falsamente de adulterio y que había sido resucitada milagrosamente, después de que el verdugo consiguiera ejecutarla pese a varios intentos fallidos y ante la intención de las autoridades de asegurarse de su muerte viendo su cadáver: "*incluso después de tantos milagros todavía se siguen ensañando las leyes*"[294].

En "*Los oficios*" el principio se enuncia, más que como un principio propiamente jurídico, como un proverbio expresivo de un convencimiento instalado en la conciencia social acerca de las consecuencias de la "*calumnia*" o "*de una interpretación demasiado astuta o maliciosa del derecho*". En aproximación superficial, no se trataría, por tanto, de un proverbio basado -en su formulación ciceroniana- en una aplicación severa de la ley,

294 *Vide* MARCO MARTÍNEZ, ANTONIO, "*Antiquetatem. Historia de Grecia y Roma*", *www.antiquetatem.com.*

sino fraudulenta, torticera o abusiva, como demostrarían los ejemplos que el autor clásico trae a colación: la devastación de los campos del enemigo durante la noche, aprovechando una tregua convenida por treinta días; y la atribución al pueblo romano de un terreno dentro de la zona en disputa entre dos ciudades por el árbitro designado por el senado para resolverla, tras convencer el árbitro a las partes de que, en lugar de avanzar, retrocedieran a las fronteras con las que se conformarían para resolver el conflicto. Concluye Cicerón, en relación con este último ejemplo, que lo sucedido "*es engañar, no juzgar*" [295].

Pero tal aproximación, que hemos calificado de superficial, desenfoca el significado que, para Cicerón, adquiere el principio en el ocaso de la república romana, en el cual se manifiesta el triunfo de la retórica frente al formalismo jurídico y del método de interpretación moderno, ceñido a la voluntad del legislador y de las partes al efectuar sus declaraciones jurídicas, frente al método antiguo, que se atiene a la letra (*verba-scriptum*) de la ley y de los actos de las partes, como sostiene Riccobono en su recensión del trabajo de Johannes Stroux sobre el brocardo del que nos ocupamos[296].

Contrapuesta "*verba*" a "*voluntas*", "*ius strictum*" a "*aquitas*" el nuevo *ius civile* es, así, el *ius aequum,* formado día a día en la práctica por los órganos jurisdiscentes mediante la utilización de un método de interpretación lógico, difundido por la doctrina retórica tributaria de la filosofía griega y dominante al final de la época republicana[297].

---

295 I, 33.

296 "*Summum ius summa inuiria.* Ein Kapitel der Gesichte der interpretatio iuris", "*Festschrift für Paul Speiser-Sarasin zum 80 Geburstag*", B.G. Teubner, Leipzig-Berlin, 1926. Traducido al italiano en "*Annali del seminario giuridico di Palermo*", Cortone, 1929, vol. XII, pp. 639 a 691, por Gino Funaioli, con presentación de Salvatore Riccobono.

297 *Op. et loc. cit.*

Por ello Columela afirmaba que el *dominus* no debía exigir al *colonus* todo lo permitido por la ley exigiendo tenazmente su aplicación sin tomar en consideración las molestias ocasionadas, más allá de su valor económico[298].

En definitiva, sin interpretación basada en la voluntad del legislador o de las partes en el negocio jurídico, sino constreñida a la letra de la ley, el Derecho no es tal, sino su contrario, es lo que Cicerón relata en "*Los Oficios*" que entiende la gente.

Cicerón no efectúa una definición de equidad precisa, como fruto de un planteamiento analítico propio, sino que emplea el término profusamente en sus obras desde distintas acepciones que otorga al mismo, desde una perspectiva jurídica eminentemente práctica e integradora[299].

En la "*Invención retórica*", al tratar de cómo se desenvuelve la retórica en los juicios, precisa que la equidad rechaza la literalidad de la ley y encuentra su fundamento en la ausencia de exigencia por ninguna ley de la adopción de decisiones inútiles o injustas[300]. Imbuido de filosofía aristotélica, Cicerón aconseja como argumentar al abogado que propugne la aplicación de la equidad frente a una ley demasiado estricta a un caso que el propio legislador hubiera solventado de manera distinta a cómo se desprende de su tener literal, a la vista de las circunstancias:

---

298 "*De re rustica*", 1.7.1.

299 NÓTÁRI, TOMÁS, "*Summum ius suma iniuria.* Comments on the historical Background of a legal maxim of interpretation", en "*Hungarian Journal of Legal Studies*", dec. 2004, vol. 45, p. 313: CASTÁN TOBEÑAS, JOSÉ, "*La equidad y sus tipos históricos en la cultura europea occidental. Discurso leído en el acto de su recepción en la Real Academia de Ciencias Sociales y Políticas el día 4 de junio de 1950*". Instituto Editorial Reus, Madrid, 1950, pp. 28 a 30.

300 "*La invención retórica*", Trad. Salvador Núñez, Editorial Gredos, Madrid, 1997, p. 284.

> *"(...) el legislador ha previsto que los jueces pertenezcan a un determinado orden y tengan determinada edad con la idea de que no se limiten a leer en voz alta lo que él ha escrito, cosa que cualquier niño podría hacer, sino que sean capaces de comprenderlas e interpretar su intención; además, si el legislador hubiera confiado sus leyes a hombres ignorantes y a jueces bárbaros, al redactarlas habría dejado todo previsto con el mayor cuidado, pero como sabía que clase de hombres iban a juzgarlas, no había precisado por escrito lo que pensaba evidente. En efecto, no pensó que vosotros ibais a ser simples lectores de sus textos sino intérpretes de sus intenciones"*[301].

Quien defienda el valor de la equidad, debe recordar a los jueces -enseña Cicerón- que la ley debe valorarse por su *espíritu* y no por sus *palabras*, "*que son signos débiles y oscuros de lo que quería decir el autor*". Lo relevante es la "*utilidad*" que recoge y "*la sabiduría y prudencia de quienes la redactaron*"[302].

En "*Particiones oratorias*", Cicerón sitúa a la equidad en la naturaleza del Derecho y afirma que es doble: se funda "*en la razón de lo recto, lo justo y lo bueno o en la reciprocidad, que en el beneficio es recompensa y en la injuria venganza*" (130)[303].

> "Y ya que brevemente hemos mostrado las fuentes de la equidad -prosigue Cicerón en la obra citada-, solo falta acudir a ellas y meditar lo que en cada una de las causas haya de decirse de la naturaleza, de las leyes, de las costumbres de los mayores, de la venganza contra la injuria y de todas las partes del derecho. Si por imprudencia o necesidad o casualidad se ha hecho algo que no se perdonaría a quien voluntariamente lo hiciese, se ha de pedir venia por medio de una depreciación fundada en los argumentos de equidad)" (131) [304].

---

301 Marco Tulio Cicerón, "*La invención...*", *cit.*, pp. 284 y 285.

302 Marco Tulio Cicerón, "*La invención...*" *cit.*, p. 285.

303 "*Particiones Oratorias*", Trad. Marcelino Menéndez y Pelayo. https://historicodigital.com/download/Ciceron%20Marco%20Tulio%20-%20Particiones%20Oratorias%20(bilingue).pdf.

304 *Op. cit.*, p. 39.

En la "*Tópica*", Cicerón considera al Derecho civil la equidad constituida por los ciudadanos para conseguir lo que les pertenece (II,9), al servicio de la igualdad en la resolución jurídica de casos iguales (IV, 23)[305], y sitúa a la equidad en la naturaleza, como *defensa* y *castigo*, y en lo institucional, en lo *legítimo*, lo *conveniente* y lo *conforme a la costumbre*. En otra clasificación, en cuanto pertenece a los dioses, a los *manes* o a los hombres, denomina a la primera *piedad*, a la segunda *santidad* y la a tercera *justicia* (XXIII, 90)[306] .

B) ARISTÓTELES

Aristóteles había tratado la equidad desde una perspectiva filosófica -acogida después en la práctica jurídica romana[307]- en sus obras "*Ética a Nicómaco*"[308] (V.10) y "*Retórica*"[309] (I, 13). Se trata de la *Epieíkeia*, cuyo significado es. complejo: sería el talante del hombre bueno y honrado -*honradez*- que, aplicado a los procedimientos legales, se manifestaría en la *equidad* y en la *indulgencia* como su resultado[310].

Para el filósofo estagirita *justo* es el que cumple la ley y también el equitativo. Partiendo de la equiparación de lo justo y lo equitativo[311] -pues la equidad es una clase de justicia y no un

---

305 "*Valent aequitas, quae paribus in causis paria iura desidernt*". www.perseus.tufts.edu.

306 Trad. José Domingo Martín, Ediciones clásicas Madrid, 2012.

307 WOHLHAUPTER, EUGEN, "La importancia de la equidad en la Historia del Derecho de España", en *Investigación y Progreso*", núm. 1, octubre 1930, p. 105.

308 "*Ética nicomaquea. Ética eudemia*", Trad. Julio Pallí Bonet, Editorial Gredos, Madrid, 1985.

309 Ed. Gredos. Trad. Quintín Racionero, Madrid, 1994.

310 Quintín Racionero, nota 304 en Aristóteles, "*Retórica...*", cit. P. 276

311 "*Ética nicomáquea...*", *cit.*, p. 237.

modo de ser distinto[312]-, lo equitativo sería superior y consistiría en una *rectificación* (*epánorthoma*) de la *justicia legal*[313]. Las leyes son universales, pero no siempre es posible *tratar rectamente* todas las situaciones de forma universal. La ley regula *lo corriente*, aceptando que existen *errores*, "*pues tal es la índole de las cosas prácticas*". Si concurren circunstancias que la *fórmula universal* no contempla, por su simplificación, "*está bien que se corrija la omisión*", como habría hecho el legislador de haberla conocido. Así la equidad supera, no a la justicia en sí, sino al error al cual su carácter absoluto conduce[314]. *El equitativo "se aparta de la estricta justicia y de sus peores rigores, aunque tiene la ley de su lado"*[315]. Así pues, para Aristóteles "*lo equitativo es lo justo que está fuera de la ley escrita*" y conduce a la *indulgencia* con las cosas humanas. Añade que dirige la atención del aplicador de la norma no a la letra de la ley, sino a la *inteligencia del legislador*, aseveración que permite considerar a Aristóteles el creador de la generalizada concepción integradora de la equidad como elemento tanto creativo como interpretativo del Derecho[316]. No obstante, afirma Aristóteles que el terreno más propicio para la equidad es el arbitraje, cuya invención sitúa en la voluntad de prevalencia de la equidad[317], sin que ello suponga que los jueces no hayan de aplicar la equidad:

> *"(...) es evidente que si la ley escrita es contraria al caso, se debe recurrir a la ley común y a (argumentos de) mayor equidad y justicia. Como también que (la fórmula) <<con el mejor espíritu>>* -que era la fórmula de juramento de los jueces en

---

312 "*Ética nicomáquea...*", *cit.*, p. 264.

313 "Ética nicomáquea...", *cit.*, p. 263; Quintín Racionero, nota 326 en Aristóteles, "*Retórica...*", cit, pp. 285 y 286.

314 "*Ética nicomáquea...*", *cit*, p. 263.

315 "*Ética nicomáquea...*", *cit.*, p. 264.

316 RUIZ GALLARDÓN, ISABEL, "La equidad, una justicia más justa", *Foro Nueva Época*, Vol. 20, nº 2 (2017), pp. 176 y 177.

317 "*Retórica...*", *cit.*, p. 287.

> Atenas[318]- *significa precisamente eso, o sea, el que no hay que servirse en exclusividad de las leyes escritas y que la equidad siempre permanece y nunca cambia (...)"*[319].

Tales ideas de Aristóteles sobre la equidad son de lo más valioso que se ha expuesto sobre dicho concepto en el ámbito jurídico-filosófico[320]. Como afirma Castán Tobeñas- no han sido superadas y su huella ha sido "*imborrable y decisiva*" para la posterioridad [321].

C) CONSTANTINO

La influencia de Cicerón se deja sentir en la *Lex Placuit*, de los Emperadores Constantino y Licinio, contenida en el Código Justinianeo (CI 3.8):

> *"En todas las cosas debe prevalecer el principio de justicia y equidad por encima del derecho estricto"*[322].

Pero el mismo texto legal sostenía también aparentemente lo contrario, en la *Lex Inter aequitatem* del mismo Emperador Constantino:

> *"Solo a nosotros (el Emperador) nos corresponde y debemos interpretar lo que es equidad y lo que es derecho"*[323].

---

318 Quintín Racionero, Nota 544 en Aristóteles, "*Retórica...*", *cit.*, p. 291.

319 "*Retórica...*", *cit.*, p. 291.

320 WOHLHAUPTER, EUGEN, *op. et loc. cit.*

321 CASTÁN TOBEÑAS, JOSÉ, *op. cit.*, p. 24

322 "*Placuit in omnibus rebus praecipuam esse iustitiae aequitatisque quam stricti iuris rationem*".

323 "*Inter aequitatem iusque interpositam interpretationem nobis solis et oportet et licet inspicere*"

En el siglo XII, Martín, discípulo de Irineo, trató de conciliar ambas disposiciones, mediante una limitación de la *Lex Inter aequitatem* a criterios de interpretación de carácter general, que no impedirían una aplicación individualizada de la equidad por los jueces que sorteara el *ius strictum*. Pero su condiscípulo Búlgaro se opuso con firmeza y, en el contexto de la polémica, se reprochó a Martín propiciar la arbitrariedad mediante la aceptación de una *equidad cerebrina*, por su fundamento meramente especulativo y aparente, entre otros términos descalificatorios[324].

D) SANTO TOMÁS DE AQUINO

La *pietas* cristiana -ya presente en la época justinianea[325]- tiñó la *aequitas* en la literatura escolástica y canónica del medievo[326], concepto que fue desarrollado por los teólogos, con Santo Tomás de Aquino a la cabeza. Se entendía la equidad como "*la justicia templada por el dulzor de la misericordia*", según expresaba una definición muy utilizada, cuyo origen es dudoso[327].

En la "*Summa Teológica*", Santo Tomás se ocupó de la *Epieikeia*, siguiendo el magisterio de Aristóteles, en la Parte II. II^{a}, art. 5, preguntándose si se debe juzgar siempre según las leyes escritas, hipótesis a la que se plantean las siguientes objeciones:

---

324 OTADUY GUERÍN, JAVIER, "Dulcor misericordiae. Justicia y misericordia en el ejercicio de la autoridad canónica. I. Historia". *Ius Canonicum*, Vol. 56, 2016, pp. 596 y 605 a 608.

325 CASTÁN TOBEÑAS, JOSÉ, "*La equidad y sus tipos históricos...*", *cit.*, p. 39.

326 CASTÁN TOBEÑAS, JOSÉ, "*La equidad y sus tipos históricos...*", *cit.*, pp. 17, 18 y7 41 a 45.

327 CASTÁN TOBEÑAS, JOSÉ, "*La equidad y sus tipos históricos...*", *cit.*, p. 168.

> *"1. Siempre debe evitarse un juicio injusto. Sin embargo, a veces, las leyes escritas contienen injusticia, según aquello de Is 10,1: ¡Ay de los que establecen leyes inicuas y han escrito injusticia! Luego no siempre debe juzgarse según las leyes escritas.*
> *2. El juicio debe versar sobre sucesos particulares. Pero ninguna ley escrita puede abarcar todos los sucesos singulares, como se señala por el Filósofo en V Ethic. Luego parece que no siempre debe juzgarse según las leyes escritas.*
> *3. La ley se escribe para que se manifieste el dictamen del legislador. Mas algunas veces sucede que, si el mismo legislador estuviera presente, juzgaría de otro modo. Luego no siempre se debe juzgar según la ley escritas"*[328].

La cuestión es resuelta negando la obligatoriedad de las leyes contrarias al Derecho natural y, en lo concerniente a las leyes imperfectas, del siguiente modo:

> *"2. Así como las leyes inicuas por sí mismas contrarían al derecho natural, o siempre o en el mayor número de casos, de igual modo las leyes que son rectamente establecidas son deficientes en algunos casos, en los que, si se observasen, se iría contra el derecho natural. Y por eso, en tales casos, no debe juzgarse según la literalidad de la ley, sino que debe recurrirse a la equidad, a la que tiende el legislador. De ahí que diga el Jurisperito: Ni la razón de derecho ni la benignidad de la equidad sufren que lo que se ha introducido en interés de los hombres sea interpretado de una manera demasiado dura en contra de su beneficio, desembocando en severidad. En tales casos, aun el mismo legislador juzgaría de otra manera, y si lo hubiera previsto lo habría determinado en la ley"*[329].

---

[328] *Op.et loc. cit.*
[329] *Op. et loc. cit.*

E) FRANCISCO SUÁREZ

En el siglo XVI Francisco Suárez, con método de la segunda escolástica, se ocupa de la pena y del perdón en su obra "*Tratado de las leyes y del Dios legislador*"[330] y se plantea si el juez puede inaplicar la pena prevista por la ley, ante lo cual se muestra favorable, tanto para aumentarla -excepcionalmente y ante circunstancias atroces y gravísimas- como para disminuirla o eliminarla. Aunque da cuenta de la posición de quienes sostienen que la impunidad de los delitos "*es dar razón a que se repitan*" y que "*el estado no puede ser privado de su derecho a la <<justa venganza>> por voluntad del juez*"[331], defiende que, tanto el *juez soberano* como los *jueces inferiores* puedan perdonar total o parcialmente las penas -el primero más fácilmente, aunque no de forma arbitraria-: el juez inferior -sostiene Suarez- "*sólo puede perdonar o mitigar la pena en casos expresamente señalados por la ley, o admitidos por la costumbre, o en forma de epiqueya cuando el recurso al superior no resulta fácil*". Para ello puede *discernir* la ley, porque una razón de equidad lo exige, "*dentro de los límites de la justicia*". Dicho de otro modo, la ley penal no vincula al juez, se establece para instruirle[332].

F) LEIBNIZ

Más tarde, Leibniz, partiendo de la equiparación entre *aequitas* y *aequalitas* -términos vinculados etimológicamente y relacionados ya por Cicerón- define con originalidad la equidad

---

330 Trad. del latín de José Ramón Egullón Muniozgurren, Instituto de Estudios Políticos, Madrid, 1968.

331 *Op. cit.*, p. 516.

332 *Op. cit.*, pp. 516 y 517.

como "*la razón o proporción de dos o más cosas que consisten en armonía o congruencia*"[333].

G) BENITO JERÓNIMO FEIJOO

En su *Balanza de Astrea o recta administración de justicia*, el Padre Feijoo distingue la equidad de la piedad y la vincula con la prudencia en la aplicación de la justicia. Incluye en la carta de un anciano magistrado a su hijo, juez novel, la siguiente reflexión:

> *"Es verdad que podemos interpretar la ley oscura, inclinándola a la parte más benigna, más esto debe ser según exigencia del bien público y según el dictamen de la natural equidad; y obrando de este modo, ya no es clemencia, sino justicia. Podemos también por la virtud que llaman epiqueya, minorar y aún omitir en varios casos las penas que decretan las leyes. Tampoco esto es benignidad, sino justicia, porque estamos obligados a seguir la mente del legislador antes que la letra de la ley. Por eso Aristóteles, que entendió muy bien la naturaleza de las cosas que pertenecen a la ética, señaló la epiqueya como parte de la justicia. Estos casos en los delitos menores son muy frecuentes, porque examinada la postura de las cosas, ocurre muchas veces a la prudencia que se han de seguir mayores inconvenientes del castigo que de la tolerancia. Seguir siempre la letra de la ley penal, sin exceptuar los casos en los que el legislador no pudo o la prudencia juzga que no quiso obligar es lo que se llama sumo derecho, summum ius, y que con razón está capitulado por suma injusticia. Luego obrar de contrario modo es justicia y no clemencia. De donde se infiere que la piedad que tanto se implora en los jueces subalternos, impropiamente se llama así porque sí es conforme a la ley racionalmente entendida, es justicia; si contra ella, es injusticia*[334].

---

[333] "*Nova methodus dicendae docendaeque jurisprudentiae*", 1667, 75, p. 213, *cit.* por CASTÁN TOBEÑAS, JOSÉ, "*La equidad y sus tipos históricos...*", *cit.*, p. 54

[334] https//biblioteca.org//libros//153220.pdf.

H) KANT

Por su parte, Kant considera el brocardo *summum ius, suma iniuria* el lema (*dictum*) de la *equidad*, aunque considera que el mal que expresa no puede ser corregido dentro del Derecho, aunque se refiera a una cuestión jurídica, debido a que a su juicio "*no tiene más fuerza que en el tribunal de la conciencia (forum caeli), al paso que la cuestión de derecho se discute en el tribunal civil (fórum soli s. civile)*"[335]. Su posición -considera Castán- supone "*un retroceso doctrinal y una vía muerta*"[336].

I) HEGEL

Para Hegel, la equidad supone "*una derogación del derecho formal por consideraciones morales o de otra naturaleza*". Su aplicación debe encomendarse a tribunales de equidad, los cuales han de resolver las disputas en su contenido sin atenerse a las formalidades del procedimiento jurídico, ni a disposiciones legales sobre prueba y de acuerdo con el interés propio del caso particular y no con base al interés ínsito en la disposición legal[337].

J) DESARROLLO POSTERIOR

Posteriormente se han sucedido multitud de definiciones y aproximaciones a la equidad, constitutivas de una auténtico *maremágnum* -en expresión de Castán-, en el que predominan posiciones eclécticas, dentro de las cual conviven la necesidad de individualización conforme a las circunstancias del caso, la búsqueda de la igualdad y la atemperación humanista de la

---

335 "Los principios...", *cit.*, p. 53.

336 "*La equidad y sus tipos históricos...*", *cit.*, p. 55.

337 "*Filosofía del Derecho*", *cit.*, p. 195.

norma[338]. A grandes rasgos puede compartirse con Castán la afirmación de que la cuestión de la equidad es "*la de la eterna lucha entre los poderes del legislador y los del juez, entre el elemento autoritario y el elemento de libertad en la elaboración del derecho*"[339]. Dicho autor coincide con Manuel Fraga Iribarne en considerar que el concepto moderno de equidad aúna la *epiqueya* clásica con la *benignitas* cristiana[340].

K) LA EQUITY

En el mundo anglosajón, la *equity* constituía una fuente del derecho, originada a raíz de la creación en la época normanda de la *chancellor´s equity jurisdictión* para superar las limitaciones del *common law,* al cual completa, en cuanto a la materia sobre la que se proyecta (supuestos externos al marco de los *writs* formalizados en el *common law*) y en lo concerniente a los métodos de imposición del Derecho, incluidas las *injuctions* (mandamientos de hacer o no hacer), en el marco de una Administración de Justicia más centralizada y profesionalizada, formada por eclesiásticos[341], versados en la *aequitas* romano-

---

338 CASTÁN TOBEÑAS, JOSÉ, "*La equidad y sus tipos históricos...*", *cit.*, p. 56.

339 "*La idea de equidad y su relación con otras ideas morales y jurídicas afines. Discurso leído por el Excmo. Sr.D. José Castán Tobeñas, Presidente del tribunal Supremo en la solemne apertura de los tribunales celebrada el 15 de septiembre de 1950*", Instituto Editorial Reus, Madrid, 1950, p. 8.

340 "*La idea de la equidad....*", *cit.*, p. 45. La cita de Fraga Iribarne (en nota 100) es a la obra "Estudio preliminar a la traducción de la obra de Luis de Molina <<*Los seis libros de la Justicia y el Derecho*>>", T. VI, Vol. II, Biblioteca de Clásicos Jurídicos, Madrid, 1944, pp. 224 y ss.

341 SHAPIRO, MARTIN, "*Courts. A comparative and political anlysis*", Universityu of Chicago Press, 1981, pp. 85 a 87.

canónica[342], la cual aplicaban para suplir las imperfecciones legales y las indeseables consecuencias de una ley demasiado estricta[343]. Con la unificación de las jurisdicciones mediante la reforma de 1873-75, la *equity* quedó como conjunto de reglas derivado no de la ley escrita, ni de la costumbre, sino de la *conciencia* y en un sistema procesal diferenciado (pero no en lo orgánico)[344]. La tercera de las llamadas *Doce Tablas de la Equidad* es que la *equity* sigue a la ley, si bien complementa el *common law* y deroga en ocasiones sus normas[345].

L) EQUIDAD Y OPORTUNIDAD

Nuestro Código civil no contempla a la equidad entre las fuentes del Derecho y le otorga, en su art. 3.2 -tras su redacción por Decreto de 31 de mayo de 1974-, un doble papel: como criterio de aplicación normativa y como fundamento alternativo a la ley de la resolución judicial.

> *"La equidad habrá de ponderarse en la aplicación de las normas si bien las resoluciones de los tribunales sólo podrán descansar de manera exclusiva en ella cuando la ley expresamente lo permita".*

---

342 CASTÁN TOBEÑAS, JOSÉ, "*La equidad y sus tipos históricos...*", *cit.*, p 68.

343 BLACKSTONE, WILLIAM, "*Blackstone´s, "Commenaries on the Laws of England*", Vol. II, Callaghan and company, Chicago, 1884, pp. 57 a 55.

344 LÉVY-ULLMANN, "*Eléments d´introduccion général à l´étude des sciencies juridiques, II. Le systeme juridique de l´Anglaterre*", t. 1°, Sirey, Paris, 1928, pp. 458 a 460, *cit.* por CASTÁN TOBEÑAS, JOSÉ, "*La equidad y sus tipos históricos...*", *cit.*, p. 61.

345 CASTÁN TOBEÑAS, JOSÉ, "*La equidad y sus tipos históricos...*", *cit.*, p. 63.

Dicho precepto, obviamente, no colisionaría con la admisión legal del principio de oportunidad, que tendría su sentido en el reconocimiento por la ley de la necesidad de su rectificación judicial en el caso concreto, en su aplicación *tópica.*

La ley, en la regulación de todos los aspectos públicos y privados de las relaciones humanas no sólo tiene en cuenta el interés de las partes, sino muy señaladamente el interés público y no es neutral en el tratamiento de dichos intereses. Hace prevalecer siempre el interés público y en buena medida ciertos intereses privados que se priorizan frente a otros como consecuencia del reflejo del juego del poder político sobre el ordenamiento jurídico y el juez, pese a su independencia, por su sumisión a le ley -principios que se hayan en relación de tensión, según Nicolás González-Cuéllar Serrano- debe supeditarse a ello[346].

Pero, como el Derecho -que vincula las consecuencias jurídicas queridas la ley a supuestos de hecho predefinidos- se proyecta sobre infinitas situaciones reales posibles, con matices diferenciales inabarcables *ex ante,* no es raro que los intereses que confluyen en ellas, y que sólo pueden constatarse con seguridad *ex post,* diverjan de los esperados con carácter general, tanto en su efectiva presencia o real necesidad de protección. En la vertiente de la aplicación normativa, la equidad confluye para guiar los casos que no se ajustan al patrón regular al margen de la ley, para su tratamiento diferenciado. Desde la equidad, sobre el caso real específico, la norma implosiona suprimiendo su automática imperatividad. Exactamente así funciona el principio de oportunidad en el proceso penal.

---

346 GONZÁLEZ-CUÉLLAR SERRANO, NICOLÁS, "El origen de los tribunales", *cit.*, p. 36.

Capítulo 4

Fundamentación constitucional

I. IMPERIO DE LA LEY Y OPORTUNIDAD

Diversas son las disposiciones constitucionales que afectan a la implantación de los principios de *legalidad* u *oportunidad* en el ordenamiento procesal penal y que, en consecuencia, deben ser tomadas en consideración por el legislador. Pero, antes de ocuparnos de tales normas, conviene dispar la confusión conceptual que la anfibología de la expresión *principio de legalidad* puede provocar, hasta el punto de oscurecer y desenfocar el debate acerca de su contraposición con la *oportunidad* en el ejercicio de la acción penal.

En general, el principio de legalidad implica *imperio de la ley* (*rule of law*), sumisión de todos -incluidos los poderes públicos- al ordenamiento jurídico, en cuya cúspide se encuentra la Constitución, que ostenta la primacía.

Como sostiene Eduardo Espín Templado:

> *"El principio de legalidad constituye una plasmación jurídica del principio político de imperio y supremacía de la ley, mediante la cual se expresa la voluntad del titular de la soberanía, representado por el Parlamento"*[347].

El art. 9 de la CE, en su apartado primero, vincula a los ciudadanos y a los poderes públicos a la Constitución y al resto

---

[347] ESPIN TEMPLADO. EDUARDO, "*El sistema de fuentes en la Constitución I*" Derecho Constitucional. V.I, 5ª Ed: Tirant lo Blanch, Valencia, 2013, p.65

del ordenamiento jurídico y, en su apartado tercero, garantiza el principio de legalidad y prohíbe la arbitrariedad de los poderes públicos.

El Gobierno ejerce sus funciones vinculado a la Constitución y a las leyes (art. 97 de la CE) y las Administraciones Públicas quedan plenamente sometidas a la ley y al Derecho (art. 103.1 de la CE), bajo el control de los tribunales (art. 106.1 de la CE). Incluso los actos políticos del Gobierno son revisables por los tribunales de lo contencioso-administrativa para la protección de los derechos fundamentales, los elementos reglados o las indemnizaciones que sean procedentes (art. 2 de la LJCA).

Obviamente, como cualquier institución del Estado, la Fiscalía y todos los tribunales de justicia, ordinarios o especiales, se encuentran vinculados a la ley, como expresamente establecen los artículos 124 y 117.1 de la CE. Además, el principio de legalidad -reconocido por el art. 25.1 de la CE- constituye una garantía esencial del Derecho penal que se expresa en el brocardo "*nullum crimen nulla poena sine lege praevia*".

El enunciado de dicho precepto suele atribuirse a Paul Johann Anselm Feurbach, aunque debe matizarse que, en realidad, dicho autor, en la primera edición de su tratado sobre derecho penal en 1801, enunció -encadenándolos- los principios "*nulla poena sine lege*", "*nulla poena sine crimen*" y finalmente "*nullum crimen sine poena legali*"[348], con lo cual vinculaba la exigencia de predeterminación legal de la pena -a la que añadía la del hecho punible- a la necesidad de aplicación de la pena legalmente establecida a todo delito, cuya posible impunidad rechazaba -salvo supuestos justificados de ejercicio del derecho

---

348 "*Lehrbuch des gemeinen in Deutschland gültiger peinlichen Rechts*", Georg Friedich Heye, Giessen, 1812, p 22.

de gracia-[349]. Y ello no desde una perspectiva retribucionista del delito -que no compartía-, sino desde su consideración de la pena como "*coacción psicológica*", como amenaza que, de fracasar en su objetivo preventivo, debería ser confirmada inexorablemente. Para Feurbach el Derecho penal en sentido estricto constituye la "*explicación categórica de la necesidad de un mal perceptible en el caso de una infracción legal determinada*". "*De la naturaleza de la ley* -añade el autor citado- *se sigue necesariamente lo siguiente: 1) que la ley penal es válida por sí misma, su aplicación no puede despender de ulteriores consideraciones sobre su conveniencia o conformidad a Derecho; y 2) la ley penal se aplica a todos los casos que se subsumen en ella. Ningún caso que reúne las características requeridas por la ley queda excluido de la consecuencia jurídica de la ley, a menos que concurra un fundamento legal especial*"[350].

Tal fundamentación de la necesidad de castigo en la prevención general no es infrecuente encontrarla, unida a la idea de retribución, en la doctrina posterior[351].

Junto con la exigencia de predeterminación de delito y pena, el principio de legalidad, aplicado al ámbito penal, reclama la existencia de un cauce necesario para la investigación y el enjuiciamiento del delito, que ha de ser conforme al art. 24.2 CE -el proceso con todas las garantías-, el único que, como expresa el art. 1 de la LECrim, permite el dictado de la sentencia por el tribunal competente como condición inexcusable para la imposición de una sanción penal, ya se trate de una pena o de una medida de seguridad (sentencia firme

---

349 *Op. cit.*, pp. 17, 20, 72.

350 *Op.cit.*, p. 73.

351 Así, HIPPEL, "*Deutsche strafprocessrecht*", 1945, p. 338. Cit. por BAUMANN, JÜRGEN, "Grabsgesang für das Legalitätprinzip", en *Zietschrift für Rechtspolitik*, H. 12, Dezember ,1972, p. 275, quien comparte su opinión.

-precisa el art. 3.1 del CP-). "*Nulla poena sine proceso*", sintetiza Teresa Armenta Deu[352].

Pues bien, el *principio de legalidad* que se opone al *principio de oportunidad* no coincide con el principio de legalidad material y procesal inspirador de los citados preceptos constitucionales, arts. 25.1 y 24.2, los cuales reconocen derechos fundamentales de los ciudadanos.

Que, en un Estado de Derecho, el hecho punible y la sanción deban encontrase descritos en una ley previa, clara y determinada, como presupuesto de legitimación democrática en el uso de la coacción estatal limitativa de la libertad o la propiedad y como medio de otorgamiento de accesibilidad y previsibilidad a las consecuencias legales del comportamiento, no es lo mismo que, normativamente, se reclame que la sanción haya de seguir inexorablemente a la realización del hecho punible, por mucho que Feurbach y parte de la doctrina posterior vincularan la predeterminación normativa de la pena y del delito al carácter necesario de la imposición de la pena.

En el capítulo segundo, al abordar el miedo ancestral a la impunidad, han sido aclaradas las causas de la penetración de la idea de retribución en los contornos conceptuales del principio de legalidad penal, residenciadas en un sustrato cultural teñido de connotaciones religiosas y mágicas que nada tienen que ver con el principio situado en sus verdaderas dimensiones, constituidas por el ámbito formal de la seguridad jurídica y por el marco material de la legitimidad democrática de las medidas restrictivas de derechos.

---

352 "Principio de legalidad vs principio de oportunidad: una ponderación necesaria", *ResearchGate*. Enero 2009. Actualizado el 2 de febrero de 2016, p. 5. https://www.researchgate.net/publication/292735596_Principio_de_legalidad_vs_principio_de_oportunidad_una_ponderacion_necesaria.

Respecto a la vinculación de la necesidad de persecución con la prevención general en la doctrina de Feurbach, cabe decir que ya la ligazón de ambos extremos resulta inconsistente, pues una Administración de Justicia selectiva pero ejemplarizante en los casos enjuiciados tendría también suficiente eficacia disuasoria[353].

A ello se debe añadir que la previsibilidad de la imposición de la sanción por la comisión del hecho punible que el principio de legalidad reclama recae sobre la *contingencia* del suceso, no sobre la *probabilidad* de que se produzca.

En efecto, el pronóstico de imposición de sanción que queda afectado con la instauración del principio de *oportunidad* es totalmente distinto al que interesa a los arts. 25 y 24.2 de la CE. La concesión de discrecionalidad al titular de la acción penal (para ejercitarla o no) puede importar a la previsión que se efectúe *ex ante* de la realización del hecho sobre la eficacia aplicativa de la norma penal, de forma similar al grado de incertidumbre que pueda existir acerca de las posibilidades prácticas de descubrimiento y prueba del delito o localización y detención del sospechoso en caso de ser cometida la infracción. Los interrogantes del tipo ¿me descubrirán? ¿tendrán pruebas del delito? ¿me llevarán ante la justicia? ¿decidirá el fiscal acusarme? no son preguntas cuya respuesta traten de asegurar los arts. 25.1 y 24.2 de la CE. Lo que los derechos fundamentales a la legalidad material y procesal consagrados en dichos preceptos reclaman es una seguridad de tipo normativo, sobre el poder de restricción estatal de los derechos individuales como respuesta ante determinado hecho. Las normas constituciona-

---

353 DEITERS MARK, *op. cit.*, p. 49; TRENTMANN, CHRISTIAN, "§ 153 a StPO und das öffentliche Interesse an der Strafverfolgung – Zum Vorwur der Irrationalität und Paradoxie von Verfahrenseinstellungen gegen Geldauflage anlässlich des Falls Edathy", *ZStW*, 128 (2), 2016, p. 459.

les mencionados obligan a que el ordenamiento responda a preguntas con un contenido muy diferente: ¿constituye este supuesto de hecho delito conforme a la ley? ¿qué sanción corresponde por su comisión? ¿cuándo prescribe? y otras similares. Son interrogantes que se encuentran en los planos de la *validez* y *vigencia* de las normas, no de su *eficacia* aplicativa. Este último problema es ajeno al deslinde legal de la esfera de conductas prohibidas, por definición un terreno sito en lo normativo y no en lo empírico.

Dentro del ámbito procesal, como se ha adelantado, tampoco el principio de legalidad entendido como necesidad de sustanciación del proceso para la aplicación de la sanción colisiona con el principio de oportunidad. Como señalan Javier Vecina Cifuentes y Tomas Vicente Ballesteros, "*al principio de legalidad del derecho penal sustantivo: <<nulum crimen, nulla poena sine lege>> corresponde, en la esfera del proceso, el principio de legalidad procesal que, en sentido estricto, hace referencia a la necesaria regulación legal del proceso: no hay proceso sin ley; así entendido, difícilmente puede decirse que el principio de oportunidad se oponga a él*"[354]. Cuestión distinta, sin embargo, es dilucidar los límites del principio de oportunidad desde la perspectiva del principio de publicidad del proceso, la cual se examinará más adelante.

En el contexto de una legalidad penal entendida en sentido amplio, más allá de las exigencias de accesibilidad y previsibilidad de las leyes penales y de la necesidad de desarrollo del debido proceso penal para la imposición de pena, en lo que lo normativo importa, el principio de oportunidad puede y debe ser abordado desde una triple perspectiva:

---

354 "Las manifestaciones del principio de oportunidad en el proceso penal español", *Revista Derecho & Sociedad*, nº 50, mayo, 2018, p. 311.

i. desde el punto de vista de la legitimación democrática de las decisiones estatales basada en el principio de separación de poderes;

ii. desde los parámetros del Estado de Derecho; y

iii. desde la perspectiva de la deseable uniformidad en la aplicación de la ley que el principio de igualdad reclama.

Despejado así el obstáculo que, para la implantación del principio de oportunidad, supondría su colisión con los arts. 25.1 y 24,2 CE, procedamos a examinar la normativa constitucional que sí resulta relevante para su regulación, con la advertencia de que en España, a diferencia de Italia[355], no existe una norma constitucional que establezca expresamente la obligación del Ministerio Público de ejercer la acción penal. En los siguientes epígrafes del presente capítulo se examinará si dicha obligación se encuentra contenida implícitamente en la Ley Suprema con carácter general, para determinados casos o para ninguno.

II. ESTADO DEMOCRÁTICO DE DERECHO Y OPORTUNIDAD

A) LEGITIMACIÓN DEMOCRÁTICA Y CONFIANZA EN LA JUSTICIA

La constitución de España en Estado social y democrático de Derecho, proclamada por el art. 1 de la CE, proporciona

---

355 El art. 112 de la Constitución italiana establece: "*El Ministerio Fiscal tendrá la obligación de ejercer la acción penal*".

el primer marco de análisis constitucional en que abordar el principio de oportunidad.

En primer lugar, surge la cuestión relativa a la legitimación democrática del principio de oportunidad, la cual, a primera vista, quedaría solventada desde el momento en que fuera la ley aprobada por el Parlamento, como representante de la soberanía nacional, la que admita y regule el principio, en su naturaleza y alcance[356]. Sin embargo, una consideración más detenida de dicha cuestión revela que la previsión legal del archivo por motivo de oportunidad afecta al principio de división de poderes, si implica una delegación de la responsabilidad legislativa del Parlamento en el Poder Judicial o en el Poder Ejecutivo (si la Fiscalía se incardina en el mismo[357]). Tal traslación de una responsabilidad constitucional indelegable se manifestaría existente siempre que la aplicación de la oportunidad hubiera de seguir instrucciones o criterios generales que hubieran podido preverse por el legislador y que hubieran quedado encomendados a la cúspide del orden jerárquico del Ministerio Público o, simplemente, confiados a la tiranía de los expertos en el diseño de programas de inteligencia artificial para la Administración de Justicia. Más adelante volveremos sobre ello.

En segundo lugar, se plantea el interrogante de la compatibilidad del principio con el mantenimiento del monopolio estatal en el uso de la fuerza y la prohibición de la autotutela como reacción frente al delito, el cual reclama

356 *Vide* RUIZ VADILLO, ENRIQUE, "La actuación del Ministerio Fiscal en el proceso penal", *Poder Judicial,* Número Especial II. Jornadas sobre la Justicia penal en España, Madrid, 24 a 27 de marzo de 1987, p. 68.

357 *Vide* HASSEMER, WILFRIED, "*Strafverfolgung un Strafverzicht. Festschrift für 125Jährigen Bestehen der Staatsanwaltschaft Schleswig-Holstein*", Carl Heymann Verlag AG, Köln-Berlin, 1992, pp. 529 y ss.

que la confianza de la sociedad en el funcionamiento de las instituciones perdure.

Como principio general se viene entendiendo que constituye una exigencia del principio del Estado de Derecho, incardinada en el principio de legalidad, la activación de los órganos de persecución penal ante la sospecha de comisión de un delito para su esclarecimiento y enjuiciamiento, cuando concurran los requisitos legales para ello. Es cierto que la ley puede autorizar la omisión de persecución penal de un hecho punible. Pero debe hacerlo sin propiciar una situación en la que se genere un rechazo social a la ausencia de investigación y/o enjuiciamiento que desborde el ordenamiento jurídico.

Para evitarlo parece prudente adoptar, en primer lugar, una solución *gradualista* o *progresiva*, que proyecte el principio de oportunidad a los supuestos de escasa y menor gravedad, con el fin de encontrar un punto de equilibrio entre las ventajas que ofrece el principio y la función de integración social que a la pena y al mismo proceso judicial corresponde (la cual, conviene recordar que, a la postre, protege al delincuente de la venganza).

Dicho peligro de desintegración de la confianza en el Derecho no existe, sin embargo, cuando la instauración del principio de oportunidad se basa en la conveniencia de una mayor eficacia del sistema de justicia, que puede potenciarse mediante la concentración de medios en la persecución de los delitos graves y en una avispada administración de dosis de impunidad a sujetos cuya colaboración permita evitar lagunas de punibilidad de las más lesivas formas de criminalidad que resulten de complicado esclarecimiento de otro modo. A esta última cuestión, dedicaremos los capítulos noveno y décimo, en los que se examinarán las figuras de la colaboración eficaz y del agente encubierto.

En lo que atañe al ahorro de medios, con el fin de su concentración en las formas más graves de la criminalidad, ya se ha expuesto que constituye una necesidad que, reconocida por la ley o no, condiciona la actuación de la Administración de Justicia penal de todos los Estados, debido al carácter limitado de los recursos públicos que pueden dedicarse a la tarea, por cuantiosos que puedan llegar a ser[358]. Una asignación de medios humanos y materiales que permitiera una exhaustiva investigación de la totalidad sobre todas y cada una de las sospechas de infracción penal constituye una ilusión presupuestaria que más que utopía, desembocaría en la distópica imagen de un Estado totalitario obsesionado por la represión penal. Pero ello no significa, claro está, que el principio de oportunidad pueda ser utilizado como pretexto para la infradotación presupuestaria del sistema de justicia penal o para el conformismo con la ineficacia.

El presupuesto dedicado a la Administración de Justicia penal, que corresponde determinar a las Cortes Generales, debe ser equilibrado y suficiente para la satisfacción de sus funciones, entre las cuales también se encuentra la represión de la delincuencia menor. Que en la persecución penal de los *delitos bagatela* no siempre concurra interés público, no implica que una finalidad de ahorro de medios pueda hacerlo desaparecer cuando se encuentra presente.

Tampoco debe embridar el desarrollo de métodos más eficientes de trabajo, en especial en el terreno de la utilización de las herramientas tecnológicas que la informática proporciona y cuya aplicación en el campo de la justicia penal supondrá en el próximo futuro una transformación de consecuencias hoy en día difíciles de prever. No cabe duda de que el desarrollo

---

358 GONZÁLEZ-CUÉLLAR SERRANO, NICOLÁS, "La reforma de la Ley de Enjuiciamiento Criminal: necesidad de su reforma y examen de las sucesivas reformas parciales", en "*El proceso del siglo XXI y soluciones alternativas*", Aranzadi Thomson Reuters, Cizur Menor, 2006, p. 74.

de la inteligencia artificial permitirá contar con aplicaciones sumamente útiles para la persecución y el enjuiciamiento de todas las formas de criminalidad y que su empleo abrirá nuevos horizontes en el tratamiento de la pequeña delincuencia. En la República Popular de China, en Shanghai, ya se encuentra operativo un robot-fiscal capaz de formular acusaciones con un 97% de precisión:

> *"Esta tecnología podría contribuir a reducir la carga de trabajo diaria de los fiscales, permitiéndoles centrarse en las tareas más difíciles y complicadas, de acuerdo con el profesor Shi Yong, científico principal del proyecto y director del laboratorio de «big data» y gestión del conocimiento de la Academia China de Ciencias"*[359].

También en el mundo occidental la aplicación de la inteligencia artificial en la justicia penal ha dado comienzo, aunque su alcance resulta cuestionado. Frente a la ingenua posición de quienes, para la resolución de casos penales, confían más en la capacidad del algoritmo que en el buen hacer de abogados, fiscales y jueces, se impone una rotunda afirmación de la singularidad del ser humano en la búsqueda de la justicia. Si los jueces no pueden ser considerados la boca *que pronuncia la palabra de la ley*[360], menos aún se justifica la célebre metáfora de Montesquieu en la imagen de un *robot-juez*.

Ya de por sí las expresiones *abogado-robot, fiscal-robot* y *juez-robot* denotan un sesgo de indiferenciación conceptual entre el ser humano y la máquina que debería ser evitado con fundamento en el principio de la dignidad, que se reconoce en

---

359 https://confilegal.com/20220103-china-inventa-un-fiscal-de-inteligencia-artificial-capaz-de-presentar-cargos-con-un-97-de-precision/

360 "*Los jueces de la Nación, no son, como hemos dicho, más que el instrumento que pronuncia las palabras de la ley, seres inanimados que no pueden moderar ni la fuerza ni el rigor de las leyes*". "*Del espíritu de las leyes*", Trad. Mercedes Blázquez y Pedro de Vega, Tecnos, Madrid, 1987, p. 112.

nuestra especie y no se atribuye ni a animales ni a cosas. Un abogado, un fiscal o un juez son, ante todo, seres humanos, obviedad ésta de la que se deriva que no existen *abogados, fiscales* o *jueces-robot*, sino robots que simulan el papel de abogados, fiscales o jueces, a los que nunca podrán llegar a reemplazar.

Como señala Nicolás González-Cuéllar Serrano, el proceso jurisdiccional se compone de *mensajes persuasivos*, mientras que un proceso informático se basa en la *transmisión de datos*. En el *mensaje persuasivo* -afirma el autor citado- se dan *razones* para la toma de una decisión, no simples datos que puedan conducir a una única solución posible programada. La decisión que se fundamenta en *razones* depende en una medida significativa de la voluntad de una persona, que actúa con independencia precisamente porque puede ser persuadida. Una persona puede ser independiente, en su vinculación a la ley, porque atiende a *razones*, no a *causas*[361].

Un robot no es siquiera un esclavo de un algoritmo, pues no se puede rebelar contra el amo. Carece de la predisposición a la libertad que surge de la autoconsciencia del ser humano sobre su dignidad. Recientemente, Manuel Marchena Gómez, en un magnífico trabajo sobre el empleo de la inteligencia artificial en la jurisdicción penal, manifiesta su rechazo total a los algoritmos predictivos "*si se interpretan como algo más que un instrumento puramente auxiliar, nunca vinculante -ni siquiera condicionante- al servicio del juez*". Añade el actual Presidente de la Sala Segunda del Tribunal Supremo que "*sustituir la decisión jurisdiccional por una resolución mecanizada que rinde culto a una supuesta precisión matemática, quebrantaría de modo irreparable las*

---

361 "La independencia judicial frente a la corrupción", en "*La reforma de la Administración de Justicia, el sistema electoral y la lucha contra la corrupción. I Jornada Internacional*" (VVAA), Instituto Peruano de Criminología y Ciencias penales, Lima, 2019, pp. 5 y 6.

garantías del investigado, de forma especial su derecho de defensa"[362]. Desde su propia experiencia forense, el autor advierte que "*administrar justicia es algo más que solucionar controversias a partir de los precedentes ya abordados por el órgano jurisdiccional*" y señala el cambio de criterio jurisprudencial como ejemplo práctico de decisión que una maquina no podría tomar[363]. En definitiva, como sostiene Marchena, la inteligencia apta para aprehender el valor constitucional justicia es la humana, no la artificial[364].

Así pues, la gestión de la *delincuencia bagatela* en el sistema de justicia penal podrá verse enormemente facilitada con el auxilio de robots, pero seguirá siendo necesaria la intervención de abogados, fiscales y jueces no sólo en la investigación y el enjuiciamiento de los hechos punibles, sino también en la adopción de la decisión de dejar fuera de la persecución penal ciertas conductas en aplicación del principio de oportunidad. Precisamente se trata de un tipo de decisión -perseguir o no perseguir un delito- fundada en la libertad de opción, la cual no podría ser atribuida a un robot más que mediante un programa de generación de respuestas aleatorias.

En efecto, como más adelante se examinará con mayor detenimiento, en el tratamiento de los *delitos bagatela* la ausencia de interés de persecución penal en el caso concreto se fundamenta en una valoración que exige la toma en consideración de circunstancias concurrentes en el supuesto particular que la norma jurídica, abstracta y general, no ha contemplado. Si pudiera ser creado un algoritmo que se proyectara sobre la

---

362 "*Inteligencia artificial y jurisdicción penal. Discurso pronunciado por el Excmo. Sr. D. Manuel Marchena Gómez en el acto de su toma de posesión como Académico de Número el día 22 de octubre de 2022 y contestación del Excmo.Sr.D. Jorge Rodríguez-Zapata Pérez*", Real Academia de Doctores de España, Madrid MMXXII, p. 56.

363 *Op. cit.*, p. 71.

364 *Op.cit.*, p. 77.

totalidad de los datos relevantes para la toma de la decisión, igualmente podría establecerse una regla de derecho -más o menos compleja- que resolviera la cuestión sin necesidad de definir espacio alguno para el juego de la discrecionalidad en el ejercicio de la acción penal. Por ello, en el ámbito de la delincuencia menor, sólo para supuestos de necesaria aplicación tópica del derecho, irreductibles a leyes o programas informáticos, tiene sentido acudir al principio de oportunidad como solución sistemática. Para la toma de la decisión última sobre la persecución o no del hecho punible, la que en puridad de conceptos no puede ser encerrada en una regla -jurídica o informática-, un robot haría el mismo papel que un jugador de dados.

Quizás, en su proyección sobre circunstancias imprevistas, la voluntad del ser humano tenga un efecto equivalente al azar, pero presenta dos ventajas, que pasamos a exponer.

La primera ventaja puede parecer paradójica desde la perspectiva del principio de objetividad, pues consiste en la inclusión de creencias, intuiciones, sentimientos o emociones en la comprensión del caso. Se trata de factores que pueden introducir sesgos indeseables en la toma de una decisión en otro caso neutral en su aleatoriedad -si se confiara a una máquina-, pero también constituyen rasgos humanos que protegen valores socialmente compartidos y guían el sentido de la justicia (de los cuales prescindiría una solución automatizada estrictamente aleatoria ajena a cualquier guía programada).

La segunda ventaja se desprende de la situación en la se encuentra la voluntad humana, dentro del ámbito de la dignidad, en el cual la exigencia de la responsabilidad penal a las personas físicas se sitúa, al presuponer en los seres humanos un libre albedrío del que las maquinas carecen. Se atribuye la decisión a un ser dotado de dignidad, como medio de reconocimiento de la dignidad del ser humano justiciable, sea o no delincuente. Esta segunda ventaja, obviamente, no sería trasladable del mismo modo al campo de la responsabilidad de las personas jurídica, a la que ninguna dignidad humana puede ser reconocida sin negar simultáneamente la esencia de tan transcendental valor constitucional. Aún así, el impacto de la decisión sobre perseguibilidad la persona jurídica en la vida de los seres humanos, dotados de dignidad, justifica la exclusión del azar informático en su adopción.

B) DELITOS DE ESPECIAL CUALIFICACIÓN

1. Por causa objetiva

Mención aparte en la definición de los espacios para la discrecionalidad persecutoria merecen los delitos respecto a los que rige una obligación de persecución, enjuiciamiento y, en su caso, castigo especialmente cualificada o reforzada, como son los que vulneran los derechos:

i. a la vida y a no sufrir torturas o tratos inhumanos o degradantes en el ámbito de las actuaciones policiales (SSTC 224/2207, de 22 de octubre, 123/2008, de 20 de octubre, 63/2010 de 18 de octubre, 106/2011, de 29 de junio, 182/2012, de 17 de octubre, 12/2013, de 28 de enero, 66/2021, de 4 de octubre, 13/2022, de 7 de febrero; SSTEDH de 27 de septiembre de 1995, *caso McCann c. Reino Unido*, dc 11 de julio de 2000, *caso Dikme c. Turquía, de 8 de marzo de 2011, caso Berinstain Ukoz c. España...*);

ii. de los manifestantes a la vida e integridad física frente a excesos de las fuerzas del orden (53/2022, de 4 de abril; STEDH de 9 de marzo de 2012, *caso López Martínez contra España...*);

iii. de las mujeres a no sufrir violencia machista y de otras víctimas vulnerables a no sufrir violencia interfamiliar o doméstica (SSTC 67/2011, de 16 de mayo, 87/2020, de 20 de julio; SSTEDH de 28 de octubre de 1998, *caso Osman c. Reino Unido,* de 9 de junio de 2009, *caso Opuz c. Turquía,* , de 2 de marzo de 2017, *caso Talpis c. Italia...*).

Resulta obvio que el mayor rigor impuesto por la jurisprudencia al deber de esclarecimiento del hecho y a la obligación de motivación de la resolución obstativa de la persecución, en relación con ciertos delitos, responde a la necesidad de evitar la impunidad. Así lo manifiesta explícitamente la STC 13/2022, de 7 de febrero, respecto a un delito de malos tratos de una persona detenida:

> *"El propósito fundamental de dicha exigencia de investigación es garantizar la aplicación efectiva de las leyes internas que prohíben la tortura y los tratos o penas inhumanos o degradantes en casos que involucran a agentes u organismos estatales, así como asegurar su rendición de cuentas por los malos tratos ocurridos bajo su responsabilidad".*

También lo ha reiterado con profusión el TEDH en su jurisprudencia acerca del contenido de los arts. 2 y 3 del CEDH. La investigación rigurosa que reclama el Convenio para la tutela penal de los derechos que consagra se dirige a posibilitar la identificación y el castigo del culpable (STEDH de 19 de febrero de 1998, *caso Kaya c. Turquía*).

El CEDH no impone un control judicial del ejercicio de discrecionalidad por la Fiscalía en la conducción de la investigación, pero si requiere que la misma satisfaga ciertos requisitos: independencia de la autoridad investigadora; idoneidad de las diligencias; premura en la apertura de la investigación y duración razonable del procedimiento; así como escrutinio público y participación de las víctimas (STEDH de 4 de agosto de 2001, *caso Hugh Jordan c. Reino Unido*).

Sí rechaza, sin embargo, el Convenio, a juicio del TEDH, la impunidad otorgada por motivo político, a través de la amnistía o el indulto, de los delitos contra la vida y las torturas (Decisión de 30 de marzo de 2009, *caso Ould Dah c. Francia*, STEDH de 13 de abril de 2009, caso *Yeter c. Turquía*), aunque con el matiz de la posible admisión del perdón como instrumento de justicia transicional por motivos atendibles (STEDH de 27 de mayo de 2014, caso *Margus c. Croacia*), tal y como se examinará en el capítulo octavo.

De ello se deriva, en coherencia, la prohibición de una *gracia* anticipada que se instrumente a través de la omisión de persecución ante crímenes de especial cualificación, que debería quedar descartado de manera absoluta en los delitos contra la vida, la integridad y la dignidad cometidos por integrantes de la fuerza pública y severamente restringidos en los demás delitos de obligación de persecución reforzada, con independencia de la gravedad asignada a la pena prevista para el hecho punible.

En la medición del interés de persecución penal propia de la aplicación del principio de prohibición de exceso o proporcionalidad en sentido amplio, no sólo influye la *gravedad del hecho punible* en atención a la altura de la pena prevista por la ley, sino también la llamada *importancia de la causa,* concepto de contornos difusos y controvertidos que, no obstante, resulta útil para englobar necesidades de tutela de valores constitucionales no reflejadas en la naturaleza o cantidad de pena establecida por la ley para el delito[365].

En los delitos contra los derechos fundamentales cometidos por la autoridad o sus agentes la *importancia de la causa* reside en la necesidad de que el Estado de Derecho no cubra con el manto de la impunidad el abuso del poder que confiere a sus servidores, pues en caso de hacerlo invierte su función y des-

---

365 *Vide* GONZÁLEZ-CUÉLLAR SERRANO, NICOLÁS, "*Proporcionalidad...*", *cit.*, pp. 255 y ss.

miente su propia denominación, deslizándose hacia la tiranía y significándolo así ante la ciudadanía.

En los delitos contra víctimas de la violencia machista, intrafamiliar o doméstica, en los que también se impone una obligación de persecución reforzada, la *importancia de la causa* consistiría en la exigencia de confirmación del compromiso del Estado en la lucha contra la asunción de posiciones de dominio abusivas en la estructura de las relaciones sociales, que la impunidad del responsable del delito debilitaría, lo que supondría una lamentable contribución al mantenimiento de formas de relación humana criminógenas.

Ello no significa, sin embargo, que, en este ámbito de abuso de poder por los particulares en las relaciones de pareja, interfamiliares o domésticas, la única respuesta posible ante la comisión del delito, en caso de delitos menos graves, sea la aplicación de la sanción, pues también una elusión del castigo condicionada al cumplimiento de medidas de protección y resarcimiento de la víctima y/o reeducación del infractor, seguramente más aptas para conseguir dichos fines que la sanción penal, puede ser percibida por la comunidad como señal de reintegración del infractor en la conciencia jurídica compartida.

En lo que concierne a los delitos de corrupción y económicos, su efectiva persecución resulta indispensable para el mantenimiento de la confianza social en la integridad del sistema político y socioeconómico[366], por lo que resulta harto difícil imaginar en la práctica una ausencia de interés público que pueda justificar la elusión de la exigencia de responsabilidad penales por su perpetración. En ellos el interés público de persecución debe entenderse presente, por su valor para la pre-

---

366 GONZÁLEZ-CUÉLLLAR SERRANO, NICOLÁS, "Halcones y palomas...", *cit.*, p. 515.

servación en la integridad del Estado social y democrático de Derecho, lo que conduce a descartarlos del ámbito objetivo de aplicación del principio de oportunidad[367].

2. Por causa subjetiva

Debido al mismo motivo, de necesidad de conservación de la confianza social en el sistema de convivencia, resulta altamente desaconsejable la dispensa del beneficio de la oportunidad a las personas de relieve público, al menos cuando se trata de la comisión de ciertos delitos.

En Alemania, en aplicación del parágrafo 153a de la StPO (el cual -como en el capítulo siguiente veremos- permite el archivo por motivo de oportunidad con imposición de órdenes o condiciones), la cesación de la persecución penal de un ex canciller, Helmutt Kohl, en 2001 a cambio del pago de la cantidad de trescientos mil marcos, originó una fuerte polémica, al igual que en 2013 cuando se ofreció la misma posibilidad -por veinte mil euros- al ex Presidente Christian Wulff, quien rechazó el trato y finalmente resultó absuelto. También ocasionaron gran revuelo otros casos mediáticos como el de Josef Akermann en 2005 o, Bernie Ecclestone en 2014, cuyas causas se archivaron previo abono de sumas considerables[368]. En concreto, recuerda Christian Trentmann que Ecclestone manifestó a la prensa en relación con la finalización del procedimiento penal: "*así es como funcionan las cosas en Alemania.*

---

[367] Menos tajante se muestra RODRÍGUEZ GARCÍA, NICOLÁS, "Hacia la maximización del principio de oportunidad en los procesos penales por hechos de corrupción", en "*Postmodernidad y proceso europeo...*", *cit.*, pp. 406 y ss.

[368] *Vide* BECKEMPER, KATHARINA, "El principio de oportunidad en el derecho penal económico alemán", en "*Postmodernidad y proceso europeo...*", *cit.*, pp. 81 y ss.

Es seguro un poco triste tener que pagar tanto dinero (...) pero en realidad encuentro este sistema capitalista bueno"[369].

Otro asunto famoso fue el proceso contra el político Sebastian Edathy, inculpado por la Fiscalía por posesión de pornografía infantil, al haberse constatado la adquisición entre 2005 y 2010 de treinta y una películas y sets de imágenes pedófilas[370]. Como relata Christian Trentmann, el caso generó una gran expectación pública, que estaba en auge cuando en febrero de 2015, tras dos días de juicio, el Tribunal del Land de Verden sobreseyó la causa a cambio del abono de cinco mil euros, en aplicación del art. 152a. 2 de la StPO, con base en la confesión de Edathy, la inexistencia de antecedentes y "*la relativa escasez de hechos en un tiempo limitado*", factores que determinarían la fijación de la pena en un entorno bajo. Para justificar su decisión, el tribunal explicó que tal era la práctica en casos similares y que el desarrollo del proceso ya había supuesto un perjuicio para el acusado, por su amplia repercusión pública, causante de la finalización de su carrera política y probablemente profesional, al haberse dañado de forma que podría ser irreparable su reputación privada y social[371].

Trentmann nos recuerda que el resultado del proceso dividió a la opinión pública. Unos criticaron el celo persecutorio de la Fiscalía y otros elogiaron la actuación de la Administración de Justicia. Pero las voces más fuertes fueron las que manifestaron incomprensión frente a la solución acordada. La Asociación de la Infancia de Baja Sajonia solicitó al tribunal que buscara otro destinatario para recibir el pago de la contraprestación económica[372].

---

369 *Vide* TRENTMANN, CHRISTIAN, *op. cit.*, pp. 446 y 447.

370 TRENTMANN, CHRISTIAN, *op. cit.*, p. 448, nota 7.

371 *Op. cit.*, p. 448.

372 *Op. cit.*, pp. 449 y 450.

No puede extrañar. La resolución del tribunal se basaba en una pretendida eliminación del interés público por el abono de una suma de dinero y partía de la base de la confesión del autor del delito. Pero la finalización del proceso en tales circunstancias no equivale a la imposición de una sanción, que precisamente simboliza el reproche que el interés público reclama, lo cual genera la insatisfacción social a la que un caso como el relatado puede conducir.

Desde luego, la barata monetarización del interés público en la tutela de la infancia efectuada por el Tribunal de Verden en el caso Edahny no es un ejemplo de prudencia en la aplicación del principio de oportunidad que pueda servir al sistema alemán para ganar adeptos.

Situada entre los que consideran que no debe atribuirse a la personalidad o posición del inculpado relevancia alguna ante la posibilidad de aplicación del principio de oportunidad para no dispensarles un trato discriminatorio y quienes consideran, en el extremo contrario, que el otorgamiento del beneficio a personajes públicos constituye un motivo de escándalo que conviene evitar, existe una posición doctrinal intermedia en la que se ha tratado de objetivar el criterio que elevaría el interés de persecución penal de personas de relieve público, por una mayor *importancia de la causa,* que se centraría en la relación o punto de conexión del hecho punible con la posición de poder o predominio del sospechoso, en el ámbito político, socioeconómico, profesional, cultural, deportivo o de cualquier otra índole pública[373].

Desde esta perspectiva, el tratamiento otorgado a Helmutt Kohl y la oferta realizada a Christian Wulff resultarían rechazables, dado que existía conexión entre los delitos que se les atribuía y los altísimos cargos que ejercieron al frente del Esta-

---

373 TRENTMANN, CHRISTIAN, *op. cit.*, pp. 498 y 499

do, uno como canciller y otro como presidente de la república. También concurría conexión entre posición pública y delito en los *casos Mannesmann* o *Ecclestone*. Pero distinta sería la situación de un político sospechoso de posesión de adquisición de pornografía infantil, como fue el caso de Edathy, cuya actividad política ninguna relación guardaba con el hecho punible que se le atribuía.

Resulta meritorio el esfuerzo de objetivación efectuado para deslindar el terreno en el que la oportunidad puede ser de provecho para las personas de relieve público. No obstante, el *criterio de la conexión* entre el hecho punible y la situación de predominio público no resulta del todo convincente, porque, si bien la relación del delito con la fuente de la relevancia pública del sospechoso dota de un plus de carga negativa a la decisión de la justicia de cerrar los ojos o mirar para otro lado, la omisión de la persecución penal de cualquier celebridad sospechosa, con independencia de cual sea el delito en cuestión, será susceptible de provocar legítimas dudas a la sociedad acerca del verdadero motivo del sobreseimiento.

En una sociedad democrática, precisamente porque se sospecha de la inercia de las personas e instituciones hacia el abuso de poder, se construye el sistema mediante controles y contrapesos. Se trata de una presunción perfectamente legítima y que no invierte la carga procesal de la prueba frente a nadie. La prudencia aconseja no excluir a las personas de relieve público de la regla general de la persecución penal frente a indicios suficientes sobre la comisión del hecho punible, para evitar la desconfianza en el sistema que alimentan las sospechas de favoritismo. Ello no supone en absoluto, por supuesto, que se invierta la presunción de inocencia frente a nadie, porque en el proceso penal en que, de resultar exigible, las celebridades serán juzgadas la carga de la prueba seguirá estando asignada a las partes acusadoras.

Y tampoco se otorga con ello a las personas de relieve público un trato discriminatorio. No se comprende la razón por la cual se utiliza tal argumento para sustentar una suerte de derecho a la aplicación del principio de oportunidad de las celebridades, cuando nadie siquiera insinúa que la mayor exposición de las personas de relieve público al escrutinio de los medios y al ejercicio del derecho de información y a la libertad de expresión pueda suponer una desigualdad injustificada en comparación al alcance de los referidos derechos fundamentales en relación con personas sin fuste mediático.

A este respecto el caso Edathy es significativo. Aun sin relación específica de la actividad pública del sospechoso con el delito, que un político esté involucrado en actividades pedófilas tiene un interés evidente para la sociedad. Dicho interés, a cuya satisfacción sirve la libertad de prensa, se convierte, en el ámbito de la Administración de Justicia, en el interés de persecución penal, que en el terreno del principio de publicidad de las actuaciones procesales exige el esclarecimiento del hecho y su enjuiciamiento a través del debido proceso legal, como se examinará en el próximo epígrafe.

En cualquier caso, la preocupación por asegurar el cumplimiento del principio de igualdad en el caso de las celebridades resulta desconcertante si se profundiza mínimamente en el contenido del referido principio constitucional. Es claro que, en ningún caso debe conducir a la atribución a las mismas de un derecho a gozar de impunidad so pretexto de una aplicación igualitaria de la oportunidad en el ejercicio de la acción penal. Sobre ambas consideraciones también volveremos más adelante.

III. EL PRINCIPIO DE PUBLICIDAD

En tanto y en cuanto la aplicación del principio de oportunidad se efectúa al margen de la audiencia pública en la que se expone ante la sociedad la realización de la justicia, se gesta en los despachos y se refleja en unos autos que se mantienen reservados, el principio de publicidad previsto en el art. 120.3 y en el art. 24.2 CE queda indefectiblemente afectado[374].

Así lo entiende Thomas Weigend, que prefiere la discusión de las causas de exoneración de la responsabilidad penal en las salas de los tribunales a la decisión de una autoridad de persecución penal reflejada en la oscuridad de los procedimientos preliminares. Pero, como el mismo autor señala, la *delincuencia bagatela* no puede ser gestionada de este modo, pues resulta extremadamente antieconómica y provoca, además, un perjuicio desproporcionado para el interesado[375].

También en Inglaterra y Gales se critica la falta de transparencia de la diversión de asuntos penales a través de medidas alterativas al proceso, cuya aplicación queda confiada a la policía[376].

El principio de publicidad del proceso constituye una conquista del pensamiento liberal, una reacción del iluminismo contra la justicia inquisitiva y secreta del proceso romano-canónico que imperó en el continente europeo desde el siglo XIII. El Marqués de Beccaria calificó el secreto, refiriéndose a la acusación, como "*escudo el más fuerte de la tiranía*" y se pre-

---

374 Erosionado, sostienen CALAZA LÓPEZ, SONIA/MUINELO COBO, JOSÉ CARLOS, "El principio de oportunidad del siglo XXI: ¿panacea, avance retroceso?", en "*Principio de oportunidad: Sociedad civil, empresa, doctrina y jurisprudencia*", Wolter Kluwer, Madrid, 2020 (ebook).

375 *Op. cit.*, p. 9.

376 SALAT PAISAL, MARC, "Mecanismos sancionatorios alterativos al proceso penal. Una visión desde el derecho inglés", *Dereito*, Vol. 25, nº 2 (Xullio-Decembro, 2016), p. 84. Sobre el sistema inglés-galés, *vide* VÁZQUEZ GONZÁLEZ, "El principio de oportunidad policial en el proceso penal anglosajón", "Postmodernidad y proceso europeo...", *cit.*, pp. 418 y ss.

guntaba "*¿puede haber delitos, esto es, ofensas públicas, y que al más mismo tiempo no sea interés de todos la publicidad del ejemplo, fin único del juicio?*"[377].

Mirabeau, más tarde, reclamó a la Asamblea Nacional francesa, en la sesión de 8 de diciembre de 1789[378], que impusiera el respeto por el principio de la publicidad de los procesos penales -incluido en los arts. 11 y 15 del *decreto de reforma provisional de algunos puntos de la jurisdicción criminal* aprobado el 8 de octubre anterior[379]-, frente a la aplicación de la justicia secreta por el tribunal presidido por el conde de Bournissac en el enjuiciamiento de los patriotas de Marsella acusados de los disturbios acontecidos el 19 de agosto en dicha ciudad[380]. En su célebre discurso, Mirabeau no reclamó la publicidad porque confiara ingenuamente en que su respeto pudiera asegurar la emisión de una resolución justa, sino porque su cumplimiento haría posible la posterior exigencia de responsabilidad frente a la actuación judicial. "*El interés de los acusados* -afirmó- *será sufi-*

---

377 "*Tratado de los delitos y de las penas*", Trad. por D. Juan Antonio de las Casas", Joachin Ibarra, Impresor de cámara de S.M., Madrid, MDCCLXXIV, pp. 74 y 75.

378 Asamblée Nationale. Archives Parlamentaires. 8 diciembre 1789, p. 427 a 429.

379 El art. 11 preveía que, tras la detención o comparecencia del acusado, los actos de instrucción se realizarían contradictoria y públicamente "*y las puertas de la cámara de instrucción estarán abiertas, momento en el cual cesará la asistencia de los auxiliares*" (en cuya presencia el juez había de practicar los actos instructorios previos en secreto). Más adelante, el art. 15 establecía que "l*a continuación y las adiciones de información que tengan lugar durante la detención del acusado desde su decreto se harán públicamente y en su presencia, sin que él pueda interrumpir al testigo durante su deposición*". *Asamblée nationale. Archives Parlamentaires.* 8 octubre 1789, p. 386.

380 *Vide* SUTHERLAND, DONALD M.G., "*Murder in Aubagne Lynching, law and justice during the French Revolution*", Cambridge University Press, 2007, pp. 67 y ss.

cientemente satisfecho por la publicidad del proceso. Ellos no reclaman nada más, que les den jueces sospechosos, prevaricadores, enemigos, poco les importa. La publicidad del proceso es el único medio de defensa que ellos reclaman"[381].

Sin publicidad no hay justicia, manifestó Kant. Su "*fórmula transcendental*" era: "*todas las acciones relativas a los derechos de otros hombres son erróneas si los principios que siguen son inconsistentes con la publicidad*", un principio ético y jurídico[382]. Para Hegel el conocimiento de la aplicación del Derecho al caso particular no sólo es del interés de las partes, sino del interés de todos[383]. Por su parte, Jeremy Bentham defendía la publicidad como instrumento necesario "*para afianzar la probidad del juez*" y "*para granjear la confianza del público*"[384], si bien consideraba justificada determinadas excepciones, en asuntos sobre honor y familia, estupro e incesto y proponía -desde la óptica machista y patriarcal propia de la época- alejar de los tribunales "*a las mujeres y a la juventud en todas aquellas causas que pueden ofender la honestidad y el pudor*"[385].

También Anselm Feuerbach entendía la publicidad como un instrumento necesario para lograr la confianza en la justicia, un pilar esencial del Estado, que el pueblo debe poder valorar y respetar[386].

---

381 *Asamblée Nationale. Archives Parlamentaires.* 8 diciembre 1789, p. 428.

382 "*Perpetual Peace. A Philosophical Essay*", *cit.*, p. 184.

383 "*Grundlinien der Philosophie des Rechts*", Nicolai´schen Buchhandlung, Berlin, 1821, parágrafo 224, pp. 179 y 180.

384 "*Tratado de las Pruebas Judiciales sacado de los manuscritos de Jeremías Bentham por Esteban Dumont*", Trad. José Gómez de Castro, T. I, Imprenta de Don Tomás Jordán, Madrid, 1835, p. 114

385 *Op. cit.*, p. 150

386 "*Betrachtigungen über die Offenlichkeit un Mündlichkeit des Gerechtigkeitspflege*", Giessen, Georg Friedrich Heiner, 1821, p. 92.

Hoy nadie duda de que el derecho fundamental a un proceso público tiene como fin evitar la arbitrariedad en la aplicación de la ley por los Jueces y fortalecer la confianza de los ciudadanos en la Administración de Justicia (STEDH de 8 de diciembre de 1983, *caso Axen*). Sirve, por tanto, como medio de control de la actividad del Poder Judicial. Como sostiene Eduardo Couture, es "*el más precioso instrumento de fiscalización popular sobre la obra de magistrados y defensores*"; en último término -añade el mismo autor- "*el pueblo es el juez de los jueces*"[387].

Pero es claro que el principio de publicidad de las actuaciones procesales, señaladamente del juicio oral en el proceso penal, puede ser limitado y así lo autoriza la LECrim. con el objetivo de proteger determinados intereses -en particular de las víctimas- que, en el caso concreto, puedan resultar preponderantes (arts. 681 y 682 de la LECrim.).

¿Son los fines perseguidos mediante la instauración de la oportunidad preponderantes frente a la exigencia de la publicidad del juicio oral? Inmediatamente se tratará de responder a la pregunta, si bien con anterioridad conviene que sea precisada la razón por la cual el sobreseimiento por razón de oportunidad produce una afección del principio de publicidad que no se da cuando se dictan otras resoluciones de sobreseimiento basadas en impedimentos del enjuiciamiento de carácter procesal o material reglados en su integridad.

Obviamente, si la causa se archiva por insuficiencia de indicios de la comisión del delito contra persona determinada o por ausencia de tipicidad penal del hecho, por poner dos ejemplos, la decisión se adopta en un proceso de carácter reservado para el público, al que sólo tienen acceso las partes, pero sobre el cual puede proyectarse el derecho de información o la liber-

---

387 COUTURE, EDUARDO J., "*Fundamentos del Derecho Procesal Civil*", Editorial Bdef, 4 ed., Montevideo-Buenos Aires, 2010, p. 158.

tad de expresión si la causa es de interés para la ciudadanía. En tales supuestos, no existe juicio oral público, precisamente porque sólo cuando la acusación tiene fundamento es dable el enjuiciamiento penal del acusado sobre el cual el principio de publicidad se proyecta, permitiendo al público asistente y a la sociedad en general, a través de los medios de comunicación, conocer el desarrollo de la vista. Si la causa se sobresee por motivos ajenos a la oportunidad, se parte de la base de la inexistencia de una acusación con fundamento.

Pero cuando el proceso penal se omite o se trunca por motivo de oportunidad, el Estado, a través de la Fiscalía o el tribunal, expone ante la ciudadanía una decisión sobre la consecuencia del hecho punible que no se asienta sobre la inexistencia actual o potencial de una acusación sin fundamento, sino sobre otro motivo distinto, el cual priva a la sociedad de la expectativa de presenciar o seguir por los medios un enjuiciamiento que ya no se producirá.

Llegamos así a la cuestión de la transcendencia de tal expectativa y a su capacidad para enfrentarse, en el terreno ponderativo, a los fines perseguidos por el sobreseimiento por motivo de oportunidad.

Al analizar en el capítulo segundo los antecedentes doctrinales del principio de legalidad entendido como necesidad de imposición de pena ante la comisión del hecho punible nos hemos centrado en consideraciones propias del derecho material, que son las que resultan más evidentes, desde el momento en que del carácter instrumental del proceso penal se deriva la lógica consecuencia de que, sin desarrollo del mismo, no cabe la declaración de culpabilidad y la imposición de la correspondiente sanción mediante la sentencia. Pero tal aproximación resulta incompleta en el examen de la fundamentación constitucional del principio de oportunidad, que ahora realizamos, porque, aun siendo el proceso penal instrumento de la aplicación del *ius puniendi* estatal, no constituye una herramienta neutra, ni carente de fines propios, pues los tiene y son de relevancia constitucional.

Ya antes de que la culpabilidad se declare o no, la sociedad busca en el debido proceso legal la primera reacción estatal frente al delito. El Tribunal Constitucional alemán ha incluido dentro del principio de legalidad el adecuado funcionamiento de la Administración de Justicia como exigencia constitucional, que conduce a los órganos de persecución penal a adoptar las medidas necesarias que sean razonables para el esclarecimiento del hecho[388].

Se trata de la primera obligación estatal ante la sospecha de comisión delictiva, la cual surge de la asunción del monopolio del uso de la fuerza y la prohibición de la autotutela frente al hecho delictivo. La víctima y la sociedad en su conjunto, perturbada por la sospecha delictiva, son privadas del poder de reacción, porque lo asume el Estado a través del proceso.

El proceso adquiere así una significación propia y no meramente instrumental. La sociedad no espera sólo la decisión sobre la responsabilidad que la sentencia contenga, sino que espera que dicha decisión se adopte como resultado de un proceso jurisdiccional que respete, entre otras garantías constitucionales, el principio de publicidad., el cual reclama que la decisión sobre la culpabilidad o inocencia se adopte de forma transparente.

Como cualquier otro tipo de proceso jurisdiccional, el proceso penal tiene como fin lograr la solución definitiva e irrevocable del conflicto intersubjetivo y a la vez social que la aparición de la sospecha del delito produce. Aunque la doctrina alemana atribuye al proceso penal de la función de alcanzar la paz jurídica, ante su perturbación por la *notitia criminis*[389], lo

---

388 *BVerfGE* 46, 214, 222.

389 *Vide* TRENTMANN, CHRISTIAN, *op. cit.*, pp. 482 y 489.

cierto es que tal misión de apaciguamiento mediante la satisfacción jurídica de pretensiones y resistencias es la propia de todo ejercicio de la potestad jurisdiccional en cualquier tipo de proceso, no sólo el penal.

La solución definitiva e irrevocable es la consecuencia de la cosa juzgada, elemento esencial del concepto de jurisdicción, que se despliega con la sentencia. Pero con anterioridad, los efectos de la cosa juzgada se anticipan -en la medida de lo necesario- para evitar la frustración de la eficacia de la cosa juzgada- desde la iniciación del proceso, con la litispendencia.

En el proceso penal, situada la *notitia criminis* en el carril de la Administración de Justicia, las actuaciones de investigación, aseguramiento y enjuiciamiento que se realicen participan del efecto balsámico que la respuesta institucional al delito persigue, mediante las actuaciones procesales primero y la adopción de la decisión definitiva después.

Aunque en términos jurídicos sea rechazable hablar de legitimación de la actuación jurisdiccional a través del proceso como hace Niklas Luhmann desde una perspectiva sociológica, resulta valiosa su concepción del proceso como vía de absorción de las frustraciones que el estado de incertidumbre o conmoción propio del conflicto ocasiona y como medio de estabilización del sistema[390]. En el proceso penal no es cualquier proceso el que puede lograr el mantenimiento o la recuperación de la confianza en el sistema legal, sino que es precisamente el proceso penal público el que puede alcanzar dicho objetivo. Ello por la sencilla razón de que su finalidad no es la de asegurar taumatúrgicamente el acierto de la decisión judicial, sino la de posibilitar que, gracias a la transparencia, la

---

390 "*Legitimation durch verfahren*", Shuhrkamp Verlag, FranKfurt am Mein, 2019, pp. 53 y ss.

sociedad pueda controlar el ejercicio de la potestad jurisdiccional y, llegado el caso, instar la exigencia de responsabilidades.

Recordemos la célebre frase Mirabeau ante la Asamblea Nacional francesa a la que ya se ha hecho alusión. El revolucionario francés, no pedía a los jueces que actuaran de cara al público sin que le importara su falta de imparcialidad derivada de su animadversión hacia los acusados, porque confiara ingenuamente en que la publicidad evitaría por sí misma una sentencia arbitraria, sino debido a que, de tal modo, se posibilitaría una posterior exacción de las responsabilidades en que incurrieran.

Como con anterioridad se ha expuesto, también el principio de publicidad es limitable si concurren causas que justifican la restricción. Los distintos objetivos legítimos y socialmente relevantes que pueden atribuirse a la instauración del principio de oportunidad pueden justificar el sacrificio de la publicidad del debate que la decisión de evitar o truncar el proceso entraña. Pero tal sacrificio solo resultará proporcionado si el interés público en el desarrollo del proceso no es preponderante.

En Alemania se ha entendido que el interés penal de persecución penal -que condiciona la aplicación del principio de oportunidad en los prs. 153a y 176 de la StPO- consiste en el interés social en la publicidad de los debates conducentes a la decisión sobre la reacción estatal frente al hecho punible[391]. No se trata del interés en la aplicación de la sanción que corresponde al delito según la ley, o al menos no se trata sólo de ello, sino de algo distinto, de una legítima expectativa social, jurídicamente tutelada, de control de la actividad de enjuiciamiento de los hechos punibles encomendada a los tribunales de justicia, a los que se confía la tarea de absolver o condenar a los acusados.

391 TRENTMANN, CHRISTIAN, *op. cit.*, p. 477.

La prevalencia de dicho interés público frente a la gestión alternativa del conflicto consistente en darlo por zanjado sin juicio, por motivo de oportunidad, dependerá de la fuerza de la necesidad de encauzar el desasosiego social a través del proceso. Dicha necesidad tendrá los mismos límites de la tolerancia con la impunidad que el sistema legal sea capaz de resistir sin hundirse, desintegrarse o resquebrajarse, los cuales se han examinado en el anterior epígrafe.

IV. EL PRINCIPIO DE IGUALDAD

A) LA IGUALDAD COMO EXIGENCIA DE LEGALIDAD

Teresa Armenta Deu advierte que el principio de legalidad constituye una "*garantía instrumental*" del derecho a la igualdad de todos los ciudadanos ante la ley penal, abstracta y general y que no debe quedar supeditada a consideraciones extranormativas, razón por la cual la acción penal debe ser ejercitada si concurren los requisitos legalmente establecidos. Pero la misma autora reconoce que el principio de legalidad es compatible con la admisión legal de la discrecionalidad persecutoria, "*entendida como necesidad de interpretación y decisión en el ámbito contemplado por la propia ley*"[392].

Como afirma Günther Willms, el principio de legalidad es la expresión del principio de igualdad en el orden penal, pero su autoridad eclipsa la frecuente concesión por el legislador de espacios abiertos a consideraciones de conveniencia (cuando el principio de oportunidad opera), en los cuales subsiste la prohibición de arbitrariedad derivada del principio de igual-

---

392 "*Lecciones de Derecho procesal penal*", Ed. Marcial Pons, Madrid, Barcelona, Buenos Aires, Sao Paulo, 2019, p. 41.

dad y que conduce a las autoridades de persecución penal a examinar concienzudamente todas las circunstancias del comportamiento del inculpado[393]. Para Hertz, la cuestión de la persecución penal justa en el marco del principio de legalidad se reduce a la cuestión de la igualdad. El legislador puede autorizar una forma de actuación de la justicia penal diferenciada que adopte los puntos de vista apropiados y observe la prohibición de arbitrariedad[394].

Ciertamente, resulta obvio que el principio de igualdad en la aplicación de la ley puede quedar afectado por el principio de oportunidad, dado que la discrecionalidad consustancial al mismo es susceptible de generar respuestas estatales diversas ante idénticos supuestos, con vulneración no ya del art. 14 CE, el cual se sitúa en un plano abstracto y general en el que la instauración de la oportunidad tan sólo produce un peligro de lesión potencial, sino del 24.2 CE, que es el que resulta afectado cuando el principio de igualdad es vulnerado en la aplicación práctica y casuística de le ley, cuando la oportunidad se manifiesta en lo concreto de forma arbitraria.

Evidentemente, las propuestas de instauración del principio de oportunidad no abogan por el retorno a la arbitrariedad en el desarrollo de los procesos o la imposición de los castigos, como era característico de la justicia inquisitorial. Tampoco por una comprensión *cerebrina* de la equidad basada en consideraciones individualizadoras supuestas o imaginarias. Así lo demuestra que tales propuestas se acompañen de las correspondientes reflexiones sobre los límites del principio y los requisitos para su aplicación, hasta el punto de haberse impuesto en el debate la expresión "*oportunidad reglada*", que como reco-

---

393 "*Offenkundigkeit und Legalitätsprinzip*", *JZ*, nº 15, 5. August 1957, p. 465.

394 HERTZ, ADOLF, "*Die Gesichte des Legalitätsprinzip*", Borna-Leipzig, R. Noske, 1935, pp. 30 y ss.

ge Vicente Gimeno Sendra fue utilizada por primera vez por el fiscal y profesor de Derecho penal Antonio González-Cuéllar García[395].

En efecto, a una oportunidad "*pura*" suele contraponerse la oportunidad "*reglada*" o "*bajo condición*". Mientras teóricamente la primera modalidad atribuiría al fiscal un poder omnímodo para iniciar y seguir la causa contra el sospechoso, la segunda constreñiría su poder de decisión al cumplimiento de determinadas previsiones normativas, que pueden ser de distinta naturaleza: así pueden referirse al tipo o gravedad del delito, a la concurrencia de ciertas situaciones y/o a la adopción de determinadas medidas de cuyo cumplimiento se hace depender la finalización del proceso sin imposición de pena. En virtud de la incorporación de tales límites, Ernesto Pedraz Penalva, manifiesta su tolerancia hacia la oportunidad, si bien "*a regañadientes y con todas las preocupaciones y matices*", que parten de su rechazo a la oportunidad "*libre o discrecional*"[396].

Pero conviene aclarar que, incluso en los sistemas en los que la oportunidad no queda limitada por disposiciones normativas, en la práctica el principio se aplica en virtud de criterios que se imponen a los fiscales para, entre otras finalidades, tratar de lograr una uniforme aplicación de la ley penal en todo el territorio. Así sucede, como veremos, en EEUU, país que suele citarse como ejemplo del sistema de la *oportunidad pura*, a través de *memoranda* del *Attorney General* y de las instrucciones contenidas en el manual que deben seguir los fiscales federales (*Manual de Justicia*).

---

395 "El principio de oportunidad...", *cit.*

396 "Principio de proporcionalidad y principio de oportunidad (1)", en "*Constitución, jurisdicción y proceso*", Akal, Madrid, 1990, p. 359, nota 191.

B) EL TRATAMIENTO DESIGUAL DE CASOS DESIGUALES

Por mantener un adecuado orden metodológico en la realización de nuestro análisis nos ocuparemos de la cuestión referida después de la exposición de los antecedentes históricos de la discrecionalidad del fiscal y de la evolución del principio de oportunidad en el Derecho anglosajón, sin perjuicio de adelantar aquí que, en EEUU, a la crítica consistente en la potencial colisión del principio de oportunidad con el principio de igualdad se le efectúa una seria objeción, que invierte los términos de la polémica, al fundar la concesión de discrecionalidad a la Fiscalía precisamente en la exigencia de *tratar desigualmente los casos desiguales* que el principio de igualdad impone.

Al respecto resultan sumamente sugerentes los argumentos de Stephanos Bibas[397], quien sostiene la necesidad de la admisión de la discrecionalidad en el ejercicio de la función de acusar más allá de las consideraciones sobre la eficacia de la justicia penal. Según el autor estadounidense citado, cuando los académicos discuten sobre la "*discreción prosecutoria*" generalmente la consideran "*una concesión deplorable a la realidad*", que trata de solventar fundamentalmente el problema de la congestión de los tribunales a través de la solución de los asuntos mediante acuerdos entre la Fiscalía y los investigados. Pero a su juicio, "*la presión del trabajo y la oscuridad de la ley potencia la necesidad de la discrecionalidad, no la crea, porque incluso en un mundo de recursos ilimitados y códigos claros, la discrecionalidad sería esencial para hacer justicia*". Para Bibas, "*la justicia requiere no sólo normas, sino también evaluaciones morales precisas y distinciones*", factores que sostiene que son aplicados por jueces y jurados, aun de forma inconsciente en buena medida. Frente a una "discrecionalidad *idiosincrática*" que podría derivar en arbitrariedad, existiría una

---

397 "The need for prosecutorial discretion", *Temple Political & Civil Right Law Review*, Vol. 19, pp. 369 y ss.

"discrecionalidad *per se*", que no sería perniciosa ni contraria al imperio de la ley (*rule of law*). Advierte Bibas que "*frecuentemente se equipara el imperio de la ley con normas rígidas y se enfatiza la necesidad de dispensar un tratamiento igual a casos iguales, pero en la otra cara de la moneda de las normas rígidas se encuentra la discreción al aplicarlas cuando no se ajustan adecuadamente al caso. La otra cara de la moneda del tratamiento igual de los casos iguales es tratar desigualmente los casos desiguales*". Parte de la base Bibas, con toda razón, de que las normas no pueden capturar toda la sutileza de la realidad, razón por la cual es necesaria la discrecionalidad para la aplicación de la ley a la misma, que entiende que debe atribuirse a la policía, jueces, jurados y autoridades competentes para otorgar el perdón[398].

Para exponer el fundamento de su idea de la incapacidad de la ley para capturar totalmente la justicia, Bibas recuerda las limitaciones del principio de legalidad, cuya virtualidad considera en buena medida una ficción. "*Como el Juez Scalia afirmó, pensamos en el imperio de la ley como una ley de normas (<<the rule of law as law of rules>>). Las normas deben ser claras, generales, estables, publicadas previamente, aplicadas de futuro consistentemente, así como aptas para ser cumplidas. Un sistema legal que tienda a la consecución de esta idea Lon Fuller afirma que tiene su propia moralidad interna. La gente puede saber lo que la ley requiere de ella y actuar en consecuencia y el sistema legal juega con sus propias reglas*". Las doctrinas que emanan del principio de legalidad tienen distintas finalidades, añade el autor citado. "*En teoría dan noticia y justa*

---

398 "*Lo que debemos temer no es la discrecionalidad prosecutoria, sino la discrecionalidad prosecutoria ideosincrática. Tememos con motivo que la justicia cambie de fiscal a fiscal, con la particular ley de cada cuak y sus personales caprichos, perjuicios y olvidos. La solución entonces, es crear ua cultura, estructura e incentivos dentro de las fiscalías que promuevan un uso de la discrecionalidad consecuente y de acuerdo con el sentido público de la justicia. Con moderación la discrecionalidad juiciosa promueve la justicia; la discrecionalidad idiosincrática la vulnera*". *Op. cit*, pp. 379 y 371.

advertencia a los ciudadanos de que la conducta les expondrá al castigo. Pero esta justificación es con jucho una ficción. Pocos ciudadanos se sientan a leer los términos precisos de las últimas leyes penales. En lugar de ello se dejan llevar por su propio sentido intuitivo de la justicia, por lo que les parece justo e injusto y a menudo asumen que la ley sigue sus intuiciones"[399].

Por las consideraciones realizadas, para Bibas la legalidad no protegería en realidad la seguridad jurídica. Realmente -a su juicio- tutelaría la separación de poderes. La legalidad restringiría la discrecionalidad, porque "*la policía y los fiscales no deberían tener libertad para decidir que conducta criminalizar y como castigarla*", tal tarea corresponde a "*los legisladores democráticamente elegidos, que pueden reflejar mejor el sentimiento público de justicia*". "*A la postre, las doctrinas sobre legalidad son doctrinas sobre separación de poderes*"[400].

C) LA INDIVIDUALIZACIÓN COMO EXIGENCIA DE JUSTICIA

La oscuridad y vaguedad de las leyes -añade Bibas- es una realidad de la que se deriva en la práctica problemas específicos que exigen al aplicador de la norma adoptar decisiones. Sean fiscales o jueces. Debe desecharse la idea de una aplicación mecánica de las normas, porque no sólo resulta imposible, sino también injusta e inhumana[401]. Con razón afirma Grant Gilmore que "*en el infierno no habrá más que ley y el principio del debido proceso será aplicado con meticulosidad*"[402].

---

[399] *Op. et loc ult. cit.*

[400] *Op. et loc ult. cit.*

[401] *Op. et loc. ult. cit.*

[402] "*The ages of American Law*", Yale U. Press, New Haven and London, 2015, p. 99.

Acertadamente afirma Bibas que ningún Código Penal puede diseñar los delitos y las penas de forma que se adecuen a cualquier escenario imaginable. La función de la discrecionalidad atribuida a la Fiscalía y a otros actores consistiría en realizar los ajustes específicos que el caso particular requiere. "*Lo que el legislador no prevé queda implícitamente delegado a los fiscales y a otros actores de la justicia penal*". La discrecionalidad permite aplicar una "*justicia individualizada*", que al igual que la clemencia "*requiere de un ser humano, no de un robot o un manual de directrices, para revisar los casos. La mayor parte de los asuntos requieren un tratamiento estandarizado, pero los casos excepcionales merecen excepciones. Solo cuando la discrecionalidad se convierte en idiosincrática, arbitraria, opaca o carente de posibilidad de contraste («unaccontable») es rechazable*"[403].

La base para la aplicación de la discrecionalidad, mediante la que la ley delegaría en la Fiscalía y otros actores la realización de una "*justicia individualizada*", -añade Bibas- serían las "*intuiciones morales compartidas*". "*Estas intuiciones morales no sólo advierten a los criminales, sino que otorgan a las decisiones de los fiscales cierta legitimación democrática*"[404].

Lo preocupante, para el autor de cuya opinión nos ocupamos, no es que la discrecionalidad se deje en manos de los individuos, sino que se ejerza *ad hoc*, de forma escondida y ajena al escrutinio público y a la crítica, sin exposición de motivación alguna. Por ello, para mejorar la discrecionalidad prosecutoria, Bibas propone sacar a la luz pública las decisiones discrecionales, para que el público pueda valorar su justicia. Se trataría de ejercer una discrecionalidad transparente, lo que no significa abrir todos los expedientes confidenciales a la curiosidad ge-

---

403 *Op. et loc. ult. cit.*

404 *Op. cit.*, p. 373.

neral, vulnerando así los derechos de los investigados y de las víctimas, pero sí publicar mejores estadísticas[405].

En un estudio realizado en Nueva Orleans se observó que la mayor parte de las decisiones discrecionales de la Fiscalía se regían por criterios que conformarían una suerte de *common law* de la oficina -recuerda Bibas-. Para evitar una *discrecionalidad idiosincrática* se deben establecer patrones de práctica profesional y reclamar de los fiscales una justificación en caso de inaplicación de los mismos. Se debe abrir la *caja negra* que registra la actividad de las Fiscalías, lo que ayudaría a hacer sus decisiones legítimas a los ojos del pueblo. «*El sentido de la justicia compartido es contextual, así que este proceso de toma de decisiones puede hacer que la justicia más razonada y razonable que lo que cualquier compendio de normas pueda conseguir*»[406]. A los jueces, a quienes también se les atribuye discrecionalidad, se les obliga a expresar en sus resoluciones los motivos de sus pronunciamientos, con el fin de posibilitar su revisión judicial y su sometimiento a la crítica pública[407].

Con el método de actuación propuesto por Bibas para el ejercicio de la discrecionalidad, en definitiva, se introduce en la toma de decisiones por la Fiscalía un factor de legitimación de la justicia de carácter esencial, como es la motivación, destinada a dotarla de transparencia. Tal factor de legitimación deviene necesario, precisamente, porque en la aplicación de la ley no sólo cuenta la norma y la razón, sino también la voluntad del aplicador, de la que ni se puede ni se debe prescindir[408]. Bibas concluye su trabajo poniendo el *dedo en la llaga*, al

---

405 *Op. cit.*, p. 373

406 *Op. cit.*, p. 373.

407 *Op. cit.*, p. 374.

408 GONZÁLEZ-CUÉLLAR SERRANO, NICOLÁS, *"El derecho de defensa y la marca de Caín"*, *cit.*, pp. 22 y ss.

sostener que incluso en un mundo ideal la discrecionalidad debe existir para servir a la justicia.

Entiende Bibas que *"las propuestas injustificadas de normas que excluyan la discrecionalidad, más visible en los sistemas de penas con límite mínimo obligatorio, conciben erróneamente la justicia". "La justicia no es un esquema cerrado, de reglas de filigrana, cada una con epiciclos y perihelios que puedan deleitar a un astrónomo ptolomaico. La planificación central, especificada por adelantado, falla en economías comunistas y falla en la justicia penal*". La justicia tiene un aspecto deductivo y un aspecto inductivo y es, desde ejemplos prácticos y comparaciones, como se pueden obtener patrones. "*Porque la justicia necesariamente tiene un componente caso a caso, la legislación debe dejar espacio para la discrecionalidad de los aplicadores del día a día en los casos concretos. En un mundo ideal, la discrecionalidad prosecutoria debería permaneces como un elemento central de la justicia*"[409].

La postura de Bibas que acaba de ser expuesta, en su crítica a la existencia de límites mínimos obligatorios en las penas, coincide con la posición de Luigi Ferrajoli sobre la discrecionalidad judicial fundada en la connotación valorativa a efectuar en la aplicación de la norma, que entiende que existe y debe ser reconocida, al constituir "*una dimensión epistemológica constitutiva de la jurisdicción*"[410].

Aunque el autor italiano trata de diferencias su posición, basada en la equidad, del concepto de equidad de raíz aristotélica, en realidad su propuesta no es tan novedosa, aunque en ella si se observa una visión de la *connotación* excesivamente supeditada a una *denotación lógico-formal* que constriñe la fuerza

---

409 *Op. cit.*, p. 375.

410 *Op. cit.*, p. 164.

de la equidad[411], que le llega a colocar en franca oposición a la introducción del principio de oportunidad.

Desde otro punto de vista, se llega a la misma conclusión de Bibas, tanto acerca de la discrecionalidad individualizadora de la pena por debajo del límite mínimo como sobre la discrecionalidad acusatoria, si la cuestión se afronta con coherencia desde los postulados del principio constitucional de "*prohibición de exceso*" o "*proporcionalidad* en sentido amplio"[412].

D) LA INEXISTENCIA DE UN DERECHO SUBJETIVO A LA OPORTUNIDAD

Posteriormente se examinará la relación de dicho principio con la oportunidad en el ejercicio de la acción penal, si bien con anterioridad conviene completar nuestras consideraciones sobre el fundamento de la discrecionalidad acusatoria en la igualdad con dos observaciones adicionales, relativas al alcance constitucional del valor tutelado por el art. 14 CE como base para la instauración legal de la oportunidad y como exigencia para su aplicación práctica en los supuestos en los que ostenta reconocimiento legal.

Sobre el alcance del principio de igualdad la jurisprudencia es clara. Dicho en palabras de la STC 128/2014, de 21 de julio, "*resulta ajena al núcleo de protección del art. 14 CE la denominada discriminación por indiferenciación*". Así pues, en España no puede reclamarse la admisión generalizada de la oportunidad como instrumento de individualización aplicativa de la norma

---

411 VEGA, J., "La equidad según Ferrajoli y la equidad según Aristóteles: una comparación crítica", *Doxa. Cuadernos de filosofía del derecho*, nº 36, 2015, pp. 234, 235, 242 y 243.

412 Ampliamente tratado en GONZÁLEZ-CUÉLLAR SERRANO, NICOLÁS, "*Proporcionalidad...* ", cit., *passim*.

frente al legislador sobre de la base de la exigencia de otorgamiento de un trato diferenciado a casos desiguales que del principio de igualdad se derivaría, pues nuestro Tribunal Constitucional ha entendido que el art. 14 CE no puede ser invocado en el control de constitucionalidad de las leyes a tal efecto (STC 150/1991, de 4 de julio). En definitiva, la exigencia de individualización, la equidad, no obliga al legislador, desde la Constitución, a la implantación del principio de oportunidad.

Y tampoco puede atribuirse al principio de igualdad una fuerza normativa que compela a las autoridades de persecución penal a excluir en la práctica de la persecución penal casos o personas en concreto por consideraciones comparativas con otros supuestos previamente gestionados. Que, como cualquier otra institución jurídica, el archivo por motivo de oportunidad deba aplicarse procurando un tratamiento uniforme de los supuestos equiparables es una cosa, pero convertir la exigencia general en un pretendido derecho subjetivo a no ser discriminado por no ser excluido de la persecución penal es otra bien distinta.

Resulta ya paradójico que la oportunidad en el ejercicio de la acción penal pueda defenderse desde la necesidad de inaplicación de la ley penal en el caso concreto por la imposibilidad de la norma de captación de la totalidad de las circunstancias relevantes que pueden surgir en la realidad de la vida y como instrumento para otorgar un trato diferenciado a situaciones específicas que no se acomodan al patrón de conducta contemplado por la regla general y que, simultáneamente, se invoque, en la aplicación del principio de oportunidad, el valor del tratamiento uniforme de los casos en los que por la coincidencia de determinadas características comunes se pueda construir reglas generales de la que resulte la decisión a tomar. Se trata de un viaje de retorno al terreno de lo normativo en el cual las alforjas de la individualización práctica parecen estorbar. No falta razón a José Carlos Muinelo Cobo cuando firma que la oportunidad no puede "*asumir un carácter general o reglado*", pues "*su única realidad se la da el caso concreto*"[413].

Si la construcción de tales reglas generales es posible es el legislador quien debe crearlas y no delegar su trabajo en los aplicadores de las normas, carentes de legitimación democrática para desempeñar dicha tarea. Por supuesto que los criterios orientadores sobre el ejercicio de la acción penal que las instituciones encargadas de la persecución puedan redactar son útiles y sirven al fin de conseguir una medida uniforme en la medida de lo posible, pero, con independencia de la transcendencia que puedan alcanzar en el orden jerárquico interno, nunca pueden resultar vinculantes para la institución como tal ni irradiar efectos externos, ni menos aún otorgar derechos subjetivos a la aplicación de sus previsiones, pues ello supondría no sólo convertir a las autoridades de persecución penal en legisladoras, sino también desvirtuar, por contradicción insubsanable con su fundamento, la discrecionalidad que se les atribuye para tomar la decisión práctica apropiada según las circunstancias de cada caso de forma individualizada.

Thomas Weigend ha criticado en el sistema alemán el reemplazo de la sanción penal por el pago de prestaciones económicas como condición para la aplicación de la oportunidad, por ejemplo ante delitos de cuello blanco generadores de daños millonarios (o ante negligencias medidas generadoras de graves consecuencias contra la salud), porque puede pasar desapercibido para una sociedad que en un Estado de Derecho no toleraría que tales exoneraciones de responsabilidad penal

---

413 "Principios vertebradores del proceso judicial postmoderno", en "*Postmodernidad y proceso europeo: la oportunidad como principio informador del proceso judicial*", Sonia Calaza López y José Carlos Muinelo Cobo, dirs, Dykinson, Madrid, 2020, p. 28.

se definieran en la ley material[414]. Por ello, entiende preferible una regulación sustantiva de la exoneración de la sanción, combinada con el deber de enjuiciar, para lograr la uniformidad en la aplicación de la ley penal. Su propuesta -que parte del rechazo a una discrecionalidad práctica individualizadora en el ejercicio de la acción penal- implica el desplazamiento del enjuiciamiento de los *delitos bagatela* a la Fiscalía en la etapa preparatoria, que se convertiría en definitiva en caso de que el inculpado mostrara su conformidad[415].

Particular atención merece a Weigend la relación del principio de igualdad con lo que denomina la "*nueva oportunidad*", que beneficia a colaboradores con la justicia a los que se aplica programas de clemencia legalmente previstos para determinadas formas de delincuencia. A su juicio, dichos programas responden a un celo "*policíaco-criminalístico*", que parte de la consideración de la eficacia del sistema como un fin en sí misma, es poco útil en la práctica y produce resultados discriminatorios, porque no hace descansar el beneficio penal en la culpabilidad, sino en la posesión de información relevante y el momento de su revelación. Sin perjuicio de volver sobre ello en el capítulo noveno, se advierte que la crítica se asienta sobre una sobrevaloración de la prohibición del trato discriminatorio sobre la oportunidad en el ejercicio de la acción penal[416].

Al respecto, resulta altamente significativo que el manual de la Fiscalía Federal de Estados Unidos advierta expresamente de la carencia de fuerza normativa de sus directrices sobre el ejercicio de la discrecionalidad acusatoria, característica que comparten los criterios establecidos para el Ministerio Público alemán en la aplicación de la oportunidad.

---

[414] "<<Das Opotunitätsprinzip>> zwischen Einzelfallgerechtigkeit und Systemeffizienz", *ZStW* 109, 1997, p. 107.

[415] *Op. cit.*, pp. 108 y 109.

[416] *Op. cit.*, pp. 114 a 117.

En segundo lugar, un *derecho a la inoportunidad de ser encausado* carece de fundamento fuera de los ámbitos de discriminación en los que la igualdad precisa de una protección constitucional reforzada, como es exigible que suceda frente a prácticas machistas, racistas o xenófobas u homófobas, entre otras, en las que existe una situación de discriminación estructural cuya reversión constituye un valor constitucional.

En EEUU se admite el control judicial de la discrecionalidad acusatoria no para lograr la persecución de personas dispensadas de la misma, pero si para librar del enjuiciamiento a personas discriminadas por motivos racistas en el ejercicio del poder de selección de objetivos para la justicia penal o por otras razones[417]. Por ahora no se ha reconocido judicialmente el derecho a quedar fuera de la selección a ningún famoso que haya alegado haber sido discriminado por su relevante posición en cualquier ámbito de la vida política o social.

Volvemos así a la discusión sobre la proyección de la oportunidad sobre los personajes públicos sospechosos de comisión delictiva.

Aunque nuestro TC ha otorgado a la igualdad protegida por el art. 14 CE la condición de derecho subjetivo que puede ser reclamado por el individuo, también ha afirmado que el principio de igualdad no incluye un supuesto "*derecho a la igualdad en la ilegalidad*", por lo que la aplicación de la consecuencia legal de una norma no implica un trato discriminatorio por el hecho de que a otro en su misma situación no se le haya aplicado (STC 21/1992, de 14 de febrero).

Pese a que dicha jurisprudencia no pueda cubrir los casos de selección punitiva basada en motivos discriminatorios cualificados, como es por ejemplo el racismo, la discriminación *contra potentes et nobiles* no se ha incluido ni cabe esperar que se

---

417 *Vide* DÍEZ PICAZO GIMÉNEZ, LUIS MARÍA, *op. cit.*, pp. 79 y 80.

incluya entre los casos a considerar bajo un canon reforzado de protección del principio constitucional de igualdad. Sólo en la novela "*El mundo al revés*", de Rudolf Arnheim se relata una sociedad en la que se discrimina de forma sistemática a las personas prominentes[418].

E) LA COMPRA DE LA OPORTUNIDAD

En el ámbito de la aplicación del principio de oportunidad lo que precisamente debe preocupar es justo lo diametralmente contrario: que pueda convertirse en un resquicio para que los económica o socialmente privilegiados encuentren mayor facilidad de salida del sistema de justicia penal, como ha sucedido en Alemania con la posibilidad de librarse de la persecución penal mediante el pago de una suma de dinero que el art. 153 a de la StPO propicia. El precepto, en la práctica, según la opinión de Claus Roxin y Bernd Schünemann, ha situado en posición de privilegio a la más grave criminalidad económica[419].

Ya de por sí la asignación de un precio al interés de persecución penal, para su eliminación en el caso concreto es a primera vista chocante, por la propia naturaleza monetaria de la prestación que no parece idónea para la tarea que se le asigna y por la dificultad de encontrar criterios adecuados para su cuantificación.

Obviamente el valor del interés de persecución penal es cosa distinta del valor subjetivo que el inculpado atribuya a su interés particular consistente en la evitación del riesgo de ser enjuiciado y eventualmente condenado, dependiente del daño reputacional que puede derivarse del juicio, de la probabilidad

---

418 Trad. Richard Gross, Ed. Calabaza, 2017.

419 *Op. cit.*, p. 92.

de condena y de su eventual contenido y alcance. Este último valor limitará la posibilidad de aceptación por el inculpado del interés de persecución penal, pero no lo determinará ni lo restringirá, pues el interés público no puede quedar condicionado por el interés particular, al ser independiente del mismo.

Es cierto que todo interés jurídico puede cuantificarse y que, incluso, todo derecho reconocido en sentencia puede ser sustituido por su equivalente económico si la ejecución deviene imposible. Al Estado el art. 18.2 de la LOPJ le permite expropiar los derechos reconocidos en sentencia a los particulares por razón de interés público. A la inversa, la valoración económica del interés público es también posible. Para hacerlo es preciso observar su contenido. Dado, que el interés público de persecución penal se conforma por impresiones sociales de carácter objetivo -relativas al tipo de delito y a su forma de ejecución- y subjetivo, relativas a la víctima y a la persona del sospechoso, su capacidad económica constituye un factor sumamente relevante a considerar. Ello porque la aptitud de las condiciones impuestas para la eliminación del perjuicio ocasionado por la sospecha del delito descansa más sobre la exteriorización por el inculpado de su compromiso con el Derecho que en la reparación económica del daño que se entiende ocasionado al bien jurídico tutelado por la norma penal, aspecto que, no obstante, debe resultar también relevante en la monetarización del interés público de persecución.

Así, el precio de dicho interés público, en el caso de permitirse su pago por el ordenamiento, debería cubrir el desvalor que se asignara a la quiebra de la fe en la lealtad del sospechoso con el ordenamiento jurídico y la fe solo entiende de sacrificio. Sería, por tanto, el esfuerzo del inculpado por mostrar su disposición a mantenerse integrado en la legalidad el que, junto con el valor de reparación de los bienes jurídicos concretamente afectados, determinaría la suma económica a imponer como contrapartida de la persecución. Dicha suma dependería, por tanto, no del daño material que se considerara ocasionado, que en todo caso habría de ser reparado por el infractor, sino de la capacidad económica del inculpado, de forma que, a mayor nivel de riqueza correspondería mayor cuantía de abono del interés de persecución penal, en el punto necesario para que la señalización simbólica del esfuerzo efectuado por el sospechoso satisficiera la conciencia social.

Ahora bien, como quiera que, en la práctica, la satisfacción social derivada del pago de una cantidad de dinero por el sospechoso, distinta de la indemnización del daño, es difícil de vislumbrar y más bien el mecanismo de cuantificación del interés público tiende a funcionar o, al menos, a ser visto como un mercadeo vergonzante, lo más prudente es excluirlo del arsenal de posibilidades de finalización del proceso por motivo de oportunidad que pueden ser implantadas.

V. EL PRINCIPIO DE PROHIBICIÓN DE EXCESO

Como es sabido, el principio de prohibición de exceso o proporcionalidad en sentido amplio -sintetizado en la STC 53/2022, de 4 de abril, entre otras muchas- se descompone en distintos presupuestos y requisitos, externos e internos, cuya concurrencia se requiere como condición de admisibilidad de las medidas restrictivas de derechos fundamentales. Nos referimos, como presupuestos, a la *legalidad* y a la *justificación teleológica*, y como requisitos a la *judicialidad* y a la *motivación* (externos) y a la *idoneidad*, a la *necesidad* y a la *proporcionalidad en sentido estricto*. (internos). Centrándonos en esta última exigencia, las injerencias estatales en el ámbito de los derechos fundamentales, aunque se encuentren previstas por la ley, tiendan a conseguir fines constitucionalmente admisibles y socialmente relevantes, se adopten por el juez o con control judicial posterior, se encuentren motivadas y sean idóneas -por ser aptas para alcanzar su objetivo- y necesarias -por no existir una medida alternativa menos gravosa-, no pueden ser adoptadas si, en atención a las circunstancias que concurren en el caso concreto, el interés estatal en su aplicación no es preponderante en comparación con los intereses individuales sacrificados. Ello implica que, como garantía para la efectividad del derecho afectado, la posibilidad de restricción legalmente autorizada no se aplica en el supuesto en concreto, como consecuencia de una ponderación de los intereses concurrentes, más allá de la previsión normativa establecida con carácter general, cuya aplicación práctica queda condicionada a la decisión pertinente que depende de consideraciones individualizadas. De ello resulta que las normas que autorizan las limitaciones de derechos fundamentales sólo pueden ser entendidas como "*normas de poder*" y no "*de deber*", porque para dotar de efectividad a los derechos fundamentales el Estado siempre debe poder inaplicar la disposición que prevea restricción, concebida como habilitación y no como imposición[420].

Como las normas que incluyen límites mínimos de las penas son, sin discusión alguna al respecto, disposiciones limitativas de derechos (a la libertad deambulatoria, en el caso de las penas privativas de libertad), del principio de proporcionalidad se desprendería la posibilidad de su inaplicación en los casos concretos en los que la no imposición de pena o la fijación de la misma en una nivel más bajo que el legalmente previsto estuviera justificado por las particulares circunstancias concurrentes, que llevaran a una ponderación de los intereses en conflicto conducente a la adopción de tal decisión.

Podría aducirse que siendo, por tanto, jurídicamente admisible la no imposición por el tribunal de las penas previstas por la ley pese a haberse cometido el delito, como consecuencia de la ponderación de las circunstancias que se hayan producido en el supuesto objeto de análisis, resulta incoherente vincu-

---

420 *Vide* GONZÁLEZ-CUÉLLAR SERRANO, NICOLÁS, "*Proporcionalidad...*", *cit.*, p. 278.

lar al Ministerio Fiscal a la necesidad de ejercitar y sostener la acción penal con independencia del resultado al que conduzca la referida ponderación, pues la acusación pública debe actuar con objetividad en aras a la consecución de la justicia y, si la misma resulta satisfecha mediante la no aplicación de la pena, carece de sentido que el proceso penal haya de desarrollarse hasta sentencia. En un modelo acusatorio, en el cual el juez queda vinculado por la pretensión punitiva sostenida por la acusación, es obvio que la solicitud de no aplicación de pena para el acusado impide su condena. Por ello, podría concluirse que una aplicación del principio de proporcionalidad coherente con sus exigencias desembocaría en la necesaria concesión de discrecionalidad a la Fiscalía en el ejercicio de su función acusatoria. Así lo entiende Jacobo López Barja de Quiroga, para quien "*el principio de oportunidad no es algo que el legislador pueda introducir en el ordenamiento jurídico si lo considera conveniente, sino que viene obligado a introducirlo*"[421].

Ostentaría así una sólida base dogmática la fundamentación del principio de oportunidad sobre el principio de proporcionalidad, como se considera generalmente en Alemania[422], aunque advierte Claus Roxin que la regulación legal en dicho país de las excepciones a la necesidad de persecu-

---

[421] "El principio de oportunidad: cuestiones generales", en "*Postmedernidad y proceso europeo…*", *cit.*, pp. 63 y 64.

[422] RIESS, PETER, "Legalitätsprinzip–Interessenabwägung–Verhältnismäßigkeit über die Grenzen von Strafverfolgungsverzicht und Strafverfolgungsverschärfung zur Aufrechterhaltung des inneren Friedens", en "*Festschrift für Hanns Dünnebier zum 75. Geburtstag am 12. Juni 1982*", De Gruyter, Berlin, 1982, p. 149; ROXIN, CLAUS, "Srafverfahrenrecht", 20 Auflage, Verlag C.H.Beck, Múnchen, 1987, p. 68; WEIGEND, THOMAS, "<<Das Opotunitätprinzip>> zwischen Einzelfallgerechtigkeit und Systemeffizienz", *ZStW* 109, 1997, p. 105.

ción penal no responde a una concepción global orientada desde este último principio[423].

Y es que, ciertamente, la peculiar función de las penas en el mantenimiento de la confianza en la reacción del Estado de Derecho como alternativa a la autotutela frente a la sospecha de delito, diferencia la posición de la sanción penal ante el principio de prohibición de exceso de otras medidas restrictivas de derechos, cuyo automatismo haya de ser siempre rechazado. La pena no contiene una generalización valorativa cualquiera. Su gravedad se corresponde con la gravedad que el representante de la soberanía popular asigna al hecho punible y señaliza el alcance del rechazo social frente a la infracción, el cual canaliza dentro del Estado de Derecho.

VI. EL DERECHO A LA TUTELA JUDICIAL EFECTIVA Y EL PRINCIPIO DE EXCLUSIVIDAD JURISDICCIONAL

La atribución a los ciudadanos del derecho de acción penal, a través de las llamadas acción popular y particular, de cuyo ejercicio fundado en Derecho resulta su constitución en parte procesal (propio de nuestro peculiar -y en este punto encomiable- sistema de justicia penal y que se contrapone al hegemónico modelo de *exclusividad* del Ministerio Público) coloca al derecho a la tutela judicial efectiva, reconocido por el art. 24.1 CE, en una situación de tensión con el principio de oportunidad que debe ser resuelta[424].

---

423 *Op. et loc. cit.*

424 *Vide* ARMENTA DEU, TERESA, "Principio de oportunidad y acción popular, ¿una relación imperfecta?", en "*La víctima del delito y las últimas reformas procesales penales*", DE HOYOS SÁNCHEZ (dir.), Thomson Reuters Aranzadi, Pamplona, 2017, pp. 47 y ss.

Como es sabido, los actores populares o particulares ostentan -con carácter general- un derecho *ut procedatur*, como reiteradamente recuerda la jurisprudencia de nuestros tribunales, lo que no supone más que denominar con términos latinos al efecto producido por la acción generación de la *listispendencia formal*, con la apertura o *puesta en marcha* de la causa en fase de instrucción, en la cual el tribunal, habrá de adoptar las diligencias legalmente adecuadas para el esclarecimiento del hecho punible y el aseguramiento de las responsables personales y reales y en la que los actores tienen derecho a instar las que entiendan apropiadas -sin que el derecho a obtenerlas se integre en el derecho a la tutela-. Dicho derecho, una vez practicada una *investigación suficiente y efectiva*, se satisface mediante una resolución motivada y congruente, que puede admitir o rechazar la petición si la diligencia es inútil o no es conforme al ordenamiento jurídico[425].

---

[425] El derecho a la tutela judicial efectiva en el orden penal -afirma la STC 53/2022, de 4 de abril-, *"se ha configurado en la doctrina de este tribunal como un ius ut procedatur, cuyo examen constitucional opera desde la perspectiva del art. 24.1 CE, siéndole asimismo aplicables las garantías del art. 24.2 CE (SSTC 31/1996, de 27 de febrero, FFJJ 10 y 11;199/1996, de 3 de diciembre, FJ 5; 41/1997, de 10 de marzo, FJ 5, y 218/1997, de 4 de diciembre, FJ 2).*

Sus aspectos destacados son los siguientes:

a) El ejercicio de la acción penal no otorga a sus titulares un derecho incondicionado a la apertura y plena sustanciación del proceso penal; tampoco impone a los órganos judiciales la obligación de realizar una investigación más allá de lo necesario, alargando indebidamente la instrucción o el proceso (SSTC 176/2006, , de junio, FFJJ 2 y 4; 34/2008, de 25 de febrero, FJ 2, o 26/2018 , de 25 de febrero, FJ 2).

b) El querellante o denunciante ostenta, como titular del ius ut procedatur, el derecho a poner en marcha un proceso penal, a que el mismo se sustancie de conformidad con las reglas del proceso justo y a obtener en él una respuesta razonable y fundada en derecho (SSTC 120/2000, de 10 de mayo, FJ 4, o 12/2006 de 16 de enero, FJ 2), pero no incluye el derecho material a obtener una condena y a la imposición de una pena, pues el ius punien-

Desde esta perspectiva, es claro que, si el principio de oportunidad constituye una causa legal que ampare la posibilidad de no incoación o de suspensión y finalización de un proceso,

---

di es de naturaleza exclusivamente pública y su titularidad corresponde al Estado [SSTC 157/1990, de 18 de octubre (Pleno); 232/1998, de 1 de diciembre, FJ 2; 34/2008, de 25 de febrero, FJ 3, 26/2018y , de 5 de marzo, FJ 3, entre otras].

c) La tutela judicial efectiva del denunciante o querellante es satisfecha por la resolución judicial que acuerda la terminación anticipada del proceso penal, sin apertura de la fase de plenario, cuando aquella se asiente sobre una razonada y razonable concurrencia de los motivos legalmente previstos para acordar el sobreseimiento, libre o provisional (arts. 637 y 641 LECrim y, dado el caso, art. 779.1.1 LECrim). Por el contrario, habrá vulneración de este derecho si la decisión judicial de no proseguir con la indagación penal afecta, en cualquiera de esos momentos procesales, a diligencias oportunamente solicitadas por el recurrente, parte en el proceso judicial, que incidan en su derecho a la práctica de diligencias de investigación; o también cuando, realizadas estas de modo bastante, se vea afectada la determinación de lo sucedido a partir de las mismas o bien la calificación jurídica de los hechos que se constatan (STC 2672018, de 5 de marzo, FJ 3).

d) La efectividad del derecho a la tutela judicial coincidirá en estos casos con la suficiencia de la indagación judicial. Dependerá, pues, no solo de que la decisión de sobreseimiento esté motivada y jurídicamente fundada, sino también de que la investigación de lo denunciado haya sido suficiente y efectiva, ya que la tutela que se solicita consiste inicialmente en que se indague sobre lo acaecido.

e) Esta exigencia no comporta la apertura de la instrucción en todo caso, del mismo modo que no impide su clausura temprana. Tampoco existe un derecho a la práctica ilimitada de diligencias de instrucción, de manera tal que imponga la realización de cuantas diligencias de investigación se perciban como posibles o imaginables, propuestas por las partes o practicadas de oficio, particularmente si resulta evidente que el despliegue de mayores diligencias deviene innecesario. Semejante obligación conduciría a instrucciones inútiles en perjuicio del interés general en una gestión racional y eficaz de los recursos de la administración de justicia (SSTC 34/2008, de 25 de febrero, FJ 6; 63/2010, de 18 de octubre, de 18 de octubre, FJ 2; 131/2012, de 18 de junio, FJ 2, y 153/2013, de 9 de septiembre)".

la inclusión de la mencionada habilitación legal en la resolución judicial -motivada y congruente- que otorgue respuesta a la solicitud del actor satisfará su derecho a la tutela. En el campo de la oportunidad en el proceso de menores, la STC 23/2016, de 15 de febrero, ha entendido que una finalización del proceso basada en un motivo de oportunidad legalmente previsto sólo puede ser impugnada por trasgresión del derecho a la tutela judicial efectiva si la decisión es manifiestamente carente de razonabilidad o arbitraria o incurre en un error patente[426].

Situación distinta se da en los supuestos en los que jurisprudencialmente se impone un canon reforzado de motivación por encontrarse en juego la protección de un derecho fundamental cuya necesidad de tutela penal se haya considerado especialmente intensa, a los cuales se hizo referencia en el epígrafe anterior. Ante una denuncia verosímil o sospecha fundada de comisión de los referidos delitos, para que resulte admisible la no iniciación o la finalización anticipada del proceso penal se exige una decisión judicial especialmente cualificada, la cual debe basarse en una investigación totalmente rigurosa por exhaustiva, contener una ligazón directa y clara entre la norma procesal aplicada y el caso en cuestión, así como una argumentación axiológica respetuosa con el derecho fundamental en juego. Parece evidente que, además, en tales casos, se impone una *obligación de persecución reforzada*, restrictiva de la admisibilidad de la aplicación del principio de oportunidad.

Pero, con independencia del canon de control especial o general que se desprenda del *ius ut procedatur*, el requisito de

---

426 Un comentario de la indicada se sentencia se encuentra en SANZ HERMIDA, ÁGATA, "La conciliación de derechos de las víctimas y del menor encausado. La difícil ponderación de derechos en conflicto en el proceso de menores", *Revista General de Derecho* 27, 2017. www.iustel.com.

la motivación -cualificada o no- de la resolución judicial, no se satisface en ningún caso si el fundamento de la decisión es arbitrario, como sucede en los supuestos en los que la investigación realizada no es suficiente o efectiva, pues resulta absolutamente irrazonable que pueda cercenarse una investigación en supuestos de indeterminación fáctica subsanable. Pero no sólo en ellos. Precisamente, la razón de ser del requisito de la motivación es -junto con posibilitar el ejercicio del derecho a los recursos- mostrar a la ciudadanía una aplicación del derecho libre de arbitrariedades, factor de legitimación del ejercicio de la potestad jurisdiccional de necesaria observancia en un Estado de Derecho que garantice la transparencia en la actuación de los poderes públicos. Dicha misión resulta abortada de raíz si la arbitrariedad se exterioriza abiertamente en la resolución. Y tan arbitrario es que el órgano judicial sostenga que el principio de oportunidad se aplica porque simplemente es su voluntad, que la ley le permite imponer, como que aduzca que la voluntad decisiva es la del fiscal, si la ley atribuye al Ministerio Público un incontrolable poder de disposición sobre la acción penal.

De ello se deriva que el derecho a la tutela judicial efectiva, no sólo de las víctimas, sino también de los actores populares, se vulnera:

i. si no se establecen criterios legales claros para la aplicación del principio de oportunidad; y

ii. si la resolución judicial no refleja que dichos criterios justifiquen la decisión adoptada en el caso concreto, lo que a su vez presupone la necesidad de que, en caso de que corresponda a la fiscalía la decisión sobre la oportunidad, las partes actoras puedan someterla a control judicial.

El derecho a la tutela judicial efectiva no se satisface con un decreto de la Fiscalía, por razonado que esté, pues la Constitución no ha reconocido el derecho a la tutela fiscal, sino judicial. Un fiscal no es un juez y es al juez al que se atribuye en exclusiva la misión de juzgar, que deviene imposible si el principio de oportunidad ocasiona que el proceso no se inicie o se interrumpa[427].

Resultaría, además, constitucionalmente insatisfactorio que se atribuyeran a la Fiscalía ámbitos de decisión ajenos al control judicial, pues ninguna institución dentro del Estado de Derecho puede quedar exenta del control de legalidad atribuido a la jurisdicción como una faceta más de la labor de juzgar.

Es evidente que tal control de legalidad en la actuación de la Fiscalía no puede recaer sobre actos de postulación dirigidos a obtener una resolución judicial, pues en tales casos es la jurisdicción la que adopta la decisión que afecta a los derechos e intereses de los ciudadanos. Pero distinto es el caso de los actos de decisión autónoma de la Fiscalía en la iniciación, desarrollo o finalización de la investigación penal, los cuales, al menos cuando disponen sobre el ejercicio de la acción penal, deben considerarse judicialmente controlables, a través del sistema de impugnación que la ley procesal prevea, en cumplimiento del derecho a la tutela judicial efectiva de aquellos que pueden asumir la posición de parte actora en el proceso jurisdiccional. Si incluso los actos políticos del Gobierno son controlables judicialmente en lo que atañe a los elementos reglados del acto y a la incidencia que produzcan en el ámbito de los derechos fundamentales, también los actos de la Fiscalía relativos al sobreseimiento por motivo de oportunidad deben ser susceptibles de revisión por los tribunales, al desplegar efectos sobre el derecho a la tutela judicial de las partes.

---

[427] A favor de la impugnabilidad de las decisiones de achivo de la Fiscalía por motivo de oportunidad, GONZÁLEZ-CUÉLLAR GARCÍA, ANTONIO, “Crisis de la justicia y reforma del proceso penal”, *Actualidad Penal,* nº 28, 1988, p. 537.

En la República Federal de Alemania, donde la Fiscalía tiene atribuido el monopolio de la acción penal, excepción hecha de los delitos privados, existe un procedimiento que permite a la víctima impugnar ante el tribunal competente para el enjuiciamiento la decisión de omitir el ejercicio de la acción penal. Es el llamado *procedimiento de imposición de la acción* ("*klageerzwingungsverfahren*" -prs. 172 a 177 de la StPO-). Pero dicho procedimiento no se aplica a los casos de archivo de la causa por motivo de oportunidad, en algunos de los cuales se exige la autorización del tribunal, mientras en otros basta la decisión de la Fiscalía si la acción no ha sido todavía ejercitada[428].

Cuando se aplica el principio de oportunidad la ley sólo permite a la víctima mostrar su oposición mediante la queja ante la Fiscalía General (art. 172.1), aunque una corriente jurisprudencial permite impugnar las decisiones de archivo basadas erróneamente en la oportunidad en supuestos de aplicación del principio de legalidad en una interpretación conforme al derecho a la tutela judicial frente a las restricciones estatales de derechos establecida por el art. 19.IV de la *Grundgesetz*[429].

En opinión de Claus Roxin, la necesidad de autorización judicial del sobreseimiento por razón de oportunidad no constituye una solución satisfactoria para la víctima, porque (además de preverse de forma fragmentaria) casi nunca se rechaza. El citado autor propone prescindir completamente de tal exigencia de aprobación previa y someter con carácter general el ejercicio de la oportunidad por la Fiscalía a la posibilidad de impugnación judicial por la víctima de la decisión

---

428 *Vide infra* C.5.

429 ROXIN, CLAUS/SCHÜNEMANN, BERND, "*Strafverfahrensrecht*", C.H.Beck, 30 Auflage, München, 2022, p. 366, nota 5.

de archivo[430], postura que comparte Thomas Weigend, entre otros autores[431].

En España, en la Propuesta de Código Procesal Penal de 2013 se aseguraba que cualquier parte acusadora distinta de la Fiscalía pudiera impugnar la decisión de sobreseimiento por motivo de oportunidad adoptada por el Ministerio Público cuando no compartiera las razones que hubieran conducido a su adopción, lo que implicaba el reconocimiento del derecho a obtener una resolución judicial motivada sobre la controversia. Con ello, la propuesta prelegislativa renunciaba a propugnar la implantación de un sistema desjudicializado de ejercicio de la oportunidad -al que corresponde el modelo norteamericano, en el cual la decisión del fiscal de no presentar cargos se encuentra exenta de control judicial- y situaba la decisión discrecional definitiva en manos del tribunal de garantías.

En concreto, el art. 91.2 del PCPP tiene el siguiente contenido:

> *"El sobreseimiento por motivo de oportunidad será acordado por el Tribunal de Garantías a instancia del Ministerio Fiscal. El sobreseimiento sólo podrá ser denegado por el Tribunal de Garantías si existe parte acusadora personada en la causa que manifieste su voluntad de sostener la acción penal y ofrece motivo fundado para efectuar el enjuiciamiento del hecho en interés de la justicia".*

A continuación, el art. 92 del mismo texto prelegislativo, sobre suspensión del proceso penal para el cumplimiento de prestaciones que condicionan la finalización del proceso por motivo de oportunidad, recoge también la posible impugnación por otras partes del decreto de la Fiscalía ante el tribunal de garantías, con base en "*motivo fundado para la inmediata con-*

---

430 "*Strafverfahrensrecht*", C.H.Beck, 20 Auflage, München, 1987, p. 244; ROXIN/SCHÜNEMANN, *op. et loc. cit.*

431 WEIGEND, THOMAS, *op. cit.*, p. 109, nota 21.

tinuación del procedimiento en interés de la justicia". Dicha posibilidad de impugnación por la misma causa se extiende -en el artículo siguiente- a los supuestos de suspensión de las diligencias por prejudicialidad internacional motivada por la tramitación en el extranjero de un proceso penal que pueda desplegar efecto de cosa juzgada en España, la cual se regula en el art. 11. 3. Este último precepto otorga efecto de cosa juzgada a las sentencias y resoluciones extranjeras previstas por los tratados internacionales o dictadas por tribunales constituidos conforme al Derecho internacional, por Estados miembros de la Unión Europea en los que el Derecho de la Unión aplica el principio *non bis in idem* o por Estados no pertenecientes a la Unión Europea "*si existe coincidencia de persona, hecho y fundamento, salvo en el caso de que la sentencia o resolución no haya sido precedida de un enjuiciamiento imparcial realizado con un grado de diligencia aceptable o haya tenido como finalidad eludir total o parcialmente la exigencia de la responsabilidad penal, supuestos en los cuales la pena que, en su caso, hubiera sido cumplida se tomará en consideración por el tribunal sentenciador para su descuento de la pena que corresponda*".

Se observa, así, que la PCPP emplea un estándar jurídico indeterminado de origen anglosajón -el *interés de la justicia*- como canon para el control -a instancia de parte- de la discrecionalidad acusatoria, atribuida a la Fiscalía de un modo relativo y no absoluto.

Dicho canon se encuentra incluido en la regulación del principio de oportunidad en el Estatuto de la Corte Penal Internacional, en el art. 53.2 c), el cual permite al fiscal no iniciar la investigación, entre otros motivos, "*si llega a la conclusión de que no hay fundamento suficiente para el enjuiciamiento, ya que: (...) el enjuiciamiento no redundaría en interés de la justicia, teniendo en cuenta todas las circunstancias, entre ellas la gravedad del crimen, los intereses de las víctimas y la gravedad o enfermedad del presunto autor y su participación en el presunto crimen*". Tanto el Estado que haya remitido el asunto a la Corte o del Consejo de Seguridad de Naciones Unidas pueden solicitar al fiscal que considere su decisión de no iniciar la investigación (art. 53.1 a), la cual, para surtir efecto, debe ser confirmada por la Sala de Cuestiones Preliminares, que tiene el poder de revisarla incluso de oficio (art. 53.3 b). Las Reglas de Procedimiento y Prueba desarrollan las previsiones indicadas en sus arts. 105, 106 y 110, el cual establece que, si la Sala no confirma la decisión de la Fiscalía, ésta debe iniciar la investigación o remitir el asunto a juicio.

Con un enfoque mucho más laxo respecto al poder de decisión de la Fiscalía, el Anteproyecto de Ley de Enjuiciamiento Criminal de 2020 -al igual que hacía su homónimo de 2011-, incluye un control judicial del sobreseimiento por motivo de oportunidad ceñido exclusivamente a los elementos reglados del correspondiente decreto del Ministerio Público. Así, el art. ALECRIM 2020 -titulado "*impugnación por incumplimiento de los elementos reglados*"- prevé:

> *"1. Las personas ofendidas y perjudicadas por el delito y las acusaciones personadas podrán impugnar ante el Juez de Garantías los decretos del fiscal dictados en los supuestos de los artículos 176, 177 y 179 de esta ley cuando entiendan que no se han respetado los elementos reglados que facultan al fiscal para aplicar el principio de oportunidad.*
> *2. Son elementos reglados susceptibles de control judicial:*
> *a) Los límites de pena previstos en cada caso.*
> *b) Los requisitos establecidos en los apartados 2 y 3 del artículo 175 y en los mismos apartados del artículo 176 de esta ley.*
> *c) El abandono de la actividad delictiva, la realidad de la colaboración exigida y la satisfacción de las responsabilidades civiles en el caso del artículo 179 de esta ley.*
> *3. El procedimiento de impugnación se regirá por lo establecido en el artículo 585.*
> *4. El auto que revoque el archivo por oportunidad, por entender que no concurren los elementos reglados, ordenará la continuación del procedimiento".*

Claramente inspirado en la regulación de la impugnabilidad de los actos políticos contenida en el art. 2 a) de la LJCA, el precepto transcrito cercena el motivo de impugnación de los mismos destinado a la protección de los derechos fundamentales, enunciado en la citada disposición de la ley procesal administrativa en primer lugar.

Siendo la aplicación del principio de oportunidad un óbice para la realización del enjuiciamiento penal que la Constitución atribuye en exclusiva a la jurisdicción y no a la Fiscalía -como anteriormente se ha manifestado-, la restricción del control judicial de la discrecionalidad persecutoria por la que el Anteproyecto de 2020 se decanta es contraria, a nuestro parecer, el derecho a la tutela judicial efectiva de las restantes partes, que *en interés de la justicia* -como proponía la PCPP, utilizando el canon del Estatuto de Roma- habrían de quedar autorizadas a someter el correspondiente decreto a revisión del tribunal competente.

La tarea jurisdiccional consistente en juzgar quedaría externamente condicionada si se atribuyera al Ministerio Público una discrecionalidad acusatoria excluida de un posible control jurisdiccional, efecto que diferencia nítidamente el acto aplicativo de una oportunidad atribuida a la Fiscalía sin posibilidad de control de los actos políticos de gobierno, los cuales ostentan su fundamento en atribuciones constitucionales propias. Resulta significativo que dichas atribuciones, en caso de interferir en el ejercicio de la potestad jurisdiccional para la protección de los derechos fundamentales, se acomodan a esta última, como sucedió en el célebre *asunto de los papeles del Cesid*, en el cual la clasificación de documentación declarada secreta por el Gobierno -en virtud de su potestad de dirección política establecida por el art. 97 de la CE- pudo ser controlada por la Sala de lo Contencioso-Administrativo del Tribunal Supremo en un proceso de protección jurisdiccional del derecho fundamental a la tutela judicial efectiva (STS 3ª de 4 de abril de 1997).

Para el caso de que no se aceptara un control jurisdiccional de las decisiones de aplicación del principio de oportunidad de la Fiscalía, la solución para evitar la quiebra del derecho a la tutela y el principio de exclusividad jurisdiccional por la instauración de la oportunidad sería la que actualmente se establece para los delitos leves en la LECrim y que Javier Vecina Cifuentes y Tomás Vicente Ballesteros consideran la idónea: la atribución en exclusiva a los Jugados de Instrucción de la decisión sobre la oportunidad a través de autos de sobreseimiento[432].

VII. LA FUNCIÓN RESOCIALIZADORA DE LA PENA

El principio de legalidad penal en relación con la finalidad resocializadora de la pena establecida em el art. 25.2 de la CE, debe constituir, precisamente, una de las finalidades justificativas de la oportunidad penal, lo que impide invocar el principio en contra de la admisibilidad de la institución[433].

La jurisprudencia constitucional ha señalado que el art. 25.2 de la CE no dispone que la reeducación y la reinserción social sean las únicas finalidades legítimas de la pena privativa de libertad (ATC 985/86, de 19 de noviembre). El precepto -según el Alto Tribunal- contiene una orientación que no supone un condicionante para la existencia de la pena (ATC 486/1985, de 10 de julio, SSTC 2/1987, de 21 de enero, 28/1988, de 23 de febrero,), ni impone una obligación de creación de institutos resocializadores determinados y menos aún de dotarles de contenido concreto, con el matiz de que, en las penas de larga duración, el principio ha de tener proyección legislativa (ATC 3/2018, de 23 de enero). Su destinatario primero "*es el legislador penitenciario y la Administración por*

---

432 *Op. cit.*, pp. 317 y 318.

433 *Vide* VECINA CIFUENTES, JAVIER/TOMAS BALLESTEROS, VICENTE, *op. cit.*, p. 310.

él creada", aunque la regla es también relevante a otros efectos (STC 19/1988, de 16 de febrero).

"*La finalidad de la reinserción se proyecta esencialmente sobre la fase de ejecución (...) pero ha de armonizarse con otros fines legítimos de la pena (...) En particular, la finalidad de prevención general, tanto en su vertiente de disuasión de potenciales delincuentes mediante la amenaza de pena, como de reafirmación de la confianza de los ciudadanos en el respeto de las normas penales constituye igualmente un mecanismo irrenunciable para el cometido de protección de bienes jurídicos*". La pena se contempla por el TC como un "*complejo entramado de funciones*", que "*no funciona sin tensiones, en la medida en que lo necesario para la satisfacción de la prevención general, en lo relativo a la decisión sobre el si y el cuánto de la pena a imponer, puede no ser lo idóneo o lo más aconsejable desde la óptica de ala reinserción social, siendo labor del legislador* (...) *la articulación de las relaciones entre ellos, a través de los instrumentos de los que dispone*" (SSC 160/2012, de 20 de septiembre).

El art. 25.2 de la CE -afirma la STC 150/1991, de 4 de julio-no resuelve la cuestión relativa a la adecuación de los distintos fines de la pena a los valores constitucionales, ni ha optado por una concreta función de la pena, entre los posibles fines "*prevención genera, prevención especial; retribución, reinserción, etc*". La respuesta penal permite "*mantener en la población la conciencia del Derecho y el sentimiento de justicia*". Sus funciones alcanzan la intimidación, la eliminación de la venganza privada, la consolidación de las convicciones éticas, el refuerzo del sentimiento de la fidelidad al ordenamiento, la resocialización, etc. (STC 169, 2012, de 6 de octubre).

Con independencia de la discusión acerca de la aptitud de la pena para conseguir la reinserción o provocar -por el contrario- la *desocialización*, es claro que mediante la aplicación del principio de oportunidad la *desocialización* que pueda causar la pena se evita y la reinserción puede ser facilitada mediante la imposición de condiciones para la elusión de la responsabilidad penal que alejen al infractor de las sustancias o los ambientes tóxicos que en el pasado puedan haber servido de caldo de cultivo de la comisión de delitos por su parte. Como ya tuvimos ocasión de manifestar, el valor constitucional de la reeducación y resocialización del delincuente es propiciado por la oportunidad, lo cual se anota en el haber del principio, al margen de la discusión sobre su alcance en la configuración de la pena.

VIII. EL PRINCIPIO ACUSATORIO

Aunque el mismo Glaser, a quien se debe la denominación del principio de oportunidad, consideraba la discrecionalidad acusatoria una consecuencia del deslinde de las funciones de acusar y enjuiciar establecida por el proceso penal contemporáneo frente al modelo inquisitivo del Antiguo Régimen[434], lo cierto es que principio acusatorio y principio de oportunidad operan en planos distintos: el primero, entre otras exigencias, impide el enjuiciamiento y, por ende, la condena sin solicitud de parte (*nemo iudex sine actore*); el segundo hace depender la persecución penal de una voluntad guiada por razones de conveniencia. Resulta obvio que requerir una acción para conseguir un efecto (acusatorio) no determina cuándo ni cómo la acción se debe ejercitar (oportunidad/necesidad). Así lo sostienen Javier Vecina Cifuentes y Tomas Vicente Ballesteros, siguiendo la posición de James Goldschmidt en este punto[435]. Dichos autores advierten, sin embargo, que la constatación de

---

434 *Op. et loc. cit.*

435 *Op. cit.*, p. 312. GOLDSCHMIDT, JAMES, "Problemas jurídicos y políticos del proceso penal. Conferencias dadas en la Universidad de Madrid en los meses de diciembre de 1934 y de enero, febrero y marzo de 1935", en "*Derecho, Derecho penal y proceso I. Problemas fundamentales del Derecho*", Jacobo López Barja de Quiroga, ed, Trad. Mó-

la inexistencia de relación de causalidad entre principio acusatorio y principio de oportunidad no implica la admisión de la tesis de la imposición de la necesidad de persecución penal por el principio acusatorio, sostenida por Luigi Ferrajoli, cuya postura en relación con tal punto califican de incomprensible[436].

En el capítulo primero, al ser examinada la relación entre justicia, guerra y oportunidad, se expuso como el Estado establece y distribuye su poder soberano de acusar como estima conveniente, pero lo regula o -aun sin regulación- lo administra de forma que sea percibido como eficaz por la sociedad para la persecución del delito. La consagración del principio acusatorio, con el que impide al tribunal enjuiciar una causa si no es a instancia de parte mediante el ejercicio de la acción procesal, no condiciona la regulación del modo -el sí y el cómo- del ejercicio de la acción por el Ministerio Fiscal.

IX. LA PRESUNCIÓN DE INOCENCIA

Es claro que carece de cualquier fundamento plausible una oposición a la introducción del principio de oportunidad basada en una concepción *sanatoria* del proceso penal que le convierta en un instrumento de *purga de las sospechas* que puedan existir contra el sujeto pasivo, como si las mismas necesariamente hubieran de disiparse para el mantenimiento incólume del derecho a la presunción de inocencia del interesado.

Desde tal perspectiva, el referido derecho fundamental, desde el nacimiento de la sospecha, reclamaría su *confirmación*

---

nica Tirado Pablos y Juan Delgado Cánovas, Marcial Pons, Madrid, p. 782.

436 *Op. et loc. cit.* La tesis de Ferrajoli que los mencionados autores combaten se encuentra en las pp. 567 a 569 de su obra "*Derecho y razón*", ya citada.

mediante el sobreseimiento fundado en la ausencia de responsabilidad penal o en la absolución.

Se trata, obviamente, de un punto de vista netamente inquisitorial, que desconoce que la presunción de inocencia es una *verdad interina* que sólo se desvirtúa por la declaración judicial de culpabilidad en sentencia firme. Además, la objeción recuerda el pretendido anhelo del Santo Oficio, hipócritamente proclamado, por verificar, mediante la tramitación de la causa la inocencia del reo, quien, de salir victorioso del percance, sería conducido a caballo, vestido de blanco y coronado de laurel y hojas de palma por las calles, como muestra del triunfo de la inocencia y exaltación de la ortodoxia religiosa[437].

No obstante, el requisito de la aceptación por el inculpado de la omisión de persecución decidida por el tribunal, una vez ejercitada la acción penal, que la StPO prevé en su art. 153, en la regulación de la aplicación del criterio de oportunidad de la insignificancia del hecho, se ha vinculado con el interés que podría tener el sujeto pasivo de la causa en obtener un pronunciamiento de fondo favorable, una vez que la Fiscalía y el tribunal ya han confirmado la existencia de sospechas suficientes en contra suya para proseguir el proceso contra él[438]. Se ha dicho, incluso, que, en tal caso, al manifestar su consentimiento al cierre del proceso, el inculpado proporciona un indicio sobre su culpabilidad[439]. Pero el interés de todo sospechoso en lograr

---

437 *Vide* GONZÁLEZ-CUÉLLAR SERRANO, NICOLÁS, "*Ecos de Inquisición*", *cit.*, p. 247.

438 DENCKER, FRIEDICH., "Strafrechtsreform im Einführungsgesetz? I. Die Bagatelldelikte im Entwurf eines EGStGB", en *JZ*, nº 5/6, 9 März 1973, p. 148.

439 Así KLEINKNECHT, THEODOR/MEYER, KARLHEINZ, *op cit.*, p. 585, con cita de DAHS, HANS, *NJW* 1985, p. 265

la finalización rápida de la causa seguido en su contra[440], sin afrontar el riego de la emisión de una resolución desfavorable, explica sobradamente la aceptación del archivo del asunto por la inmensa mayoría de las personas inocentes, las cuales usualmente prefieren no complicarse la vida antes que luchar por dispar sombras de duda que puedan persistir sobre su conducta, pues semejante empeño produce preocupación y consume recursos y no está exento de resultar no sólo infructuoso, sino incluso contraproducente para el logro del objetivo perseguido, debido al riesgo de un posible error judicial, nunca descartable del todo.

También en la doctrina alemana se ha objetado a la posible imposición de condiciones u órdenes al inculpado como requisito para la omisión de la persecución penal por motivo de oportunidad -regulado por el pr. 153a de la StPO-[441], su tratamiento con ello como culpable, lo que resultaría contrario al derecho a la presunción de inocencia, en cuanto el mismo supone una regla de tratamiento del sospechoso que obliga a darle la consideración, inversa, de inocente[442].

Frente a dicha crítica puede sostenerse que la ley no parte de ninguna constatación de la culpabilidad, sino de una simple hipótesis, en la cual la concurrencia de un interés público de persecución penal desaparecería gracias al cumplimiento de las condiciones u órdenes por el inculpado, cuya actuación le dispensa de tener que afrontar un proceso penal que, en otro caso, se desarrollaría con el fin precisamente de constatar la

---

440 Dicho factor también se considera en KLEINKNECHT, THEODOR/MEYER, KARLHEINZ, *op et loc. ult. cit.*

441 *Vide infra* C.5.III.A.

442 Cfr. DENKER, FRIEDICH., *op. cit.*, pp. 149 y 150.

realidad de la hipótesis que da lugar a la imposición de las condiciones u órdenes[443].

Pero, aun siendo jurídicamente sutil tal argumento de la imposición de condiciones y órdenes sobre una realidad hipotética y no judicialmente contrastada, no parece muy convincente desde la perspectiva de la apariencia social del tratamiento otorgado al beneficiario de la dispensa de persecución, al quien se le obliga a hacer idénticas prestaciones a favor de la víctima o de la sociedad que si fuera culpable. Que se le trata *como culpable* constituye una verdad que sólo puede negarse mediante una finta conceptual *-no como culpable, sino como incurso en una hipótesis de culpabilidad-* que, en la práctica, se revela artificiosa.

Resulta mucho más convincente una refutación de la lesión del derecho fundamental a la presunción de inocencia por el principio de *oportunidad bajo condición* basada en el poder de disposición por el sospechoso de su derecho de defensa, mediante la aceptación de su culpabilidad sin necesidad de una persecución penal completa. Al igual que el acusado pude dar su conformidad a la sanción penal más grave que se le solicita por las acusaciones, con la consecuencia del dictado de sentencia sin celebración de juicio oral, nada impide al sospechoso aceptar que se le impongan condiciones y órdenes, pese a que el planteamiento de la hipótesis sobre lo sucedido que las justifica suponga que se le trate *como culpable.*

Si un acto propio del sujeto pasivo del proceso penal no fuera idóneo para que su presunción de inocencia quedara desvirtuada y la culpabilidad sólo pudiera ser establecida en

---

443 DREHER, EDUARD, "Die Behandlung der Bagatellkriminalität", en "*Festschrift für Hans Welzel zum 70. Geburstag am 25. März 1974*", De Gruyter, Berlin, 2017, pp. 938 y 939; ROXIN, CLAUS/SCHÜNEMANN, BERND, *op. cit.*, p. 92.

una sentencia dictada tras el desarrollo en su totalidad del proceso penal, habría de ser consideradas inconstitucionales todas las instituciones que posibilitan la disposición del derecho de defensa en la justicia penal: en nuestro ordenamiento no sólo la conformidad, sino también el proceso por aceptación de decreto.

La clave se encuentra en que la protección del derecho fundamental a la presunción de inocencia carece de sentido que se proyecte sobre los actos propios del sospechoso, encausado o acusado, si no se encuentran viciados por falta de entendimiento de las consecuencias o ausencia de la voluntad de asumirlas. Como recuerda Eduard Dreher, *volenti non fit inuiria*[444].

X. NON BIS IN IDEM

Las resoluciones judiciales mediante las que se aplique el principio de oportunidad pueden desplegar efecto de cosa juzgada material, si impiden el enjuiciamiento y sanción posterior del mismo asunto, o no hacerlo, si simplemente difieren la solución definitiva a un momento posterior a la espera de la comprobación del cumplimiento de las condiciones que se impongan para la concesión del beneficio o si se admite el cambio de criterio sobre la base del conocimiento de nuevas circunstancias. Será la ley las que establezca la forma y requisitos de cada tipo de resolución en razón a sus efectos.

Cuando la oportunidad se aplica por el Ministerio Fiscal no cabe hablar de cosa juzgada, efecto reservado a las resoluciones judiciales, aunque sí cabe otorgar a sus resoluciones un efecto idéntico, cuando suponen una decisión sobre el fondo del asunto, en aplicación del *principio non bis in idem*, sustentado en el ámbito sancionador en el principio de legalidad reco-

---

[444] *Op.cit.*, p. 939.

nocido por el art. art. 25.1 CE y en el procesal en el derecho fundamental a un proceso con todas las garantías del art. 24.2 CE, así como en el art. 50 de la Carta de Derechos Fundamentales de la Unión Europea[445].

Nuestro TC, en su sentencia 23/2016, de 15 de febrero, ha avalado el criterio de la Audiencia Provincial de Madrid, que entendió que vulneraría el citado principio una retroacción de las actuaciones que posibilitara el enjuiciamiento de un menor al que se le había impuesto una condición ya cumplida por el mismo.

El TJUE, en virtud del *principio de confianza recíproca* que sirve de sustrato a la proclamación del principio de reconocimiento mutuo de resoluciones judiciales, considera un *idem* que no puede dar lugar a un *bis* una decisión de no persecución del asunto adoptada por la fiscalía de un país europea con base en sus poderes discrecionales, cuando se han impuesto condiciones que han sido cumplidas, lo cual supone -se dice- una asunción de la responsabilidad penal (STJUE de 11 de febrero de 2003, *casos acumulados Gözütök y Brügge* -C-187/01 y C-385/01-). Se trata de una situación claramente distinta a la enjuiciada en la STJUE de 10 de marzo de 2005, *caso Miraglia*, en la cual la decisión de archivo de la fiscalía obedeció a la persecución del hecho punible en otro Estado y tenía carácter provisional[446].

---

445 Sobre las vacilaciones jurisprudenciales en la aplicación del principio *non bis in idem* en el ámbito administrativo sancionador, *vide* BURZACO SAMPER, MARÍA, "Principio de oportunidad y derecho administrativo sancionador", en "*Postmodernidad y proceso europeo...*", *cit.*, pp. 103 y ss.

446 *Vide* SANZ HERMIDA, ÁGATA, "Aplicación transnacional de la prohibición del bis in idem en la Unión Europea", *Revista Penal*, nº 21. Enero, 2008, pp. 131 y 132.

Ya ha sido examinada con anterioridad la colisión de una hipotética atribución a la Fiscalía de un poder discrecional inimpugnable con el derecho a la tutela judicial efectiva y el principio de exclusividad de la jurisdicción. No es ésta la cuestión de la que ahora nos ocupamos, sino de los efectos de una resolución judicial de sobreseimiento por razón de oportunidad o de una decisión de la Fiscalía no impugnada judicialmente con el mismo efecto en relación con la posibilidad de reapertura de la causa, enjuiciamiento del asunto y, en su caso, condena.

Pues bien, adoptada una decisión formal de no iniciación o finalización anticipada del proceso penal por motivo de oportunidad, parece que el principio de seguridad jurídica conduce a rechazar que un cambio de opinión pueda provocar una reapertura de la causa. De admitirse tal eventualidad, la oportunidad serviría como sujeción de una justicia convertida en espada de Damocles sobre la cabeza del ciudadano.

No obstante, el Estatuto de Roma permite a la Fiscalía ante la Corte Penal reabrir una causa sobreseída por razón de oportunidad si surgen nuevas circunstancias fácticas.

XI. LOS PRINCIPIOS RECTORES DEL MINISTERIO FISCAL

A) EL PRINCIPIO DE LEGALIDAD

El principio de legalidad al cual el art. 124 de la CE vincula al Ministerio Fiscal no constituye obstáculo a la instauración del principio de oportunidad, al no ser coincidente con un inexistente principio de necesidad en el ejercicio de la acción penal, como ya hemos examinado[447].

Pero el precepto penal indicado no sólo no constituye un obstáculo para la implantación del principio de oportunidad, sino que ha llegado a ser situado como base constitucional del referido principio por Vicente Gimeno Sendra. En opinión de dicho autor, la referencia incluida en la norma a los derechos de los ciudadanos y del interés público como objeto de tutela por la ley al que la actuación del Ministerio Fiscal se orienta ha de conducir a la aceptación legal de la omisión o atemperación de la persecución en los casos en los que el ejercicio de la discrecionalidad sirva de mejor manera a la protección de dichos derechos y el mencionado interés[448].

B) EL PRINCIPIO DE UNIDAD DE ACTUACIÓN

El principio constitucional de unidad de actuación del Ministerio Público que también consagra el art. 124 CE exige un método homogéneo de funcionamiento de sus miembros, en cumplimiento de las órdenes particulares, circulares o instrucciones generales que dicte la Fiscalía General del Estado, las cuales permiten a la institución efectuar una aplicación de la ley penal uniforme y coherente en todo el territorio nacional. Por ello, la configuración constitucional del Ministerio Fiscal, como órgano jerarquizado, permite que las ventajas del principio de oportunidad desplieguen sus potencialidades sin merma del respeto por el principio de igualdad de todos los ciudadanos en el cumplimiento de la ley. No obstante, nunca los criterios de actuación de la Fiscalía deben suplantar las disposiciones legales que corresponde adoptar al Parlamento,

---

447 En este sentido, VECINA CIFUENTES, JAVIER/TOMAS BALLESTEROS, VICENTE, *op. cit.*, p, 316.

448 "*La simplificación de la justicia penal y civil*", BOE, Madrid, 2020, p. 39.

como ya se ha manifestado. Los criterios, en consecuencia, únicamente pueden servir como orientaciones para la decisión material que haya de tomarse, en atención a las circunstancias particulares del caso, nunca como mandatos vinculantes.

Capítulo 5

Origen y evolución del principio

I. LA CONVENIENCIA DE LA OPORTUNIDAD

Hablar de la conveniencia de la oportunidad supone incurrir en cierta redundancia, pues equivale a tratar sobre *conveniencia en lo general* de lo *conveniente en lo particular.* En efecto, el diccionario de la RAE informa de que el sustantivo *oportunidad,* en su primera acepción, es el *momento o circunstancia oportunos o convenientes para algo* y el adjetivo *oportuno,na,* en su primer significado, designa lo *que se hace o sucede en tiempo a propósito y cuando conviene.* Aun así, la reflexión sobre la cuestión suscitada resulta pertinente, pues, en la discusión sobre el alcance del principio de oportunidad en la justicia penal, conviene partir de la base de que la omisión o interrupción de la exigencia de responsabilidad penal que el principio propicia no se efectúa como un fin en sí mismo, sino como medio para alcanzar objetivos legítimos que justifiquen la elusión del proceso, cuando el interés de persecución penal no concurra o pueda ser sacrificado, por presentarse en el caso concreto un interés contrapuesto preponderante.

Como en España ha puesto de manifiesto un relevante sector doctrinal, desde hace más de un cuarto de siglo, la protección de la víctima y la reinserción del delincuente pueden ser alcanzados con mayor facilidad con la instauración del principio de oportunidad, si -en caso necesario- queda condicionada la ausencia de ejercicio de la acción penal a la realización de prestaciones o asunción de obligaciones por el autor del delito que favorezcan su resocialización o la reparación moral o material de la víctima[449].

La resocialización constituye un valor constitucional que en el capítulo precedente fue objeto de examen. Desde la última perspectiva indicada, como instrumento al servicio de la reparación de la víctima, el principio de oportunidad puede ser situado en la llamada *justicia restaurativa*, la cual, aunque nacida en los años 70 del pasado siglo en el contexto de una *justicia informal*, no constituye una regulación o conjunto de prácticas alternativo o ajeno al proceso penal, sino un enfoque normativo y práctico del sistema legal de carácter *compensatorio* y no *correctivo*, que centra su atención en la tutela de la víctima como una finalidad esencial del proceso, y que pone de relieve la transcendencia que la reparación del mal causado, en la medida de lo posible, despliega para la víctima del delito y para el propósito último de la pacificación, al que el sistema de justicia se encuentra preordenado[450]. En palabras de María del Pilar Martín Ríos, "*la justicia restauradora se plantea frente a la expansión de un Derecho Penal caracterizado por su carácter represivo y retributivo y su ineficacia resocializadora. Desde sus postulados* -añade la citada autora- *se reivindica la incorporación de métodos de*

---

449 *Vide* GONZÁLEZ-CUÉLLAR GARCÍA, ANTONIO, "Crisis de la justicia y reforma del proceso penal", *Actualidad Penal*, nº 28, 1988, p. 1462; GIMENO SENDRA, VICENTE, "Artículo 100", GIMENO SENDRA, VICENTE/CONDE PUMPIDO TOURÓN, GARBERÍ LLOBREGAT, JOSÉ, "*Los procesos penales*". T. II. "*Arts. 100 a 258 LECrim*", Bosch, Barcelona, 2000, pp. 9 y ss.

450 Cfr. MESSMER, HEINZ y OTTO HANS UWE, "Restorative Justice: Step son the way toward a good idea", en "*Restorative justice on trial*", H. Messmer, H.U, ed., Bieleveld, 1991, pp. 1 a 6; GARCÍA PERROTE FOR, MARÍA ELENA, "El principio de oportunidad y la justicia restaurativa", en "*Principio de oportunidad y transformación del proceso penal*", *cit.* (ebook); RUIZ SIERRA, JOANA, "Justicia restaurativa en España", en "*Principio de oportunidad y transformación del proceso penal*", *cit.* (ebook)

resolución de conflictos que prevean espacios en los que el victimario -a través de una mayor interacción con la víctima- pueda reparar el daño ocasionado, así como un tratamiento integral del fenómeno delictivo y una reparación plena de la víctima"[451].

Dentro de los mecanismos *restaurativos* ocupa un lugar predominante la mediación[452], método autocompositivo en el que los interesados buscan una solución al conflicto que les enfrenta con el auxilio de un tercero, que propicia la creación de un marco de equilibrio y orden para el diálogo, facilita la comunicación entre ellas y acerca sus posiciones en el terreno de los intereses compartidos, sin efectuar propuestas de solución[453].

En España la mediación se contempla en el art. 87 ter de la LOPJ, para excluirla en los casos de violencia sobre la mujer[454], y, con carácter general, en el art. 15 de la Ley 2/2015, del Esta-

---

451 "*Víctima y justicia penal*", Atelier, Barcelona, 2012, p. 401.

452 *Vide* CALAZA LÓPEZ, SONIA, "Rotación, traslación y otros movimientos estelares de la justicia en torno a la resolución de los conflictos sociales: transferencia de la justicia restaurativa a la sociedad civil", en "*Principio de oportunidad: Sociedad civil, empresa, doctrina y jurisprudencia*", *cit.* (ebook); "La mediación penal: de las bambalinas a la escena", en "*Postmodernidad y proceso europeo*", cit., pp. 109 y ss.

453 *Vide* ARMENTA DEU, TERESA, "*Derivas de la justicia. Tutela de los derechos y solución de controversias en tiempo de cambios*", Marcial Pons, Buenos Aires, Madrid, Barcelona, Sao Paulo, 2021, pp. 112 y ss.; CASTILLEJO MANZANARES, RAQUEL, "Estado de la mediación penal en España", "*Iuris tantum. Revista del Instituto de Investigaciones Jurídicas*", Vol. 33, nº 29, 2019, pp. 99 y ss.

454 *Vide* CASTILLEJO MANZANARES, RAQUEL, "Hipótesis de partida acerca de la posibilidad de mediación en supuestos de violencia de género", *Diario La Ley*, n 882, 15 de diciembre de 2016; FRANCO-SERRANO, MARÍA TERESA, "El principio de oportunidad. La eficacia de la justicia restaurativa en materia de violencia de género", en "*Principio de oportunidad: Sociedad civil, empresa, doctrina y jurisprudencia*", *cit.* (ebook).

tuto de la Víctima[455], que transpone la Directiva 2012/29/UE de 25 de octubre de 2012[456]:

Además, la mediación penal cuenta con el apoyo de programas institucionales de fomento de su utilización[457].

---

455 "*Artículo 15. Servicios de justicia restaurativa.*
1. Las víctimas podrán acceder a servicios de justicia restaurativa, en los términos que reglamentariamente se determinen, con la finalidad de obtener una adecuada reparación material y moral de los perjuicios derivados del delito, cuando se cumplan los siguientes requisitos:
a) el infractor haya reconocido los hechos esenciales de los que deriva su responsabilidad;
b) la víctima haya prestado su consentimiento, después de haber recibido información exhaustiva e imparcial sobre su contenido, sus posibles resultados y los procedimientos existentes para hacer efectivo su cumplimiento;
c) el infractor haya prestado su consentimiento;
d) el procedimiento de mediación no entrañe un riesgo para la seguridad de la víctima, ni exista el peligro de que su desarrollo pueda causar nuevos perjuicios materiales o morales para la víctima; y
e) no esté prohibida por la ley para el delito cometido.
2. Los debates desarrollados dentro del procedimiento de mediación serán confidenciales y no podrán ser difundidos sin el consentimiento de ambas partes. Los mediadores y otros profesionales que participen en el procedimiento de mediación, estarán sujetos a secreto profesional con relación a los hechos y manifestaciones de que hubieran tenido conocimiento en el ejercicio de su función.
3. La víctima y el infractor podrán revocar su consentimiento para participar en el procedimiento de mediación en cualquier momento".

456 Directiva 2012/29/UE del Parlamento Europeo y del Consejo de 25 de octubre de 2012, por la que se establecen normas mínimas sobre los derechos, el apoyo y la protección de las víctimas de los delitos, y por las que se sustituye la Decisión marco 2001/220/JAI del Consejo. Art. 12. Derecho y garantías en el contexto de los servicios de justicia reparadora.

457 El CGPJ define en su portal la mediación como "*un modelo de solución de conflictos que, mediante la intervención de un <<tercero>> neutral e imparcial, ayuda a dos o más personas a comprender el origen de sus diferencias, a conocer las causas y consecuencias de lo ocurrido, a confrontar sus*

Como más tarde se examinará, al analizar los trabajos prelegislativos de reforma que en el tiempo se han sucedido para la sustitución de la vetusta LECrim por un texto legal actual, los distintos textos que en el seno del Ministerio de Justicia se han preparado con dicho objetivo, por ahora frustrado, han abordado la regulación de la mediación penal, cuya potenciación en todos ellos se plantea, aunque no de la misma forma. Con ocasión de su análisis se abordará la cuestión de la relación entre oportunidad y mediación.

Ahora bien, la fundamentación del principio de oportunidad en la satisfacción de finalidades del proceso penal distintas de la aplicación del *ius puniendi*, no implica que, simultáneamente, dicho principio no pueda prestar también un importante servicio a la eficacia de la justicia penal en la investigación y prueba de la delincuencia, de dos formas distintas: una para proporcionar una ventaja de carácter logístico; y otra para dispensar una facilidad de índole operativa.

En primer lugar, desde un punto de vista logístico, la oportunidad en el ejercicio de la acción penal permite concentrar los recursos humanos y materiales de la Administración de Justicia y la Policía Judicial, siempre limitados, en el descubrimiento, persecución y enjuiciamiento de las formas más graves de delincuencia, especialmente en la lucha contra el crimen organi-

---

visiones y a encontrar soluciones para resolver aquéllas". Y añade: "*desde esta reflexión el Consejo General del Poder Judicial se ha sentido concernido y apostó desde 2005 por apoyar y auspiciar varias líneas de trabajo, de apoyo activo a la mediación en diferentes ámbitos. La línea de trabajo se ha consolidado en el ámbito familiar y en el orden penal. Y se ha ido ampliando a la mediación civil, social y contencioso-administrativa*". https://www.poderjudicial.es/cgpj/es/Temas/Mediacion/.

Vide MEDINA PÉREZ, PATRICIA, "El principio de oportunidad desde el punto de vista de la víctima: el arte de soltar y perdonar", en "*Principio de oportunidad y transformación del proceso penal*", *cit.* (ebook).

zado, la corrupción y la delincuencia económica, por su mayor capacidad ofensiva en el primer caso y por sus devastadores efectos, en los otros dos, contra la confianza de los ciudadanos en el Estado democrático y social de derecho, fundamento de la convivencia pacífica[458].

Se trata, así, de concretar los esfuerzos de la justicia penal en los objetivos relevantes conforme al brocardo *"minima non cura praetor"*, como ya planteó Julius Anton Glaser en Austria[459] y -posteriormente- Franz von Liszt en Alemania, al proponer la reincorporación del referido principio, como máxima de derecho procesal y como regla material, en lo que Enrique Bacigalupo Zapater denomina *"el primer programa de una política criminal de descriminalización"*[460].

En segundo lugar, desde una perspectiva operativa, la concesión de discrecionalidad a las autoridades de persecución penal dota de mayor eficacia a la persecución penal mediante su utilización como mecanismo de obtención de información y pruebas proporcionadas por personas involucradas en la comisión del delito que decidan colaborar para obtener un tratamiento procesal o penal beneficioso.

En otro orden de consideraciones, al margen de su reconocimiento normativo, la práctica demuestra que la justicia penal es selectiva también en los países en los que se proclama el ejercicio de la acción penal ante la comisión del delito como principio absoluto, pues en todos la justicia penal actúa como "*proceso de selección*"[461]. Como explicaba Tomás Vives An-

---

[458] Cfr. GONZÁLEZ-CUÉLLAR SERRANO, NICOLÁS, "Halcones y Palomas...", *cit.*, pp. 509 y ss.

[459] *Op. cit.*, p. 453, nota 6.

[460] BACIGALUPO ZAPATER, ENRIQUE, "Descriminalización y prevención", *Poder Judicial,* Número Especial II. Jornadas sobre Justicia Penal en España, Madrid, 24 a 27 de marzo de 1987, p. 9.

[461] MAIER, JULIO, *op. cit.*, pp. 555 y ss.

tón ya en 1987, *"no deja de sorprender la resistencia que provocan en ciertos medios jurídicos el principio de oportunidad y la negociación penal. Parece que en el presente arrojan una mancha sobre la hasta ahora inmaculada Administración de Justicia. Pero lo cierto es que hoy por hoy, tales instituciones existen en la realidad y de ellas se hace un uso subrepticio y vergonzante"*, en su opinión[462]. Obviamente, la regulación del principio de oportunidad y su aplicación abierta y no extraoficial y clandestina redunda en una mayor transparencia del sistema de justicia penal, en cuanto la ley asume la utilización de criterios de utilidad o conveniencia, que en todo caso se abren paso en la práctica en cualquier Estado.

Es cierto que el principio de igualdad en aplicación de la ley puede quedar afectado por el principio de oportunidad, dado que la discrecionalidad consustancial al mismo es susceptible de generar respuestas estatales diversas ante idénticos supuestos, como tuvimos ocasión de exponer en el capítulo anterior. No obstante, las propuestas de instauración del principio de oportunidad donde no está reconocido, o de su potenciación si se encuentra previsto por el ordenamiento de forma limitada -como es el caso de España-, no abogan por el retorno a la arbitrariedad en el desarrollo de los procesos o en la imposición de los castigos[463]. Así lo demuestra

---

462 "Doctrina constitucional y reforma del proceso penal", en *Poder Judicial,* Número Especial II, *cit.,* p. 109.

463 Así, por ejemplo, AUGER LIÑÁN, CLEMENTE, "El principio de oportunidad reglada", en "*La reforma del proceso penal*", Centro de Publicaciones del Ministerio de Justicia, Madrid, 1989, pp. 275 y ss; CONDE-PUMPIDO FERREIRO, CANDIDO, "El principio de oportunidad reglada: su posible incorporación al sistema del Proceso Penal Español", en "*La reforma del proceso penal*", *cit.,* pp. 287 y ss.; DELGADO BARRIOS, JAVIER, "El principio de oportunidad en el proceso penal: aplicación de la doctrina de los conceptos jurídicos indeterminados", "*La reforma del proceso penal*", *cit.*, pp. 309 y ss; RUIZ

que tales propuestas se acompañen de las correspondientes reflexiones sobre los límites del principio y los requisitos para su aplicación y las cautelas que se adoptan en los trabajos prelegislativos de reforma.

VADILLO, ENRIQUE, "El principio de oportunidad reglada", en "*La reforma del proceso penal*", *cit.*, pp. 387 y ss.; ESCANILLA PALLÁS, "El principio de oportunidad reglada", en "*La reforma del proceso penal*", *cit.*, pp. 591 y ss; GONZÁLEZ CANO, MARÍA ISABEL/ROMERO PRADAS, MARÍA ISABEL, "El principio de oportunidad reglada", en "*La reforma del proceso penal*", *cit.*, pp. 707 y ss; DE URQUÍA GÓMEZ, FAUSTINO, "El principio de legalidad y el principio de oportunidad", en "*La reforma del proceso penal*", *cit.*, pp. 939 y ss.; LANZAROTE MARTÍNEZ, PABLO A., "La víctima del delito y el sistema jurídico penal: ¿hacia un sistema de alternativas?", *Poder Judicial*, nº 34, junio 1994, p. 149; ALCAYDE BLANES, "Aspectos constitucionales del principio de oportunidad en el proceso penal", en "*Principio de oportunidad y transformación del proceso penal*", *cit.* (ebook); RUIZ RODRÍGUEZ, MARÍA ADORACIÓN, "El principio de oportunidad como complemento de la legalidad y a la necesidad", en "*Principio de oportunidad y transformación del proceso penal*", *cit.* (ebook); ESCUDERO MUÑOZ, MARTA, "La aplicación del principio de oportunidad por el Ministerio Fiscal en los delitos leves", "*Principio de oportunidad: Sociedad civil, empresa, doctrina y jurisprudencia*", cit. (ebook); LÓPEZ YAGÜE, VERÓNICA, "Una apuesta de transferencia de la justicia a la sociedad civil postmodrna: transformación del proceso penal", en "*Principio de oportunidad: Sociedad civil, empresa, doctrina y jurisprudencia*", *cit.* (ebook); CALAZA LÓPEZ, SONIA, "La subordinación de la oportunidad a la legalidad en el proceso penal", Revista Doctrinal Aranzadi, nº 5, 2012, p. 212; "La mediación penal: de las bambalinas a la escena", en "Postmodernidad y proceso europeo...", cit., pp.114 y ss..

II. ANTECEDENTES HISTÓRICOS DE LA DISCRECIONALIDAD DEL FISCAL Y EVOLUCIÓN EN EL DERECHO ESTADOUNIDENSE

A) EL "NOLLE PROSEQUI" Y EL "TESTIGO DE LA CORONA" EN EL DERECHO INGLÉS

En el Derecho inquisitorial canónico, las Decretales concedían a los inquisidores un amplio margen de arbitrio para actuar "*de forma simple y de plano, sin el ruido y la forma propios de abogados y jueces*"[464]. En el Derecho inquisitorial laico, la persecución dependía, fundamentalmente, de la iniciativa privada, pero la aplicación de la ley penal, mediante el espectáculo de la ejecución en el cadalso, mediante la tortura y destrucción del cuerpo del criminal, suponía la escenificación del rito del sacrificio dispuesto por el soberano contra el infractor, como recuerda Michel Foucault[465].

Sabemos que, por definición, la soberanía supone *la capacidad de decidir sobre la excepción*, como Carl Schmitt recordó en

---

464 *Liber Sextus Decretalium*", L. V. T. II. Cap. XX. *Statuta quaedam*, Bonifacio VIII). Como expone GONZÁLEZ-CUÉLLAR SERRANO, NICOLÁS, "*no se requería la litis contestatio ni la libelli oblatio, pero la discrecionalidad del inquisidor quedaba formalmente matizada con una manifestación legal de admisibilidad de defensas y pruebas, entre otros actos procesales de parte*" ("*Clementinarum*". L. V. T. XX. C.II. *Saepe contigit*, Clemente V). Con ello, sostiene el autor citado, "*se limitaba el poder del Santo Oficio de un modo impreciso que impide conocer con claridad cuáles eran los motivos de apelación admisibles, aunque sí concluir que la normativa pretendía dejar las manos libres a los Inquisidores, sin merma de la posibilidad de pronunciamiento de la última palabra por Roma*". "*En la práctica* -concluye-, *como consecuencia de ello, el procedimiento se regía más por el uso forense que por las instituciones y las normas*". *Ecos de Inquisición*, Ediciones Jurídicas Castillo de Luna, Madrid, 2014, pp. 79 y 80.

465 FOUCAULT, MICHEL, *op. cit.*, pp. 50 y ss.

su *Teología Política*[466]. Por ello era perfectamente consecuente con la lógica del sistema que el soberano pudiera dispensar al infractor no sólo del castigo, sino incluso de la persecución penal prevista por la ley. Apareció así en Inglaterra la fórmula del *nolle prosequi*, surgida a principios del siglo XVI, que permitía al Rey, a través de sus oficiales, poner fin al proceso penal iniciado por la acción del ofendido mediante *information*[467]. Quedaba excluida la posibilidad, no obstante, de poner término a los procesos instados mediante acciones *qui tam*, especie de acción popular caracterizada por la obtención de un beneficio material por el particular que actuaba en su propio provecho, junto con el de la Corona[468].

Así pues, el *nolle prosequi* es el origen, no tan remoto, del principio de oportunidad, el cual, como sucede con casi todas las instituciones jurídicas, no es fruto de la plasmación legislativa de una reflexión analítica acerca del instrumento jurídico y sus efectos sobre la realidad social, sino el resultado del arrastre histórico de mitos, tradiciones, y experiencias jurídicas.

Antes de la instauración del *nolle prosequi*, la presentación de cargos ante el jurado podía realizarla la víctima, agentes reales o jueces de paz, ninguno de los cuales eran profesionales del Derecho y cuya decisión de sostener la acusación o no hacerlo se situaba en el ámbito de la discrecionalidad. Según sugiere Luis Díez-Picazo Giménez, el ejercicio de la acción penal no se concebía en Inglaterra y Gales en términos de obligatoriedad, porque dependía de un criterio vinculado al pronóstico del actor sobre el contenido del veredicto del jurado llamado a

---

466 SCHMITT, CARL, *op. et loc. cit.*

467 Cfr. KRAUSS, REBECCA, "The theory of prosecutorial discretion in federal law: origins and development ", *Seton Hall Circuit Review*, 2008, Vol. 6, p. 16.

468 *Vide* BLACKSTONE, WILLIAM, *op. cit.*, p. 468.

pronunciarse sobre la culpabilidad del acusado[469]. De ser cierta tal tesis, fue la incertidumbre sobre la futura condena, que quedaba en manos de jueces legos en Derecho, la que dotó a la acción penal anglo/galesa de su consustancial eventualidad y su adscripción al terreno del sentido común, más que al estrictamente jurídico.

Sea como fuere, con el *nolle prosequi* la discrecionalidad acusatoria se vinculó al poder real. En la Edad Moderna el soberano podía iniciar la causa contra el reo, torturarlo para obtener su confesión, darle una muerte atroz en el cadalso y colocar a su familia en la amargura y la indigencia o dejar al criminal libre de cargos y castigo por consideraciones políticas, afecto o mero capricho, como con anterioridad se ha visto.

El llamado *prover* o *approver* constituía, sin embargo, una figura regulada por el Derecho: era el acusado de un delito de traición o felonía que, estando en prisión, confesaba su culpabilidad bajo juramento. Debía revelar los delitos que conocía y delatar a los partícipes en el delito por el que se le acusaba. Además, había de iniciar y proseguir la causa contra sus cómplices en el mismo delito en el que era acusado mediante *appeal* (una de las formas de iniciación del proceso penal, junto con el *indictmen* y la *information,* fundamentalmente)[470].

El *prover* o *approver* procede del vocablo latino *probator* y sus características eran las que a continuación se exponen.

---

469 *Op. cit.*, p. 43.

470 SAUNDERS, EDMUND, "*The reports of the most learned Sir Edmund Sawders, late Lord Chief Justice of the King's, Bench of Several Pleadings and cases in the Court of King´s Bench in the time of the reign of His most Excellent Majesty King Charles the Second. Edited with notes and references to the pleadings and cases by John William one of his Majesty´s sejeant at law. The Fifth Edition by John Petterson of the Midder Tmple and Edward Vabghan William of Lincoln´s inn. Esq, Barrister at Law*", London, A. Strahan, 1824, pp. 281 y ss.

i. Debía confesar el delito. Se discutía si quien se había declarado inocente podía más tarde convertirse en *approver* o, si reconocía el hecho, había de ser ahorcado por la anterior declaración falsa.

ii. La admisión como *approver* del acusado era discrecional para el tribunal en nombre del Rey, cuando la causa era planteada mediante *indictmen*. No procedía cuando la interponía un particular mediante *appeal* (querella) o acciones *qui tam*.

iii. Obtenía el perdón real *"ex merito justitiae"* si probaba el delito del participe, mediante duelo o veredicto, si bien en una primera época era expulsado del reino.

iv. Para poder actuar contra el cómplice se ponía al *approver* en libertad y se le concedía un plazo. Se le asignaba un sueldo para su manutención, a cargo de la Corona, de un penique diario, pero se discutía si el emolumento se le había de entregar desde el *appeal* o en el momento en el que se le condenara al cómplice.

v. Si se retractaba de la confesión, invocando que había sido obtenida mediante coacción, y no demostraba tal hecho era ahorcado.

vi. Se excluía a los situados fuera de la ley *(outlowed)*, por su falta de credibilidad, a los sordomudos, enajenados y niños, porque no podían prestar juramento y a los sacerdotes, quienes no podían involucrarse en un pleito que podría desembocar en la muerte.

vii. Algunos autores opinaban que tampoco podían ser *approvers* las mujeres ni los hombres mayores de 70

> años, quienes no podían dirimir el litigio mediante un duelo (derecho que podía reclamar el acusado)[471].

A finales de la Edad Moderna, la figura del *probator* había caído en desuso[472] y había evolucionado en la del *crown witness* o *testigo de la corona,* desarrollada desde comienzos del siglo XVIII. Se caracterizaba por ser el acusado de felonía que confesaba, daba una completa información y proporcionaba pruebas contra sus cómplices, al igual que el *approver.* Su colaboración, si resultaba corroborada y permitía el castigo de otros partícipes en el delito, podía ser recompensada con el perdón real, aunque no se le reconocía el derecho a obtenerlo[473].

En la actualidad, la expresión *crown witness* se utiliza generalmente -también en los países de Derecho continental- como sinónimo de *colaborador eficaz* o *activo.* Pero, tal figura no se sitúa ya en el ámbito del ejercicio del derecho de gracia, perdón o indulto concedido por el soberano, sino en la rebaja de la pena por el tribunal o en la aplicación del principio de oportunidad, también de origen anglosajón.

B) LA DISCRECIONALIDAD ACUSATORIA EN EEUU

1. Evolución histórica

En EEUU, con la revolución americana, el *nolle prosequi* inglés se transformó en la *prosecutorial discretion,* la cual se con-

---

471 *Op. et loc. ult. cit.* Véase también, HAWKINS, WILLIAM, "*Treatise of the Pleas of the Crown or, a system of the principal matters relating to that subject, digested under proper heads*", 5ª Ed., 2º Vol. "*Of Courts of Criminal Jurisdiction on the modes if proceeding therein*". John Curwood, London, 1824, pp 358-379.

472 BLACKSTONE, WILLIAM, *op. cit.*, p. 469.

473 *Vide* LANGBEIN, JOHN H, *op. cit.*, pp. 223 a 228.

sidera en el país indicado un "*componente central del sistema de justicia*", que la doctrina mayoritaria y la jurisprudencia norteamericana fundamentan en el principio de división de poderes, pero cuyo origen, en realidad, es distinto, por las siguientes razones:

i. no se ejerce por el Presidente, sino por los fiscales, por su propia iniciativa; y

ii. no limita a una persecución instada por las víctimas, sino que se enmarca en el ejercicio de la acción penal oficial[474].

Pasemos a observar con mayor atención las referidas notas diferenciales.

En la *Sentencia Morrison vs. Olson 487 US 644 (1988),* relativa a la designación presidencial de un Fiscal Especial, el Juez Scalia sostuvo que "*la investigación por el Gobierno y la persecución de los delitos es la quinta esencia de la función ejecutiva*". Con base en la cláusula "*take care*" (tomar cuidado, preocuparse por), según Scalia, el Ejecutivo habría controlado siempre y en todas partes la aplicación de la ley penal. Pero históricamente ello no es cierto, como expone Krauss, a quien seguimos en su excelente exposición sobre el desarrollo de la discrecionalidad en la persecución en el derecho norteamericano[475].

Según la *Judiciary Act* de 1789, el *Attorney General* es nombrado por el Presidente. Pero en aquella época el Fiscal General carecía de oficina para conducir las investigaciones. Se creaban *District Attorneys,* si bien hasta 1861 no recibían instrucciones del *Attorney General.* El Departamento de Justicia fue

---

474 KRAUSS, REBECCA, *op. cit.*, pp. 2 y ss.

475 Cfr. KRAUSS, REBECCA, *op. y loc cit.* También puede consultarse DIEZ-PICAZO GIMÉNEZ, LUIS MARÍA, *op.cit.*, pp. 61 y ss.

establecido en 1870 (Ley de 22 de junio)[476]. La Constitución norteamericana no otorga al Presidente control sobre la discrecionalidad ejercida por los fiscales en la interposición de la acción penal. En la práctica la Presidencia sólo controló algunas persecuciones iniciales, como recuerda Saikrsha Prakash. Incluso después de la creación del Departamento de Justicia en 1870, incardinado en el Poder Ejecutivo, el control siguió sin producirse y la persecución penal dependía de la iniciativa privada y de otras agencias gubernamentales[477].

Uno de los primeros casos en los que se ejercitó la discrecionalidad, bajo la fórmula del viejo *nolle prosequi* inglés, fue en el del Motín del Buque inglés *Hermione* en 1799. El Presidente Adam decidió no proceder contra William Brigstock, uno de los marineros amotinados, cuya entrega reclamaban los ingleses, en aplicación del Tratado de Jay, entre EEUU e Inglaterra. Más tarde, otro amotinado, Robbins, fue entregado a los ingleses, que lo condujeron a Jamaica, lo juzgaron sumarísimamente y lo ahorcaron. El escándalo que se produjo por la actuación de la autoridad norteamericana casi condujo a Adam al *impeechment* por el Congreso. John Marshall, entonces miembro del Congreso, intervino a su favor:

> *"No es el privilegio, es el triste deber de los Tribunales que administran la justicia penal. Es un deber que debe ejercerse por exigencia de la nación, y que la nación tiene el derecho de dispensar. Si la sentencia a muerte debe ser pronunciada debe ser por la nación y la nación puede evitarla. A este respecto, el presidente expresa constitucionalmente la voluntad de la nación y puede, legalmente, como se hizo en el caso Trenton, dictar el <<nolle prosequi>>, o decidir que no se persiga al criminal. Ello no interfiere con decisiones judiciales,*

---

476 KRAUSS, REBECCA, *op. cit.*, pp. 17 y ss.

477 PRAKASH, SAIKRISHNA, "The Chief Prosecutor", *George Washington Law Review*, Vol. 73, 2005, pp. 1701 y ss.

ni invade el espacio del Tribunal. Es el ejercicio de un poder constitucionalizado"[478].

El Juez Marshall dejó claro que el presidente gozaba de discrecionalidad para utilizar el *nolle prosequi* y que su decisión no era judicialmente controlable. Así, el *nolle prosequi* se configuraba como una prerrogativa del Poder Ejecutivo, no como un poder de la judicatura[479].

Otro caso importante fue *Virginia vs. Dulany*, en 1803, en el cual un tribunal federal declaró que un acusador particular carecía de la posibilidad de aplicar el *nolle prosequi* sin autorización de la Fiscalía. Desde el principio eran los fiscales los que disponían de la posibilidad de emplearlo y compartían con el Ejecutivo la inmunidad frente al control judicial de la discrecionalidad[480].

Como anteriormente se expuso, tal inmunidad se ha considerado, en el ámbito de la justicia federal, basada en el principio de separación de poderes y en la *cláusula take care*, en virtud de la cual el Poder Ejecutivo tendría el deber de lograr el cumplimiento de la ley. En algunos Estados la inmunidad, sin embargo, se ha considerado conectada con la elección popular de los fiscales, inexistente en la justicia federal[481].

Ya en el siglo XX, se mantuvo la exención de control judicial de la discrecionalidad de los fiscales, como se manifestó en el caso *Milliken vs. Stone* en 1925, en el que un tribunal federal de Distrito rechazó la acción planteada por compañías navieras estadounidense para que la Fiscalía procediera al cumpli-

---

478 *Cit.* en KRAUSS, REBECCA, *op. cit.*, p. 18.

479 KRAUSS, REBECCA, *op. et loc. ult. cit.*

480 KRAUSS, REBECCA, *op. cit.*, p. 19

481 KRAUSS, REBECCA, *op. cit.*, pp. 21 y ss.

miento de la «*ley seca*» por los barcos ingleses[482]. No obstante, en 1944 se aprobó una ley que sometía a control judicial la decisión del Ministerio Público de no presentar cargos mediante el *nolle prosequi*. Pero la disposición fue inaplicada y, más tarde, derogada. Posteriormente, bien avanzado el siglo pasado, se introdujo la expresión *prosecutorial discrection* en el lenguaje jurídico, por primera vez en el voto particular del Juez Harlan a la sentencia del Tribunal Supremo *Poe vs. Ullman*, en 1961[483].

Se aduce que son razones prácticas las que abonan el incremento del ejercicio de la discrecionalidad por la Fiscalía norteamericana, a saber:

i. el incremento de tipos penales;

ii. el aumento del volumen de asuntos;

iii. la prevalencia del *plea-bargaining*.

Respecto al primer punto, resulta altamente significativo que en 1873 existieran ciento ochenta y tres delitos federales y en 2010 más de dos mil. William Stunz, quien aporta las cifras indicadas, opina que la creciente criminalización está vinculada con el ejercicio del principio de oportunidad, pues la discrecionalidad libera al legislador de preocuparse demasiado por la inflación de delitos, ya que no todo lo que es criminalizado será perseguido en la práctica[484]. Pone así el autor el dedo en la llaga, al vincular criminalización simbólica y oportunidad aplicativa, cuya confluencia ya vimos en el capítulo tercero que conduce a Raúl Zafforoni a criticar muy

---

482 KRAUSS, REBECCA, *op. cit.*, p. 24.

483 KRAUSS, REBECCA, *op. cit.*, p. 26.

484 STUNZ, WILLIAM J., "The pathological politics of criminal law", *Michigan Law Review*, Vol 100, December 2001, pp. 10 y ss.

duramente el papel de selección de objetivos que entiende que tienen asignadas las agencias policiales[485].

Sea como fuere, con independencia de la razón de la prevalencia de la discrecionalidad, lo cierto es que, como consecuencia de su asunción, se atribuye algo muy similar a *jurisdicción* a los fiscales. En EEUU se habla de *prosecutorial adjudication*, pues la discrecionalidad no sólo afecta a la decisión sobre *si* perseguir, sino también al *cómo* hacerlo. Así pues, el fiscal determina el hecho que se toma como efectivamente acontecido, lo califica y en virtud de las directrices de aplicación de penas que los jueces toman en consideración puede prever la sanción que, más que probablemente, se impondrá. Precisamente por su *poder omnímodo*[486] y esta posible invasión por la Fiscalía del papel de la jurisdicción se ha afirmado que una amplia discrecional del Ministerio Público, no sujeta a control por parte de la judicatura, constituye una anomalía dentro del sistema de separación de poderes, que contrasta vivamente con la posible revisión por los tribunales de la actuación administrativa[487].

Pero, en sentido inverso, se defiende la discrecionalidad atribuida a los fiscales en el sistema norteamericano, como una exigencia para la realización de una justicia humana, que tome en consideración todas las circunstancias del caso, cimentada sobre una práctica profesional que se base en la fijación de criterios, los cuales deben ser respetados, en tanto no concurran circunstancias particulares que justifiquen aplicar una solución distinta a la seguida en casos similares. Precisamente, con el fin de asegurar una aplicación uniforme de la discrecionalidad de la Fiscalía federal, varios fiscales generales han dictado ins-

---

485 *Vide supra* C3.I.E.

486 Así lo califica CABEZUDO RODRÍGUEZ, NICOLÁS, "*El Ministerio Público y la justicia negociada en los Estados Unidos de Norteamérica*", Comares, Granada, 1996, p. 22.

487 Cfr. KRAUSS, REBECCA., *op. cit.*, pp. 26 y ss.

trucciones al respecto y se han redactado directrices precisas para los miembros del Ministerio Público norteamericano en el *Manual de Justicia de Estados Unidos* (actualizado con su nuevo nombre en 2018), que abordan la materia en su epígrafe noveno, dedicado a los Principios de la Persecución Penal[488].

2. El manual de justicia: los principio de la persecución penal

Los Principios brindan a los fiscales federales una guía para la aplicación práctica de la discrecionalidad prosecutoria que contribuye a una aplicación justa y equitativa de las leyes penales federales, a través de criterios que no constituyen mandatos y se encuentran establecidos con la necesaria flexibilidad y que sirven, además, para fortalecer la confianza de la ciudadanía en una actuación racional y objetiva del Ministerio Público (*Prefacio*).

Aunque los criterios no constituyen mandatos que no puedan ser excepcionados en el caso concreto, tampoco son meras normas admonitivas, pues apartarse del criterio general exige una justificación, cuya inexistencia en casos graves lleva aparejada responsabilidad disciplinaria (9-27.130. *Implementación*). No obstante, los Principio no están diseñados para aplicarse de forma uniformemente rígida en todo el territorio. En cada Distrito se pueden incluir modificaciones apropiadas (9-27.140. *Modificaciones o excepciones*).

Los Principios y los procedimientos internos establecidos para su aplicación se encuentran destinados a la orientación de los fiscales y no tienen como fin crear derechos materiales o procesales o beneficios legalmente exigibles, ni son fuente de confianza legítima para las partes (9-27.150. *No alegabilidad*).

---

488 https://www.justice.gov/jm/justice-manual.

Como fundamento para comenzar o evitar una persecución, se requiere la sospecha de la comisión de un delito federal y la existencia o pronóstico razonable y de buena fe de existencia en el momento del juicio de prueba admisible, que probablemente sea suficiente para obtener una condena decidida con imparcialidad[489], salvo que: 1) la persecución no sirva a un interés federal sustancial; 2) la persona sea perseguida de forma efectiva en otra jurisdicción; o 3) exista una alternativa adecuada a la persecución (9.27.220. *Causas para iniciar o evitar la persecución*).

Conforme a la Sección 9-27.230 (*Iniciando y abandonando cargos. Interés federal material*), la determinación del interés federal de persecución debe efectuarse tomando en consideración todas las circunstancias relevantes, incluidas:

1. las prioridades de la aplicación de la ley federal[490];
2. la naturaleza y gravedad del delito[491];

---

489 Se excluye de la consideración el pronóstico de absolución basado en sesgos que pueda poseer el jurado en relación con el delito o el sospechoso si es un personaje público. *Comentario.*

490 Las prioridades se establecen por la insuficiencia de recursos para perseguir la totalidad de los delitos con carácter periódico por la Fiscalía General y por las distintas oficinas en sus territorios. *Comentario.*

491 Se trata de evitar el despilfarro de recursos derivado de la persecución de delitos sin consecuencias o que supongan infracciones "*únicamente técnicas*". Un factor obvio para la identificación del interés federal es el impacto del delito en la comunidad y en la víctima. También puede incluir la consideración de los intereses de seguridad nacional. El impacto en la comunidad puede medirse de distintas maneras: en términos de daño económico; en término de daño psicológico a los ciudadanos o daño a la propiedad pública; y en términos de erosión de la tranquilidad pública y sensación de seguridad. Debe ponderarse si la infracción es en su naturaleza técnica o carente de consecuencias y la posible actitud del público hacia la

3. el efecto disuasorio de la persecución[492];
4. la culpabilidad de la persona conectada a la infracción[493];
5. la historia de la persona con respecto a su actividad criminal[494].

---

persecución, según las circunstancias del caso. El público puede ser indiferente o incluso contrario a la persecución, a la aplicación de la ley correspondiente, a causa de razones materiales o por su inaplicación histórica o porque el delito entraña esencialmente una cuestión menor de relevancia privada y la víctima no está interesada en la persecución. Por otro lado, la naturaleza de las circunstancias de la infracción, la identidad del ofensor o de la víctima o el relieve público del caso pueden haber creado un fuerte sentimiento público favorable a la persecución o a seguir otra acción que no se apoya en otros motivos. La responsabilidad púbica y profesional en algunas ocasiones requerirá escoger un camino particularmente impopular. *Comentario.*

492 La disuasión de la delincuencia en general o respecto a determinados tipos de delito es uno de los fines principales de la ley penal. Este propósito debe tenerse en cuenta al decidir si debe perseguirse un delito que parece relativamente menor; algunos delitos, aunque aparentemente no sean de gran importancia por sí mismos, se se cometen de forma generalizada pueden tener un impacto material cumulativo en la sociedad. *Comentario.*

493 Se debe tomar en consideración el grado de la culpabilidad en relación con el delito, tanto en abstracto como en comparación con otros participantes en el hecho punible (…). *Comentario.*

494 Debe considerarse si la persona ha sido condenada por un delito previo o si es razonable pensar que estuvo involucrado en actividades criminales en el pasado. En conexión con ello, debe prestarse particular atención a la naturaleza de la actuación criminal previa, cuándo sucedió, su relación, si existe, con el delito actual y si el sospechoso previamente evitó la persecución en virtud de un acuerdo de no persecución a cambio de colaboración o como resultado de una orden de requerimiento de testimonio (…). *Comentario.*

6. la disposición de la persona a cooperar con la investigación o persecución de otros[495].
7. las circunstancias personales del sospechoso[496].
8. los intereses de las víctimas[497]; y
9. la sentencia probable u otras consecuencias si la persona resulta condenada[498].

---

495 Por regla general la disposición a colaborar no exonera de responsabilidad penal. Pero existen casos, sin embargo, en los que el valor de la colaboración claramente sobrepasa el interés federal de persecución de la persona dispuesta a ello. Esta materia se trata en otro lugar del Manual. *Comentario.*

496 Algunas circunstancias personales del sospechoso, como la extremada juventud, avanzada edad o la discapacidad física o mental pueden sugerir que la persecución no es la respuesta más apropiada al delito; otras circunstancias, como la posición de confianza o responsabilidad que el sospechoso ocupaba y que ha dañado al cometer el delito pueden operar a favor de la persecución. *Comentario.*

497 Es importante considerar el impacto económico, físico y psicológico del delito y de la ulterior persecución sobre la víctima. Es apropiado para el fiscal tener en cuenta estas cuestiones, así como la gravedad del daño infligido y el deseo de persecución de la víctima. Los fiscales deben solicitar la opinión de la víctima sobre la presentación de los cargos mediante una conversación general sin referencia a ningún investigado o cargo en particular (...). Al considerar si iniciar una persecución o buscar, los fiscales deben ser conscientes del posible efecto que la decisión puede tener en la capacidad del Departamento de compensar a las víctimas (dado que el Fondo para las Víctimas de los Delitos únicamente se nutre de las multas impuestas en sentencia y no en acuerdos de no persecución, cuyos resultados económicos se destinan al fondo general del Tesoro). *Comentario.*

498 Los efetos de la sentencia y otras consecuencias deben valorarse desde la perspectiva del tiempo y esfuerzos necesarios para la persecución. Si el delincuente ha sido ya condenado a una pena sustancial o se encuentra en prisión por otro delito, el fiscal debe considerar si otra condena supondrá una adición significativa, puede tener otor efecto disuasorio o si es necesaria para asegurar que el registro

Existen factores que no deben tomarse en consideración, como el tiempo y los recursos empleados en la investigación federal del caso. Ningún volumen de esfuerzo -afirma el *Manual* en el *Comentario* a la Sección examinada- autoriza comenzar una persecución que no se justifica por otros motivos.

Según la Sección *9-27.260* (*Iniciación y Retirada de Cargos. Consideraciones Inadmisibles*), para adoptar la decisión de comenzar o seguir la persecución penal de una persona o tomar otra acción, el fiscal no debe verse influenciado impropiamente por:

i. la raza, religión, género, etnia, origen nacional, orientación sexual, asociación política, actividades o creencias personales;

ii. los sentimientos personales del fiscal, relación con la persona o con sus allegados o con las víctimas; o

iii. el posible efecto de la decisión en las circunstancias personales o profesionales del fiscal.

Además, las decisiones sobre investigación y persecución no pueden adoptarse ni administrarse temporalmente con el fin de interferir en unas elecciones o proporcionar una ventaja o desventaja a cualquier candidato o partido político.

Las decisiones consistentes en comenzar la persecución o no hacerlo deben motivarse, reflejarse en el expediente y comunicarse -tanto la decisión como su fundamento- a la agencia de investigación competente y otras agencias interesadas (*9-27.270. Registro de Abandono de la Persecución*).

Una vez que la decisión de iniciar la persecución se ha tomado, el fiscal debe seleccionar los cargos con base en una

---

de antecedentes refleje adecuadamente la conducta criminal (...). *Comentario.*

valoración individual de la extensión en la cual los cargos particulares se acomodan a los hechos específicos y a las circunstancias del caso, son consistentes con las finalidades del Código Penal Federal y maximizan el impacto de los recursos federales sobre el delito.

Después de efectuar la valoración indicada, el fiscal, como regla general, presentará los cargos o solicitará al Gran Jurado que presente los cargos, del delito más grave que sea consistente con la naturaleza de la conducta del investigado y que probablemente sea suficiente para obtener una condena. Sin embargo, la decisión debe reflejar una valoración individualizada y reflejar de forma apropiada la conducta criminal del investigado. El delito más grave es generalmente aquel que alcanza mayor rango según las *directrices de imposición de penas (Sentencing Guidelines)* y cualquier mínimo obligatorio legal, tomando en consideración la guía establecida en relación con tal cargo.

En la realización de la valoración individual, el fiscal debe considerar, entre otros, factores como la pena aplicable según las directrices mencionadas, si el rango de la pena (o el mínimo obligatorio potencial, si concurre) es proporcional a la conducta del investigado, a la luz de su historial criminal, si el cargo potencial es consistente con los presentados contra otros investigados con historias similares para conductas parecidas y si el cargo consigue alcanzar los fines generales de la ley penal: castigo, protección social, prevención general y especial y rehabilitación. En todo caso, los cargos deben reflejar de forma apropiada la conducta criminal del investigado y se debe prestar la debida consideración a la ayuda sustancial que haya proporcionado el investigado en la investigación o persecución, así como a su historia criminal.

Para asegurar la consistencia y posibilidad de análisis y control *(accountability)* de la presentación de cargos y de los acuerdos de conformidad, tales decisiones deben ser revisadas por un fiscal supervisor.

Hasta la acusación más rutinaria debe ser acompañada de un *memorándum* que identifique las opciones de presentación de cargos basadas en las pruebas y en la ley y que explique la toma de decisión.

Todas las oficinas de las Fiscalía y la división procesal del Departamento de Justicia deben promulgar una guía por escrito describiendo sus procedimientos de revisión interno sobre presentación de cargos (*9-27.300. Selección de cargos. Cargos por los delitos más graves*).

A continuación, el Manual explica que, cuando se trata de un solo delito o de la aplicación de una única norma aplicable, la decisión a tomar no es difícil, pero que la decisión puede complicarse en el primer caso por el hecho de que concurran distintas leyes que requieran la prueba de circunstancias distintas, con sanciones diversas.

También se advierte que, en principio, el fiscal debe tener en cuenta que debe introducir en el proceso prueba admisible suficiente para obtener y sostener una condena, para así evitar el sobreseimiento o absolución o la posterior revocación de la sentencia. Por ello, el fiscal no debe presentar denuncia o acusación sobre delitos que razonablemente no pueda esperar que resulten probados, más allá de una duda razonable, en el juicio con prueba legalmente admisible y suficiente. Se añade que, en relación con la base probatoria de los cargos elegidos, el fiscal debe ser particularmente consciente de las distintas exigencias de prueba según las leyes que sancionan conductas similares y se ofrece como ejemplo las disposiciones contra el soborno de 18 USC 201, que requieren la prueba del "*intento de corromper*". Mientras que otras disposiciones que sancionan dádivas no.

El fin de la regla general que establece el Manual, de la acusación por el delito más grave que se corresponda con la conducta del sujeto, es, según la explicación proporcionada por el texto del que nos ocupamos, proporcionar el marco que asegure una justicia igual en la persecución de los infractores de la ley penal federal. No obstante, se pueden introducir en la acusación otros delitos, si la prueba existente y los objetivos del Gobierno en la aplicación de la ley lo permiten. Pero se advierte en el texto que los cargos nunca deben ser añadidos simplemente para elevar la gravedad de la posible condena e inducir así una conformidad, ni deben abandonarse en el intento de llegar a un acuerdo que no refleje la gravedad de la conducta del investigado.

Específicamente, para los casos en los que resulta de aplicación normas que establecen mínimos de pena obligatorios basados en el tipo y cantidad de drogas, el Manual advierte a los fiscales que deben evitar presentar cargos que determinen la aplicación del mínimo obligatorio si el investigado cumple una serie de requisitos:

i. si la conducta del investigado no comprende el uso de violencia, amenaza creíble de violencia, posesión de arma, tráfico de drogas a o con menores, o la muerte o lesiones graves de cualquier persona;

ii. si el investigado no es un promotor, jefe, gestor o supervisor de otro en una organización criminal;

iii. si el investigado no tiene lazos significativos con organizaciones bandas o cárteles dedicados al tráfico de droga a gran escala;

iv. si el investigado no tiene un historial criminal significativo, normalmente consistente en tres o más episodios, aunque puede comprender más o menos episodios dependiendo de la naturaleza de las condenas previas (así se prevé en la sección 9- 27.310 -*Cargos que*

> *supongan la aplicación de penas con mínimo penal obligatorio en casos de drogas-*; seguidamente el Manual explica que, para la determinación del carácter significativo o no del historial criminal, puede no darse transcendencia a condenas remotas en el tiempo o recaídas en relación con conductas no violentas y de escasa entidad en cuanto a la cantidad de droga).

Como hemos visto, el principio general para la selección de cargos se rige por la preferencia por el cargo más grave que refleje el reproche la totalidad de la conducta criminal. No obstante, pueden presentarse otros cargos, aspecto que aborda la sección 9-27.320, bajo el título "*Cargos adicionales*". Según la instrucción contenida en el mismo, el fiscal sobre debe presentar o recomendar que se presenten por el Gran Jurado cargos adicionales cuando concurra alguna de las siguientes circunstancias:

i. que sean necesarios para que la acusación refleje adecuadamente la naturaleza y la extensión de la conducta criminal del sujeto y proporcione la base para la imposición de una pena apropiada en atención a los hechos y circunstancias del caso; o

ii. que aumente de forma significativa la fortaleza del caso del Gobierno contra el acusado o un coacusado.

Como comentario de la instrucción, el Manual aclara que, para la consecución de una justicia justa y eficiente en el sistema federal, el fiscal debe presentar los cargos imprescindibles para asegurar la realización de la justicia, ya que la presentación de cargos innecesarios complica y prolonga los juicios y constituye un ejercicio de la discrecionalidad prosecutoria excesivo y potencialmente injusto. Por ello, ya en la sección 9-27.320, el Manual se remite a tres criterios, que a continuación son objeto de comentario: a) la naturaleza y extensión completa de la conducta criminal; b) la base para la pena; y c) el efecto en el caso del Gobierno.

A) Naturaleza y extensión completa de la conducta criminal

Aparte de consideraciones probatorias, la preocupación del fiscal debe consistir en la presentación de cargos que reflejen adecuadamente la naturaleza y extensión total de la conducta criminal. Ello significa que los cargos deben cubrir adecuadamente la clase y alcance de la actividad antijurídica, ser legalmente suficiente, mostrar ante la sociedad la gravedad de la conducta y servir para evitar la impresión de que, después de cometido el delito, el infractor puede volver a delinquir impunemente.

B) Base para la pena

El Manual explica que acusar con propiedad también requiere tomar en consideración el resultado de una persecución exitosa -la imposición de una pena apropiada con base en todos los hechos y circunstancias del caso-.

Para conseguir tal objetivo, generalmente no es necesario acusar a la persona de todos los delitos de lo que sea responsable (incluso se advierte que de acusar por todos los delitos puede ser percibido en algunos casos como un intento injusto de inducir una conformidad). Lo importante para el Manual es que la persona sea acusada de manera que, si resulta condenada, el tribunal pueda imponerle una pena apropiada, a la luz de todos los hechos y circunstancias de la causa.

C) Efecto en el caso del Gobierno

Se insta en el texto a considerar las consecuencias probatorias de la inclusión de los cargos. Se dice que, por ejemplo, en un caso en el que un delito consumado se ha cometido como consecuencia de un concierto de voluntades, la inclusión del cargo de conspiración es permisible y puede ser conveniente para asegurar la introducción de toda la prueba relevante en el juicio. Del mismo modo, puede ser importante incluir un cargo por perjurio o declaración falsa en una acusación que contenga otros delitos, para dar al jurado un cuadro completo de la conducta criminal del investigado.

La falta de inclusión de los cargos apropiados para que la prueba sea suficiente puede no sólo provocar la exclusión de prueba relevante, sino también puede perjudicar la capacidad del fiscal de presentar un cargo coherente e inducir al jurado a confusión. En conexión con ello, es importante recordar que, en casos con muchos investigados, la presencia o ausencia de un cargo particular contra un investigado puede afectar a la fortaleza del caso contra otro.

En síntesis, cuando la prueba existe los cargos deben ser estructurados de forma que permitan la prueba del cargo más grave sin lastrar indebidamente el funcionamiento de la Administración de Justicia.

A continuación, el Manual aborda la negociación con los acusados para la obtención de conformidades, en las secciones 9-27.3130 (*Acuerdos previos a la presentación de cargos*), 9-27.400 (*Conformidades en general*) y 9-27.420 (*Conformidades. Elementos a ponderar*). Dichas negociaciones pueden versar sobre los cargos *(charge bargaining)*, sobre las penas *(sentence bargaining)* o sobre cargos y penas *(mixed agreements)*.

Se instruye a los fiscales para que los acuerdos reflejen la totalidad de la conducta de los investigados, de conformidad con los mismos principios fundamentales establecidos para la selección de los cargos. Así pues, los fiscales deben buscar por regla general una conformidad con el delito más grave que sea consistente con la naturaleza y extensión completa de la conducta criminal del sujeto y por el que pudiera lograse probablemente una condena que pudiera ser mantenida, con base en una valoración individualizada de todos los hechos y circunstancias del caso particular.

Como ya se expuso con anterioridad, los cargos no deben ser incluidos para agravar la acusación y forzar conformidades, ni excluidos para lograr conformidades que no reflejen la gravedad de la conducta del investigado.

En la selección del cargo más grave, en atención a las directrices para la imposición de penas, la cooperación del sujeto en la investigación o en la persecución de otros supone un factor importante a valorar.

Seguidamente el Manual se aborda la llamada *colaboración eficaz*. Dicha materia será abordada en el capítulo noveno y al mismo nos remitimos.

3. Principios de la persecución penal de las organizaciones empresariales

En un capítulo específico, el Manual establece los *Principios de la persecución federal de organizaciones empresariales* (*9.-28.00*)[499]. Como principio esencial señala que perseguir el delito corporativo es una alta prioridad del Departamento de Justicia y aclara que una de las formas más efectivas para combatirlo es responsabilizar a los individuos que actúan por la entidad (9-28.010). Pero ello no implica lenidad con la corporación, cuya persecución como tal, cuando resulta apropiada, se considera muy beneficiosa para el cumplimiento de la ley, especialmente en el área de la delincuencia económica. Dentro de las posibilidades a considerar se encuentran los *acuerdos de no persecución* o *de persecución diferida*[500]. Para su

---

499 En nota 1 los Principios aclaran que quedan comprendidas todo tipo de organizaciones de negocio, incluidas las sociedades, las sociedades unipersonales, organizaciones gubernamentales y sociedades no registradas.

500 Sobre el contenido de dichos acuerdos, *vide* GIMENO BEVIÁ, JORDI, "*El proceso penal de las personas jurídicas*", Editorial Aranzadi, Cizur

adopción los fiscales deben valorar los intereses de las víctimas y ser conscientes de que cualquier multa conseguida en dichos acuerdos no alimentan el Fonde de víctimas de Delitos, sino el Fondo General del Tesoro (*9.28.200. Consideraciones Generales de responsabilidad corporativa*).

Para tomar la decisión sobre el ejercicio de la acción, los fiscales deben tomar en consideración los mismos factores establecidos para la persecución de personas físicas, si bien la Sección *9.28.300* añade otros factores adicionales que no tienen carácter tasado y deben valorarse con flexibilidad, de acuerdo con las circunstancias:

1. la naturaleza y gravedad de la infracción, incluido el riesgo de daño al público y las políticas aplicables y prioridades, si existen, que gobiernen la persecución de determinadas categorías de delitos[501];

Menor, 2014, pp. 218 y ss; "Hacia el principio de oportunidad en el enjuiciamiento penal de las personas jurídicas", en "*Postmodernidad y proceso europeo...*", *cit.*, pp. 223 y ss.; y LAFONT NICUESA, LUIS, "El principio de oportunidad en la responsabilidad de la persona jurídica y la flexibilidad de la negociación de los fiscales. Una mirada en el ámbito comparado. Análisis de los *deferred prosecution agreements*", en "*Postmodernidad y proceso europeo...*", *cit.*, pp. 303 a 308.

501 Se trata de factores primarios. Cuando se trata de empresas de ámbito nacional o internacional, se deben tomar en consideración las políticas económicas, impositivas y penales federales (*Sección 9-28.400. Consideraciones de Políticas Especiales*). En los distintos terrenos regulatorios las consideraciones pueden ser distintas. Por ejemplo, en el ámbito de la protección de la competencia, los *programas de clemencia* sólo benefician al primero en efectuar la revelación de la infracción. En el ámbito fiscal, las autoridades tributarias prefieren la persecución de personas físicas antes que la de corporaciones. Los fiscales deben consultar con los órganos reguladores cuando sea apropiado. *Comentario.*

2. la extensión de las irregularidades dentro de la corporación, incluida la complicidad y la permisividad de la gerencia corporativa con las irregularidades[502];

3. la historia corporativa de mala conducta similar, incluidas las acciones penales, civiles y regulatorias contra ella[503];

4. la disposición de la corporación para colaborar, incluso en lo atinente a las posibles infracciones cometidas por sus agentes[504];

---

502 Perseguir a la corporación por infracciones menores puede ser apropiado si la infracción es generalizada y es cometida por un gran número de empleados, o por todos los empleados que desempeñen una función dentro de la corporación, o es tolerada por la dirección. Por el contrario, puede no ser apropiado responsabilizar a la corporación, especialmente si posee un *programa de cumplimiento* robusto, en aplicación de la doctrina estricta *respondeat superior* por un hecho aislado de un empleado deshonesto. Existe un amplio espectro entre ambos extremos y el fiscal debe efectuar una evaluación discrecional (*Principio 9-28-500. Generalización de la mala conducta dentro de la corporación*). Entre los factores indicados, el más relevante es el comportamiento de la dirección, que es la responsable de la cultura de la organización. *Comentario.*

503 Se espera que las corporaciones, al igual que los individuos, aprendan de sus errores, afirma el *Comentario a la Sección 9-28.00. El historial de la corporación.* La historia revela la cultura corporativa, más allá de cualquier programa de cumplimiento. La estructura de la corporación y su compartimentación en filiales o departamentos no es relevante en el análisis. *Comentario.*

504 La cooperación es un factor positivo, lo que no significa que la falta de colaboración sirva como indicio de infracción, al menos cuando no sea constitutiva de delito o demuestre conciencia de culpabilidad (comisión de perjurio o declaraciones falsas, o negativa al cumplimiento de requerimientos de revelación).
Como principio general se establece que, para que la cooperación sea considerada, debe identificar a todos los individuos materialmente involucrados en la infracción o responsables de la misma,

5. la adecuación y efectividad del programa de cumplimiento normativo en el momento del delito, así como en el momento de la adopción de la decisión de presentación de cargos[505];

---

con independencia de su posición, estatus o antigüedad y proporcionar al Departamento todas las circunstancias relevantes. Pero si no le es posible hacerlo, basta con que haya conducido sus esfuerzos con buena fe. No se requiere la renuncia al secreto profesional de la abogacía *(attorney-client privilige y attorney work product* -cuestión tratada en las secciones *9-28-710, 9-28-720 y 9-28-750*). La valoración de la cooperación depende de varios factores tradicionalmente considerados relevantes, como el momento de la cooperación, la diligencia, la minuciosidad y celeridad de la investigación interna y la naturaleza proactiva de la cooperación (*Sección 9-28.700. El valor de la cooperación*). La cooperación puede resultar necesaria después de que se alcance un acuerdo de resolución, por lo que deben preverse las consecuencias de un incumplimiento posterior. *Comentario.*
Por su parte, la obstrucción de la investigación es un factor negativo a considerar. Se aclara que la realización de gastos de defensa jurídica por la corporación o el adelanto de los gastos de defensa jurídica a directivos o empleados no se incluye en la valoración, así como tampoco la adopción de acuerdos de defensa conjunta (*9.28.730. Obstrucción de la investigación*).
En todo caso, la cooperación es un factor relevante, pero no determinante, pues debe ser puesto en conexión con otros (*9-28.740. Ofrecimiento de cooperación: no determinante de inmunidad*)

505 Los *programas de cumplimiento* se establecen por la dirección corporativa para prevenir y detectar infracciones y para asegurar que las actividades corporativas se conducen de conformidad con las leyes civiles y penales y normas regulatorias aplicables. El Departamento promueve esta política interna, incluidas las revelaciones voluntarias al gobierno de cualquier problema que la corporación descubra por sí misma. Pero la existencia de un *programa de cumplimiento* no es suficiente en y por sí mismo para justificar la no persecución de la corporación. Adicionalmente, la naturaleza de algunos delitos puede ser tal que las políticas nacionales de cumplimiento de la ley conduzcan a la necesaria persecución de las corporaciones con independencia de un *programa de cumplimiento* (*9.28.800- Programas de*

6. la revelación temprana y voluntaria de la infracción[506];
7. los remedios puestos por la corporación, incluidos, pero no limitados a ellos, cualesquiera esfuerzos para implantar un programa de cumplimiento adecuado y efectivo o para mejorar el existente, para sustituir a la dirección responsable, para disciplinar o despedir a los infractores o para pagar indemnizaciones.
8. las consecuencias colaterales, incluyendo la consideración de si resulta desproporcionado dañar a los accionistas, pensionistas, empleados y no otras personas personalmente no culpables, así como el impacto en el público derivado de la persecución[507];

---

cumplimiento corporativo). El programa de cumplimiento no supone una exoneración de responsabilidad penal conforme a la doctrina *respondeat superior*. Pero es un factor a considerar. El Departamento no establece un formulario de *programa de cumplimiento*. Las cuestiones fundamentales que debe preguntarse un fiscal son: ¿está el *programa de cumplimiento* bien diseñado? ¿es aplicado honestamente y con buena fe? ¿funciona? Especialmente el fiscal debe valorar si el *programa de cumplimiento* es mero *papel mojado* ("*paper program*") o si están diseñado, implantado, revisado y actualizado, si es necesario, de manera efectiva. También los medios puestos a disposición de la *unidad de cumplimiento*, y la información suministrada a los empleados sobre el programa y la determinación sobre su cumplimiento. Para efectuar la valoración el fiscal debe consultar con los expertos de los distintos ámbitos regulatorios si es necesario. *Comentario*.

506 La revelación voluntaria puede suponer una causa para la exclusión o aminoración de la sanción en determinadas áreas (por ejemplo, *antitrust*). Además, con carácter general, es un factor a considerar para determinar la conveniencia de la persecución, como factor en sí mismo y dentro de la valoración del *programa de cumplimiento*, junto con los demás que resulten pertinentes (*9-29.900. Revelaciones voluntarias*).

507 En el contexto de la persecución de corporaciones, los fiscales deben examinar las consecuencias de la sanción sobre los empleados,

9. la idoneidad de remedios tales como las acciones civiles o regulatorias, incluidos los remedios que resulten de la cooperación de la coporación con las agencias gubernamentales correspondientes[508];
10. la idoneidad de la persecución de los individuos responsables de la mala conducta de la corporación[509]; y

---

inversores, pensionistas y clientes, muchos de los cuales no han jugado ningún papel en la infracción, no han sido conscientes de ella, no han podido prevenirla o han sido víctimas. Los fiscales también deben ser conscientes de las consecuencias no penales que pueden derivarse de una acusación penal, tales como la suspensión potencial o la exclusión de contratos o programas financiados por el gobierno federal, como los programas de atención médica.
Casi toda condena de una persona física o jurídica tiene impacto sobre personas inocentes y la mera existencia de tal efecto no es suficiente para excluir la persecución de la corporación. Por ello, para evaluar la relevancia de las consecuencias colaterales, deben ser considerados otros factores ya examinados, como la amplitud de la conducta delictiva y la idoneidad de los *programas de cumplimiento.* Cuando las consecuencias sobre terceras partes inocentes pueden ser significativas, puede ser apropiado considerar un *acuerdo de no persecución* o *persecución diferida,* que son una tercera opción, adicional a las decisiones de perseguir y no perseguir. *Comentario a la Sección 9-28.1100. Consecuencias colaterales.*

508 En la consideración de las alternativas civiles o regulatorias, los fiscales deben evaluar todos los factores relevantes, incluidos: 1.- las sanciones disponibles bajo los medios alternativos; 2.- la probabilidad de la imposición de una sanción efectiva; 3.- el efecto de la resolución no penal sobre el interés federal de aplicación de la ley (*Sección 9-28.1200. Alternativas Civiles o Regulatorias*). Para la ponderación del factor los fiscales deben comunicarse con las agencias gubernamentales competentes. *Comentario.*

509 Se debe considerar si la persecución de los individuos responsables satisface las finalidades de la persecución federal (*Sección 9-28.1300. Idoneidad de la persecución de individuos*).

11. los intereses de las víctimas[510].

Para la selección de los cargos, los fiscales deben acudir al cargo más grave que se corresponda con la naturaleza de la infracción y que pueda resultar en una condena[511]. Al respecto se aplican los mismos criterios que los establecidos para la persecución de personas físicas[512].

En la negociación de los acuerdos procesales con las corporaciones, al igual que con los individuos, los fiscales deben buscar un delito apropiado. Además, los términos de los acuerdos procesales deben contener disposiciones adecuadas para asegurar el castigo, la disuasión, la rehabilitación y el cumplimiento de sus requerimientos en el contexto corporativo. Salvo circunstancias extraordinarias o políticas departamentales aprobadas, como las Políticas de Clemencia Corporativa de la División Antitrust, los acuerdos no deben otorgar protección frente a la exigencia de responsabilidad

---

510 Se deben considerar los intereses de todas las víctimas (*Sección 9-28.1400. Intereses de las víctimas*). Es importante considerar las consecuencias económicas y psicológicas de la infracción y de la subsiguiente persecución sobre todas las víctimas. Los fiscales deben tener en cuenta la gravedad del daño causado a la víctima y su deseo de persecución. Se debe solicitar la opinión de la víctima sobre las decisiones más importantes tales como exclusiones de persecución, acuerdos negociados y alternativas al juicio, de acuerdo con la Ley de Derechos de las Víctimas y las Directrices de la Fiscalía General sobre Asistencia a Víctimas y Testigos. Entre los factores a considerar se encuentra el hecho de que las multas impuestas a través de acuerdos no se integran en el Fondo para Víctimas de Delitos, sino en el Fondo General del Tesoro

511 *Sección 9-28.1500. Selección de cargos.*

512 *Sección 9-28.1500. Selección de cargos. Comentario.*

penal o civil a las personas físicas (*Sección 9-28.1600. Acuerdos procesales -plea agreements- con corporaciones*)[513].

---

513 Los fiscales pueden llegar a acuerdos procesales con corporaciones por las mismas razones y bajo las mismas exigencias que con las personas físicas. En el contexto corporativo el castigo y la disuasión se consigue por lo general con multas sustanciales, órdenes de restitución y adopción de medidas de cumplimiento apropiadas, incluidas, si resulta necesario, supervisión judicial o utilización de expertos o monitores corporativos. Adicionalmente, si la corporación es contratista del gobierno, la inhabilitación permanente o temporal puede ser apropiada. Cuando la corporación se ha involucrado en un fraude contra el Gobierno (por ejemplo, fraude en la contratación), el fiscal no puede negociar el derecho de una agencia a excluir a la corporación de la contratación. En la negociación de los acuerdos, los fiscales pueden también considerar el valor disuasorio de la persecución de los individuos. Para lograr la rehabilitación, pueden establecerse como condición implantar o corregir un *programa de cumplimiento.* Para la negociación, el fiscal debe asegurarse de que la corporación es completamente digna de crédito. Para ello, el fiscal debe requerir a la corporación que efectúe revelaciones apropiadas de información fáctica relevante y documentos, ponga a disposición a sus empleados y agentes para informar, acepte auditorías gubernamentales o de terceros y tome cualquier otra medida que sea necesaria para garantizar la divulgación total de las irregularidades corporativas y para que el personal responsable sea identificado y, en su caso, encausado. *Comentario.*

III. INFLUENCIA EN EL DERECHO CONTINENTAL

A) LA REPÚBLICA FEDERAL DE ALEMANIA

1. La relatividad del principio de legalidad

La evolución de la discrecionalidad acusatoria en el derecho anglosajón muestra un potente desarrollo de la institución que, desde hace décadas, ha irradiado sus efectos en el Derecho continental. Muchos son los países de nuestro entorno europeo e iberoamericano que han adoptado, en mayor o menor extensión, el principio de oportunidad.

Un caso paradigmático de inserción del principio es la RFA, cuya legislación, jurisprudencia y doctrina sobre la materia ha tenido una fuerte influencia en otros ordenamientos de Derecho continental. Ya Teresa Armenta Deu, primera autora española que en 1991 publicó un profundo estudio del principio de oportunidad en Alemania, resaltó el interés del modelo germánico de cara a futuras reformas en nuestro país, en las que "*el principio de oportunidad ocupará lugar relevante*" según su pronóstico[514].

La StPO, tras establecer, como regla general, el principio de legalidad como necesidad de persecución de los delitos, permite la elusión de la persecución en determinadas circunstancias, muy numerosas, como inmediatamente veremos.

El Tribunal Constitucional Federal vincula directamente el principio de legalidad con el Estado de Derecho:

---

514 "*Criminalidad de bagatela y principio de oportunidad: Alemania y España*", Barcelona, 1991, p. 41.

> *"El Estado de Derecho sólo puede realizarse si se garantiza que los delincuentes sean procesados, juzgados y sancionados de manera justa en el marzo de las leyes aplicables. La obligación constitucional del Estado de asegurar el funcionamiento de la Administración de Justicia penal incluye la obligación de asegurar el desarrollo de los procesos penales iniciados y la ejecución de las penas impuestas"* (*BVerfGE* 40, 214, 222).

Conforme al pr. 152 de la StPO, el ejercicio de la acción pública corresponde a la Fiscalía (1), la cual está obligada a interponerla para la persecución de todos los delitos siempre que concurran las circunstancias fácticas correspondientes, salvo que legalmente se disponga otra cosa (2).

En consecuencia, la StPO, en el mencionado precepto, atribuye el monopolio de la acción al Ministerio Público y establece el principio de necesidad en el ejercicio de la acción penal de forma no absoluta, sino relativa, al prever su exoneración por la ley, la cual, precisamente en los artículos siguientes, regula los casos en los que queda autorizada la omisión de la persecución penal, por ausencia de ejercicio de la acción penal por la Fiscalía, o por retirada de la misma si la acción ha sido interpuesta ante el tribunal competente, por los siguientes motivos:

1.- insignificancia;

2.- imposición de condiciones y órdenes;

3.- posible omisión de pena;

4.- persecución de delitos por Estados extranjeros;

5.- concurrencia de intereses públicos predominantes en la persecución de delitos contra la seguridad del Estado;

6.- arrepentimiento activo;

7.- inexistencia de conexión con Alemania de delitos previstos por el Código Penal Internacional;

8.- pluralidad de delitos;

9.- hechos o delitos separables;

10.- extradición o expulsión del sospechoso;

11.- amenazas o extorsión;

12.- existencia de cuestión prejudicial no resuelta; y

13.- carácter privado del delito.

En Alemania, la discusión sobre la atribución de discrecionalidad a la Fiscalía para la persecución del delito se remonta al siglo XIX, a la época anterior a la unificación de los distintos Estados que conformaron el Reich. Ya Carl Joseph Anton Mittermaier defendía la utilización por el Ministerio Público de criterios de conveniencia, junto con los atinentes a la legalidad, para la adopción de la decisión sobre el ejercicio de la acción penal y aconsejaba omitirla, por resultar desproporcionada, cuando la sociedad tuviera escaso interés en castigar una infracción objetiva de la ley penal[515].

Pero en la redacción originaria de la StPO de 1877 la oportunidad se admitió sólo muy limitadamente: se circunscribió a la discrecionalidad de la Fiscalía para la persecución de delitos cometidos en el extranjero y de los delitos privados. Se ha dicho que, en aquel momento de apogeo normativo idealista, el principio de legalidad se encontraba en "*el cénit de su*

---

515 "*Die Mundlichkeit, das Anklageprinzip, die Offenlichkeit und das Geschwornengericht in ihrer Durchfhürung in den Verschiedenen Gesetzgebungen dargestellt und nach den Forderungen des Rechts un der Zweckmässigkeit mit Rücksicht auf die Erfahrungen der verschiedene Länder geprüft*", Gottascher Verlag, Sttutgart/Tübingen, 1845, p. 329; "Die Staatsanwaltschaft, der gegenwärtige Standpunkt der Erfahrungen un Ansichten über ihre Stellung un die Hauptpunkte auf welche die Sicherung der besten Wirksamkeit der Austalt gerichtet sein muss", *Der Gerichtstaal. Zeitschrift für volkskumliches Recht und wissenchaftliche Praxis,* 1858, Zehnter Jahrgang, pp. 291 y 292.

reconocimiento"[516] y había prevalecido frente a la idea de la instauración del principio de oportunidad[517].

En aquella época, la idea de la pena como represalia era predominante y el principio de legalidad respondía al anhelo de lograr una justicia absoluta y al interés por obligar a la Fiscalía, dependiente del Gobierno de la monarquía y que era vista con cierta desconfianza, a la persecución de cualquier delito, sin consideración hacia la persona del sospechoso, como afirman Claus Roxin y Bern Schünemann[518]. Con la decadencia de las teorías absolutas ante el avance de las doctrinas preventivo-generales y especiales, las cuales vinculan a la pena a su necesidad y conveniencia, el principio de legalidad perdió su fundamento -añaden los citados autores-[519].

Fue con el reconocimiento de la oportunidad en los arts. 153 (por insignificancia) y 154 de la StPO (por pluralidad de hechos) mediante la *Ordenanza Emminger* de 4 de enero de 1924, cuando se pusieron las bases para su posterior expansión[520].

---

516 TRENTMANN, CHRISTIAN, *op. cit.*, p. 471, DETTMAR, JULIANE SOPHIA, "*Legalität und Opportunität im Strafprocess. Reformsdiskussion und Gesetzgebung von 1877 bis 1923*", Berliner Wissenshafts-Verlag, Berlin, 2008, p. 108.

517 TRENTMANN, CHRISTIAN, *op. et loc. cit. Vide* también, sobre el debate entre oportunidad y legalidad en la redacción de la StPO, ARMENTA DEU, "*Criminalidad de bagatela...*", cit., pp. 51 a 55; y acerca de la evolución del proceso penal alemán en el siglo XIX, LAMADRID LUENGAS, MIGUEL, "*El principio de oportunidad como una herramienta de política criminal*", Tesis Doctoral. 2017, pp. 67 y ss. http://hdl.handle.net/10803/370100.

518 *Op. cit.*, p. 88.

519 *Op. et loc. ult. cit.*

520 Cfr. KREY, VOLKER/ HEINRICH, MANFRED, "*Deutsches Strafverfahrensrecht*", Kohlhammer, Sttutgart, 2019, p. 164.

Hoy en Alemania podría describirse plásticamente el principio de legalidad entendido como necesidad de persecución como un *queso suizo,* como ya hizo Jürgen Baumann en 1972, quien desde una perspectiva crítica comparaba la proliferación de motivos de oportunidad con una metástasis cancerígena[521]. Aunque no puede hablarse de "*despedida del principio de legalidad*"[522], son tantas las excepciones al principio de legalidad que, en el ámbito de la pequeña y en gran parte de la mediana delincuencia, -advierten Roxin y Schünemann- la oportunidad es, en la práctica, la regla general y se proyecta sobre los asuntos que se pueden agrupar en las cuatro categorías siguientes:

i. ausencia de interés público;

ii. eliminación del interés público;

iii. desvanecimiento del interés público;

iv. concurrencia de un interés privado[523].

En el orden administrativo sancionador y el derecho disciplinario sobre funcionarios y jueces, rige el principio de oportunidad[524]. También en la justicia de menores[525].

En definitiva, el principio de oportunidad se entiende en Alemania como un conjunto de excepciones a la regla general, pero se trata de un *punto de ruptura* -en expresión de Trentmann- inherente a un sistema de reacción de política criminal que debe entenderse como unitario. Supone -añade

---

521 "Grabsgesang für das Legalitätsprinzip", *cit.*, pp. 274 y 275.

522 KREY, VOLKER/ HEINRICH, MANFRED, *op. cit.*, 169.

523 *Op. cit.*, p. 89

524 KREY, VOLKER/ HEINRICH, MANFRED, *op. cit.*, p. 164.

525 ARMENTA DEU, TERESA, "*Criminalidad de bagatela...*", *cit.*, pp. 44 y 45.

el citado autor- una relativización excepcional prevista por la ley y materialmente legítima[526].

2. Los motivos de oportunidad

2.1. La insignificancia absoluta

2.1.1. Regulación general

El pr. 153 STPO regula la evitación de la persecución por motivo de *insignificancia*, que, como se ha dicho, procede de la *reforma Emminger.* En la actualidad, el precepto requiere que el delito sea leve (*Vergehen*)[527] y que la decisión se adopte por la fiscalía con la autorización del tribunal competente para el conocimiento del juicio oral, si la culpabilidad del perpetrador se mostrara reducida y no existe interés público en la persecución. La autorización del tribunal no se exige si la pena carece de límite mínimo y las consecuencias del hecho son pequeñas (1).

Cuando la acción ya ha sido presentada, el tribunal puede finalizar el proceso en cualquier momento, bajo las condiciones del apartado anterior, con el consentimiento de la Fiscalía y del inculpado. Pero el consentimiento del inculpado no se requiere en ciertos supuestos de imposibilidad de celebración

---

526 *Op. cit.*, pp. 462 y 463.

527 Delito leve es conforme al art. 12 (2) del Código Penal alemán (*Strafgesetzbuch* -StGB-) el castigado con pena privativa de libertad con límite mínimo inferior a un año o con pena de multa.

de juicio[528] o de celebración en su ausencia[529]. La decisión se adopta por auto, que es irrecurrible (2).

En la doctrina alemana se ha afirmado por Eduard Dreher que el problema de la gestión de los *delitos bagatela* es todo menos una bagatela, pues lo insignificante en un caso individual se convierte en un problema en grandes masas, razón por la cual ha preocupado desde antiguo, como demuestra la frase *mínima non curat praetor* (D 1, 4)[530], a la que se hizo alusión con anterioridad.

Siguiendo a dicho autor, los delitos bagatela se identifican con los insignificantes, aunque dentro de dicha categoría no se encuentran sólo los delitos contra la propiedad, pues incluye otros muy diferentes, como amenazas, insultos o daños corporales y los imprudentes. El criterio no es sólo cuantitativo, sino que dependerá del desvalor de acción y de resultado y de la culpabilidad, factores que deben mantenerse en la insignificancia en los *delitos bagatela.* Así -pone Dreher como ejemplo-, el ladrón que confunde un valioso collar de perlas con una imitación barata no realiza un hecho insignificante[531].

Como señala Teresa Armenta Deu, por delito bagatela se entiende "*los hechos contemplados en las leyes penales y cuyo bien jurídico protegido se considera de menor relevancia*"[532].

Aunque Jürgen Baumann calificó el art. 153 StPO como la "*tumba del principio de legalidad*" en el título de un corto trabajo doctrinal ya citado[533], la metáfora ha sido considerada un

528 Por la razón indicada en el pr. 205 StPO.

529 En los casos previstos por los pr. 231 (2), 232 y 233 de la StPO.

530 "Die Behandlung der Bagatellkriminalität", *cit.*, p. 917.

531 *Op. et loc. ult. cit.*

532 "*Criminalidad bagatela…* ", *cit.*, p. 23..

533 "Grabsgesang für das Legalitätsprinzip", *cit.*, pp. 273 a 275.

pathos que se encuentra fuera de lugar[534]. Frente a un tratamiento puramente normativo de la *criminalidad-bagatela* basado en el traslado de las conductas al Derecho administrativo sancionador[535], la solución procesal fundada en la aplicación tópica de la oportunidad se considera más justa[536].

No se trata, por tanto, de un *truco procesal* del legislador para esconderse y no adoptar decisiones sustantivas, susceptible de provocar una pérdida de credibilidad en el Poder judicial, como tempranamente preconizaron Jürgen Baumann[537] y Friedich Dencker[538], sino una solución que toma en consideración el conjunto del ordenamiento desde la perspectiva de los intereses en juego y sigue el sano principio de la no persecución de nimiedades, según opina Dreher[539].

Como de la lectura del precepto se desprende, son la Fiscalía y el tribunal -frente a cuya decisión no cabe recurso[540]- los órganos a los que se encomienda la decisión de omitir o cerrar el procedimiento:

i. a la Fiscalía con autorización del tribunal;

ii. solo a la Fiscalía, en casos nimios, de penalidad sin límite mínimo y consecuencias del hecho escasas;

---

534 DREHER, EDUARD, *op. cit.*, p. 934.

535 Propuesta sostenida en su día para la "*pequeña delincuencia*" patrimonial por BAUMANN, JÜRGEN, "Über die notwendigen Veränserungen im Berich des Vermögenschutzes", *JZ, núm.* 1, 7. Januar 1972, p. 4; también por DENCKER, FRIEDICH, *op. cit.*, pp. 150 y 151.

536 Cfr. DREHER, EDUARD, *op. cit.*, p. 933.

537 "Grabsgesang für das Legalitätsprinzip", *cit.*, p. 275.

538 *Op. cit.*, pp. 145 a 148.

539 *Op. cit.*, p. 937.

540 KLEINKNECHT, THEODOR/MEYER, KARLHEINZ, *op cit.*, p.583.

iii. al tribunal, con el consentimiento de la Fiscalía y del inculpado, después de que la acción se haya ejercitado.

El monopolio del Ministerio Público sobre la oportunidad (indicada en el punto ii) se limitaba en la primera redacción del pr. 153 atributiva de discrecionalidad persecutoria a los delitos leves contra el patrimonio, restricción posteriormente suprimida por la Ley para la Descarga de Asuntos de la Administración de Justicia Penal de 11 de enero de 1993.

Corresponde al tribunal determinar si su autorización es necesaria, si bien la Fiscalía no está obligada a remitirle el asunto, si entiende que concurren los requisitos para tomar por sí misma la decisión[541].

Rechazada la autorización por el tribunal, la Fiscalía puede volver a solicitarla si el resultado de la investigación desarrollada como consecuencia de ello lo justifica o también puede proponer la terminación de la causa a cambio del cumplimiento de condiciones u órdenes conforme al pr. 153a, el cual será objeto de posterior examen. Incluso, si el esclarecimiento del hecho conduce a entender que las características del caso hacen innecesaria la autorización judicial para la omisión de la persecución, el fiscal puede acordarla autónomamente, sin que la previa denegación de su aprobación por el tribunal lo impida[542].

Una vez ejercitada la acción por la Fiscalía, la resolución judicial de terminación del proceso, que no precisa ser motivada, requiere el consentimiento de la Fiscalía, debido a su monopolio sobre el ejercicio de la acción. Tal consentimiento, aunque sea rechazado inicialmente, puede ser otorgado con

---

541 KLEINKNECHT, THEODOR/MEYER, KARLHEINZ, *op cit.*, p.584.

542 KLEINKNECHT, THEODOR/MEYER, KARLHEINZ, *op cit.*, p. 584.

posterioridad, por ejemplo, si concurren nuevas perspectivas derivadas del resultado de la prueba[543].

También se precisa la aceptación del inculpado, la cual no es necesario que sea reforzada con la aquiescencia de su abogado[544], y debe prestarse sin condiciones para que sea eficaz[545].

La resolución del tribunal mediante la que se acuerda la finalización del proceso es recurrible si se infringen los requisitos reglados del acto (el carácter leve del delito y el consentimiento de la Fiscalía y del inculpado)[546]. Si el tribunal rechaza acordar la terminación de la causa a instancia de una de las partes, frente a su decisión no cabe recurso, como tampoco cabe contra el auto de apertura de juicio oral -pr. 210 (1)-, el cual cierra la posibilidad de terminación del proceso en la fase intermedia en aplicación del art. 153 (2)[547]. Dicha disposición obedece a que, en virtud del denominado *principio de inmutabilidad*[548], la acción penal no puede ser retirada una vez que la resolución de apertura de juicio oral ha sido dictada (art. 156).

La Policía carece de atribución para omitir una investigación por motivo de oportunidad, aunque puede finalizar las diligencias comenzadas, si entiende que la Fiscalía no perseguirá el delito, sin perjuicio de la decisión que esta última adopte al respecto[549]. No obstante, las tendencias a la relativización

---

543 KLEINKNECHT, THEODOR/MEYER, KARLHEINZ, *op cit.*, pp.585 y 586.

544 KLEINKNECHT, THEODOR/MEYER, KARLHEINZ, *op cit.*, p. 585.

545 KLEINKNECHT, THEODOR/MEYER, KARLHEINZ, *op cit.*, pp. 585 y 586.

546 KLEINKNECHT, THEODOR/MEYER, KARLHEINZ, *op cit.*, pp. 586 y 587.

547 KLEINKNECHT, THEODOR/MEYER, KARLHEINZ, *op cit.*, p. 587; ROXIN, CLAUS/SCHÜNEMANN BERND, *op. cit.*, p. 95.

548 ROXIN, CLAUS/SCHÜNEMANN, BERND, *op. cit.*, p. 96.

549 KLEINKNECHT, THEODOR/MEYER, KARLHEINZ, *op cit.*, p. 582.

de la obligación persecutoria de la Policía son doctrinalmente criticadas[550].

En cuanto al contenido de los requisitos establecidos por la norma, la doctrina alemana discute el significado de la *insignificancia de la culpa* y el contenido del *interés de persecución penal.*

i. Roxin y Schünemann enmarcan el pr. 153 de la StPO en la oportunidad por *absoluta insignificancia*, por ausencia de interés de persecución penal. La dicción literal del precepto -añaden dichos autores- no presupone la prueba plena de la culpabilidad, sino la probabilidad de la condena[551]. En efecto, la norma se refiere a la culpabilidad en términos condicionales: "*si la culpabilidad se mostrara pequeña*"[552].

   Aclaran Theodor Kleinknecht y Karl Heinz Meyer que una culpabilidad pequeña es la que se encuentra por debajo del promedio, en comparación con otros delitos leves. Pero no existe una *talla mínima* de culpabilidad que permita una medición en términos absolutos. Siguiendo la opinión de Peter Riess, dichos autores exponen que se requiere que la culpabilidad supusiera una pena en su nivel más bajo si se dictara sentencia condena[553]. En la realización del pronóstico hipotético, deben ser tomados en consideración las circunstancias relativas a la determinación de la culpabilidad, incluidas la forma de ejecución del hecho,

---

550 ROXIN, CLAUS/SCHÜNEMANN, BERND, *op. cit.*, p. 88.

551 *Op. et loc. cit.*

552 La expresión literal en alemán es "*wennn die Schuld des Täters als gering anzusehen wäre*".

553 "*Strafprozessordnung. Beck´sche kurz Kommentare*", München, 1987, p. 581; RIESS, PETER, "Die Zukunft des Legalitätsprinzips", *NStZ*, 1981, 1, p. 8.

sus consecuencias y el alcance del incumplimiento del deber[554].

El paso del tiempo, por su efecto diminutivo de la culpabilidad, puede convertir en irrelevante una culpa que, anteriormente, impidiera la aplicación del motivo de sobreseimiento[555].

La Fiscalía y el tribunal forman su criterio sobre la culpa sin necesidad de oír al inculpado[556], cuyo consentimiento para el archivo de la causa, como ya se ha expuesto, sólo se requiere si el procedimiento ha comenzado.

ii. En cuanto al *interés de persecución penal*, se trata de un factor que se ha llegado a calificar como superfluo, al situarse junto con la escasez de culta, poco claro y en todo caso no suficientemente objetivable, en opinión de Maria-Katharina Meyer[557].

Pero buena parte de la doctrina y la jurisprudencia le dotan de un contenido específico, del que ya nos hemos ocupado con anterioridad al tratar la fundamentación constitucional del principio de oportunidad.

En el contexto del pr. 153, Kleinnnecht y Meyer lo vinculan con las necesidades de prevención general y especial o, así mismo, con el interés de la sociedad en el concreto hecho punible, por ejemplo para es clarecer los motivos profundos criminógenos o para

---

554 KLEINKNECHT, THEODOR/MEYER, KARLHEINZ, *op. et loc. ult. cit.*

555 KREY, VOLKER/HEINRICH, MANFRED, *op. cit.*, p. 169.

556 KLEINKNECHT, THEODOR/MEYER, KARLHEINZ, *op cit.*, p. 583.

557 ROXIN, CLAUS/SCHÜNEMANN BERND, *op. cit.*, p. 89, cita. 1. La cita es de "Das Fehlen des öffentilichen Interessen", *GA*, 1997, p. 405

evitar ulteriores daños para la víctima o a causa de la posición de la víctima en la vida pública, incluso los que pudieran ser ocasionados por consecuencias extraordinarias del hecho no cubiertas por la culpabilidad del perpetrador[558].

Además, los autores citados rechazan que, como regla general, el interés de persecución penal pueda consistir en el anhelo por obtener una resolución judicial sobre una cuestión estrictamente jurídica, como la validez de una norma, salvo que el tamaño de la culpa dependa de la misma o que sirva para impedir que las ilegalidades se normalicen en la vida social, aceptando así la opinión de Dietrich Boxdorfer[559].

El conocimiento del asunto en vía disciplinaría puede dispar el interés público de persecución[560].

Si se omite la persecución penal, en caso de que el hecho constituya una infracción administrativa, la fiscalía remitirá el asunto a la autoridad competente para la imposición de la sanción, en aplicación del art. 21.2 de la OWiG[561].

Las decisiones de finalización de la causa basadas en el pr. 153 (1) no extinguen la acción penal, dado que suponen solo el archivo provisional de la causa, que puede ser reabierta si

---

558 *Op. cit,* p. 582.

559 Op. cit., p. 582. BOXDORFER, DIETRICH, "Das offentiliche Interesse an der Strafverfolgung trotz geringer Schuld des Täters", *NJW,* 8, 1976, p. 317.

560 KLEINKNECHT, THEODOR/MEYER, KARLHEINZ, *op cit.,* p.582.

561 KLEINKNECHT, THEODOR/MEYER, KARLHEINZ, *op cit.,* p. 582. El art. 25.1 OWiG otorga preferencia a la jurisdicción penal frente a la Administración para el castigo de un hecho que constituya simultáneamente delito e infracción administrativa. Su apartado segundo, no obstante, permite a aplicación de la sanción administrativa si la pena no es impuesta.

el proceso judicial no se había iniciado si la fiscalía encuentra claros motivos materiales para ello[562] .

En el caso del pr. 153 (2), si la acción se había ejercitado ya, la causa puede ser reabierta respecto a los hechos tomados en consideración previamente, si concurren nuevas circunstancias fácticas (nuevas informaciones o nuevos hechos de prueba)[563], siempre que la reapertura se efectúe para perseguir un delito no leve (BGHSt 48, 331, 337)[564].

El archivo por aplicación del pr. 153 tampoco impide a la Fiscalía solicitar el decomiso de los bienes a través del proceso adecuado, en los casos previstos por el pr. 74 del StGB[565].

2.1.2 Posesión de droga insignificante

La Fiscalía puede omitir la persecución de las infracciones penales previstas por el pr. 29 (1), (2) y (4) si la culpabilidad del sospechoso se mostrara insignificante, no existe ningún interés público de persecución y la droga se encontraba dedicada al autoconsumo (pr. 31 a BtMG).

2.2. El cumplimiento de condiciones y órdenes

A continuación, el art. 153a permite evitar la persecución con la imposición de condiciones y órdenes. Se trata de un precepto que se considera indispensable para asegurar el re-

---

562 ROXIN, CLAUS/SCHÜNEMANN BERND, *op. cit.*, p. 95.

563 KLEINKNECHT, THEODOR/MEYER, KARLHEINZ, *op cit.*, pp. 587; ROXIN, CLAUS/SCHÜNEMANN BERND, *op. et loc ult. cit.*

564 Restricción criticada por ROXIN, CLAUS/SCHÜNEMANN BERND, *op. cit.*, p. 95.

565 KLEINKNECHT, THEODOR/MEYER, KARLHEINZ, *op cit.*, pp. 587 y 588.

gular funcionamiento de la justicia penal[566]. Con su introducción, en 1974, se legalizó una práctica legal paralela que rebasaba los límites del pr. 153 en los casos en los que concurre un interés público que puede ser compensado con prestaciones del perpetrador. Antes de la reforma, se pedía a los inculpados que se aplicaran una *autosanción*, como una multa. Dicho interés público se entiende que concurre si el suceso excede de lo cotidiano[567].

Su apartado primero autoriza a la Fiscalía a omitir el ejercicio de la acción penal ante un delito leve, con el consentimiento del tribunal competente para el enjuiciamiento y del inculpado, con imposición al inculpado de condiciones y órdenes, si son adecuadas para la satisfacción del interés público en la persecución penal y la gravedad de la culpa no lo impide. Como condiciones y órdenes pueden acordarse especialmente (lo que implica que no se trata de una lista cerrada):

1.- el cumplimiento de determinada prestación para reparar el daño derivado del hecho;

2.- el pago de una cantidad a favor de una entidad de utilidad pública o del tesoro estatal;

3.- el cumplimiento de otra prestación de utilidad pública;

4.- el abono de obligaciones de alimentos en determinada suma;

5.- la realización de un intento serio de alcanzar un acuerdo de compensación con la víctima, con el fin de reparar el hecho en todo o en gran parte o para procurar la reparación;

6.- la participación en un curso de formación social; o

---

566 TRENTMANN, CHRISTIAN, *op. cit.*, p. 467.

567 TRENTMANN, CHRISTIAN, *op. cit.*, pp. 473 y 474.

7.- la participación en un curso avanzado de acuerdo con el pr. 2b (2) frase 2 de la Ley de Tráfico Vial (*Strassenverhehrsgesetz*) o un curso de conducción conforme al art. 4ª del mismo texto legal.

El mismo apartado primero dispone que, para el cumplimiento de las condiciones y órdenes por el inculpado, la Fiscalía debe establecer un plazo, que, en los casos previstos por los números 1 a 3, 5 y 7 de la frase segunda, debe ser de una duración de seis meses y, en los casos de los números 4 y 6 de la misma frase, de un máximo de un año. La Fiscalía puede revocar posteriormente las condiciones y órdenes y prorrogar el plazo, por una sola vez, por tres meses adicionales. Con el consentimiento del inculpado, posteriormente también puede la Fiscalía imponer y modificar condiciones y órdenes. Si el inculpado cumple las condiciones y órdenes, el hecho ya no podrá ser perseguido como delito leve. Si las incumple, no se restituirán las prestaciones satisfechas para su complimiento. La frase segunda del pr. 153 (1) se aplica correspondientemente en el caso de los números 1 a 6. El pr. 246a (2) se aplica correspondientemente.

El apartado segundo del mismo parágrafo añade que, si la acción ya ha sido ejercitada, el tribunal, con el consentimiento de la Fiscalía y del inculpado, podrá suspender provisionalmente el procedimiento y simultáneamente imponer al inculpado las condiciones y órdenes señaladas en las frases 1 y 2 del apartado primero. Las frases 3 a 6 y 8 se aplican correspondientemente. La decisión prevista por la frase primera se adopta mediante auto. Dicho auto no es recurrible. La frase cuarta también se aplica a la aceptación del cumplimiento de las condiciones y órdenes impuestas conforme a la frase primera.

Conforme al apartado tercero, la prescripción queda suspendida durante el plazo establecido para el cumplimiento de las condiciones y órdenes.

Y el apartado cuarto establece que el pr. 155 b se aplica en lo que corresponda en el caso previsto por el apartado primero, frase segunda, nº 6, también en relación con el apartado segundo, si bien los datos personales obrantes en la causa penal que no conciernan al inculpado sólo pueden ser cedidos a la entidad a cargo del curso de formación social en tanto la persona afectada por la cesión lo consienta. La frase primera se aplica en lo que corresponda, si en virtud de otras normas de penales se dicta la orden de participar en un curso de formación social.

En cuanto al acuerdo entre el inculpado y la víctima, que el pr. 153a contempla como posible condición, es deber de la Fiscalía y el tribunal examinar las posibilidades de que sea alcanzado en todo momento del proceso, incluso promoviéndolo en los casos apropiados, aunque en ningún caso contra la voluntad de la víctima, según dispone el pr. 155a. Las cuestiones relativas a la protección de datos cedidos a efectos del intento de alcanzar un acuerdo se regulan en el pr. 155b.

Los supuestos regulados en el pr. 155a son, siguiendo a Roxin y a Schünemann, de "*intereses eliminables*". En ellos el interés de persecución que inicialmente concurre puede ser extinguido mediante el cumplimiento de la condición u orden[568].

Se ha comparado el procedimiento previsto por el pr. 153a con la suspensión de la condena, del cual sería una variante, pero diseñada de una forma técnico-jurídica distinta[569].

Aunque en la doctrina alemana se ha llegado a poner de manifiesto una posible contradicción del art. 153a con el derecho a la presunción de inocencia, tal crítica no es generalmente aceptada y puede considerarse carente de fun-

---

568 *Op. cit.*, pp. 89, 91 y 92.

569 KLEINKNECHT, THEODOR/MEYER, KARLHEINZ, *op cit.*, p. 589.

damento, como ya hemos tenido ocasión de examinar en el capítulo anterior[570].

Es la perspectiva del principio de legalidad -sostiene Christian Trentmann- desde la que se han efectuado las críticas más duras y fundadas, las cuales aducen que se utiliza el procedimiento penal como "*instrumento de sumisión*", de dudosa compatibilidad con el Estado de Derecho, en especial cuando la omisión de persecución se supedita al pago de una cantidad de dinero, comercializándose así el principio de oportunidad. Con independencia del problema de la relevancia pública del inculpado, que ya ha sido objeto de análisis en el capítulo anterior, es evidente que el mecanismo legal del que nos ocupamos introduce en el sistema de justicia dosis de mercantilización y presión sobre la voluntad de los inculpados más que cuestionables y que la indeterminación de las condiciones que permite imponer a la omisión de persecución es difícilmente conciliable con el principio de previsibilidad legal de las actuaciones estatales[571].

2.3. Posible omisión de pena

El pr. 153b regula la dispensa de persecución por posible omisión de pena. Si se satisfacen las condiciones en virtud de las cuales el tribunal puede omitir la pena[572], la Fiscalía, con el consentimiento del tribunal competente para el enjuiciamiento, puede abstenerse de ejercitar la acción pública (1). Si la acción ya ha sido ejercitada, el tribunal, con el consentimiento de la Fiscalía y del inculpado, hasta el comienzo del juicio oral, puede suspender el enjuiciamiento (2).

---

570 *Vide supra* C.4.IX.

571 Cfr. ROXIN, CLAUS/SCHÜNEMANN, BERND, *op. cit.*, p. 90.

572 Por ejemplo, en los casos de los prs. 46a, 60 y 157 del StGB. ROXIN CLAUS/SCHÜNEMANN, BERND, *op. cit.*, p. 89.

Son casos de *insignificancia absoluta*[573].

2.4. Persecución de delitos por estados extranjeros

En el pr. 153c se contempla la omisión del proceso por persecución penal por Estados extranjeros.

Según su apartado primero, la Fiscalía puede abstenerse de la persecución de delitos:

1.- que han sido cometidos fuera del ámbito territorial de esta ley o en el que un participante en un acto cometido fuera del ámbito de esta ley ha actuado dentro de este ámbito territorial;

2.- que ha sido cometido por un extranjero en Alemania en un buque o aeronave extranjero;

3.- si en los casos de los prs. 129 y 129(a) del Código Penal, también en relación con el pr. 129b (1) del mismo texto legal, si la asociación no -o de forma predominante no- existe en Alemania y los actos de participación realizados en Alemania son de menor importancia o consisten en mera afiliación.

Para los hechos punibles conforme a la Código Penal Internacional (*Völkersstrafgesetzbuch*) se aplica el pr. 153f.

En su apartado segundo, el pr. 153c dispone que la fiscalía puede omitir la persecución de un hecho si, a causa del hecho, ha sido ejecutada una pena contra el inculpado en el extranjero y la sanción esperable en Alemania no sería significativa, tomando en consideración la pena impuesta en el extranjero, o si el acusado ha sido absuelto en resolución firme en el extranjero.

---

573 ROXIN CLAUS/SCHÜNEMANN, BERND, *op. et loc. ult. cit.*

Conforme al apartado tercero, la Fiscalía también puede abstenerse de la persecución de delitos cometidos dentro del ámbito de aplicación territorial de esta ley mediante una actividad realizada en el exterior, si la conducción del proceso entraña el peligro de un grave perjuicio para la República Federal de Alemania o si la persecución se contrapone a ulteriores intereses públicos predominantes.

Si la acción ya se ha ejercitado -establece el apartado cuarto-, la Fiscalía puede retirarla en cualquier momento del proceso, con suspensión del mismo, en los casos de los núms. 1 y 2 del apartado primero y del apartado tercero, si la conducción del proceso entraña el peligro de un grave perjuicio para la República Federal de Alemania o si la persecución se contrapone a ulteriores intereses públicos predominantes.

Si el objeto del proceso consiste en los delitos del tipo indicado en los prs. 74a (1) nº 2 a 6 y 120 (1) nº 2 a 7 de la Ley de Constitución de los Tribunales (*Gerichtsverfassungsgesetz*) estas facultades corresponden a la Fiscalía General Federal.

Las decisiones previstas por el precepto objeto de examen se adoptan por la Fiscalía de forma autónoma, sin participación del tribunal, lo que se explica por la potencial presencia de factores políticos en juego[574].

La decisión de omisión de la persecución carece del efecto de cosa juzgada[575].

Cuando la sentencia extranjera es dictada por Estado de la Unión Europea, el precepto no resulta aplicable, pues el principio *non bis in idem* establecido por la Carta de Derechos Fun-

574 KLEINKNECHT, THEODOR/MEYER, KARLHEINZ, *op cit.*, p. 602.
575 KLEINKNECHT, THEODOR/MEYER, KARLHEINZ, *op cit.*, p. 602.

damentales se opone, ya de por sí, a una doble persecución penal[576].

2.5. *Concurrencia de intereses públicos predominantes en la persecución de delitos contra la seguridad del estado*

El pr. 153d se ocupa de la omisión de persecución de delitos contra la seguridad del Estado a causa de la concurrencia de intereses públicos predominantes, un motivo que, así expresado, recuerda demasiado la *razón de Estado* como causa de impunidad. Con razón sostiene Manuel Marchena Gómez que el precepto supone el reconocimiento por el legislador alemán, que no le ruboriza, del carácter decisivo que pueden alcanzar las consideraciones políticas en el ejercicio de la acción penal[577].

La Fiscalía General Federal puede abstenerse de la persecución de delitos del tipo indicado en los prs. 74a (1) nº 2 a 6 y 120 (1) nº 2 a 7 de la Ley de Constitución de los Tribunales, si la conducción del proceso entraña el peligro de un grave perjuicio para la República Federal de Alemania o si la persecución se contrapone a ulteriores intereses públicos predominantes (1).

Si la acción ya ha sido ejercitada, la Fiscalía puede retirarla en cualquier momento y suspender el procedimiento, si se dan las condiciones establecidas en el apartado primero (2).

La norma fue introducida en la legislación alemana por la Ley de Reforma del Proceso Penal de 25 de junio de 1968[578]. Frente a ella, como afirman Roxin y Schünemann, la doctri-

---

576 ROXIN, CLAUS, SCHÜNEMANN, BERND, *op. cit.*, p. 91.

577 "*El Ministerio Fiscal: su pasado y su futuro*", Marcial Pons, Madrid, 1992, p. 61.

578 *Strafgesetzsänderungsgesetz.*

na mayoritaria ha presentado severas objeciones, basadas en la crítica a la conversión del Derecho penal en instrumento de lucha política, que lo situaría cerca del denominado *Derecho penal del enemigo*. Añaden los citados autores que, como la eficacia en el combate político se sitúa por encima de la legalidad constitucional, el precepto representa una degeneración inaceptable en un Estado de Derecho[579].

2.6. Arrepentimiento activo

La omisión de la persecución de delitos contra la seguridad del Estado por *arrepentimiento activo* se prevé en el pr. 153e.

Si el objeto del proceso consiste en los delitos del tipo indicado en los arts. 74a (1) nº 2 a 6 y 120 (1) nº 2 a 7 de la Ley de Constitución de los Tribunales, la Fiscalía General Federal, con autorización del Tribunal Superior del Land competente según el pr. 120 de la Ley de Constitución de los Tribunales, puede abstenerse de perseguir el hecho, si el perpetrador, después del hecho y antes de haber tenido conocimiento de su descubrimiento, ha contribuido a evitar un peligro para la existencia o la seguridad de la República Federal de Alemania o el orden constitucional. Lo mismo rige si el perpetrador, después el hecho, ha realizado tal contribución mediante la revelación a una agencia oficial de su conocimiento de actos de alta traición, puesta en peligro del Estado de Derecho democrático, traición o puesta en peligro de la seguridad exterior (1).

Si la acción penal ya ha sido interpuesta, el Tribunal Superior del Land competente según el pr. 120 de la Ley de Constitución de los Tribunales puede suspender el procedimiento, si se cumplen las condiciones previstas en el apartado primero, con el consentimiento de la Fiscalía General Federal (2).

---

579 *Op. cit.*, p. 93.

Más allá de los supuestos previstos por el pr. 153e, para favorecer la colaboración del sospechoso con el esclarecimiento del hecho y la práctica de la prueba, la ley permite con carácter general, en el pr. 46b del StGB, una reducción de la pena que puede llegar a ser total y que autoriza a la Fiscalía a omitir la persecución del delito en aplicación del pr. 153b de la StPO. A la colaboración eficaz dedicaremos el capítulo noveno del trabajo.

2.7. Ausencia de conexión con Alemania de delitos previstos por el código penal internacional

El pr. 153f permite la omisión de la persecución de delitos del Código Penal Internacional, en supuestos en lo que la ley entiende que no existe una conexión con la República Federal de Alemania que lo justifique.

La Fiscalía puede abstenerse de perseguir un hecho punible, conforme a los prs. 6 a 15 de dicho Código, en los casos establecidos por el pr. 153c (1) núms. 1 y 2, si el inculpado no se encuentra en Alemania y su estancia en el país no es previsible. En el caso previsto por el pr. 153c (1) nº 1, si el inculpado es alemán la anterior disposición sólo se aplica si el hecho es perseguido por una jurisdicción internacional o por un Estado en cuyo territorio se haya cometido el hecho o cuyos nacionales sean víctimas del mismo (1).

Conforme al apartado segundo del mismo precepto, en particular la Fiscalía puede abstenerse de perseguir un hecho punible según los prs. 6 a 12, 14 y 15 del Código Penal Internacional si:

1.- no existe sospecha contra un alemán;

2.- el hecho no se ha cometido contra un alemán;

3.- ningún sospechoso se encuentra en Alemania y su presencia no es previsible; y

4.- el hecho se persigue por una jurisdicción internacional o por un Estado en cuyo territorio se ha cometido el hecho o cuyo nacional es sospechoso o víctima del hecho.

Lo mismo resulta de aplicación -añade la norma- si un extranjero inculpado por un hecho cometido en el extranjero se encuentra en Alemania, pero se cumplen las condiciones previstas por la frase segunda núms. 2 y 4 y se prevé su traslado a una jurisdicción internacional o su extradición al Estado que persiga el hecho.

Finalmente, el apartado tercero establece que, en los casos de los apartados anteriores, si la acción pública ya ha sido ejercitada, la Fiscalía puede retirarla y suspender el procedimiento en cualquier momento.

2.8. Persecución parcial de una pluralidad de delitos

En relación con la pluralidad de delitos, el pr. 154 (1) permite la omisión de persecución:

1.- si la pena o medida de seguridad que pueda ser aplicada no es de consideración en comparación a la pena o medida de seguridad que haya sido o pueda ser impuesta al inculpado por otro delito; o

2.- también si una sentencia sobre el hecho no es previsible que se dicte en un plazo razonable y si se ha impuesto con firmeza o es previsible que se imponga una pena o medida de seguridad por otro hecho que se muestre suficiente para influir en el perpetrador y proteger el orden jurídico.

Cuando la acción pública ya se ha ejercitado, el tribunal puede, a solicitud de la Fiscalía, suspender provisionalmente el procedimiento en cualquier momento (2).

Si el procedimiento ha sido suspendido temporalmente con relación a una pena o medida de seguridad impuesta con carácter firme por otro hecho, puede reanudarse si el plazo de prescripción no ha expirado, en caso de que la pena o medida de seguridad impuesta con carácter firme se omita posteriormente (3).

Si el procedimiento ha sido suspendido temporalmente con relación a una pena o medida de seguridad de previsible imposición por otro hecho, puede reanudarse si el plazo de prescripción no ha expirado, dentro del plazo de tres meses desde la firmeza de la dictada por el otro hecho (4).

Cuando el tribunal ha suspendido temporalmente el procedimiento, su reanudación debe realizarse mediante resolución judicial (5).

Se trata de supuestos de "*insignificancia relativa*"[580]. La justificación de la innecesariedad de acumulación de material procesal en los tribunales una vez satisfechas en su conjunto ya las necesidades preventivo generales, se ha fundado por la jurisprudencia en la figura del delito continuado (BGH 40, 138), pero Claus Roxin y Bernd Schünemann sotienen que no debe alcanzar a los casos en los que el perpetrador en serie de hechos punibles haya especulado con la aplicación de la previsión legal, pues con ello se lanza el mensaje de que infringir la norma, si ya se ha infringido una vez, es impune[581].

Los mismos autores ponen de manifiesto que la norma tampoco debe servir de cauce para la utilización de la técnica conocida en EEUU del "*overcharging*", mediante la cual se fuerce al inculpado a confesar el delito principal a cambio de la reti-

---

580 ROXIN, CLAUS/SCHÜNEMANN, BERND, *op. cit.*, p. 89.

581 ROXIN, CLAUS/SCHÚNEMANN, BERND, *op. cit.*, p. 90.

rada de los restantes cargos, cuya presentación no tendría más fundamento que la de propiciar el acuerdo[582].

Como en la práctica es difícil de controlar que no se efectúe una aplicación desacertada de la insignificancia relativa, Roxin y Schünemann consideran que el instituto es jurídicamente problemático[583]. Además, como el enjuiciamiento no se proyecta sobre los hechos excluidos, los citados autores entienden que el derecho a la presunción de inocencia impediría tomarlos en consideración en la valoración de la prueba y en la individualización de la pena respecto al delito principal que quedaría como único objeto de la causa, pese a lo cual la jurisprudencia sostiene la posición contraria, si así se indica al acusado en el acto del juicio oral o cuando el acusado no tiene motivos para pensar que los hechos no vayan a ser tomados en consideración en la sentencia[584].

2.9. Limitación de la persecución de hechos o delitos separables

Establece el pr. 154a que, si el mismo hecho supone la comisión de un delito con diversas partes fácticas separables o de varias infracciones legales las cuales no sean de consideración significativa 1.- para la pena o medida de seguridad que pueda imponerse o 2.- tomando en cuenta la pena o medida de seguridad que se haya impuesto en resolución firme o pueda imponerse al inculpado por otro hecho, la persecución puede limitarse a las otras partes del hecho o de las infracciones legales. El pr. 154, apartado primero, nº 2 se aplica correspondientemente. La limitación debe constar en autos (1).

---

582 *Op. et loc ult. cit.*

583 *Op.et loc ult.cit.*

584 *Op. cit.*, pp. 90 y 91.

Después del ejercicio de la acción, el tribunal puede en cualquier momento del procedimiento acordar la limitación con el consentimiento de la Fiscalía (2).

(3) El tribunal puede reintroducir las partes desatendidas del hecho o de las infracciones en cualquier momento. La solicitud de reintroducción de la fiscalía debe ser aceptada. Si se reintroducen partes del hecho desatendidas, se aplicará el pr. 265[585] correspondientemente.

También son casos de "*insignificancia relativa*", a los que Roxin y Schünemann extienden las críticas ya referidas al examinar el artículo anterior[586].

2.10. Extradición o expulsión del sospechoso

El pr. 154b dispone que la acción penal puede ser omitida si el inculpado es entregado a un gobierno extranjero por el hecho (1).

Lo mismo se aplica si por otro hecho el inculpado es entregado a un gobierno extranjero o a una jurisdicción internacional y la pena o medida de seguridad que puede resultar de la persecución interna no es relevante al lado de la pena o medida de seguridad que se le ha impuesto en resolución firme o se le puede imponer en el extranjero (2).

También puede omitirse el ejercicio de la acción penal si el inculpado es deportado o desterrado del territorio de aplicación de esta ley o su entrada es rehusada (3).

---

585 El citado precepto prohíbe la condena por hechos distintos de los que fundaron la apertura del juicio regula la introducción de hechos distintos mediante su puesta en conocimiento del acusado y la concesión de posibilidad de defensa frente a ellos, incluida eventualmente la suspensión de la vista.

586 ROXIN, CLAUS/SCHÚNEMANN, BERND, *op cit.*, p. 90.

Si, en los casos de los apartados primero a tercero, la acción penal ha sido ejercitada, el tribunal suspenderá temporalmente el procedimiento a petición de la Fiscalía. Los apartados tercero a quinto del pr. 154 se aplicarán correspondientemente, si bien el plazo previsto por el apartado cuarto será de un año (4).

2.11. Amenaza o extorsión

Conforme al pr. 104c si se ha cometido un delito de coacciones o extorsión (art. 240 y 253 del Código Penal) mediante la amenaza de revelación de un delito, la Fiscalía puede omitir la persecución del hecho de cuya revelación se amenazó, en tanto la expiación del hecho no sea indispensable por su gravedad (1).

Si la víctima de un delito de coacciones o extorsión o de trata de seres humanos (prs. 240, 253 y 232 del Código Penal) lo denuncia (pr. 158) y como consecuencia de ello se conoce un delito cometido por la víctima, la Fiscalía puede abstenerse de perseguir el delito cometido por la víctima, en tanto la expiación del hecho no sea indispensable por su gravedad (2).

La finalidad de la norma es favorecer la presentación por la víctima de la denuncia de los delitos de extorsión, coacciones o trata de seres humanos. Para evitar la incertidumbre propia de la discrecionalidad atribuida a la Fiscalía, se aconseja a la víctima cerciorarse de que no será perseguida mediante la intermediación de un abogado que mantenga su identidad en el anonimato al efectuar la gestión[587].

---

587 ROXIN, CLAUS/SCHÜNEMANN, BERND, *op. cit.*, p. 93.

2.12. Cuestión prejudicial irresuelta

El pr. 154d StPO establece que, si el ejercicio de la acción penal por delito leve depende de la valoración de una cuestión que debe ser enjuiciada por un tribunal civil o contencioso-administrativo, la Fiscalía puede establecer un plazo para plantear la cuestión en el proceso civil o contencioso-administrativo. Ello debe ser comunicado al denunciante. Si se cumple plazo sin resultado, la Fiscalía puede interrumpir el procedimiento.

Combina así la ley alemana el tratamiento de las cuestiones prejudiciales que pueden surgir durante el desarrollo del proceso penal, con el principio de oportunidad, mediante una solución basada en una doble atribución de discrecionalidad a la Fiscalía: respecto a la decisión de someter la cuestión al tribunal distinto al penal al que corresponda; y la decisión de dar por finalizada o no la causa si en el plazo establecido la cuestión no se resuelve. El tratamiento de las cuestiones prejudiciales se completa en la StPO con la atribución al tribunal de la opción discrecional entre la resolución de la cuestión prejudicial *incidenter tantum* o su remisión al tribunal competente para el conocimiento de la cuestión con carácter principal (pr. 262) y el establecimiento, como motivo de revisión, de la revocación posterior a la emisión de la sentencia penal de la sentencia civil en la que se haya basado para la resolución de la cuestión (pr. 359.4)[588].

2.13. Carácter privado del delito

En la persecución de los delitos privados, incluidos en la lista establecida por el pr. 374 de la StPO, la Fiscalía no ostenta el monopolio de la acción, que se atribuye al ofendido. El fiscal

---

588 *Vide* VALBUENA GONZÁLEZ, "*Las cuestiones prejudiciales en el proceso penal*", Ed. Lex Nova, Valladolid, 2004, pp. 193 a 200.

puede ejercerla si es de interés público (pr. 376). En cualquier momento del procedimiento, incluido el juicio oral, el tribunal puede dar por finalizado el mismo si la culpa del perpetrador fuera leve (pr. 383 (2)).

B) PORTUGAL

Debido a la influencia que ha ejercido en los trabajos prelegislativos de reforma de la justicia penal en España, resulta conveniente tratar aquí también la regulación portuguesa del principio de oportunidad, que ha sido calificada como manifestación del *principio de oportunidad reglada* o de *legalidad abierta*[589].

En sus art. 262.2 y 277, el Código de Proceso Penal portugués establece como principio general la necesidad de apertura de la investigación penal (*inquérito*) y su continuación en tanto la atribución delictiva tenga fundamento y no concurran óbices procesales. Como excepción, se permite el archivo por razones de oportunidad en los arts. 280 a 282, que establecen dos modalidades de archivo, una en caso de posibilidad de dispensa de pena (art. 280) y otra por la imposición de órdenes o reglas de conducta (arts. 281 y 282).

El archivo por posibilidad de dispensa de pena exige que tal dispensa se encuentre prevista en el Código Penal y que se acuerde por el Ministerio Público con la conformidad del Juez de Instrucción, con base en la concurrencia de los requisitos de la dispensa (o por el Juez de Instrucción con la conformidad del Ministerio Público, si el investigado se encuentra ya a su disposición). La decisión no es susceptible de impugnación.

---

589 RODRÍGUEZ GARCÍA, NICOLÁS, "*La justicia penal negociada*", Ediciones Universidad de Salamanca, Salamanca, 1997, p. 271.

El archivo por imposición de órdenes o condiciones (*suspensión provisional del proceso*) se prevé para delitos castigados con penas que no superen los cinco años de prisión o de otra naturaleza y puede ser acordada por el Ministerio Público, de conformidad con el Juez de Instrucción, cuando concurren los siguientes requisitos:

a) consentimiento del investigado y de su abogado;

b) ausencia de condena anterior por delito de la misma naturaleza;

c) ausencia de aplicación anterior de la suspensión provisional del proceso por delito de la misma naturaleza;

d) inaplicabilidad de la medida de prisión provisional;

e) ausencia de un grado de culpa elevado; y

f) previsibilidad de que el cumplimiento de las órdenes y reglas de conducta responda suficientemente a las exigencias de prevención que resulten del caso (art. 282.1).

Las órdenes y reglas de conducta que pueden ser impuestas al investigado, conjunta o separadamente son:

a) indemnización al Estado;

b) dar satisfacción moral adecuada a la víctima;

c) entregar al Estado, a instituciones privadas de solidaridad social, asociaciones de utilidad pública o asociaciones para el bienestar animal legalmente constituidas cierta suma o prestar servicios de interés público;

d) residir en determinado lugar;

e) frecuentar ciertos programas o actividades;

f) no ejercer determinadas profesiones;

g) no frecuentar ciertos medios o lugares;

h) no residir en ciertos lugares o regiones;

i) no acompañar, alojar o recibir ciertas personas;

j) no frecuentar ciertas asociaciones o participar en determinadas reuniones;

k) no tener en su poder determinados animales, cosas u objetos capaces de facilitar otros delitos;

l) cualquier otro comportamiento especialmente exigido por las circunstancias (art. 282.2).

Si la pena imponible al delito investigado conlleva la accesoria de prohibición de conducir vehículos a motor, se debe imponer tal prohibición (art. 282.4).

Quedan prohibidas las órdenes y reglas de conducta que puedan ofender la dignidad del investigado (art. 282.5)

Cuando se trata de delitos de corrupción, de recibimiento u oferta de ventajas indebidas o económico-financieros, puede exigirse a la persona colectiva o equiparada investigada la de adoptar o implantar o modificar un *programa de cumplimiento* normativo, con vigilancia judicial, adecuado para prevenir la comisión de los referidos delitos (art. 281.3).

Además, a las personas colectivas o equiparadas se les puede imponer las órdenes y reglas de conductas establecidas en las letras a), b), c), k) y l), así como la obligación de adoptar o implementar un *plan de cumplimiento normativo* con medidas de control y vigilancia idóneas para prevenir delitos de la misma naturaleza o para disminuir significativamente el riesgo de su comisión (art. 261.11).

En el caso de delitos de violencia doméstica no agravados por el resultado, el archivo se condiciona al consentimiento libre e informado de la víctima, así como del investigado si se verifica el cumplimiento de los requisitos de las letras b) y c) del apartado primero (art. 281.8).

En el caso de delitos contra la libertad y autodeterminación sexual de un menor no agravado por el resultado, el archivo se acuerda, tomando en consideración los intereses del menor, con el consentimiento del investigado, si se verifica el cumplimiento de los requisitos de las letras b) y c) del apartado primero (art. 281.9).

En el caso del art. 203 del Código Penal, no se requiere el consentimiento del abogado cuando la conducta sucede en un establecimiento comercial, durante el periodo de apertura al público, en supuesto de sustracción de cosas de valor diminuto si se produce la su recuperación inmediata, salvo que sea cometida por dos o más personas (art. 281.10).

Para el cumplimiento de las medidas impuestas, el Ministerio Público y el Juez de Instrucción pueden recabar el auxilio de los servicios de reinserción social, de la policía criminal y de las autoridades administrativas (art. 281.6).

Las decisiones de suspensión no son susceptibles de impugnación (art. 281. 7).

La duración de la suspensión puede ascender a dos años o, en los casos de delitos de violencia doméstica o contra la libertad o autodeterminación sexual de un menor, a cinco. Mientras tanto no corre el plazo de prescripción del delito. El proceso puede ser reabierto si durante el plazo de suspensión el investigado incumple las órdenes o reglas de conducta, las cuales no pueden ser reiteradas, o comete un delito de la misma naturaleza por el que sea condenado (art. 282).

Capítulo 6

La regulación del principio de oportunidad en España

I. LEGE LATA

A) EL PRINCIPIO DE OPORTUNIDAD EN LA JUSTICIA PENAL DE MENORES

La introducción del principio de oportunidad en el proceso penal de menores se inspiró en los textos internacionales que regulan las medidas alternativas al proceso penal aplicables a los menores infractores. Entre ellos destacan las Reglas de Beijing, adoptadas por la Asamblea General de las Naciones Unidas en su Resolución 40/33 de 28 de noviembre de 1985, las cuales establecen las instrucciones mínimas para la administración de la justicia de menores, con la finalidad de garantizar el bienestar del menor[590].

---

590 En dicho texto se insta la aplicación del principio de oportunidad siempre que se den determinados requisitos. Así, la Regla 6 establece que, "*habida cuenta de las diversas necesidades especiales de los menores, así como de la diversidad de medidas disponibles, se facultará un margen suficiente para el ejercicio de facultades discrecionales em las diferentes etapas de los juicios y en los distintos niveles de la administración de justicia de menores, incluidos los de investigación, procesamiento, sentencia y de las medidas complementarias de las decisiones*" (apartado 1). Para ello habrá de garantizarse la debida competencia de los responsables de la aplicación de las medidas discrecionales (ap. 2), los cuales de-

Por su parte, la Convención sobre los Derechos del Niño, adoptada y abierta a la firma y ratificación por la Asamblea General de Naciones Unidas en su resolución 44/25, de 20 de noviembre de 1989, dispone en su art. 40.3, apartado b) que, cuando sea adecuado, los Estados Parte adoptarán las medidas necesarias para intentar evitar que los niños que han infringido la ley penal acudan a procedimientos judiciales, siempre que se respeten los derechos humanos y las garantías legales[591].

Asimismo, el Comité de Ministros del Consejo de Europa, en su Recomendación 20/1987[592], propone a los Gobiernos de los Estados Miembros que apuesten, siempre que ello sea posible, por la desjudicialización y la mediación en los procesos penales de menores.

En España, la justicia juvenil ha experimentado desde el último decenio del siglo pasado un profundo proceso de transformación. El cambio comenzó con la modificación de la Ley de Tribunales Tutelares de Menores (Decreto de 11 de junio de 1948, por el que se aprueba el texto refundido de la Legislación sobre Tribunales Tutelares de Menores), la cual propugnaba un modelo de justicia juvenil que pretendía "*corregir*

---

berán encontrarse capacitados para actuar "*juiciosamente*" (ap. 3). Además, conforme a la Regla 11.2, la policía, el fiscal y otros organismos deberían poder resolver los casos de forma discrecional, sin la celebración de vista, "*con arreglo a los criterios establecidos al efecto en los respectivos sistemas jurídicos y también en armonía con los principios contenidos en las presentes reglas*". "*Para facilitar la tramitación discrecional de los casos de menores* -establece la Regla 11.4-, *se procurará facilitar a la comunidad programas de supervisión y orientación temporales, restitución y compensación a las víctimas*". http://www.cidh.org/ninez/pdf%20files/Reglas%20de%20Beijing.pdf.

591 https://www.un.org/es/events/childrenday/pdf/derechos.pdf.

592 Adoptada el 17 de septiembre de 1987, *sobre reacciones sociales ante la delincuencia juvenil*.

y proteger"[593] a los menores infractores. La finalidad del denominado modelo tutelar no era la de reeducar a los menores que habían cometido actos ilícitos, sino la de protegerlos hasta la mayoría de edad desde una perspectiva paternalista y nada resocializadora[594]. En su lugar, la LO 4/1992, de 5 de junio, sobre la reforma de la ley reguladora de la competencia y el procedimiento de Juzgados de Menores, estableció un modelo mucho más flexible, que ayudaba a determinar cuáles son las medidas más adecuadas que se debían imponer a los menores infractores, con base en el interés superior del menor. Concretamente, su art. Segundo.Dos .1.6ª.2º introdujo por primera vez, en España, la posibilidad de archivo por motivo de oportunidad, mediante la reforma del art. 15 de la LTTM:

> *"Atendiendo a la poca gravedad de los hechos, a las condiciones o circunstancias del menor, a que no se hubiese empleado violencia o intimidación, o que el menor haya reparado o se comprometa a reparar el daño causado a la víctima, el Juez, a propuesta del Fiscal, podrá dar por concluida la tramitación de todas las actuaciones".*

Dicho *interés superior del menor* resulta indiscutido como guía rectora o pieza angular del proceso penal del menor[595], si bien

593 Art. 15 de la Ley de Tribunales Tutelares de Menores, declarado inconstitucional por la STC 37/1991, de 14 de febrero.

594 CUETO SANTA EUGENIA, ELISABET, "El principio de oportunidad como garante del interés superior del menor en la justicia juvenil", en VVAA, "*Derecho Procesal, Retos y Transformaciones*", *Ed.* Atelier Libros Jurídicos, Barcelona, 2021, p. 691.

595 *Vide* FUSTERA BERNARD, AMALIA, "El proceso penal del menor como tendencia de la nueva política criminal. Justicia restaurativa y psicología jurídica en niños infractores", en "*Principio de oportunidad: Sociedad civil, empresa, doctrina y jurisprudencia*", *cit.* (ebook).

se echa en falta, como acertadamente señala Santiago Javier Granado Pachón, un mayor desarrollo doctrinal del mismo[596].

Actualmente, el proceso penal de menores se regula en la LO 5/2000, de 12 de enero, sobre la responsabilidad penal del menor, modificada por la LO 8/2006, de 4 de diciembre. En concreto, en sus artículos 18, 19, 27 y 51, se prevén los motivos de sobreseimiento por razón de oportunidad, cuyo fundamento se encuentra en el interés superior del menor y en el principio de intervención mínima[597].

En efecto, el principio de oportunidad se encuentra íntimamente ligado al interés superior del menor, que impone una orientación reeducativa a la justicia juvenil, una especial protección del derecho a la intimidad, mediante la restricción de la publicidad en el procedimiento, la adaptación del proceso para una mejor comprensión por parte del menor y la especialización de los profesionales que intervienen en la causa[598].

Por su parte, el principio de intervención mínima o *de ultima ratio* consiste en la configuración del Derecho penal como última opción para resolver el conflicto y, específicamente, en el proceso penal de menores se manifiesta en el intento de desjudicialización de cualquier intervención que se realice con ellos, sobre la base del cumplimiento de unos criterios que a continuación se expondrán[599].

---

596 "La oportunidad en "*Principio de oportunidad: Sociedad civil, empresa, doctrina y jurisprudencia*", *cit.* (ebook) política frente al interés superior del menor", en "*Principio de oportunidad y transformación del proceso penal*", *cit.* (ebook)

597 *Vide* FRANCÉS LECUMBERRI, P., "El principio de oportunidad y la justicia restaurativa", *Revista para el análisis del derecho*, Barcelona, 2012. *Vide* www.indret.com, pp.5 y ss.

598 CUETO SANTA EUGENIA, ELISABET, *"El principio…", cit.* p. 695.

599 GARCÍA INGELMO, FRANCISCO, "Ejercicio del principio de oportunidad en la jurisdicción de menores. Supuestos legales. Cuestio-

Sin embargo, no se debe olvidar la posición de la víctima en la justicia de menores, ya que una de las alternativas para aplicar el principio de oportunidad -si existe desistimiento inicial de la Fiscalía- es la conciliación entre el menor y la víctima, como se verá seguidamente[600].

Con base en los referidos principios, el proceso de menores puede no comenzar o finalizar sin enjuiciamiento, siempre que se cumplan determinados requisitos, atendiendo en todo caso a las circunstancias individuales del menor infractor.

Conforme al art. 18 de la LORPM, el fiscal podrá desistir la iniciación del expediente por corrección en el ámbito educativo y familiar cuando se trate de delitos menos graves, sin violencia o intimidación, o delitos leves. En tal caso, se da traslado del expediente a la entidad pública de protección de menores, para la aplicación de lo previsto en el art. 3 de la Ley: valoración de la situación y promoción de las medidas de protección adecuadas. Además, el desistimiento acordado ha de ser comunicado a los ofendidos o perjudicados por el delito que fueren conocidos, si bien su consentimiento no es necesario.

El desistimiento requiere que conste que el menor no ha cometido hechos de la misma naturaleza anteriormente, en

---

nes prácticas y directrices de la FGE. Ponencia impartida en el Seminario de especialización en menores. Responsabilidad penal y protección. Novedades legislativas, realizado en Madrid del 29 al 31 de marzo de 2017", *Centro de Estudios Jurídicos,* p. 3. *Vide,* https://www.fiscal.es/documents/20142/100049/Ponencia++Garc%C3%ADa+Ingelmo%2C+Francisco+M.pdf/8f479777-bcea-c436-8feb-d5dfd71c07d8.

600 El art. 25 LORPM establece que podrán personarse como acusaciones particulares los ofendidos por el delito, sus padres, sus herederos o sus representantes legales, si fuesen menores de edad o incapaces. Además, recoge los derechos que asisten a la víctima a lo largo del proceso.

cuyo caso el expediente habrá de ser incoado, sin perjuicio del posible sobreseimiento por razón de oportunidad si se dan las condiciones para ello. Algunos autores consideran que la referencia normativa a la realización de hechos de la misma naturaleza no equivale a la situación de reincidencia prevista por el artículo 22.8 del CP, pues en el proceso penal de menores no se requeriría la existencia de una sentencia condenatoria previa, sino el mero conocimiento de que el menor habría cometido ya un hecho delictivo[601]. Pero tal interpretación resulta contraria al derecho de la presunción de inocencia, que impide a los órganos del Estado tratar como culpable a quien no ha sido condenado en sentencia firme. A lo sumo podría admitirse que la constancia de comisión delictiva pudiera derivarse, además de una condena previa, del reconocimiento del hecho efectuado por el menor en expedientes anteriores que finalizaran por razón de oportunidad[602], para lo cual los archivos de las distintas Fiscalías Provinciales deberían estar interconectados[603].

Por su parte, la Circular 9/2011 de la Fiscalía General del Estado, sobre los criterios de actuación de los fiscales en el pro-

---

601 POZUELO PÉREZ, LAURA, "Art. 18", "*Comentarios a la ley reguladora de la responsabilidad penal de los menores*" (VVAA), Thomson Civitas, Navarra, 2008, p. 270 y ss; DÍAZ RODRÍGUEZ, BERNARDINO, "El principio de oportunidad respecto de los delitos cometidos por menores", en "*Principio de oportunidad y transformación del proceso penal*", *cit.* (ebook).

602 Así opina LLANES DEL BARRIO, MARÍA JOSÉ, "El principio de oportunidad en la jurisdicción de menores y en el enjuiciamiento por delitos leves", en "*Principio de oportunidad: Sociedad civil, empresa, doctrina y jurisprudencia*", *cit.* (ebook).

603 *Vide*, sobre la falta de interconexión, CEREZO CANO, SEBASTIÁN, "El principio de oportunidad y sus manifestaciones en el proceso penal de menores", en "*Principio de oportunidad: Sociedad civil, empresa, doctrina y jurisprudencia*", *cit.* (ebook).

ceso penal de menores, establece que, para que se aplique el principio de oportunidad por desistimiento del fiscal, el hecho debe responder a un acto aislado del menor, que no permita vislumbrar que la posibilidad de que el menor vuelva a cometer hechos ilícitos de la misma naturaleza o más graves. En principio, manifiesta la Circular, el desistimiento sólo se encuentra destinado para delincuentes primarios. Además, es necesario que los criterios específicos sobre la unidad de actuación de las Fiscalías se establezcan en las Juntas de Sección, atendiendo a la criminalidad de cada territorio[604].

Pese al desistimiento, se ha defendido la conveniencia de tomar declaración al menor investigado en Fiscalía, para evitar la percepción de impunidad[605].

El efecto del desistimiento es el archivo del expediente, que no impide su reapertura posterior, si surgen nuevos datos que justifican la revisión de la decisión[606].

El sobreseimiento por razón de oportunidad depende de la conciliación o reparación entre el menor y la víctima o del cumplimiento de la actividad educativa propuesta por el equipo técnico en su informe, si el delito es menor grave o leve y se insta por la Fiscalía, "*atendiendo a la gravedad y circunstancias de los hechos y del menor, de modo particular a la falta de violencia o intimidación graves en la comisión de los hechos*" (art. 19.1 de la LORPM). Por violencia grave debe entenderse la cometida so-

---

604 Circular 9/2011, pp. 31 y ss.

605 BUENDÍA RUBIO, MARÍA DEL CARMEN, "El principio de oportunidad en la legislación de menores", en "*Principio de oportunidad: Sociedad civil, empresa, doctrina y jurisprudencia*", *cit.* (ebook).

606 BERNABÉU VERGARA, JOSÉ MARÍA, "El principio de oportunidad y responsabilidad penal del menor", en "*Principio de oportunidad y transformación del proceso penal*", *cit.* (ebook).

bre las personas, al ser la dirigida contra cosas susceptible de reparación, en opinión de Esther Pillado García[607].

La conciliación se entiende producida si el menor reconoce el daño causado y se disculpa ante la víctima y ésta acepta las disculpas. Se entiende por reparación el compromiso asumido con la víctima o el perjudicado de reparación del daño ocasionado, o de realización de determinadas acciones en beneficio de aquellos o de la comunidad, seguido de su realización efectiva, sin perjuicio del acuerdo que se haya alcanzado sobre la responsabilidad civil (art. 19.2.1º de la LORPM).

Más adelante, el art. 27 de la LORPM prevé que el equipo técnico, a petición del fiscal, elabore un informe, o actualice los existentes, sobre la situación familiar, psicológica y educativa del menor o cualquier otra circunstancia relevante para imponer cualquiera de las medidas previstas en la ley. Específicamente, en su apartado 4, el precepto dispone que el equipo técnico podrá proponer sobre la conveniencia de finalizar el expediente en aras a proteger el interés del menor, por entenderse que, con los trámites realizados, se ha visto expresado suficientemente el reproche al menor infractor o por considerar inadecuada para el interés del menor cualquier intervención, dado el tiempo transcurrido desde la comisión de los hechos. En ese caso, y siempre que se cumplan los requisitos del art. 19.1, el fiscal podrá remitir el referido informe al juez con la propuesta de sobreseimiento (art. 27). En cuanto a la elaboración del referido informe, la Fiscalía podría dirigir las indicaciones pertinentes al equipo técnico sobre su profundidad y extensión, atendiendo siempre a las circunstancias especiales del proceso penal de menores, a la gravedad de los hechos

---

607 "El principio de oportunidad en supuestos de violencia de genero ejercida por menores de edad", "*Postmodernidad y proceso europeo…*", *cit.*, (ebook) p. 387.

objeto de enjuiciamiento y a las medidas que se pretendan imponer[608].

En opinión de Pilar Martín Ríos, tanto la conciliación como la reparación requieren que el menor infractor y la victima lleguen a una solución autocompositiva, en la que se condiciona la finalización del proceso a un acuerdo entre las partes. A través de la conciliación la víctima recibiría una satisfacción psicológica, propia del perdón. En la reparación, además, se exigiría que el menor cumpla con el compromiso de subsanar el daño causado, por ejemplo, realizando trabajos en beneficio de la comunidad o de la propia víctima, sin perjuicio del acuerdo al que hayan llegado las partes sobre la responsabilidad civil[609].

El equipo técnico será el encargado de realizar las labores de mediación entre el menor y la víctima o el perjudicado por el delito y habrá de informar a la Fiscalía sobre los compromisos adquiridos y su grado de cumplimiento (art. 19.3).

Por su parte, el art. 19.4 dispone que, una vez que se ha realizado la conciliación o reparación, si no pudieran ser efectivas por casusas distintas a la voluntad del menor, el fiscal concluirá la instrucción y solicitará el sobreseimiento de la causa contra el menor infractor. Por el contrario, si el menor no cumple con la reparación o la actividad educativa acordada se continuará con la tramitación del expediente (art. 19.5). Al igual que en la conformidad en la justicia de adultos, el órgano judicial ha de controlar la prestación del libre consentimiento para el acuerdo[610].

En relación con la condición de la aceptación de la conciliación o reparación por parte de la víctima, Ágata Sanz Hermida

---

608 Circular 9/2011, p. 35.

609 MARTÍN RÍOS, PILAR, *"Victima y Justicia Penal"*, Atelier Libros Jurídicos, Barcelona, 2012, pp. 424 y ss.

610 BERNABÉU VERGARA, JOSÉ MARÍA, *op. et loc. cit.*

considera que sería excesivo entender que, si la víctima del delito no aceptase las disculpas, no se produciría efectivamente la conciliación, pues se dejaría en manos de la misma la decisión sobre el sobreseimiento, lo que sería contradictorio con la norma -art. 19.4- en el punto concerniente a la irrelevancia de los factores ajenos a la voluntad del menor[611]. Pero la solución entendemos que se encuentra en la posibilidad de que, en tal caso, el sobreseimiento por motivo de oportunidad se ampare en la causa legal de satisfacción de las medidas educativas que sean impuestas que el art. 19.1 contempla[612].

En el caso de los delitos previstos en los Capítulos I y II del Título VIII del CP (agresiones sexuales) o relacionados con la violencia de género, se impone la medida necesaria sin la interlocución entre la víctima y el menor. No cabrá así negociación directa entre ambos, lo cual es consecuente con lo dispuesto en el art. 87.ter. 5 de la LOPJ, el cual prohíbe la mediación en delitos de violencia sobre la mujer. Ahora bien, conforme al art. 19.2 de la LORPM, la manifestación de la voluntad de la víctima sobre la aceptación de la medida tiene el efecto de la conciliación, siempre que la víctima lo requiera expresamente y se cumplan por el menor medidas accesorias de educación sexual y de educación para la igualdad[613].

---

611 SANZ HERMIDA, ÁGATA, "*El nuevo proceso penal del menor*", Ediciones de la Universidad de Castilla-La Mancha, Colección monografías, Cuenca, 2002, p. 225; "La responsabilidad penal de los menores en Derecho Español", *Reveu internationale de Droit pénal,* 2004, Vol. 75, pp. 301 a 303; y "La mediación en la justicia de menores", en "*Mediación un método de ? conflictos. Estudio interdisciplinar*", Nicolás González-Cuéllar Serrano, dir, Ed. Colex, Madrid, 2010, pp. 155 y ss.

612 Así lo entiende PILLADO GONZÁLEZ, ESTHER, *op. cit.*, p. 389.

613 *Vide* DÍEZ RIAZA, SARA, "Mecanismos alternativos al ejercicio del ius puniendi y la desjudicialización de la intervención con los menores infractores" en "*Postmodernidad y proceso europeo...*", *cit.*, pp. 211 y ss.

La Circular de la Fiscalía 9/2011 afirma que, antes de finalizar el expediente con base en la conciliación y/o reparación, se deben atender a las circunstancias del caso concreto y recuerda que se trata de una *"respuesta puntual a infracciones puntuales"* y no sería conveniente aplicar el criterio de oportunidad previsto en el art. 19 si, por las circunstancias del menor, se necesitasen otras medidas de intervención[614].

Dada la posibilidad de la víctima y de los perjudicados de mostrarse parte de la causa en ejercicio de la acusación particular (art. 4.3° de la LOPRPM), podrán oponerse a las solicitudes de sobreseimiento de la Fiscalía e impugnar los autos de sobreseimiento dictados por el Juzgado si se encuentran en desacuerdo con su contenido, no así el desistimiento de incoación de expediente de la Fiscalía, que debe ser notificado a las víctimas y a los perjudicados, con advertencia de su derecho a ejercitar las acciones civiles en el orden jurisdiccional civil (art. 4.5° de la LOPRPM).

Finalmente, el principio de oportunidad se manifiesta en el proceso penal de menores también en la sustitución de medidas, recogida en el art. 51 de la LORPM. En la fase de ejecución de medidas, el Juez de Menores podrá dejarlas sin efecto o sustituirlas por otras más convenientes de entre las legalmente previstas, siempre que la nueva medida se pudiera haber acordado inicialmente en relación con el ilícito cometido.

Además, la medida impuesta podrá dejarse sin efecto si se produce la conciliación y/o reparación entre el menor y la víctima o perjudicado por el delito, por decisión del Juez de Menores, a instancia de la Fiscalía o del letrado del menor, oídos el equipo técnico y la representación de la entidad pública de protección o reforma de menores, cuando juzgue que dicho acto y el tiempo de duración de la medida ya cumplido expre-

---

614 Circular 9/2011, p. 33.

san suficientemente el reproche de los hechos cometidos por el menor (art. 51.3 de la LRPM). Como la ejecución de medidas presupone la finalización del procedimiento, la finalidad de la oportunidad de evitar los efectos estigmatizantes de la causa se ve mermada con esta posibilidad[615].

B) EL PRINCIPIO DE OPORTUNIDAD EN LA JUSTICIA PENAL DE ADULTOS

1. El principio general de obligatoriedad para la fiscalía del ejercicio de la acción penal

Nuestra LECrim establece, en su art. 105, la obligación de los funcionarios del Ministerio Fiscal "*de ejercitar, con arreglo a las disposiciones de la Ley, todas las acciones penales que consideren procedentes, haya o no acusador particular en las causas, menos aquellas que el Código Penal reserva exclusivamente a la querella privada*". La Circular de la Fiscalía del Tribunal Supremo de 2 de diciembre de 1884 dejó tempranamente claro que "*lo que para los ciudadanos es un derecho, es un deber ineludible para el Ministerio Fiscal*".

Dicho precepto permanece vigente en nuestro ordenamiento, en el cual no se contempla la inacción de la Fiscalía ante la sospecha de un hecho que presente caracteres de delito y sea perseguible, ni siquiera en los casos en los que se autoriza el sobreseimiento de la causa por motivo de oportunidad, con las únicas excepciones que se establecen en relación con los siguientes delitos:

i. amenazas condicionales del art. 171.3 del CP; y

---

615 GARCÍA INGELMO, FRANCISCO, "Ejercicio...", *cit.* p. 8.

ii. agresión sexual o acoso sexual, cuando la víctima no presenta denuncia o querella, supuesto en el cual se atribuye discrecionalidad al Ministerio Público para instar la persecución penal "*ponderando los legítimos intereses en presencia*" (art. 190.1 del CP).

Al margen de las excepciones señaladas, que posteriormente veremos, en España el Ministerio Publico tiene la obligación de ejercitar la acción penal ante la existencia de indicios suficientes de un delito perseguible conforme a la ley, incluidos los asuntos en lo que la Fiscalía Europea asuma la competencia, conforme al Reglamento (UE) 2017/1939 del Consejo, de 12 de octubre de 2017, por el que se establece una cooperación reforzada para la creación de una Fiscalía Europea, pues dicha institución de la Unión no puede excluir la persecución penal por motivos de oportunidad, aunque sí ejercitar la acción penal en procedimientos simplificados basados en el consenso, de conformidad con el Derecho interno del Estado en que se ejerza la jurisdicción sobre el asunto (Expositivos 66, 81 y 82 y arts. 34, 35, 39 y 40 del Reglamento).

Enrique Aguilera de Paz ponía de manifiesto la cultura retribucionista a la que responde la redacción del art. 105 de la LECrim, al manifestar en sus "*Comentarios a La Ley de Enjuiciamiento Criminal*" que "*ese deber en que se halla el Ministerio público de ejercitar la acción penal o la acusación forzosa, como algunos impropiamente la denominan, es consecuencia no sólo de la necesidad de que no queden impunes los actos punibles por falta de acusador, sino muy principalmente del fin propio de la pena y del peculiar carácter de la misma, pues radicando en el Estado el derecho, y más aún la obligación, de perseguir el delito por corresponder al mismo el mantenimiento del orden jurídico por virtud de la misión tutelar que las leyes le confieren, no podría ser cumplida ésta sin una institución especialmente encargada de la satisfacción de dicha necesidad, que en representación del poder público y del interés social lesionado por la comisión del delito tuviera a su cargo el promover el restablecimiento del derecho por tal motivo perturbado*"[616].

Por su parte, Emilio Gómez Orbaneja expresa el punto de vista que puede denominarse *tradicional* en España, al considerar el principio de legalidad como "*el único adecuado a la naturaleza del derecho represivo*". A su juicio, con el principio de oportunidad, el Derecho penal "*quedará mediatizado por consideraciones y reservas que no son las suyas propias*"[617].

Vicente Gimeno Sendra no sólo se encuentra entre los pioneros en la defensa en la instauración del principio de oportunidad, sino que, además, defiende una interpretación distinta del art. 105 de la LECrim, acorde con su consideración del principio de oportunidad como exigencia del art. 124 de la CE, que ya tuvimos ocasión de indicar en el capítulo cuarto: "*el art. 105* -señala el citado autor- *no obliga al Ministerio Fiscal al ejercicio de todas las acciones penales que surjan de la comisión de un delito público, sino <<todas las acciones penales que considere procedentes>>, con lo que el precepto autoriza -eso sí, siempre y cuando lo exijan los intereses protegidos por el art. 124.1 CE (…)- que el Ministerio Fiscal pueda manifestar su acuerdo a una conformidad, instar un sobreseimiento o retirar una acusación. Lo que no puede, a diferencia de* l´enquete preliminaire>> *francesa,* -añade- *es archivar una denuncia por razones de oportunidad, ante él interpuesta (…)*", opinión que fundamenta en que el archivo de la denuncia solo es admisible por razón de falta de tipicidad del hecho[618].

Tal reinterpretación del art. 105 de la LECrim. efectuada por Vicente Gimeno Sendra, no es generalmente seguida y ca-

---

616 T. I, Hijos de Reus, Editores, Madrid, 1912, pp. 493 y 494.

617 "*Derecho procesal penal*", Madrid, 1987, p. 97

618 "Artículo 105", en GIMENO SENDRA, VICENTE/PUMPIDO TOURÓN, CÁNDIDO/ GARBERÍ LLOBREGAT, JOSÉ, "*Los procesos penales*", *cit.*, p. 85.

rece de repercusión práctica, debido al contexto cultural en la que se inserta, fuertemente imbuido en la idea de la necesidad de persecución penal como complemento del principio de oficialidad. En Francia, con la base textual que proporciona el art. 40 del Código Procesal Penal, se considera que la discrecionalidad del Ministerio Público en el ejercicio de la acción penal, mediante la que puede archivar la causa por motivo de oportunidad (*classement sans suite*), es consustancial a su misión:

> *"El fiscal de la República recibe las denuncias y aprecia el destino que ha de darse a las mismas. Comunica al denunciante el archivo del asunto así como a la víctima cuando está identificada"*[619].

Que el fiscal "*considere procedente*" la acción -como se establece en España- o "*aprecie el destino*" de la denuncia -como se dispone en Francia- remite a una decisión que, literalmente, no se diferencia en su significado, que en ambos casos puede considerarse atributivo de discrecionalidad, aunque en España no se haya entendido así.

2. La discrecionalidad de la Fiscalía para la acusación por delito de amenazas condicionales

El art. 171.3 del CP permite al Ministerio Fiscal prescindir de la acusación por delito de amenazas condicionales, cuando la cantidad o recompensa se solicite como contraprestación a la revelación o denuncia de la comisión de un hecho delictivo, con el fin de facilitar el castigo del chantaje, que se vería obstaculizado por el temor del ofendido a su sanción por el hecho

---

619 *Vide* Asociaciation de recherches pénales européenes (ARPE), "*Procesos penales de Europa (Alemania, Inglaterra y País de Gales, Bélgica, Francia, Italia)*", bajo la dirección de Mireille Delmas -Marty, Trad. Pablo Morenilla Allard, Edijus, Madrid, 2000, p. 328.

punible cometido[620]. Como límite se establece una gravedad del delito cuyo descubrimiento es objeto de la amenaza que no supere una pena de dos años de prisión. En caso de excederse dicho limite penológico, el Ministerio Fiscal no podrá dispensar de la acusación, pero el tribunal podrá imponer la pena inferior en uno o dos grados a la que corresponda.

Como señalan Javier Vecina Cifuentes y Tomas Vicente Ballesteros, el precepto no supone un límite a la obligación de ejercicio de la acción, sino que se limita a posibilitar la omisión de la acusación por el Ministerio Fiscal, la cual se planteara en la fase intermedia, previa realización de la instrucción[621].

No siempre la ausencia de la acusación por la Fiscalía determinará el sobreseimiento de la causa, pues el precepto no impide que el enjuiciamiento pueda producirse a instancia de otra parte acusadora que se haya constituido en parte[622].

La adopción de la decisión por la Fiscalía se habrá de guiar por el principio de proporcionalidad[623], lo que exigirá el contrapeso del interés de persecución penal del delito de amenazas, por un lado, y del delito con cuya exposición a la luz se amenaza, por el otro. Ello implica tomar en consideración

---

620 *Vide* HORMIGA FRANCO, PINO ESTHER, "Principio de oportunidad. Amenazas del artículo 171.3 del Código Penal", en "*Principio de oportunidad: Sociedad civil, empresa, doctrina y jurisprudencia*", *cit.* (ebook).

621 *Op. cit.*, p. 321

622 HORMIGA FRANCO, PINO ESTHER, *op. et loc cit.*

623 Así lo entiende también TODOLÍ GÓMEZ, ARTURO, "Reflexiones...", cit., nota 7, "*La potestad de acusar del Ministerio Fiscal en el proceso penal español: naturaleza, posibilidades de su ejercicio discrecional, alcance de sus diferentes controles y propuestas de mejora del sistema*". Tesis Doctoral, pp. 327 y 328, nota 335. https://www.researchgate.net/publication/292735596_Principio_de_legalidad_vs_principio_de_oportunidad_una_ponderacion_necesaria.

la gravedad de la pena, pero no sólo, pues también podrá ser relevante la *importancia de la causa*, de la cual ya nos hemos ocupado en el capítulo cuarto[624].

3. La discrecionalidad de la Fiscalía para la persecución de los delitos de acoso sexual o agresión sexual

Como también se ha adelantado, el art. 190.1 del CP otorga a la Fiscalía discrecionalidad para ejercitar la acción penal frente a delitos de acoso sexual y agresión sexual cuya persecución no sea instada por las víctimas, cuando no se trate de menores, personas con discapacidad necesitada de especial protección o desvalida, puesto que en estos últimos casos el último inciso del precepto suprime el carácter semipúblico a los referidos delitos y les otorga el tratamiento general de los delitos perseguibles de oficio, al establecer que para proceder por los mencionados delitos "*bastará la denuncia del Ministerio Fiscal*".

Cuando se trata de víctimas adultas, sin discapacidad y no desvalidas, se otorga al Ministerio Fiscal el poder de decidir sobre la persecución del delito en atención a los intereses concurrentes. ¿Qué intereses? Por un lado, obviamente el de persecución penal. Por el otro, el de la víctima, cuya voluntad de no instar la persecución puede devenir irrelevante en atención a las circunstancias del caso concreto. ¿Y el interés del sospechoso? Obviamente, ninguna virtualidad alcanzará, puesto que la cuestión de la procedibilidad en relación con los delitos de los que nos ocupamos no se regula en atención a los intereses del perpetrador, sino de la víctima, con el fin de asegurar que la acción de la justicia se sitúa cuando se quiebra -y no cuando se ejerce- la libertad sexual y para proteger su privacidad.

---

624 C.4.II.B.2.

¿Y qué factores pueden intervenir en el caso concreto para convertir en irrelevante la voluntad de no persecución de la víctima? La norma no los precisa y su identificación individualizada se deja a criterio de la Fiscalía. Sin ninguna duda, cualquier circunstancia que suprima o limite la libertad de la víctima para adoptar su decisión de obviar el delito debe conducir al ejercicio de la acción penal, especialmente si se trata del condicionamiento del libre albedrio de la mujer debido a la imposición sobre ella de violencia machista, en el entorno doméstico, familiar, afectivo o cualquier otro marco de relación social. Como ya tuvimos ocasión de exponer en el capítulo cuarto, el ejercicio de la oportunidad no debe propiciar el mantenimiento de situaciones de dominación sobre la mujer en ningún entorno[625]. Ello, por supuesto, no implica que la mujer sea equiparada a persona desvalida, cuya voluntad deba ser suplantada por la de la Fiscalía, sino que impone un deber de especial consideración de los efectos que sobre la libertad de elección de la mujer proyectan las acciones del -indiciariamente- identificado como acosador o agresor, deber que deriva de la imprescindible utilización de la perspectiva de género en la aplicación del principio de oportunidad por el Ministerio Público.

4. La oportunidad en la persecución de los delitos leves

La reforma del Código Penal efectuada por la LO 1/2015, de 30 de marzo, suprimió las faltas y creó una nueva categoría de delitos, denominados leves, que son los castigados con penas leves (art. 13.3 del CP) y los castigados con pena que, por su extensión, pueda considerarse leve y menos grave (art. 13.4 del CP). Para el enjuiciamiento de tales delitos se estableció un nuevo tipo de proceso penal, regulado sobre la normativa del

---

625 C.4.II.B.1.

antiguo juicio de faltas, con ciertas modificaciones, denominado "*procedimiento para delito leve*" (Libro VI LECrim -arts. 962 a 977)[626]. Dentro de la normativa que disciplina el nuevo proceso para delito leve se encuentra el sobreseimiento por motivo de oportunidad, el cual puede ser acordado cuando concurren simultáneamente dos requisitos establecidos por los arts. 963.1 y 964.2 de la LECrim:

i. muy escasa gravedad del delito, tomando en consideración la naturaleza del hecho, sus circunstancias y las personales del autor;

ii. ausencia de interés público relevante en la persecución, que en los delitos leves patrimoniales se entiende satisfecho si el daño se ha reparado y no existe denuncia.

Como afirma la Secretaría Técnica de la Fiscalía General del Estado, la regulación contenida en el art. 963 de la LECrim resulta poco operativa, al limitarse a supuestos muy escasos[627]. Se trata de una incorporación tímida del principio, que en opi-

---

626 Conforme a la Disposición Adicional Segunda de la L.O. 1/2015, "*la instrucción y el enjuiciamiento de los delitos leves cometidos tras la entrada en vigor de la presente ley se sustanciarán conforme al procedimiento previsto en el libro VI de la presente Ley de Enjuiciamiento Criminal, cuyos preceptos se adaptarán a la presente reforma en todo aquello que sea necesario. Las menciones contenidas en las leyes procesales a las faltas se entenderán referidas a los delitos leves*". Por su parte, la Disposición Adicional Sexta de Ley 41/2015, de 5 de octubre, dispone que los delitos castigados alternativamente con una pena leve y otra pena menos grave se sustanciarán a través del proceso abreviado, de los llamados "juicios rápidos", del procedimiento por aceptación de decreto, sin perjuicio de lo dispuesto para los procesos especiales.

627 "*Propuesta 48ª. Desarrollo del principio de oportunidad. Modificación del art. 963 LECrim e incorporación de un nuevo art. 774 bis LECrim.*". "Propuesta de 60 medidas para el plan desescalada en la Administración de Justicia tras la pandemia de coronavirus COVID-2019" , p. 23.

nión de Vicente Gimeno Sendra debería consolidarse e ir más allá del ámbito de los *delitos bagatela*[628].

A diferencia del régimen establecido en la justicia de menores, en la justicia penal de adultos no se prevé el posible condicionamiento del sobreseimiento por razón de oportunidad al cumplimiento de prestaciones por parte del interesado, lo cual constituye una criticable omisión del legislador[629], de difícil comprensión, pues una vez roto el *tabú de la indisponibilidad de la acción penal* no se entiende cual pueda ser la razón de que la disposición de la misma, siempre que se realice, haya de efectuarse de forma incondicionada, sin posibilidad de acomodación de la respuesta penal frente al delito a la conducta posterior del sujeto. Siendo loable la introducción en nuestro ordenamiento de una institución que permite omitir la persecución penal, con base a las circunstancias del caso, en virtud del criterio de la insignificancia, resulta poco consistente que se reduzca las circunstancias a considerar a las pertenecientes al pasado y no a las que podrían concurrir en el presente -disposición del sujeto a asumir prestaciones en interés de la justicia- con vistas a un futuro en que se elimine, o -al menos- se reduzca, el riesgo de reincidencia y/o se satisfagan las legítimas expectativas de protección y reparación -si no se ha producido ya- de la víctima.

La Circular de la Fiscalía General del Estado 1/2015, de 19 de junio de 2015, sobre pautas para el ejercicio de la acción

---

https://www.fiscal.es/documents/20142/377345/PLAN_DESESCALADA_FGE.pdf/0704ff9e-24f6-500b-f6f1-0ec4962e325e.

628 "*La simplificación de la justicia civil y penal*", Colección de Derecho Penal y Procesal penal, Agencia Estatal Boletín Oficial del estado, Madrid, 2020, p. 39.

629 *Vide* LÓPEZ YAGUES, VERÓNICA, "Principio de oportunidad y enjuiciamiento de los delitos leves", "*Postmodernidad y proceso europeo...*", *cit.*, p. 331.

penal en relación con los delitos leves tras la reforma operada por la LO 1/2015, efectúa interesantes consideraciones interpretativas sobre los requisitos legales de oportunidad.

La *gravedad del delito* coincide, a juicio de la Circular, con la *antijuricidad material* de la conducta, que habría de medirse con un patrón finalista basado en la idoneidad del delito para la tutela de bines jurídicos valiosos, en virtud del cual se podría renunciar al ejercicio de la acción penal en los casos en los que concurra una menor *necesidad de tutela*, dadas las circunstancias.

Como criterios complementarios para medir la necesidad de tutela se incluirían "*el valor relativo del bien jurídico tutelado por la norma*" (mayor cuando el delito afecta a bienes jurídicos de naturaleza personal, como la integridad física y moral, la dignidad y la libertad) y "*la intensidad del daño o riesgo ocasionado*" (superior si el delito se ha consumado y si se ha producido un daño aun no reparado). A continuación, la Fiscalía introduce, como factores a considerar, las circunstancias personales del sujeto, como la edad, antecedentes penales por hechos de semejante naturaleza, ocasionalidad de la conducta, arrepentimiento, o disposición hacía la reparación.

En cuanto al requisito legal de la *ausencia de interés público de persecución penal*, la Circular lo conecta con la *antijuricidad material* del hecho, con el cual reconoce que se solaparía en parte. Introduce, sin embargo, factores externos al hecho delictivo que habrían de ser ponderados en la valoración de la *necesidad de pena*: la frecuencia de hechos de la misma naturaleza o "*la necesidad de brindar a la víctima una protección de sus intereses y un respeto a su voluntad*". Añade la Circular que la reparación del daño no es un requisito absoluto para que pueda acordarse el sobreseimiento por razón de oportunidad. En relación con este último punto Luis Pérez Losa señala que puede resultar suficiente la disposición del perpetrador a la reparación[630].

Las consideraciones interpretativas realizadas por la Fiscalía General del Estado que se han sintetizado constituyen un meritorio esfuerzo por dotar de una sólida base dogmática a la aplicación del principio de oportunidad por los fiscales, aunque el solapamiento entre los requisitos legales al que conduce parte de una equívoca asignación al criterio de la *gravedad del delito* de factores incardinables exclusivamente en la determinación del *interés de persecución penal*, lo cual conlleva el efecto de restringir injustificadamente las posibilidades de aplicación práctica del principio. En opinión de Manuel Marchena Gómez y Nicolás González-Cuéllar Serrano, el bien jurídico protegido no debe tomarse en cuenta en la evaluación de la *gravedad del hecho*, pues lo que se debe ponderar son las circunstancias concurrentes con influencia en la individualización de la pena, mientras que otras circunstancias distintas carecen de relevancia en el análisis de la gravedad y afectan al *interés de persecución penal*[631].

La competencia para adoptar la resolución de sobreseimiento corresponde al Juzgado de Instrucción, a solicitud del Ministerio Fiscal, a quien se le puede solicitar que emita informe al respecto (arts. 963.1 y 963.2). En una desafortunada redacción de la norma, el art. 969.1 permite a la Fiscalía General del Estado dictar instrucciones sobre los casos en los que tales informes no se emitirán, en atención al interés público, cuando la persecución del delito dependa de la denuncia del ofendido o del perjudicado. Como el sobreseimiento por razón de oportunidad queda condicionado a la petición del fiscal, su

---

630 "La reparación del daño en la oportunidad reglada", en "*Principio de oportunidad y transformación del proceso penal*", *cit.* (ebook).

631 MARCHENA GÓMEZ, MANUEL/GONZÁLEZ-CUÉLLAR SERRANO, NICOLÁS., "*La reforma de la Ley de Enjuiciamiento Criminal de 2015*", Ediciones Jurídicas Castillo de Luna, Madrid, 2015, p. 418.

aplicación queda así vedada, sin sentido, en los supuestos de menor relevancia penal[632].

Aunque la redacción de la norma parece atribuir a la solicitud de sobreseimiento de la Fiscalía carácter vinculante, tal interpretación[633] resultaría lesiva del derecho a la tutela judicial efectiva y del principio de exclusividad de la jurisdicción. Según él art. 963.1 de la LECrim, "*recibido el atestado (...), si el juez estima procedente la incoación del juicio, adoptará alguna de las siguientes resoluciones: 1ª acordará el sobreseimiento del procedimiento y el archivo de las diligencias cuando lo solicite el Ministerio Fiscal a la vista de las siguientes circunstancias: (...)*". Realmente, la norma no constriñe el examen de las circunstancias que han de tenerse a la vista a la Fiscalía y su literalidad permite referir el fragmento circunstancial "*a la vista de las siguientes circunstanci*as" a la decisión de sobreseimiento y no sólo a la solicitud. Obviamente, la discrepancia del órgano judicial con el Ministerio Fiscal carecerá de utilidad si no se encuentra personada un actor popular y si no existe víctima personada o que pudiera impugnar la resolución de sobreseimiento, pero sí tendrá efecto útil en caso contrario. Por las razones expuestas en el capítulo cuarto[634], entendemos que la interpretación favorable al control judicial de la aplicación de la oportunidad por la Fiscalía, con el alcance explicado, resulta la constitucionalmente correcta. En este sentido, consideran Javier Vecina Cifuentes y Tomás Vicente Ballester, en relación con las exigencias establecidas por el art. 963.1.!ª de la LECrim que "*en cualquier caso, se requiere que el Ministerio*

---

632 Cfr. MARCHENA GÓMEZ, MANUEL/GONZÁLEZ-CUÉLLAR SERRANO, NICOLÁS, "*La reforma...*", *cit.*, p. 422 a 424.

633 Sostenida por LÓPEZ YAGÜE, VERÓNICA, "Una apuesta...", *cit.*, siguiendo a MORENO CATENA, VICTOR, "*Derecho procesal penal*", Tirant lo Blanch, Valencia, 2019, p. 522.

634 C.4.VI.

Fiscal acredite que estos requisitos se cumplen para que el Juez de Instrucción acuerde el sobreseimiento de la causa"[635].

Finalmente, el auto de sobreseimiento dictado por el Juez de Instrucción tiene la naturaleza de sobreseimiento libre y es recurrible en reforma y apelación por la acción popular o por el ofendido por el delito, el cual puede impugnarlo aunque no se haya mostrado parte de la causa con carácter previo (arts. 636 y 963.1 LECrim)[636].

5. Otras manifestaciones del principio de oportunidad

5.1. El valor de la voluntad de la víctima

Lege lata son observables otras manifestaciones del principio de oportunidad en nuestro Derecho positivo, en instituciones que supeditan la persecución penal a la voluntad de un sujeto cuya emisión impide la exacción de la responsabilidad penal conforme a la ley. Se trata del requisito de la presentación de

---

635 *Vide* VECINA CIFUENTES, JAVIER/VICENTE BALLESTEROS, TOMÁS, *op. cit.*, p. 318.

636 MARCHENA GÓMEZ, MANUEL/GONZÁLEZ-CUÉLLAR SERRANO, NICOLÁS, "*La reforma...*", *cit.*, p. 425; FRIEYRO ELÍCEGUI, SOFÍA, "El sobreseimiento del procedimiento en los juicios por delitos leves al amparo del artículo 963.1.1º de la Ley de Enjuiciamiento Criminal", en "*Principio de oportunidad: Sociedad civil, empresa, doctrina y jurisprudencia*", *cit.* (ebook). Opinión contraria sostienen ARANGUENA FANEGO, CORAL, "El Estatuto de la Víctima", *Cuadernos Digitales de Formación*, CGPJ, 2015, pp. 21 y 22, y BERZOSA RÍOS, MARÍA JESÚS, quien se remite a la posición de la anterior, "Los delitos leves en el Código Penal tras la reforma operada por la LO 1/2015 y su relación con el principio de oportunidad", en "*Principio de oportunidad y transformación del proceso penal*", *cit.*

denuncia o querella para la persecución del hecho punible y del perdón como causa de extinción de la acción penal[637].

En ambos casos -denuncia o querella como condición para la perseguibilidad, en los llamados delitos privados (querella) o semipúblicos (querella necesariamente o denuncia o querella alternativamente, según el delito en cuestión) o perdón como causa de extinción de la acción- el ordenamiento supedita el interés público de persecución penal a la voluntad de las personas indicadas por la norma correspondiente, cuya decisión sobre la formulación de denuncia, interposición de querella o emisión del perdón -según sea el caso- produce un efecto jurídico obstativo de la actuación de la justicia penal, con independencia de sus motivaciones, irrelevantes para el Derecho, y al margen del peso que, en el caso concreto, pueda ostentar el interés público de persecución penal.

Se otorga, así, en los supuestos reseñados, a los particulares un poder jurídico discrecional y absoluto de bloqueo de la justicia penal mediante su inacción o la concesión de su perdón, a través del cual se manifiesta la relatividad de la tutela del interés de persecución penal para ciertas categorías de delito.

No obstante, el condicionamiento de la persecución penal a la voluntad del sujeto pasivo del delito, expresada mediante la presentación de denuncia o querella, que, para determinados delitos se establece, queda atemperado en relación con algunas infracciones penales, sobre las que se atribuye a la Fiscalía poder de actuación de oficio, en atención a criterios legales contenidos en conceptos jurídicos indeterminados que, si bien no pueden confundirse con atribuciones discrecionales, producen un efecto práctico semejante (así, la afección a *intereses generales o una pluralidad de personas* en los delitos de descubri-

---

637 VECINA CIFUENTES, JAVIER/VICENTE BALLESTEROS, TOMÁS, *op. cit.*, pp. 312, 314, 315 y 319.

miento y revelación de secretos -art. 201.2 del CP-, contra el mercado y los consumidores -art. 287.2- y en los delitos societarios -art. 296.1-). Son estándares jurídicos que se insertan en un *requisito de procebilidad* cuya concurrencia el órgano judicial debe controlar, si bien en la práctica no es frecuente que los tribunales en su concreción impongan su criterio frente a la Fiscalía.

El perdón otorgado antes de que sea dictada sentencia se contempla, como causa de extinción de la responsabilidad penal, en el art. 130.1 5º del CP, el cual le otorga el efecto referido para los delitos leves perseguibles a instancia de parte y cuando así se específicamente se prevea en relación con otros delitos. La norma citada añade que, antes de declarar la extinción de la responsabilidad penal, el tribunal habrá de oír a la persona ofendida y excluye el efecto extintivo del perdón de delitos que afecten a bienes eminentemente personales contra menores de edad o personas con discapacidad necesitadas de especial protección.

Supuestos específicos, de perdón concedido de antemano por la reparación del daño y canalizado a través de excusas absolutorias -según opinión mayoritaria[638]-, son los establecido por el Estado para la defraudación tributaria (art. 305.4 del CP), la defraudación de cuotas de la Seguridad Social (art. 307.3), la defraudación de prestaciones de la Seguridad Social (art. 307 ter) y el fraude de subvenciones (art. 308.6), en los que la regularización de la situación -en los dos primeros- o la restitución de la cantidad -en el tercero y cuarto- por el responsable exonera de responsabilidad penal por las defraudaciones y las falsedades instrumentales cometidas cuando se cumplen las condiciones establecidas. Dado que es el mismo Estado que

---

638 *Vide* FERNÁNDEZ BERMEJO, DANIEL, "Análisis normativo de la regularización penal tributaria como excusa absolutoria", *ADPCP*, Vol. LXXIII, 2020, pp. 604 a 609

impone la ley penal el que perdona por anticipado los referidos hechos punibles que se cometen contra su patrimonio, nos encontramos con una voluntad de omisión de la persecución que, al expresarse por el Estado legislador-futura víctima resarcida, encierra y cristaliza la decisión de oportunidad en la norma jurídica. La comparación del mecanismo descrito, con el cual el Estado fomenta el arrepentimiento y el pago del delincuente, con el régimen, simplemente atenuatorio, de la confesión y del resarcimiento del daño en los restantes delitos de defraudación deja en el aire la pregunta sobre la justificación del distinto tratamiento de los supuestos expresados y el interrogante sobre la conveniencia de la extensión del instrumento de la regularización a todos ellos. Dicha extensión podría efectuarse no de forma mimética, sino mediante la conversión de la regularización en un supuesto de posible omisión de la persecución, en aplicación del principio de oportunidad, en los casos en los que no exista un interés de persecución penal que reclame la investigación y el enjuiciamiento del hecho punible. Dicho interés público podría desprenderse de circunstancias de imposible concurrencia en los delitos fiscales y contra la Seguridad Social, como pueden ser la situación de vulnerabilidad en el que haya quedado la víctima, sus dificultades de autoprotección o la pluralidad de afectados.

5.2 La conformidad

5.2.1. El consenso en la justicia penal

Suele aducirse que la institución de la conformidad constituye una manifestación del principio de oportunidad en nuestro ordenamiento[639], no sin que se ponga de relieve la dificultad

---

639 Así, por ejemplo, GIMENO SENDRA, VICENTE, "*Manual de Derecho procesal penal*", Ediciones Jurídicas Castillo de Luna, Madrid, 2018,

p. 570; RODRÍGUEZ GARCÍA, NICOLÁS, "*El consenso en el proceso penal español*", J.M. Bosch Editor, Barcelona, 1997, p. 73;TODOLÍ GÓMEZ, ARTURO, "Reflexiones sobre la aplicación del principio de oportunidad en el proceso penal y su ejercicio por el Ministerio Fiscal", *Noticias Jurídicas*, 1 de octubre de 2008; MARTÍN DELPÓN, "El principio de oportunidad: análisis de derecho comparado", *Anales de la Facultad de Derecho*, 2011, nº 28, p. 187; p. 65; SALAT PAISAL, "Mecanismos sancionatorios alternativos al proceso penal. Una visión desde el derecho inglés", *Dereito* Vol. 25 nº 2 (Xullo-Decembro, 2016), p. 65; VICHIL GIL, MARÍA ÁNGELES, "El principio de oportunidad. Principio de oportunidad política, justicia y social", en "*Principio de oportunidad y transformación del proceso penal", cit.* (ebook); MUÑOZ MAMPMANY, MARÍA JESÚS, "El Ministerio Fiscal y el principio de oportunidad", en "*Principio de oportunidad y transformación del proceso penal", cit.* (ebook); SERRANO PÉRERZ, INMACULADA, "El principio de oportunidad en el proceso penal", en "*Principio de oportunidad y transformación del proceso penal", cit.* (ebook); VIEITEZ LÓPEZ, ÁNGELA, "El principio de oportunidad en los delitos leves", en "*Principio de oportunidad y transformación del proceso penal", cit.* (ebook); FERNÁNDEZ SALGADO, MÓNICA, "Sobreseimiento y principio de oportunidad", en "*Principio de oportunidad y transformación del proceso penal", cit.* (ebook); GÓMEZ PADILLA, "Presente y futuro de los complementos alimenticios en el deporte. El dopaje, consecuencias penales y éticas. Especial consideración del principio de oportunidad", en "*Principio de oportunidad y transformación del proceso penal", cit.* (ebook); ALONSO BENITO, MARÍA ANGELES, "Principio de oportunidad y conformidad", en "*Principio de oportunidad y transformación del proceso penal", cit.* (ebook); JURADO ROMÁN, NURIA, "El principio de oportunidad en la humanización de la justicia", en "*Principio de oportunidad y transformación del proceso penal", cit.* (ebook;); ALONSO FURELOS, JUAN MANUEL, "Notas sobre el principio de oportunidad procesal", "*Principio de oportunidad: Sociedad civil, empresa, doctrina y jurisprudencia*", cit. (ebook); RUIZ BOSCH, SACRAMENTO, "El principio de oportunidad reglada en el proceso penal español como plasmación de los principios de la justicia restaurativa", en "*Principio de oportunidad: Sociedad civil, empresa, doctrina y jurisprudencia*", *cit.* (ebook); RODRÍGUEZ-ARIAS, ANTONIO MATEOS, "Legalidad y oportunidad en la justicia penal:

de tal encaje[640]. Sin embargo, pese a que pueda incardinarse la conformidad en el fenómeno de la denominada *justicia negociada*, la equiparación entre conformidad y oportunidad no resulta acertada con la regulación actual.

En EEUU, donde la Fiscalía tiene discrecionalidad no sólo acerca de si acusar, sino sobre cómo hacerlo, según hemos tenido ocasión de examinar, es posible incardinar el *plea bargaining*, mediante el que se aceptan por los acusados cargos acordados con la Fiscalía, dentro de la discrecionalidad acusatoria. Dicha discrecionalidad permite que se penen hechos delictivos que no han sucedido en lugar de los realmente acaecidos[641], posibilidad que Niceto Alcalá Zamora y Castillo calificó como "*vergonzoso chalaneo, con apariencia de allanamiento y realidades de transacción penal*"[642].

En España, por el contrario, la Fiscalía se encuentra vinculada por el principio de legalidad y de objetividad en la determinación del hecho y la aplicación de la ley y no existe norma jurídica alguna que le permita acusar por un hecho punible que no haya sucedido en la realidad, en virtud de delito que no sea aplicable o para la imposición de una sanción que legalmente no corresponda.

Es verdad que, antes de la reforma del art. 787 LECrim. en 2002 podía discutirse si la conformidad constituía un allanamiento o una confesión, pues ningún precepto reclamaba que se produjera la confesión para que operara la conformidad.

---

perspectivas de futuro". 8 de julio de 2020. https://publicaciones.unex.es/index.php/AFD/article/view/510.

640 VECINA CIFUENTES, JAVIER/VICENTE BALLESTEROS, TOMÁS, *op. cit.*, p. 320.

641 *Vide*, sobre la *charge concesion*, CABEZUDO RODRÍGUEZ, NICOLÁS, "*El Ministerio Público y la justicia negociada…*", *cit.*, pp. 79 y ss.

642 "*Proceso, autocomposición y autodefensa*", Universidad Nacional Autónoma de Méjico, México, 1991, p. 89.

Pero hoy en día la discusión ha quedado superada por el tenor literal del apartado segundo del precepto citado, que presupone, en la conformidad, un reconocimiento del hecho mutuamente aceptado.

Tal hecho podrá ser el contenido en un relato compartido sobre las circunstancias fácticas relevantes sobre las cuales no haya certeza, habida cuenta de que la práctica de la prueba aún no se ha producido cuando se llega a la conformidad, pero no podrá consistir en una narrativa inventada. Así lo demuestra que el art. 406.1° LECrim disponga que la confesión del procesado "*no dispensará al Juez de instrucción de practicar todas las diligencias necesarias a fin de adquirir el convencimiento de la verdad de la confesión y de la existencia del delito*" y que el art. 699 del mismo texto legal ordene la continuación del juicio, no obstante la conformidad del acusado, "*si en el sumario no hubiese sido posible hacer constar la existencia del cuerpo del delito cuando, de haberse éste cometido, no pueda menos de existir aquel*".

En lo que a la calificación jurídica y a la aplicación de la pena concierne, la conformidad puede proyectarse sobre elementos normativos en discusión que ofrezcan problemas complejos de interpretación jurídica, pero no cubre ni juicios de subsunción erróneos, ni menos aún desviados, ni sanciones que no se correspondan con el marco legal. Si así sucediera, el órgano judicial habría de ordenar la continuación de la causa: "*si a partir de la descripción de los hechos aceptada por todas las partes el Juez o Tribunal entendiere que la calificación aceptada es correcta y que la pena es procedente según dicha calificación, dictará sentencia de conformidad*" (art. 787.2 de la LECrim).

En un Estado de Derecho una comprensión consensual de la justicia penal puede servir para vencer la incertidumbre sobre los hechos o las dudas sobre la interpretación y la aplicación de la ley conforme a los métodos admitidos por la comunidad jurídica. Mientras el consenso se entienda como herramienta para alcanzar la verdad (entendida como juicio de correspondencia entre lo sucedido en la realidad y las narrativas de las partes) y/o mecanismo para la solución de las dudas sobre la interpretación y la aplicación de la ley, la justicia penal seguirá anclada al principio de legalidad como garantía esencial para la fundamentación democrática del poder de coerción estatal y la seguridad jurídica. Pero si el consenso permite la alteración voluntarista de la verdad y/o el establecimiento de un Derecho distinto del vigente por decisión compartida entre las partes, se convierte en mentira y/o sustitución de las reglas jurídicas por otras distintas y sobre la mentira y/o la trampa no puede asentarse el cumplimento de la ley.

En definitiva, mediante la conformidad, tal y como se encuentra configurada en España, acusación y defensa pueden vencer conjuntamente las dificultades fácticas y jurídicas que presente el asunto mediante el consenso, el cual, entendido como criterio de verdad de carácter complementario a la indagación y comprobación de las circunstancias conforme a la recta razón es, no sólo admisible, sino sumamente conveniente en aras al logro de agilidad, ahorro de medios y satisfacción de las partes en la justicia penal. Pero el consenso no permite en nuestro sistema construir mentiras, ni sustituir las normas jurídicas por otras creadas de común acuerdo por las partes.

Así pues, el juego de la voluntad de la acusación y la defensa determinante del contenido de la sentencia se encuentra sumamente constreñido en la conformidad. En puridad, sólo opera en la determinación de los hechos en cuanto el relato mutuamente aceptado no se oponga a los datos objetivos que consten en la causa. En el terreno jurídico, el control judicial de legalidad del acuerdo permite al tribunal la imposición de su criterio frente al consenso de las partes también en supuestos dudosos, aunque en la práctica ello no sea frecuente. En consecuencia, no resulta justificado calificar la conformidad como manifestación del principio de oportunidad: la conformidad no permite ni la exclusión de la persecución de hechos punibles; ni su persecución a través de figuras legales ajenas a las jurídicamente correctas; ni su castigo mediante penas arbitrarias. Tan sólo permite la construcción de narrativas de consenso que resulten conformes con los datos objetivos que puedan haber sido conocidos y que cumplan la exigencia epistemológica de la coherencia del relato en la determinación de la verdad. La conformidad se revela, de este modo, como mecanismo facilitador de la aplicación de la legalidad en el terreno del acuerdo entre las partes.

Por las mismas razones, cabe excluir que el proceso por aceptación de decreto -(arts. 803 bis a) a 803 bis j)- , asentado sobre el consenso entre la Fiscalía y el sospechoso acerca de la sanción a imponer por la comisión del delito, constituya una manifestación del principio de oportunidad, aunque así lo haya considerado algún autor[643], puesto que, si bien se otorga a la Fiscalía discrecionalidad para utilizar o no el procedimiento, no puede excluir la persecución ni puede seleccionar la sanción aplicable, aunque pueda modular la cuantía de la pena dentro del marco legal que corresponda. No es extraño, por ello, que la consideración del referido tipo de proceso como manifestación de la oportunidad resulte asombrosa a una jurista alemana que recientemente ha examinado la doctrina española sobre el referido principio[644].

5.2.2. La conformidad con reducción de pena

Cuando el consenso se alcanza en la instrucción y la sospecha del hecho punible se ve confirmada con el reconocimiento del hecho punible que el consenso incluye, ningún sentido tiene la continuación de la instrucción si no existen indicios

---

643 Así, ALLUÉ FUENTES, ALFONSO, "Manifestaciones procesales del principio de oportunidad en el ordenamiento penal español", en *"Principio de oportunidad y transformación del proceso penal", cit.* (ebook).

644 BECKEMPER, KATHARINA, *op. cit.*, p. 76.

de falsedad de la confesión. Primar con una rebaja de pena la confesión que propicia una conformidad que ahorra tiempo y esfuerzos a las partes y al tribunal y satisface los intereses de la acusación y la defensa, resulta, en consecuencia, positivo y así se hace en nuestro proceso penal, en el ámbito de los juicios rápidos y del proceso abreviado cuando se cumplen los requisitos legalmente previstos (arts. 779.5 y 801 de la LECrim).

Dado que la rebaja de pena establecida por la norma, de un tercio, se impone con carácter reglado ante la concurrencia de las condiciones previstas por la ley y que, por tanto, se plantea con un automatismo que no deja mayor margen de discrecionalidad a las partes que el que es propio de la conformidad con carácter general (altamente restringido, dentro del terreno de lo fáctico, como hemos visto), tampoco puede considerarse que la conformidad con reducción pena constituya una manifestación del principio de oportunidad en nuestro sistema.

Sí lo sería, por el contrario, si se instaurara la disminución de pena como posibilidad dependiente de la voluntad de la Fiscalía en el caso concreto. Así se propone en los Anteproyectos de nueva Ley de Enjuiciamiento Criminal de 2011 y 2020, como más adelante veremos.

5.3. La expulsión del investigado o acusado extranjero

La LO 4/2000, de 11 de enero, sobre derechos y libertades de los extranjero en España y su integración social permite la ejecución de la expulsión del ciudadano extranjero acordada por la autoridad administrativa, que impide la realización del enjuiciamiento, en ciertos casos y con determinadas excepciones establecidas por su art. 57.7.

Dicho precepto permite la ejecución de la expulsión, pese a la litispendencia penal, del extranjero "*procesado o imputado*", cuando el delito esté castigado con pena de prisión inferior a seis años o una pena de distinta naturaleza, con autorización del órgano judicial que conozca de la causa (de todos ellos, si son varios por tramitarse más de un proceso contra la misma persona), oído el Ministerio Fiscal. La norma prevé la concesión de la autorización como principio general, que puede ser objeto de excepción ante "*la existencia de circunstancias que justifiquen su denegación*". Tales circunstancias, que la norma no identifica, no pueden ser otras que las que fundan un interés de persecución penal predominante en el caso concreto. Queda excluida la posibilidad de expulsión si se atribuye al extranjero la comisión de los delitos de tráfico de seres humanos de los arts. 313.1 y 318 bis del CP.

Por su parte, el Código penal regula la sustitución de la pena impuesta al extranjero por su expulsión del territorio nacional como medida alternativa en el 89 del CP, institución que no cabe considerar una manifestación del principio de oportunidad, por resultar en sí misma un mal para el condenado, que alcanza la prohibición de regreso durante diez años y, en todo caso, mientras no haya prescrito la pena (art. 89.2).

5.4. La omisión de persecución por la extradición del investigado

El art. 4.5º de la Ley de Extradición Pasiva establece, como motivo de denegación de la extradición, la persecución del delito por el que la entrega se solicita en España, por ostentar nuestros tribunales jurisdicción para su enjuiciamiento. Pero dicho motivo de denegación tiene carácter facultativo, porque el precepto permite omitir la persecución por motivo de oportunidad cuando la extradición del sospechoso resulte más adecuada al interés de la justicia: "*Podrá no obstante, accederse a ésta* (la extradición) *cuando se hubiere decidido no entablar persecución o poner fin al procedimiento pendiente por los referidos hechos y no haya tenido lugar por sobreseimiento libre o cualquier otra resolución que deba producir el efecto de cosa juzgada*".

Así se establece también en el Derecho convencional, en el cual la jurisdicción del Estado requerido sobre el delito se configura como motivo de denegación discrecional (así, por ejemplo, en el art. 4 a) del Tratado de Extradición entre el Reino de España y la República Popular China, en virtud del cual recientemente España ha entregado a china a más de doscientos sospechosos de comisión de delitos de estafa que actuaban de forma organizada desde España y, en consecuencia, podían ser enjuiciados aquí conforme al principio de territorialidad (*Operación Wall*)[645].

5.5. La suspensión de la pena privativa de libertad

También se ha calificado la suspensión de la pena por el tribunal sentenciador regulada por los arts. 80 a 86 del CP como una manifestación del principio de oportunidad[646], al permitir la inaplicación de la sanción, cumplidos los requisitos legales, si se cumple la condición de no delinquir en determinado plazo de forma que se ponga de manifiesto la imposibilidad de mantenimiento de la expectativa justificativa de la suspensión y, en su caso, si se satisfacen determinadas prohibiciones, deberes, prestaciones o medidas.

5.6. La licencia del órgano judicial para la persecución de injurias o calumnias vertidas en juicio

El art. 215.2 del CP y los arts. 279 y 805 de la LECrim establecen, como requisito de procedibilidad, la obtención de licencia del órgano judicial ante el cual se han proferido injurias o calumnias y dicha exigencia ha sido considerada un

---

645 *Vide* ATC 4/2019, de 20 de enero.

646 VECINA CIFUENTES, JAVIER/VICENTE BALLESTEROS, TOMÁS, *op. cit.*, p. 316.

manifestación del principio de oportunidad, si bien *sui generis*, al haberse entendido tradicionalmente que hace depender la persecución del delito de la voluntad del tribunal ante el cual las expresiones consideradas lesivas al derecho al honor se han pronunciado[647].

Pero la ley no otorga discrecionalidad al órgano judicial cuya licencia se requiere para adoptar la decisión de concederla o no. La STC 100/1987, de 12 de junio, señala que se trata de un requisito que supone una limitación del derecho a la tutela justificada por la necesidad de protección del derecho de defensa frente al temor de una ulterior acción penal fundada en el derecho al honor y que se basa en la realización de una ponderación previa de los derechos en conflicto realizada por el órgano judicial que está en mejores condiciones para apreciar la relevancia, significado e intencionalidad de las manifestaciones realizadas. La misma sentencia aclara que la norma que preveía el art. 467.2º del CP de 1973 y se contiene en los arts. 279 y 805 de la LECrim atribuye al órgano judicial "*ciertos márgenes de apreciación, sin poder abundar en prolijos razonamientos, que podrían prejuzgar lo que es materia propia de un proceso penal, de suerte que, tanto si otorga como si deniega la licencia, no puede entrar en consideraciones que prejuzguen la culpabilidad o la inocencia* (…)". Y más adelante se añade:

> *"Pues, en efecto, es cierto que en la resolución judicial antes dicha se afirma que el otorgamiento o denegación de la licencia de que se trata es una facultad discrecional <<dejada al arbitrio de las autoridades judiciales>>, las cuales pueden pronunciarse según criterios de oportunidad, que <<no preciosa fórmula especial ni siquiera expresa>>. Es ese un criterio interpretativo de los preceptos legales antes citados, que se inscribe en una larga tradición doctrinal y jurisprudencial, según el cual esta-*

[647] GIMENO SENDRA, VICENTE, "*La querella*", Ed. Bosch, Barcelona, 1977, p. 155; VECINA CIFUENTES, JAVIER/VICENTE BALLESTEROS, TOMÁS, *op. et loc. ult. cit.*

> *mos ante un libre e incondicionado arbitrio del órgano jurisdiccional que conoce del juicio en el que se produce la supuesta calumnia o injuria, pero que no puede ser hoy acogido desde la garantía constitucional del derecho a la tutela judicial, que requiere que el ejercicio de aquella facultad judicial se oriente exclusivamente al fin institucional ya señalado de asegurar la defensa en términos adecuados, sin el temor de la incoación de un proceso penal indebido"* (*vide* también ATC 1026/1986, STC 36/1988, de 17 de febrero[648] y la STS 2ª 537/2019, de 5 de noviembre, que priva a las solicitudes de conciliación y de licencia para proceder por delitos de calumnia e injuria en juicio del efecto de la interrupción de la prescripción).

5.7. La autorización del Congreso, del Senado o del Parlamento Europeo

Tanto los diputados y senadores del Congreso y del Senado como los diputados del Parlamento Europeo gozan de la prerrogativa de la inmunidad consistente en la necesidad de obtención de autorización del cuerpo parlamentario al que pertenecen para proceder contra ellos por delito (art. 71. 2 de la CE; art. 9 del Protocolo (nº 7) sobre los privilegios y las inmunidades en la Unión Europea[649]). La prerrogativa tiene como fin procurar el correcto funcionamiento de la institución en su

---

648 En ella, al recogerse la doctrina de la STC 100/1987 se dice que la ponderación ha de realizarse "*con un margen prudencial de discrecionalidad*", expresión utilizada en la resolución no en sentido no estricto, para hacer referencia a apreciación judicial de las circunstancias.

649 "*Mientras el Parlamento Europeo esté en período de sesiones, sus miembros gozarán:*

a. en su propio territorio nacional, de las inmunidades reconocidas a los miembros del Parlamento de su país;

b. en el territorio de cualquier otro Estado miembro, de inmunidad frente a toda medida de detención y a toda actuación judicial.

Gozarán igualmente de inmunidad cuando se dirijan al lugar de reunión del Parlamento Europeo o regresen de éste.

composición democrática y supone la intermediación de una voluntad política en el curso de la justicia que permite calificar la institución como una manifestación del principio de oportunidad[650]. La que más claramente se sitúa en el ámbito político. Como afirma la STC 90/1985, de 22 de julio:

> *"La amenaza frente a la que protege la inmunidad sólo puede serlo de tipo político, y consiste en la eventualidad de que la vía penal sea utilizada con la intención de perturbar el funcionamiento de las Cámaras o de alterar la composición que a las mismas ha dado la voluntad popular. La posibilidad de que las Cámaras aprecien y eviten esa intencionalidad es lo que la Constitución ha querido al otorgarles la facultad de impedir que las acciones penales contra sus miembros prosigan, y lo que permite, por tanto, la institución de la inmunidad es que las propias Cámaras realicen algo que no pueden llevar a cabo los órganos de naturaleza jurisdiccional como es una valoración sobre el significado político de tales acciones.*
> *El control que a este TC corresponde, según hemos indicado antes, acerca de la conformidad de las decisiones adoptadas en ejercicio de la inmunidad respecto al art. 24.1 de la CE no puede llevarnos a revisar o a sustituir esa valoración, pero sí a constatar que el juicio de oportunidad o de intencionalidad se ha producido en las Cámaras, y ello de modo suficiente, esto es, en términos razonables o argumentales (...)".*

5.8. La acusación de los miembros del Gobierno por traición u otro delito contra la seguridad del Estado

También en el ámbito puramente político se sitúa la acusación por delito de traición u otro delito contra la seguridad del Estado contra el Presidente u otros miembros del Gobierno,

---

No podrá invocarse la inmunidad en caso de flagrante delito ni podrá ésta obstruir el ejercicio por el Parlamento Europeo de su derecho a suspender la inmunidad de uno de sus miembros".

650 *Vide* VECINA CIFUENTES, JAVIER/VICENTE BALLESTEROS, TOMÁS, *op. cit.*, pp. 318 y 319.

que la Constitución, en su art. 102.2, condiciona a la iniciativa de cuarta parte de los miembros del Congreso y la aprobación de la mayoría absoluta del mismo, decisión que sin ninguna duda dependerá de los criterios de oportunidad que los diputados apliquen.

5.9. El derecho de gracia

Mediante el ejercicio del derecho de gracia la responsabilidad penal puede ser extinguida por motivo de oportunidad. A su examen dedicaremos el capítulo séptimo.

5.10. La circulación o entrega vigilada y el agente encubierto

La circulación o entrega vigilada de sustancias u objetos y la exoneración de los delitos que pueda cometer un agente encubierto constituyen manifestaciones del principio de oportunidad a las que se dedicará el capítulo décimo del trabajo.

II. DE LEGE FERENDA

A) TRABAJOS PRELEGISLATIVOS DE REFORMA

Tanto el Anteproyecto de Ley de Enjuiciamiento Criminal de 2011 y su homónimo de 2020, como la Propuesta de Código Procesal Penal de 2013, proponían la generalización del principio de oportunidad, para determinados delitos y con ciertas reglas o criterios y con condicionantes en algunos supuestos. Pero ninguno de los citados trabajos ha abandonado el ámbito del Ministerio de Justicia convirtiéndose en Proyecto de Ley (la PCPP ni siquiera llegó a Anteproyecto). No obstante, los citados trabajos prelegislativos, redactados por sendas comisiones de expertos, presentan un indudable interés doctrinal, también en lo concerniente al planteamiento que, en cada uno de ellos, se efectúa sobre el principio de oportunidad y por dicha razón serán examinados en la presente obra.

B) EL ANTEPROYECTO DE 2011

El Anteproyecto de 2011 fue elaborado por un Grupo de Trabajo creado en mayo de 2010, siendo Ministro de Justicia Francisco Caamaño Rodríguez. Con carácter previo, en la misma legislatura, distintos grupos de expertos -ostentando la cartera del Ministerio Juan Fernando López Aguilar y, más tarde, Mariano Fernández Bermejo-, habían estado elaborando distintas propuestas de reforma, desde diferentes perspectivas y con diversos grados de desarrollo, que quedaron inconclusas.

Curiosamente, la aprobación del Anteproyecto de 2011se llevó a cabo por mismo Consejo de Ministros que disolvió las Cortes Generales, así que fue realizada sin esperanza alguna de que el trabajo tuviera repercusión normativa en la práctica, sino con el anhelo de que sirviera como inspiración y guía para posteriores intentos.

La Exposición de Motivos del Anteproyecto, en su epígrafe XXIV, califica el principio de oportunidad como *mecanismo alternativo a la acción penal* o, más exactamente, *a su ejercicio incondicionado,* cuya introducción -en aquel momento no se había producido aún en la justicia penal de adultos- sería requerida por "*un nuevo modelo procesal adaptado a las necesidades de la actual sociedad*". En dicho modelo, la discrecionalidad atribuida a la Fiscalía (como directora de la investigación penal y órgano de la acusación oficial) se situaría dentro de ciertos márgenes legalmente establecidos y serviría de vehículo para la "*plasmación práctica de criterios político criminales basados en la falta de necesidad de pena en el caso concreto*" o "*en un margen de reducción de la pena*" vinculado a la conformidad. Según la Exposición de Motivos, con la regulación de la oportunidad se pretende acabar con la solapada y encubierta aplicación práctica de la institución, camuflada en la aplicación de figuras procesales distintas y ajenas a sus objetivos.

Como excepción al principio de legalidad, el art. 58.1° ALECRIM2011 permite al Ministerio Fiscal "*abstenerse de ejercitar la acción penal por razones de oportunidad cuando así lo autorice expresamente esta ley*".

Como reglas generales de la terminación por oportunidad, el art. 148.1 prevé la conclusión del proceso "*por razones de oportunidad cuando la imposición de la pena resulte innecesaria o contraproducente a los fines de prevención que constituyen su fundamento*", ahora bien, "*en los casos y con los requisitos establecidos en la ley*", según "*apreciación discrecional*" del Ministerio Fiscal. Dicha valoración se ha de efectuar de forma discrecional -señala la Exposición de Motivos-, corresponde a la Fiscalía y debe ejercer conforme a las Circulares e Instrucciones generales que dicte la Fiscalía General del Estado, para asegurar la observancia del principio de unidad de actuación del Ministerio Público y el principio de igualdad en la aplicación de la ley (art. 148.2), mediante criterios que la Exposición de Motivos encuadra en la política criminal.

La Fiscalía debe operar con autonomía también es esta materia y el investigado carece de cualquier derecho al archivo por razón de oportunidad, aunque concurran los requisitos legales que permiten una decisión en tal sentido -añade la Exposición de Motivos-, recogiendo el contenido del art. 148.4.

Con invocación, como principal referencia, de la legislación alemana y portuguesa, la Exposición de Motivos anuncia una regulación de la oportunidad en dos modalidades, una restricción más intensa que la que resulta del Derecho comparado y un régimen de control judicial que se situaría -se dice- "*en la tónica de equilibrio que preside el nuevo modelo*".

Las dos modalidades de la oportunidad consisten en el *archivo* (simple) y el *archivo con condición.*

El *archivo simple* -total o parcial-, según el art 149.1- cabría frente a todas las faltas (cuya subsistencia preveía el Anteproyecto), los delitos castigados con pena que no superara los dos años de prisión, multa en cualquier extensión o privación de derechos que no excediera de diez años, siempre que se cumplieran ciertos requisitos, de carácter positivo y negativo, establecidos por los apartados segundo y tercero del mismo precepto.

Los requisitos positivos, que la disposición no establecía expresamente que se pudieran aplicar con carácter alternativo, son:

a) la incidencia mínima o insignificante del hecho punible sobre los bienes o intereses tutelados, dado el tiempo transcurrido desde la infracción o las circunstancias en las que se produjo;

b) la mínima culpabilidad del responsable, que privara de utilidad pública a la imposición de pena; así como

c) la generación por la infracción al autor de un perjuicio grave que hagan innecesaria o manifiestamente desproporcionada la imposición de la pena.

Por su parte, los requisitos negativos son:

a) la utilización de violencia o intimidación en la comisión del hecho;

b) la previa condena del autor por un delito de la misma naturaleza o por más de un delito de naturaleza distinta;

c) El previo disfrute por el investigado de un archivo por motivo de oportunidad en causa por delito;

d) La edad de la víctima inferior a catorce años.

Como prohibición absoluta el apartado tercero del mismo artículo excluye la posibilidad de aplicación de la oportunidad a delitos de violencia de género o relacionados con la corrupción.

Según la Exposición de Motivos, se evita así que la oportunidad se proyecte sobre "*materias inadecuadas -como la corrupción pública o privada-*" o "supuestos incompatibles como su finalidad institucional", como la "*utilización de violencia o intimidación*" o los "*delitos cometidos contra víctimas menores de catorce años*". Pero el texto no explica el criterio de adecuación del que parte, ni aclara cual considera que es la "*finalidad institucional*" de la oportunidad.

El efecto del archivo simple es la finalización de la causa, dejando expedita la vía judicial correspondiente para la obtención de la reparación civil (art. 149.3), si bien no con carácter definitivo, pues la comisión de un nuevo delito por el investigado, dentro del plazo de prescripción de la infracción, ocasiona la reapertura del procedimiento (art. 149.5).

El *archivo con condición* se contempla en el art. 150, para delitos con penas que no excedan de cinco años de prisión o con cualesquiera otras penas, si se cumplen los mismos requisitos del archivo simple, así como la exigencia del consentimiento de la víctima y -según la Exposición de Motivos- del "penado" (sic), que habría de comprometerse con el cumplimiento de reglas de conducta destinadas, fundamentalmente, a la reparación de los perjuicios ocasionados. Dichas "obligaciones o reglas de conducta" son:

a) indemnización "*al ofendido o perjudicado*" en la forma y cantidad que haya sido determinada (*sic* -con distinción innecesaria de víctimas a las que se ha ocasionado un daño resarcible-);

b) dación "*al ofendido o perjudicado*" de una satisfacción moral que éste considere adecuada y suficiente (*sic*

-considerando perjudicado al que sufre un perjuicio no estrictamente patrimonial-);

c) entrega al Estado o a instituciones públicas o privadas homologadas de la cantidad que se fije con destino a obra social o comunitaria;

d) prohibición de acudir a determinados lugares;

e) prohibición de aproximación a la víctima u a otras personas o de comunicación con una u otras;

f) prohibición de abandono del lugar de residencia;

g) comparecencia personal en la Fiscalía o en el servicio administrativo que se indique con el fin de información y justificación de actividades;

h) participación en programas formativos, laborales, culturales, de educación vial, sexual o similares;

i) sometimiento a tratamiento de deshabituación en centro o servicio público o privado acreditado u homologado, con obligación de permanencia hasta su finalización;

j) cumplimiento de los demás deberes que el fiscal estime convenientes para su rehabilitación social, siempre que no atenten contra su dignidad como persona.

Adicionalmente el Anteproyecto requiere en el art. 150.2, junto con el consentimiento del ofendido o perjudicado con la suspensión y las reglas de conducta impuestas y el compromiso expreso del investigado de satisfacerlas, su reconocimiento de la responsabilidad en la comisión de los hechos punibles en la forma establecida en el art. 253.

Con la referida exigencia de prestación del consentimiento por el ofendido o perjudicado -que abarcaría a todos los que se produjeran como consecuencia del hecho punible- el Anteproyecto efectúa una atribución mancomunada del poder de disposición de la acción penal a la fiscalía y los ofendidos o perjudicados -afectados estos últimos sólo en la esfera patrimonial de sus derecho e intereses- que contradice la proclamada asignación al Ministerio Público de la valoración discrecional de la oportunidad, que queda así privatizada, dado el poder de veto por los particulares que se establece.

Para la constatación del cumplimiento de las condiciones, el Anteproyecto establece un periodo de suspensión del procedimiento, durante la cual el investigado ha de cumplir la prestación impuesta. Dicho periodo puede tener una duración de hasta dos años (art. 150.4). Cumplidas las condiciones, el Juez de Garantías, al que al efecto debe remitirse el procedimiento, dictará auto de sobreseimiento, con efecto de cosa juzgada, con audiencia de la víctima del delito (art. 150.7).

El Anteproyecto construye así un marco reglado de la discrecionalidad, la cual sería controlable judicialmente en lo que respecta al respeto de sus contornos legales, pero no en la selección de opciones que materialmente hace posibles. Según el art. 58.2° del texto: "*la apreciación discrecional de los supuestos de oportunidad corresponderá en exclusiva al fiscal, sin perjuicio del control judicial de los elementos reglados que permiten su ejercicio, en los términos y en la forma legalmente previstos*", posibilidad de impugnación de los elementos reglados que se reitera en el art. 148.3 y en el art. 154, que, en su apartado segundo, refiere, como elementos reglados judicialmente controlables los siguientes:

a) los límites de pena;

b) los requisitos previstos por el art. 149.2 y 3 y por el art. 150.2 y 3;

c) los específicos de la *colaboración eficaz*, sobre la cual más tarde volveremos.

Durante la fase intermedia, la finalización del procedimiento por razón de oportunidad se rige por las mismas normas, si bien en todo caso se requiere que la soliciten todas las partes personadas. La competencia para acordar el sobreseimiento en tal caso corresponde al Juez de la Audiencia Preliminar (art. 151).

Específicamente, en relación con el tratamiento de la delincuencia organizada, el Anteproyecto, regula la no iniciación o suspensión de la investigación de un hecho de menor importancia, con el fin de asegurar el éxito de la persecución de un delito cometido en el seno de una organización criminal que se investiga bajo secreto (art. 152).

Y así mismo, en el marco de la regulación de las medidas frente a la delincuencia organizada, se contempla la figura del *arrepentido* o colaborador eficaz, la cual será objeto de tratamiento detallado al abordar la *colaboración eficaz* en un capítulo posterior de este trabajo.

Invocando expresamente en la Exposición de Motivos haber seguido el ejemplo alemán, el Anteproyecto, en su art. 155, incluye como motivo de oportunidad que permite el archivo total o parcial de cualquier procedimiento de investigación penal:

i. la protección de la seguridad nacional frente a un riesgo grave;

ii. la contribución efectiva del investigado para impedir un grave daño para la seguridad nacional o el orden constitucional;

iii. el riesgo de grave daño para las relaciones de España con otro Estado por la extensión de jurisdicción derivada de la aplicación del art. 23.4 de la LOPJ.

En los tres supuestos enunciados, se encomienda la decisión sobre su aplicabilidad a la Fiscalía General del Estado, sin posibilidad de delegación. Se prevé, además, que el Gobierno pueda interesar la aplicación de la oportunidad en estos casos, ante lo cual la Fiscalía General del Estado habría de adoptar su decisión, de acuerdo con lo preceptuado por el art. 8 del EOMF, "*ponderando el interés nacional invocado por el gobierno con el interés de la justicia en la aplicación de la norma penal correspondiente*" (art. 155.4). En ninguno de los supuestos el decreto puede ser impugnado más que por "*inexistencia manifiesta del riesgo invocado para la seguridad del Estado, de la colaboración prestada por el investigado o del grave daño para las relaciones internacionales*" (art. 156.2), si bien se atribuye al Congreso de los Diputados la función de efectuar un "*examen posterior*" de la decisión de la Fiscalía, "*en la forma y las consecuencias que establezca su Reglamento*", remisión ésta que se efectúa a un vacío que impide identificar qué posible efecto del examen tenían en mente los redactores de la norma, pero que obviamente se situarían en la esfera política.

Se atribuye la competencia para el conocimiento de la impugnación del correspondiente decreto, por los ofendidos o perjudicados por el delito -personados o no- a la Sala Segunda del Tribunal Supremo. Los impugnantes no pueden acceder a los documentos clasificados que pudieran ser exhibidos al Tribunal Supremo (art. 156.1 y 3).

En cuanto a la conformidad, la institución se aborda con importantes diferencias respecto al sistema actual, entre las que desataca la inexistencia de límite por la gravedad de la pena (art. 137), la atribución del control judicial a un órgano distinto del competente para el enjuiciamiento -el Juez de la Conformidad- (art. 142); el establecimiento de un plazo preclusivo de diez días desde la notificación a la defensa del auto de apertura del juicio oral (art. 144) y la posibilidad de reducción de la pena en grado a solicitud de la Fiscalía (art. 143.3). Como el Anteproyecto establece la reducción de la pena como efecto eventual y no necesario del consenso entre acusación y defensa sobre la culpabilidad y la pena a imponer, al dejar la aplicación de la rebaja punitiva a criterio de la Fiscalía, acierta la Exposición de Motivos cuando afirma que la conformidad que regula supone una clara manifestación del principio de oportunidad.

Por último, el Anteproyecto sitúa la mediación en el marco de la oportunidad, como la Exposición de Motivos reconoce y como se desprende del contenido del art. 159, sobre consecuencias de la mediación. La mencionada forma autocompositiva de gestión del conflicto se concibe en el texto prelegislativo del que nos ocupamos "*como un instrumento al servicio de la decisión expresa del Estado de renunciar a la imposición de pena*" cuando se cumplen ciertos requisitos, "*como un mecanismo al servicio de oportunidad*", para el archivo de la causa o la aplicación de una pena reducida (se entiende que en virtud de la conformidad subsiguiente). Con ello, el Anteproyecto adopta un enfoque reduccionista de la mediación que oculta que mediación y oportunidad no se encuentran necesariamente en una relación de medio-fin, pues operan en planos distintos que pueden confluir o no. La mediación puede producirse y ser útil al margen de que la oportunidad posteriormente opere. El acuerdo de reparación susceptible de ser alcanzado podrá desplegar efectos materiales en el ámbito penológico, si conduce a una atenuante, o procesales, si conduce a un archivo por razón de oportunidad o mixtos, si propicia una conformidad con reducción de pena (a sumar a la producida por la atenuante de reparación del daño). No es, consecuencia, correcto calificar la mediación como instrumento de la oportunidad y tampoco lo es tratar de fomentar la mediación mediante su configuración como vía privilegiada para acceder al archivo por motivo de oportunidad en supuestos que, en otro caso, quedarían fuera del marco legal, como hace el art. 159.3 a) 2°, el cual dispensa del cumplimiento de los requisitos establecidos en las letras a) y b) del art. 149.1 a los supuestos en los que se ha llegado a un acuerdo a través de la mediación: se trata del carácter mínimo o insignificante de la incidencia del hecho punible sobre los bienes o intereses jurídicos tutelados y el carácter mínimo de la culpabilidad del responsable.

La disposición, en su tenor literal, implica que los requisitos del art. 149.1 se prevén con carácter cumulativo, lo que reduce extraordinariamente el marco de la oportunidad a supuestos prácticamente de laboratorio, en los que a las dos circunstancias mencionadas (o al acuerdo de reparación obtenido a través de mediación) se une la denominada *pena natural* derivada del hecho punible. Además, resulta criticable por otras dos razones. En primer lugar, porque carece de sentido otorgar ventaja al perpetrador que se aviene a reparar el daño ocasionado tras un procedimiento de mediación frente al que lo acepta espontáneamente, sin necesidad de que su posición inicial sea vencida gracias al auxilio de un tercero en un acuerdo con la víctima. En segundo lugar, debido a que presentar la mediación como incentivo para la obtención de ventajas para el perpetrador, sean materiales o procesales, se opone al presupuesto de la voluntariedad de la participación en la mediación. Dicha voluntariedad -desde la perspectiva del perpetrador- debe basarse en un propósito sincero de reparación del daño y no en una aceptación de la mediación como palanca estratégica para la obtención de ventajas. Cuestión distinta es la trascendencia material o procesal del hecho de la reparación -con acuerdo o sin acuerdo previo-, enfoque que resulta más acertado y que fue precisamente el adoptado en la PCPP de 2013, de la que pasamos a ocuparnos.

C) LA PROPUESTA DE 2013

En la PCPP la inclusión del principio de oportunidad se justifica en la Exposición de Motivos en las mayores ventajas que ofrece para el interés público "*que el mantenimiento de un ciego automatismo en el ejercicio del ius puniendi estatal derivado de una comprensión simplemente retributiva del principio de legalidad*". Se regula dentro del Título IV de Libro I, relativo al objeto del proceso penal, en el Capítulo I, que regula la acción penal. Tras establecer su contenido en el art. 88 y afirmar en el art.

89 su carácter público, sin perjuicio de su posible ejercicio por el acusador particular y popular, el art. 90, bajo el título "*legalidad y oportunidad*", confiere al Ministerio Fiscal la obligación de ejercer la acción penal cuando entienda suficientemente fundada la atribución del hecho punible al sospechoso, "*salvo que concurra motivo bastante para la suspensión o sobreseimiento de la causa por razón de oportunidad conforme a lo previsto en los artículos siguientes*". A continuación, el art. 91 contempla los motivos de sobreseimiento por razones de oportunidad y que son los siguientes:

1.- cuando el delito sea de escasa gravedad y no exista un interés público relevante en la persecución, atendidas todas las circunstancias;

2.- si el delito se imputare a una persona jurídica, cuando ésta carezca de toda actividad y patrimonio y esté incursa en causa legal de disolución, aunque no se haya disuelto formalmente;

3.- cuando la causa hubiera sido suspendida, conforme al artículo siguiente, por un plazo otorgado al encausado para la satisfacción de condiciones aceptadas por el mismo y dichas condiciones hubieran sido cumplidas satisfactoriamente.

4.- cuando la sanción que pudiera llegar a imponerse al encausado por el hecho sea irrelevante a la vista de la condena que le haya sido impuesta en otro proceso o que le pueda llegar a ser impuesta en el mismo proceso;

5.- cuando el autor o participe en el hecho punible pertenezca a una organización o grupo criminal y sea el primero de los responsables en confesar el delito, si ha prestado plena colaboración con la Administración de Justicia y la misma ha sido de suficiente relevancia a criterio del Fiscal General del Estado;

6.- cuando el autor o participe en un delito leve o menos grave denuncie un delito de extorsión o amenazas condicionales relativas al mismo y el sobreseimiento facilite la persecución de la extorsión o las amenazas; y

7.- cuando un particular denuncie un delito de cohecho o tráfico de influencias del que sea autor o participe y el sobreseimiento del delito cometido por el particular facilite la persecución del delito cometido por un funcionario público.

El apartado segundo del mismo artículo otorga la competencia para acordar el sobreseimiento por motivo de oportunidad al Tribunal de Garantías, a instancia del Ministerio Fiscal. Se añade, como inciso final del apartado, que el sobreseimiento sólo podrá ser denegado por el Tribunal de Garantías si existe parte acusadora personada en la causa que manifieste su voluntad de sostener la acción penal y ofrece motivo fundado para efectuar el enjuiciamiento del hecho en *interés de la justicia.*

El art. 92 regula la suspensión del proceso para el cumplimiento de prestaciones, cuyo cumplimiento desemboca en un sobreseimiento por motivo de oportunidad. El primer apartado del precepto prevé la suspensión de la fase de investigación de procesos por delitos leves o menos graves durante un plazo de hasta dos años cuando el encausado acepte la realización de prestaciones de dar, hacer o no hacer que le proponga el Ministerio Fiscal con el fin de afrontar su responsabilidad civil, someterse a tratamiento de su adicción en su caso o realizar trabajos en beneficio de la comunidad que priven de sentido a la imposición de pena. Conforme al apartado segundo de la norma, corresponde adoptar la suspensión al Ministerio Fiscal, que podrá levantarla en cualquier momento si se incumplen las condiciones. La suspensión interrumpe el plazo máximo de duración de las diligencias de investigación, según el apartado tercero. Las partes acusadoras distintas del Ministerio

Fiscal sólo pueden impugnar el decreto de suspensión ante el Tribunal de Garantías si la parte acusadora disconforme expone un motivo fundado para la inmediata continuación del procedimiento penal en interés de la justicia, sobre el cual el órgano judicial debe resolver por auto, tal y como establece el apartado cuarto del artículo.

En la regulación de la conformidad, la PCPP -que permite también la conformidad con independencia de la gravedad de la pena y prevé un útil de mecanismo de control para dispar el obstáculo para la conformidad derivado de acusaciones temerarias o guiada por intereses espurios (art. 110)- establece como efecto del consenso una reducción en un tercio de la pena, que no depende de la discrecionalidad de la fiscalía.

En relación con la mediación, el art. 146 prohíbe a la fiscalía y a los tribunales ofrecer "*ventajas al encausado por el hecho de someterse a un procedimiento de mediación, sin perjuicio de los efectos procesales o materiales que puedan derivarse conforme a la ley del acuerdo con la víctima si se alcanza*".

Aunque la PCPP no llegó a convertirse en Proyecto de Ley, parte de su contenido se trasladó a la reforma de la LECrim que se produjo en el año 2015[651].

D) EL ANTEPROYECTO DE 2020

El trabajo prelegislativo más reciente es el Anteproyecto de 2020, que sigue como modelo su homónimo de 2011, con puntuales modificaciones que, en buena medida, acogen las aportaciones de la PCPP. Ambos textos previos constituyen "*referentes primordiales*" del nuevo intento, "*pues son textos que recogen décadas de trabajo conjunto dirigido a la consecución de un empeño*

---

651 MARCHENA GÓMEZ, MANUEL/GONZÁLEZ-CUÉLLAR SERRANO, NICOLÁS, *op. cit., passim.*

que trasciende cualquier color político: proporcionar a la sociedad española una justicia penal, moderna, ágil y garantista", afirma la Exposición de Motivos del nuevo Anteproyecto.

Pero el citado empeño vuelve a empantanarse. Debido a las críticas que el texto mereció a la Fiscalía General del Estado en su preceptivo informe, el Ministerio de Justicia sometió el articulado en octubre de 2021 a una profunda revisión por una comisión de nueva creación, distinta de la que elaboró el Anteproyecto[652]. En noviembre de 2022 el informe del CGPJ aún se encontraba pendiente[653]. Debido a lo avanzado de la legislatura, no existe posibilidad de que la iniciativa se convierta en ley. Una vez más, la sustitución de la vieja y remendada LECrim se deja para tiempos más propicios.

Tanto en la Exposición de Motivos, como en su articulado, el Anteproyecto de 2020 coincide, casi en su integridad, con el texto de 2011, que literalmente se transcribe, en relación con la oportunidad. Las diferencias son:

a) se otorga distinta numeración a los preceptos (la terminación por razones de oportunidad se regula en los arts. 174 a 180);

b) se disminuye de catorce a trece años de la edad de la víctima que impide el archivo; y

c) se suprime la posibilidad de archivo derivado del riesgo grave para la seguridad nacional, por colaboración en la evitación de perjuicios a la seguridad nacional o al orden constitucional y por peligro de daño a de las

---

652 https://confilegal.com/20211012-justicia-crea-un-grupo-de-trabajo-interinstitucional-para-revisar-la-reforma-de-la-lecrim/.

653 https://confilegal.com/20221022-llop-recuerda-a-mozo-que-esta-esperando-desde-hace-un-ano-y-medio-que-el-cgpj-le-envie-su-informe-sobre-el-anteproyecto-de-lecrim/.

relaciones internacionales derivadas del ejercicio de la jurisdicción universal.

Dada la sustancial coincidencia, baste con la indicación de diferencias realizada y una remisión a lo ya expuesto.

SEGUNDA PARTE

JUSTICIA Y POLÍTICA

Capítulo 7

Oportunidad, política y justicia

I. CONSIDERACIONES GENERALES

El principio de oportunidad se basa en criterios de conveniencia y utilidad que no son ajenos al Derecho, pues importan y mucho en el momento de la creación normativa, se consagran también, aunque como excepción a la imperatividad, en el contenido de las normas e influyen irremediablemente en su aplicación práctica. Dichos criterios, de carácter metajurídico, son los propios de la política y su inclusión en el ordenamiento jurídico o su utilización legal o extralegal por la Administración de Justicia asemeja su funcionamiento al característico de los Poderes Legislativo y Ejecutivo, en los que la normatividad -constitucional y/o legal- define espacios de opción discrecional sumamente amplios.

Pero admitir que en la Administración de Justicia la adopción de decisiones por parte de la judicatura o de la Fiscalía se asiente no sólo en normas y razones sino también en la voluntad del aplicador de la norma, realidad que guste o no parece innegable[654], no implica aceptar que dicha voluntad pueda ser puesta al servicio del juego de los intereses políticos de partidos y grupos que, en una democracia, encuentran su punto de encuentro y contienda en el Parlamento.

---

654 *Vide* GONZÁLEZ-CUÉLLAR SERRANO, NICOLÁS, "El derecho de defensa y la marca de Caín...", *cit.*, pp. 22 y ss.

Nuestra Constitución proclama la independencia de la jurisdicción como Poder del Estado y de cada juez y magistrado en particular y establece las garantías que la protegen en su art. 117. En su virtud, los jueces y magistrados quedan protegidos en el ejercicio de su potestad frente a posibles presiones o influencias políticas, a la vez que quedan imposibilitados para convertirse en actores políticos, no sólo colectivamente, gracias al *principio de independencia difusa*, sino también de forma individual, como consecuencia de la fragmentación del ejercicio del poder de decisión que se deriva del *principio de justicia rogada* (*nemo iudex sine actore*)[655].

Es obvio que, en el campo de la realidad práctica, ninguna garantía jurídica será nunca suficiente para conjurar todo riesgo de intromisión política en la tarea de la jurisdicción y para evitar cualquier incursión *pseudojurisdiccional* de jueces y magistrados con ánimo de protagonismo en el ámbito de lo político y es, asimismo, evidente que el perfeccionamiento de los instrumentos de protección de la independencia será siempre un trabajo inacabado. Pero, efectuada tal reconocimiento de la falibilidad del sistema en casos puntuales, puede afirmarse que, hoy en día, cabe excluir que la instauración del principio de oportunidad en la justicia penal por el ordenamiento jurídico pueda resultar problemático desde la perspectiva de su necesaria separación de la política, si la libertad de opción que el referido principio implica se sitúa en el ámbito de la jurisdicción, ya sea por atribuirse la decisión a un órgano judicial, ya sea porque se le asigne la función de control de la decisión que adopte la Fiscalía, caso de que a ella le sea encomendada. Por el contrario, si se prescinde la jurisdicción y de su consustancial independencia como *cortafuegos* de la política en el campo de la justicia, según acontece cuando la decisión de omitir la

---

655 *Vide* GONZÁLEZ-CUÉLLAR SERRANO, NICOLÁS, "El poder de los tribunales", *cit.*, p. 36.

persecución penal se asigna con carácter soberano a la fiscalía, como sucede en EEUU, la situación cambia. La permeabilidad de la justicia penal a las infiltraciones políticas y su adaptabilidad a proyectos de naturaleza política -con adjetivo criminal u otro- precisa ser comprobada desde otra óptica, que es la que resulta de la posición institucional y los principios que rigen en la organización y la actuación del Ministerio Fiscal.

II. EL MINISTERIO FISCAL Y LA POLÍTICA CRIMINAL

A) EL MINISTERIO FISCAL

Sin perjuicio de la *sustancial ambigüedad* del Ministerio Fiscal, sobre la que advierte Manuel Marchena Gómez[656], el mismo puede ser definido, siguiendo a Vicente Gimeno Sendra, como el *"órgano imparcial, promotor y colaborador de la Jurisdicción, perteneciente <<latu sensu>> al Poder Judicial, aunque no se encuentre orgánicamente en él ubicado"*[657].

Aunque existen remotos antecedentes, su origen histórico puede situarse en la figura del *advocatus fisci* del Derecho romano, al servicio del tesoro de la *res publica*[658]. El *fiscus sanctissimus* -alma del Estado, ubicuo y eterno y, en consecuencia, similar a Dios, en opinión de Baldus de Ubaldis[659]- precisaba de un agente oficial que instara la protección de sus intereses. A lo

---

656 "*El Ministerio Fiscal...*", *cit.*, p. 15.

657 "*Introducción al Derecho Procesal*", Ediciones Jurídicas Castillo de Luna, Madrid, 2019, p. 254.

658 *Vide* MARCHENA GÓMEZ, MANUEL, "*El Ministerio Fiscal...*", cit., pp. 23 y 34 (nota 16).

659 "*Consilia*". Bonino de´Bonini, 1490. Véase "*The king´s two bodies. A study in medieval political theology*", Princenton University Press, Princenton, New Jersey, 1997, pp. 184 y 185.

largo de las Edades Media y Moderna, dicho agente sirve a la Corona como *procurador o promotor fiscal*, hasta convertirse en un órgano colaborador de los tribunales, llamado a intervenir sistemáticamente en su ámbito de actuación con carácter oficial, pero sin ostentar naturaleza jurisdiccional[660].

Como sucede con cualquier institución jurídica, su posición y diseño no obedecen a ideas absolutas que se materialicen en la realidad normativa, sino a factores históricamente contingentes, de variado tipo, que determinan su regulación en un país y en un momento determinado[661].

En España, en la actualidad la posición del Ministerio Fiscal como institución constitucional se sitúa en el ámbito de la jurisdicción, como se desprende ya de la posición sistemática del art. 124 de la CE dentro del Título VI de la Ley Suprema y no en su Título IV, relativo al Gobierno y a la Administración[662].

El Ministerio Fiscal ni es ya el representante de la Hacienda Pública (desde el Decreto de 10 de marzo de 1881), ni del Gobierno en la Administración de Justicia (como proclamaba la LOPJ de 1870) y tampoco un órgano de comunicación entre el Gobierno y los Tribunales de Justicia (según establecía el art. 35.1 la Ley Orgánica del Estado de 10 de enero de 1967). Pese a la confusión que al respecto demostraba nada menos que un candidato a Presidente del Gobierno en un debate electoral recientemente, quien se preguntaba retóricamente si la Fiscalía no dependía del Gobierno, como base para atribuirse en el futuro el mérito de sus éxitos jurídicos, el Ministerio Público

---

660 *Vide*, ampliamente, sobre la evolución en el derecho histórico español MARCHENA GÓMEZ, "*El Ministerio Fiscal...*", *cit.*, pp. 28 a 41.

661 *Vide* SERRA DOMÍNGUEZ, MANUEL, "Ministerio Fiscal", *Nueva Enciclopedia Jurídica Seix*, XVI, Barcelona, 1978, pp. 403 y ss.

662 GIMENO SENDRA, VICENTE, *op. et loc. ult. cit.*

constituye una institución constitucional separada del Poder Ejecutivo, aunque conectada con el mismo.

En efecto, la previsión de la designación del Fiscal General del Estado por el Gobierno implica un vínculo originario de la cúspide de la Fiscalía con el Ejecutivo, al que se une la persistencia de un cordón umbilical orgánico y presupuestario que la mantiene permanentemente enlazada con el Ministerio de Justicia. Pese a que la aspiración a la ruptura del cordón umbilical ha ido cobrando fuerza en el seno de la carrera fiscal y en el ámbito forense con mayor intensidad según ha pasado el tiempo, la desconexión corporal con el Poder Ejecutivo no ha sido todavía posible, por la reticencia de los políticos de todo signo a perder el poder de control, al menos formal, de la Fiscalía como institución, que aún conserva el Ministerio de Justicia.

Pero, más allá de las preguntas sobre cuál sea el mejor sistema de designación del Fiscal General del Estado y sobre la conveniencia de cortar o no el cordón umbilical que impide una separación completa de la Fiscalía del Poder Ejecutivo, la cuestión primordial a dilucidar en un análisis sobre la posibilidad de deslinde entre justicia y política consiste en la resolución del siguiente interrogante: ¿puede servir la Fiscalía como instrumento de canalización de la política gubernamental en el ámbito de la justicia? Ya adelantamos que la respuesta que dicha pregunta merece es negativa.

Desde una perspectiva histórica, el hecho de que el Ministerio Fiscal tuviera su origen en una figura defensora de los derechos del fisco y de la Corona ninguna relevancia posee en el debate actual sobre las condiciones de ejercicio de las funciones del Ministerio Público, pues, con anterioridad al triunfo de la doctrina de la separación de poderes, el poder real -de fundamento divino- era la fuente de toda función pública, también de la jurisdiccional. Podría aducirse que, con la implantación del sistema constitucional de separación de poderes, se hacía necesario o al menos conveniente asegurar la presencia de un órgano dependiente del Poder Ejecutivo en la jurisdicción, pero tal planteamiento parte de dos premisas distintas que deben ser examinadas por separado.

La primera de las premisas es que la jurisdicción, como poder del Estado distinto del Ejecutivo y del Legislativo precisa, para su funcionamiento, de un órgano específicamente dedicado a la tarea de la promoción de la justicia. Dicho órgano, en la actualidad, es el Ministerio Fiscal o Ministerio Público, cuya misión esencial -definitoria del concepto-, con independencia de otras complementarias que puedan atribuírsele por los distintos ordenamientos, consiste en cualquier país en el ejercicio de la acción penal[663].

Como ya hemos tenido ocasión de señalar con anterioridad, un factor de legitimación de la jurisdicción, que impide la activación de su poder en el ámbito de la lucha política, es su dependencia de la promoción externa de su actividad. Sin actor no hay juez. Específicamente en el terreno penal, la posibilidad de actuación de oficio característica del sistema inquisitorial había convertido a los tribunales en instrumentos totalitarios ávidos de acumulación de poder, que podían desafiar a autoridades de todo tipo e incluso a los reyes[664]. Como reacción frente al modelo del Antiguo Régimen, el modelo acusatorio exigía encomendar el ejercicio de la acción penal a una figura distinta de los tribunales de justicia. Como señala Karl Heinz Gössel, en el marco de la instauración de la doctrina de la separación de poderes, con la atribución a sujetos distintos e independientes de la actividad acusatoria y de enjuiciamiento,

---

663 DIEZ-PICAZO GIMÉNEZ, LUIS MARÍA, *op. cit.*, p. 13.

664 *Vide* GONZÁLEZ-CUÉLLAR SERRANO, NICOLÁS, "*Ecos de Inquisición*", *cit.*, p. 225.

se hizo posible asegurar la supremacía de la justicia material sobre la conveniencia del uso del poder[665].

En Inglaterra y Gales la acusación había sido ejercida siempre de forma difusa por *hombres libres*, a través de grandes jurados y jueces de paz que tenían el poder de obligar al perjudicado a constituirse en actor, en un contexto de ausencia de profesionalización en la Administración de Justicia[666]. En el Derecho continental pronto se observó que convenía asignar la tarea a personas investidas de un carácter oficial y organizadas en una institución *ad hoc*, único medio de garantía de profesionalidad en el desarrollo de una función pública, por su interés general, que el Estado asumía como propia[667].

Llegamos así a la segunda premisa de la conclusión. Como la supeditación de dicha función al control de los tribunales había sido una nota característica del sistema inquisitorial que se pretendía sustituir -como se ha expuesto- por el modelo acusatorio de raíz anglosajona, la solución fue hacer depender a los fiscales del Gobierno, a través del Ministerio de Justicia, al igual que se había hecho en EEUU, donde siempre se ha considerado la función de acusar propia del Poder Ejecutivo, como ya hemos tenido ocasión de examinar en el capítulo quinto[668].

Por otro lado, la impartición de justicia por los tribunales estatales se explica como formula heterocompositiva de resolución de conflictos, en la que un tercero dirime la controversia entre las partes según un esquema triádico que impide que se identifiquen las posiciones de juez y parte. Cuando se ejer-

---

665 "Uberlungen zur Bedeutung des Legalitätsprinzips im rechtstandlischen Strafverfahren", en "*Festchrift für Hanns Dünnebier zum 75 Geburstag am 2. Juni 1982*", De Gruyter, Berlin, 1982, p. 123.

666 *Vide* DIEZ-PICAZO GIMÉNEZ, LUIS MARÍA, *op. cit.*, pp. 39 y ss.

667 *Vide* DIEZ-PICAZO GIMÉNEZ, LUIS MARÍA, *op. cit.*, p. 118.

668 C.5.II.B.

cita el derecho de acción penal por el Estado ¿cómo puede sostenerse que se respeta el patrón triádico de la heterecomposición si es el mismo Estado el que decide a través de sus tribunales de justicia? El mismo Estado que es titular del *ius puniendi* ejerce la acusación a través de su Fiscalía y emite sentencia en sede de su tribunal. ¿Qué proceso heterocompositivo se observa en ello? Sólo mediante una radical separación de la Fiscalía de la jurisdicción la ficción triádica es creíble como fórmula de aproximación a su ideal. Ello exige la comprensión de la Fiscalía como institución incardinada formalmente en el Poder Ejecutivo (como sucede en EEUU, Francia o Alemania) o situada en el ámbito del Poder Judicial, pero con identidad constitucional propia y autonomía funcional (como en Italia o en España, si bien con notables diferencias entre ambos sistemas -fundamentalmente por la vinculación de la Fiscalía española con el Gobierno-).

En cualquier caso, son los condicionamientos estructurales referidos los factores explicativos de la génesis de los nexos entre el Poder Ejecutivo y la Fiscalía, si bien una vez situada la institución en el ámbito del Gobierno -como una buena parte de la doctrina defiende[669]-, se hace más sencilla su instrumentalización al servicio del poder político de turno por regímenes de variado tipo, que ha tratado de ser legitimada mediante dos doctrinas justificativas de la intromisión:

a) la *doctrina representativa*, en virtud de la cual existiría una supuesta necesidad de presencia del Ejecutivo en el campo judicial que se lograría a través de su representación por la Fiscalía; y

[669] *Vide* MORENO CATENA, VICTOR, "El papel del Ministerio Fiscal en el Estado democrático de Derecho", *Cuadernos de Derecho Público,* núm. 16 (mayo-agosto, 2002, pp.145 y ss.

b) la *doctrina comunicativa*, según la cual el ministerio público serviría como ojos y oídos del Gobierno en la jurisdicción, para conocer sus actuaciones, y también como boca para transmitir sus mensajes.

Ambas doctrinas parten de la base de la legitimidad de la utilización gubernamental de la Fiscalía como medio de ejecución de una determinada política criminal que el Poder Ejecutivo tendría derecho a diseñar y a procurar implantar en el terreno jurisdiccional.

¿Pero que es la política criminal y a quien corresponde su diseño e implantación? A tal temática dedicaremos el siguiente epígrafe.

B) LA POLÍTICA CRIMINAL

Por *política* se entiende, según la undécima acepción que incluye el diccionario de la RAE, el "*arte o traza con que se conduce un asunto o se emplean los medios para alcanzar un fin determinado*". Por *política criminal* puede entenderse el conjunto de las actuaciones, de los criterios y de las orientaciones ideológicas que los sustentan dentro del ámbito público para la delimitación del Derecho penal y la prevención y la represión de la delincuencia, en sus diversas formas, en una determinada sociedad[670].

Dejando al margen de nuestro estudio el diseño de la política criminal que supone la creación normativa de los delitos y las penas, que corresponde al Parlamento (SSTC 160/2012, de 20 de septiembre y 169/2021, de 6 de octubre), y la política de prevención penal, la cual queda atribuida a distintos departamentos del Poder Ejecutivo, no sólo el policial, sino también otros, como el social, el educativo, el laboral, etc., hemos de fi-

---

670 *Vide* BORJA JIMÉNEZ, EMILIANO, "*Curso de política criminal*", Ed. Tirant lo Blanch, Valencia, 2011, pp. 19 y 20.

jar nuestra atención en la política de *represión penal* o *aplicación de la ley penal*. ¿Y qué es tal cosa? Para dar una respuesta atinada resulta preciso distinguir dos ámbitos:

a) el de la investigación previa, que sirve para aflorar delitos ocultos; y

b) el de la persecución penal, originada por la aparición de sospechas suficientes sobre la comisión de un delito, en el cual -a su vez- habría que separar dos campos distintos, que son los regidos por los principios de legalidad y oportunidad respectivamente.

Cuando se investiga sin sospecha previa, en la zona fronteriza entre la prevención y la represión, el trabajo a realizar es estrictamente policial o de supervisión y se sitúa claramente en el terreno en el cual el Poder Ejecutivo despliega sus competencias. Se ejecuta una *política criminal de detección delictiva* que sólo puede y debe judicializarse en los supuestos en los que el ordenamiento prevé la intervención de un órgano judicial en garantía de cualquier derecho (de conformidad con lo previsto por el art. 117 de la CE como excepción al principio de exclusividad negativa de la jurisdicción).

Función distinta es la desplegada para el esclarecimiento de las sospechas suficientes sobre la comisión de un delito. Con ellas surge el conflicto y, como regla general, la necesidad de persecución penal. Para la satisfacción de dicha exigencia se aplicará una política de gestión de medios humanos y materiales, en virtud de las cuales se distribuirán los recursos existentes, siempre limitados, en atención a criterios que deben ser racionales y eficientes. Dicha *política criminal de gestión de recursos policiales*, corresponde en la actualidad al Ejecutivo, si bien puntualmente puede ser corregida en sus efectos en el caso concreto por la Fiscalía y por los órganos judiciales cuando una u otros dirijan la investigación, dada la dependencia funcional de la Policía Judicial prevista constitucional y legalmente.

Como, mediante instrucciones puntuales, ni la Fiscalía ni los órganos judiciales pueden modificar la política de asignación de recursos, no puede hablarse de una *política criminal de gestión de recursos policiales* compartida.

Debido al condicionamiento de la persecución penal que dicha política supone en cuanto a su iniciación, desarrollo y conclusión, en España resultaría lógico encomendarla a la Fiscalía, si finalmente asumiera en exclusiva la dirección de la investigación. Difícilmente puede encomendarse una dirección efectiva de actividad alguna a quien no dispone del poder de decisión sobre los medios empleados para su realización. Ello de ningún modo implica convertir a los fiscales en policías, sino a la Policía Judicial en organismo integrado en una Fiscalía dotada de los medios suficientes para desempeñar su trabajo (por ejemplo también con la adscripción de peritos en distintos campos, con los cuales los fiscales no tienen por qué mimetizarse). Así sucede en EEUU, donde el FBI depende del Departamento de Justicia y así se propuso, no sin oposición del Ministerio del Interior de aquel entonces, en la Propuesta de Código Procesal Penal de 2013.

Ya en el campo de aplicación del principio de oportunidad, es posible y es natural que surja una *política criminal de persecución selectiva,* basada en criterios de utilidad y conveniencia. Dichos criterios, como ya hemos tenido ocasión de exponer, resulta deseable que se apliquen de la forma más uniforme que sea posible, sin merma del valor de la particularidad que, precisamente por justificar un trato distinto a la solución configurada en abstracto por la regla general, permite la omisión de la persecución penal.

La referida *política criminal de persecución selectiva* sólo puede alcanzar una eficacia general si la opción sobre la persecución o no del asunto se atribuye a un organismo que actúe sometido a los principios de unidad de actuación y dependencia jerárquica, como es la Fiscalía, pues si es la jurisdicción a quien se otorga el poder de disposición sobre la acción penal, sustrayendo a la Fiscalía la posibilidad de ejercerlo por interposición de la voluntad judicial, la independencia difusa con la que actúan sus órganos impide la confluencia de su actividad en criterios comunes o, al menos, dificulta la reunión de criterios en una política compartida, de surgimiento tan improbable que en la práctica puede ser descartada.

Además, una *política judicial de selección persecutoria* no sólo sería empíricamente descartable, sino que resultaría constitucionalmente rechazable, desde una doble perspectiva:

a) en primer lugar, porque colocaría a los Juzgados de Instrucción en una posición equiparable a la de un Ministerio Público en red; y

b) en segundo lugar, porque supondría la activación de una faceta política de la judicatura en la orientación general del interés público -en el terreno de la persecución penal-, atentatoria contra el principio de exclusividad jurisdiccional en su vertiente negativa.

Es la Fiscalía la institución a la cual, en el proceso penal contemporáneo, se le atribuye la función de sostener la acusación oficial y a la que la Constitución atribuye la misión de promover la justicia en defensa de la legalidad y del interés público tutelado por la ley (art. 124.1). Es a ella a quien compete establecer una política de selección de casos a perseguir conforme a la ley y al interés público, que guíe a sus integrantes hacia una práctica uniforme en cuanto sea posible, pero dispar en cuanto prevalezca el valor de la diferencia.

Dicho de otro modo, corresponde a la Fiscalía la política sobre la discrecionalidad acusatoria, si bien en el caso concreto su plasmación práctica debe quedar sometida al control judicial, a instancia de parte, desde el estándar del *interés de la jus-*

ticia, aspecto ya tratado al analizar la fundamentación constitucional del principio de oportunidad en el capítulo cuarto[671].

Resta por decir que la autonomía funcional de la Fiscalía en el ejercicio de sus funciones debe impedir que el Poder Ejecutivo interfiera en el diseño o ejecución de la *política de selección persecutoria* por medio de órdenes o presiones del Gobierno, del Ministerio de Justicia o cualquier otro departamento o dependencia, incluida la policía, que no debe usurpar la referida atribución del Ministerio Público mediante la aplicación de criterios de conveniencia o utilidad para la selección de sospechas sobre las que investigar. Es cierto que en Inglaterra y Gales se atribuye a la policía el poder discrecional de hacer frente a los delitos, en casos en los que entienda que no existe gravedad que aconseje la persecución, mediante amonestaciones o reprimendas, no sin críticas al uso laxo que se hace de la prerrogativa[672], pero tal realidad práctica no puede servir de cauce para interferencias del Gobierno en el ejercicio de la acción penal por la fragmentación y autonomía de las fuerzas policiales[673]. Acerca de la conveniencia de asegurar que mediante la *política de gestión de recursos policiales* no se aplique una *política de persecución selectiva* solapada ya se ha hecho *supra* la reflexión oportuna.

¿Y por qué se debe impedir una imposición de criterios de política criminal por parte del Gobierno? Luis Diez-Picazo Giménez sostiene que la preocupación por la vinculación del Ministerio Público con el Poder Ejecutivo sólo resulta explicable en el ámbito de la *criminalidad gubernativa* o cuando existan intereses partidistas en juego, supuestos en los que la exclusión de la oportunidad (discrecionalidad *política*) como base

---

671 C.4.VI.

672 DAMIÁN MORENO, JUAN, "*La decisión de acusar. Un estudio a la luz del sistema acusatorio inglés*", Dykinson, Madrid, 2014, p. 59.

673 *Vide* DIEZ-PICAZO GIMÉNEZ, LUIS MARÍA, *op. cit.*, pp. 41 y ss.

para el ejercicio de la acción disiparía la desconfianza, aunque reconoce que pueden existir razones que aconsejen atribuir a la Fiscalía "*cierto grado de autonomía operativa respecto del Poder Ejecutivo*", las cuales no considera que prejuzguen el debate sobre la discrecionalidad en el ejercicio de la acción penal[674]. El problema, sin embargo, es que en la sociedad actual los *intereses partidistas* se proyectan no de forma puntual en supuestos aislados, sino con frecuencia y por desgracia, a través de medidas gubernativas que camuflan actuaciones de propaganda política y marketing electoralista, que resulta necesario desterrar del ámbito de la jurisdicción -en el cual el Ministerio Público desarrolla su trabajo-, para salvaguardar su pureza, también y muy señaladamente en el ejercicio de la acción penal.

III. LA PRUDENCIA COMO MÉTODO DE DISCERNIMIENTO EN EL EJERCICIO DE LA DISCRECIONALIDAD PERSECUTORIA

Para Aristóteles, la prudencia (*phronesis*) consiste en el discernimiento del ser humano sobre lo bueno y conveniente para vivir bien (*eudaimonia*). En términos generales, es la disposición para la realización propia de la persona reflexiva o deliberativa y tiene por objeto *lo que puede ser de otra manera.* No pertenece ni a la ciencia, ni a la técnica, pues nadie reflexiona o delibera sobre lo que no puede ser de otra manera o no se puede hacer. Se trata de una disposición práctica racional, constitutiva de una virtud de la razón conectada con el carácter, la cual comprende y une las demás virtudes racionales y emocionales. No es contemplativa, sino orientada a la práctica, y es preceptiva, pues determina lo que se puede hacer y lo que no. Su objeto consiste en la elección de los medios, en lo par-

---

674 *Op. cit.*, p. 26.

ticular, para alcanzar un fin bueno, a través de la recta razón (*ortos logos*), ya sea en relación con el individuo, ya sea en la política. Converge en lo individual con la *comprensión* (*gnome*), que es "*el discernimiento recto de lo equitativo*", es decir, la razón que dirige hacia la equidad, la cual "*es común a todos los hombres buenos en su relación con los demás*"[675].

El concepto aristotélico de prudencia ejerció una gran influencia en Grecia y Roma. En latín, el término griego *phronesis* se asimiló a *prudentia*, cualidad que, aplicada a la práctica del Derecho en el caso concreto, se denominó *jurisprudentia*[676]. Perdidas gran parte de las obras del filósofo en Occidente, su recuperación, gracias a las traducciones del árabe, reintrodujo su pensamiento en la escolástica a través de la obra de Santo Tomás de Aquino[677].

Santo Tomás incluye la prudencia entre las virtudes cardinales, junto con la templanza, la fortaleza y la justicia. Situada en el entendimiento, la prudencia predice el futuro gracias al conocimiento del pasado y del presente. "*El prudente* -afirma el doctor angélico- *considera lo que está lejos en cuento puede ayudarle o impedirle lo que debe hacer en el momento presente*". Pero su mérito no se encuentra sólo en la consideración, sino también en su aplicación a la obra, dependiente de la voluntad. Su objetivo, como señala Aristóteles, es práctico[678]. Por ello se sitúa no en

---

675 "*Aristóteles. Ética a Nicómaco*", Trad. José Luis Calvo Martín, Alianza Editorial, Madrid, 2001, pp. 186 a 2001. Aunque *gnome* tiene el significado de *saber, razón*, Aristóteles lo emplea "*forzando un acercamiento semántico con otros como eugnómon (<<comprensivo>>) y syngnóme (<<comprensión>>, <<perdón>>)*". Nota 17 del traductor, p. 195.

676 *Vide* FAURE, MURRAY, "Understanding Aristotle prudence and its resurgence in potmodern times", "*Phronimon*", Vol. 14, Tomo 2, enero 2013, p. 47, nota 1.

677 FAURE, MURRAY, *op. cit.*, p. 59.

678 "*Suma Teológica*", *cit.*, Pars II.IIae. Cuestión 47. Artículo 1. ¿La prudencia radica en el entendimiento o en la voluntad?

el entendimiento especulativo, sino en el práctico. Consiste en la aplicación de la *recta razón* a las cosas que precisan *consejo*, las cuales son las que no tienen un medio determinado para alcanzar su fin, como también señala Aristóteles, sino las que no se rigen por normas ciertas y determinadas[679]. El Evangelio enseña -recuerda santo Tomás- que "*inseguros son los pensamientos de los mortales y nuestros cálculos muy aventurados*" (Sab. 9, 14), porque la infinitud de singulares no puede ser aprehendida por la razón humana. Ahora bien, la experiencia permite limitar "*los infinitos singulares a algún número finito de casos que se repiten con mayor frecuencia y cuyo conocimiento es suficiente para constituir prudencia humana*"[680]. La prudencia es, como se ha dicho, una virtud, que tiene carácter intelectual y moral y debe ser moderadora de las demás virtudes[681]. Es virtud especial, porque actúa sobre lo agible, que es la actividad misma del sujeto[682]. Es la recta razón de los actos humanos. "*La prudencia es la recta razón de lo agible*". Ello requiere una buena predisposición a los fines, un *apetito recto*, que se ha de llevar a la práctica en la elección de los medios a elegir para la elección del fin con la virtud de la prudencia[683]. Su función es *imperar* con la selección como resultado de la indagación (consejo) y el juicio[684]. *Imperar* es

---

679 "*Suma Teológica*", *cit.*, Pars II.IIae. Cuestión 47. Artículo 2.

680 "*Suma Teológica*", *cit.*, Pars II.IIae. Cuestión 47. Artículo 3. ¿Conoce la prudencia los singulares?

681 "*Suma Teológica*", *cit.*, Pars II-IIae. Cuestión 47. La prudencia en sí misma. Artículo 4. ¿Es virtud la prudencia?

682 "*Suma Teológica*", *cit.*, Pars II-IIae. Cuestión 47. La prudencia en sí misma. Artículo 5. ¿Es virtud especial la prudencia?

683 "*Suma Teológica*", *cit.*, Pars I-IIae. Cuestión 57. Sobre la distinción de las virtudes intelectuales. Artículo 4. ¿Es la prudencia una virtud distinta del arte?

684 "*Suma Teológica*", *cit.*, Pars II-IIae. Cuestión 47. La prudencia en sí misma. Art. 8 (. ¿Imperar es el acto principal de la prudencia?

un acto de la razón, que presupone un acto de voluntad[685]. El acto principal de la prudencia "*es el imperio para la acción sobre los que previamente ha sido objeto de consejo y juicio*"[686]. Son partes de la *prudencia cognoscitiva* la memoria, la razón, la inteligencia, la docilidad y la sagacidad y de la *prudencia preceptiva* la previsión o providencia (adecuación al fin), la circunscripción (distinción de aspectos diversos) y la precaución (evitación de los obstáculos). También se distingue entre *eubulia* (rectitud en el consejo), *synesis* (buen sentido para juzgar lo ordinario, sensatez) y *gnome* (perspicacia, que se aparta de las leyes comunes cuando procede). El acto principal es el *precepto* o *imperio*[687]. Son *madrastras* de la prudencia, aclara Santo Tomás al ocuparse de la negligencia, la precipitación, la pasión, la obstinación en el propio parecer y la vanidad, "*que todo lo tizna*"[688].

Sobre la *gnome*, aclara Santo Tomás que en ocasiones es preciso realizar alguna cosa fuera de las reglas comunes de la acción y juzgarlas en función de principios superiores a dichas reglas de la *syneresis*, lo cual se corresponde con una virtud superior que supone cierta *perspicacia de juicio*[689].

Con el racionalismo y el utilitarismo decayó el interés por la *phronesis*. La modernidad buscó las máximas para la acción en la razón pura o en el cálculo de su utilidad para evitar dolor

---

685 "*Suma Teológica*", *cit.*, Pars I-IIae. Cuestión 17. La esperanza. Artículo 1. ¿Es virtud la speranza?

686 "*Suma Teológica*", *cit.*, Pars II-IIae. Cuestión 47. La prudencia en sí misma. Artículo 9. ¿Pertenece la diligencia a la prudencia?

687 "*Suma Teológica*", *cit.*, Pars II-IIae. Cuestión 48. Partes de la prudencia. Artículo 1. Partes de la prudencia; Cuestión 51. Las partes potenciales de la prudencia. Artículo 1. ¿Es virtud la *eubulia*. Artículo 3. ¿Es virtud la *synesis*?. Artículo 4 ¿Es virtud especial la *gnome*?

688 "*Suma Teológica*", *cit.*, Pars. II.IIae. Cuestión 54. La negligencia. Artículo 1. ¿Es pecado la negligencia?.

689 "*Suma Teológica*", *cit.*, Pars II-IIae. Cuestión 51. Artículo 4, cit.

o producir placer y no en la experiencia. Pero la prudencia aristotélica ha revivido tras la Segunda Guerra Mundial, tras constatarse que la obsesión por la certidumbre, la objetividad y la universalidad había conducido a la justificación filosófica de ideas políticas totalitarias de consecuencias devastadoras. En la postmodernidad, el interés en la *phronesis* ha vuelto a surgir, al valorarse muy positivamente el carácter *a posteriori* del pensamiento aristotélico en un contexto de incredulidad frente a *metanarrativas*, relativismo, preferencia por el sentido común frente a los planteamientos de las élites y desplazamiento de una *ética normativa* por una *ética de la virtud*, aunque para Aristóteles las virtudes del carácter y las leyes constituyen realidades complementarias[690].

La discrecionalidad en el ejercicio de la acción penal constituye un poder de actuación práctico que permite actuar de manera diversa: persiguiendo o no el hecho punible; imponiendo unas u otras condiciones en caso de omitirse la exigencia de responsabilidad penal. La prudencia en su ejercicio evita la arbitrariedad: el fin buscado debe ser bueno y para conseguirlo se hacer preciso el *discernimiento recto* de la totalidad de las circunstancias relevantes para la toma de la decisión, desde la experiencia y con particular atención a los elementos peculiares del asunto que aconsejan separarse de la regla general. Como se ha expuesto, la prudencia lleva consigo la perspicacia que confluye con la equidad, cuyo valor para la fundamentación del principio de oportunidad ya ha sido analizado.

---

690 *Vide* FAURE, MURRAY, *op. cit.*, pp. 61 a 68.

IV. LAS CONSIDERACIONES POLÍTICAS COMO MOTIVO DE OPORTUNIDAD

A) EN EL ÁMBITO INTERNO

Entre los motivos de conveniencia y utilidad que, en la aplicación del principio de oportunidad, sería factible tomar en consideración se encuentra la preocupación por los efectos políticos que la decisión sobre la persecución penal podría provocar. En una indagación sobre el deslinde entre la justicia y la política resulta necesario abordar la cuestión desde la perspectiva del interés público y de la forma de salvaguardarlo en la toma de la decisión sobre el ejercicio o la pasada por alto de la acción penal.

El peso de las consideraciones políticas sobre la decisión relativa a la persecución penal puede producirse en distintos contextos normativos, como advierte Karl Peters[691].

El más extraordinario, por excepcional, es el *contexto revolucionario.* Se trata de un plano de abierto desafío al Derecho vigente, que sea desea destruir para que surja una nueva legalidad. La decisión de persecución dependerá de la fuerza de los regímenes en liza por hacerse con el poder. Ningún Estado resultante de un proceso revolucionario condena por rebelión a los líderes de la subversión. Coloca estatuas con sus imágenes en las plazas.

Si el factor político consiste en la motivación del perpetrador del acto punible, que actúa para la protección del Estado frente a un enemigo exterior o interior, en la guerra o en otros ámbitos de enfrentamiento armado o de otra naturaleza (espionaje, desinformación, etc), el manto de la impunidad, *de*

691 *Op.cit.*, pp. 424 y 425.

iure o *de facto,* tiende también a desplegarse. Es el *contexto de la autoprotección del Estado.* Lamentablemente la responsabilidad por la infracción del ius *in bellum* suele exigirse con mucha mayor rigurosidad a los combatientes del Estado derrotado que a los aclamados soldados del ejército victorioso. Y también, por desgracia, *la razón de Estado* constituye una *política criminal* frecuentemente seguida en todo el mundo, que puede aplicarse de dos formas distintas:

i. bajo el camuflaje de la mentira, la excusa de la ignorancia sobre la autoría del hecho punible o pretextos *pseudojurídicos* de diversa índole; o

ii. la más sincera y descarnada admisión de la inconveniencia de la persecución penal en aras a la protección de la seguridad del Estado.

Las dificultades que en España se opusieron a la persecución de los crímenes de los GAL se sitúan en este contexto, en la modalidad de frenos y resistencias institucionales no cubiertas por el reconocimiento legal de zona de impunidad alguna, las cuales finalmente, gracias a los descubrimientos del *periodismo de investigación* y a la figura de la acción popular, no impidieron el enjuiciamiento y condena de algunos de los responsables, entre ellos el ex Ministro del Interior José Barrionuevo y el ex Secretario de la Seguridad del Estado Rafael Vera por gravísimos delitos. No obstante, ambos fueron indultados con posterioridad.

Recientemente, en una entrevista publicada en el Diario El País el 6 de noviembre de 2022, titulada "*Yo ordené liberar a Segundo Marey*", José Barrionuevo ha confesado, con gran revuelo mediático, haber dado órdenes a fuerzas policiales en actuaciones ilegales y, para tratar de justificar dichas actuaciones, las ha situado en el contexto de una *guerra de trincheras* en la que entiende que no se deben pedir explicaciones por los disparos equivocados[692]. Con ello, simultáneamente, se coloca en la falsa narrativa bélica de los terroristas e ignora que también en la guerra rigen normas jurídicas. *Era una guerra y en la guerra vale todo,* podría haberse titulado la entrevista.

En una dimensión distinta se encuentran los hechos punibles mediante los que no se trata de sustituir un régimen político por otro, pero que se encuentran situados en el campo de las protestas violentas mediante las que pretende doblegar la autoridad del Estado e imponer por la fuerza y el amedrantamiento social el criterio de ciertos grupos, más o menos numerosos. En dicho ámbito, la cuestión relativa a la aplicación del principio de oportunidad en relación con los delitos cometidos en el contexto de los disturbios políticos acontecidos en Alemania en 1981 como respuesta violenta a la ejecución de medidas contra la ocupación ilegal de inmuebles fue analizada por Peter Riess con clarividencia. En aquel momento el citado autor observó que "*aunque el principio de legalidad ha recibido especial atención durante años, hay poca discusión sobre cómo se puede tratar legalmente el caso extremo de que el enjuiciamiento de los sospechosos puede poner en grave peligro la paz interna*"[693].

La cuestión, según Riess, estriba en dilucidar si ante el peligro de que las actuaciones judiciales penales provoquen disturbios, motines y actos de violencia puede omitirse el cumplimiento de las obligaciones de actuación de las autoridades judiciales que se desprenden del principio de legalidad[694]. En concreto, el autor se plantea si el interés público subyacente a la necesidad de la persecución penal, cuya ausencia posibilita la aplicación del principio de oportunidad conforme al pr. 153 de la StPO, puede entenderse suprimido por los efectos secun-

---

692 https://elpais.com/espana/2022-11-06/el-exministro-jose-barrionuevo-yo-ordene-liberar-a-segundo-marey.html

693 "Legalitätsprinzip...." *cit.*, p. 149.

694 "Legalitätsprinzip...." *cit.*, p. 150.

darios o colaterales que pueda desplegar la persecución penal sobre la paz pública[695].

Para Riess, el significado material del principio de legalidad consiste en su función de aseguramiento de la paz jurídica, que precisa de la confianza de la ciudadanía en la capacidad del Estado para mantener la seguridad y el orden público, sobre la que se basa el monopolio estatal en el uso de la fuerza. En consecuencia, "*el principio de legalidad no exige la persecución penal completa; está abierto a limitaciones legales debidamente diseñadas*". Pero esto exige que tales limitaciones sean aceptadas como diferenciaciones justas por la comunidad jurídica. Cuando la renuncia a la persecución es debida a influencias externas que rebasan los límites normativos, el panorama cambia, pues el Estado se muestra incapaz de asegurar el mantenimiento del orden en el campo de la persecución penal. Cuanto más graves, frecuentes y espectaculares se produzcan las omisiones de persecución por tal causa, mayor es el debilitamiento de la confianza en la que la asunción del monopolio del uso de la fuerza se asienta[696].

Sostiene el autor citado que el problema de la puesta en jaque del funcionamiento de la justicia penal mediante motines o disturbios es que el bien en juego casi coincide: el mantenimiento de la paz como función del Estado se pone en tela de juicio, aplicando el principio de legalidad, pese a los disturbios, o evitando los disturbios, renunciando al proceso penal. Ello supone que el peso de los "*intereses de conservación*" en conflicto es el mismo y no sirve como criterio para adoptar una solución que debe encontrase mediante la realización de una valoración integral de la totalidad de "*los intereses derivados de la idea de la emergencia*", la cual conduce a una consideración de las circunstancias que se resume en la fórmula de la razo-

---

695 "Legalitätsprinzip....". *cit.*, p. 151.

696 "Legalitätsprinzip...." *cit.*, p. 158.

nabilidad de los medios. Con carácter general, la renuncia al proceso penal no será el medio menos gravoso. Normalmente las autoridades podrán aplacar las protestas con estrategias distintas, como el uso moderado de las fuerzas de seguridad o, en otras situaciones, la utilización aparentemente masiva de efectivos antidisturbios. Primero se debe tratar de mantener la seguridad con medios policiales dentro de la legalidad. Pero si no resulta suficiente, si existe una alta probabilidad de actos de violencia que no puedan evitarse de otra manera, es cuestionable -afirma Riess- que la renuncia a la acción penal sea el medio más apropiado de gestionar la situación, "*porque no se trata de evitar un motín en concreto, sino de contrarestar el clima de inestabilidad general.*". Si la aplicación de la ley procesal penal conduce a la violencia, existe como regla general un riesgo de falta de paz no sólo en la situación concreta, sino en cualquier otra en la que se busque la discordia y pueda ser provocada -entiende Riess, quien manifiesta su escepticismo sobre la posibilidad de solución-. No obstante, la comparación con los dos cursos de acción alternativos muestra peores perspectivas para el interés jurídico del mantenimiento de la confianza de la sociedad en la capacidad del Estado para la protección de la paz interior. Si se cede a la presión y se sacrifica la obligación de persecución penal, la preservación momentánea de la sensación de seguridad se compensa con el efecto del conocimiento de que el Estado puede ser sometido a "*chantaje*", con el consiguiente riesgo de aumento del potencial de voluntad de "*volver a hacerlo en el futuro de la misma manera*". Opina el autor que la cesión al "*chantaje*" es una solución particularmente objetable, porque pone en cuestión dos valores básicos: el monopolio por el Estado del uso de la fuerza para mantener la paz; y la necesidad derivada del principio de igualdad de imposición del castigo sin atender a consideraciones personales. "*En principio* -sostiene Riess- *existen buenas razones para dudar de que, a largo plazo, la no imposición de la sanción reclamada por la comunidad jurídica sea un medio apropiado y adecuado para reducir la disposición a utilizar la violencia*". De ello, sin embargo, no concluye el autor que la persecución penal tenga prioridad absoluta. Si sólo se trata de reducir el tiempo o el contenido de la investigación de la Fiscalía, la ley concede un margen de juicio no desdeñable. Cuando simplemente se adopta un "*enfoque cauteloso*", la conciencia de seguridad a largo plazo no se ve afectada. En consecuencia, el "*enfoque cauteloso*" es el requerido por razón de necesidad de ponderación de intereses. Una reducción de la actividad procesal penal más allá del planteamiento realizado podrá estar justificado en situaciones excepcionales, "*si la probabilidad como el grado de la amenaza contra la seguridad son particularmente altos, mientras que, por otro lado, la probabilidad de que la renuncia temporal a la investigación se convierta en una renuncia definitiva a las sanciones sea bajo*"· Se requiere una consideración especialmente cuidadosa de todas las circunstancias. La renuncia total al ejercicio del *ius puniendi* es más problemática, Debe ser negada por completo "*si el vínculo ofensivo entre la amenaza de violencia y la negativa a la persecución es particularmente intrusivo y afecta a áreas que suelen estar sujetas al principio irrestricto de legalidad*", porque en caso contrario el Estado renunciaría a su función del mantenimiento del orden y de la paz. Entiende Riess que, ya sólo porque formadores de la opinión pública efectúen tal exigencia, se pone en entredicho la credibilidad de la Administración de Justicia. Sólo cuando exista una discrepancia generalizada con la punibilidad de la conducta, con el merecimiento de pena en el caso concreto, no existirá peligro para la confianza en el sistema[697].

En definitiva, para Riess la ponderación de intereses deja un margen muy estrecho a la renuncia a la persecución penal destinada a conjurar amenazas de violencia. El chantaje al Estado es peor que la aparición temporal de violencia. La estrategia de apaciguamiento mediante el sacrificio de la per-

697 "Legalitätsprinzip...." *cit.*, pp. 158 a 162.

secución penal es difícilmente la solución, porque ocasiona un grave perjuicio al principio de legalidad material, en el que confluyen el principio de igualdad y el deber de mantener la sensación de seguridad[698].

Riess también se opone a la intensificación de la persecución penal como "*contraestrategia*", a una solución basada en una persecución penal enérgica. El proceso penal no es un instrumento para el establecimiento de la paz jurídica general. No es un medio preventivo para restaurar una sensación general de seguridad. Pero esto no implica que no se deba tener en cuenta la prevención general a través del proceso y que la aplicación del principio de oportunidad pueda quedar excluida por la necesidad de asegurarla, partiendo de la base de que la imposición de la pena está limitada por el principio de culpabilidad y de que se deben respetar los principios de proporcionalidad e igualdad, así como las garantías procesales, en la persecución penal. La celeridad del proceso también contribuye a la prevención general, pero no debe procurarse a costa de las garantías. En ningún caso el proceso penal debe planearse con un fin disuasorio en sí mismo[699].

"*Para el fortalecimiento de la confianza en el Derecho sólo son idóneas las acciones desapasionadas de las autoridades de persecución penal orientadas a la verdad y a la justicia*" -proclama Riess-. Hoy nadie se plantearía perseguir a personas inocentes o imponer penas arbitrarias. La tentación de sobrepasar los límites se encuentra en áreas de apariencia inofensiva. La utilización de formas aceleradas de aplicación de la justicia para tratar asuntos complejos con fines intimidatorios sirve como ejemplo[700] (recordemos los *juicios sumarísimos*). "*La persecución penal orientada a la justicia -sin emociones e imparcial, que no se doblega a las*

---

698 "Legalitätsprinzip...." *cit.*, p. 163.

699 "Legalitätsprinzip...." *cit.*, p. 165.

700 "Legalitätsprinzip...." *cit.*, pp. 166 y 167.

exigencias del día -afirma el autor cuyas reflexiones hemos seguido- *es la que mejor sirve a la paz interior. Ésta es una realidad trivial* -añade Riess-, *pero la necesidad de expresarla se hace evidente*"[701]. Lo era cuando Riess escribió su artículo en Alemania hace más de cuarenta años y lo, es con mayor motivo, en la actualidad en España -por la envergadura de los delitos cometidos y del desafío al orden constitucional que entrañaron- después de los episodios políticos y jurídicos del llamado "*caso del procés*", cuyo desarrollo será explicado un poco más adelante.

B) EN EL ÁMBITO INTERNACIONAL

No cabe duda de que la máxima expresión de la supeditación de la acción de la justicia a la conveniencia política en el ámbito internacional se encuentra en la suspensión de la iniciación de la investigación o del proceso, o de la tramitación de una u otro si ha comenzado, prevista por el art. 18 del ETPI, a requerimiento del Consejo de Seguridad de Naciones Unidas, vinculante para la Fiscalía y para el Tribunal, por plazo de doce meses, renovable por iguales periodos, sin límite expreso. La decisión del Consejo debe adoptarse de conformidad con el Capítulo VII de la Carta de Naciones Unidas (relativo a amenazas a la paz, quebrantamiento de la paz y actos de agresión) por, al menos, nueve de sus miembros, sin el veto de ninguno de los miembros permanentes.

Dicha posibilidad de suspensión se intentó llevar a la práctica en 2009 por los Estados de la Unión Africana para frenar las actuaciones seguidas contra el expresidente de Sudán Omar Hassan Ahmad al-Bashir, al que se le atribuyen delitos contra la humanidad y de guerra, e inicialmente también el delito de genocidio, cometidos en Darfur, si bien los esfuerzos de para-

---

701 "Legalitätsprinzip...." *cit.*, p. 169.

lización del Tribunal no tuvieron éxito[702]. Como tampoco lo tuvieron los dirigidos en 2010 y 2013 para congelar su actuación frente a los ex Presidente y Vicepresidente de Kenia, Uhuru Kenyatta y William Samoei Ruto, entre otras personas, por los hechos violentos acontecidos tras las elecciones en 2007, aunque el proyecto de resolución suspensiva obtuvo siete votos a favor y ocho Estados se abstuvieron (posteriormente los cargos contra Kenyatta y Ruto se abandonaron por falta de pruebas)[703]. En contraste, el art. 16 fue mencionado como fundamento de la exclusión de la jurisdicción del Tribunal sobre nacionales de Estados no parte en el Convenio de Roma en las Resoluciones 1422 (2002) y 1487 (2003), como consecuencia de la presión ejercida por EEUU[704].

El origen del precepto se sitúa en el intento de EEUU de evitar el posible enjuiciamiento de sus nacionales, objetivo para el cual se llegó a plantear inicialmente el condicionamiento de la jurisdicción del Tribunal al posible veto de algún miembro permanente del Consejo de Seguridad. Pero el Proyecto de Estatuto, en su art. 23(3) no incorporó tan drástica medida, sino un mecanismo de exclusión de la intervención del Tribunal durante el periodo en el que el Consejo de Seguridad se ocupara del examen de una situación bajo las disposiciones del Capítulo VII. Finalmente, se adoptó la propuesta de Singapur, de exigir una amplia mayoría de miembros del Consejo para la

---

702 VAN DER VYVER, JOHAN DAVID, "Deferrals of Investigations and Prosecution in the International Criminal Court", *The Comparative and International Law Journal of Southern Africa*, 2018, Vol. 51, nº 1, pp. 1 y 2.

703 "In Hindsight: The Security Council and the International Criminal Court", *Security Council Report. Monthly Forecast*, August 2018. Whatsinblue.org.

704 "The Security Council and the Internatiional Criminal Court: the unsolved puzzle of article 16", *Netherlands International Law Review*, 61 (02), 2014, p. 197.

suspensión, incluidos los Estados con derecho de veto, dentro de un plazo, cuya posibilidad de prórroga se estableció, a propuesta de España, en la Conferencia de Roma. La finalidad de la inclusión de la norma fue la de poder otorgar prioridad a los esfuerzos de pacificación que el Consejo de Seguridad realice ante la aplicación de la justicia penal, para evitar interferencias inconvenientes. Por ello -entiende Johan D. van der Vyver, a quien hemos seguido en la exposición de los antecedentes del artículo-, la previsión de suspensión sólo se justifica si el Consejo de Seguridad adopta medidas de conformidad con el Capítulo VII de la Carta y debe ser interpretada restrictivamente[705].

No obstante, la cuestión es sumamente controvertida y no existe acuerdo sobre el alcance de una posibilidad de intromisión política en el ámbito de la justicia penal internacional que ha sido calificado como *talón de Aquiles* del sistema y *puzzle irresuelto*[706].

V. LA "JUDICIALIZACIÓN DE LA POLÍTICA" COMO EXCUSA PARA LA IMPUNIDAD: EL JUICIO DEL *PROCÉS*

A) INTRODUCCIÓN

El 12 de febrero de 2019 comenzó el juicio contra los principales líderes políticos catalanes que promovieron la fractura del orden constitucional para acabar con la unidad de España y proclamar la independencia de una de sus Comunidades Autónomas, Cataluña, que deseaban convertir en Estado independiente con forma de república. Los independentistas acusados intentaron dar un golpe de Estado vulnerando la Constitución,

---

705 *Op. cit., pp. 3 a 9.*

706 KNOTTNERUS, ABEL S., *op. cit.*, pp. 195 y ss.

so pretexto del ejercicio del derecho de autodeterminación de los pueblos en torno al *pseudoreferendum* de 1 de octubre de 2017[707]. Obviamente la actuación de los procesados fue contraria al mandato constitucional del art. 2 de la CE, que establece la *"indisoluble unidad de la nación española, patria común e indivisible de todos los españoles"*, pero no fueron enjuiciados por su desapego al orden constitucional, sino en relación con las concretas actuaciones que desarrollaron para subvertirlo mediante el rechazo del cumplimiento de resoluciones jurisdiccionales y la obstaculización mediante la violencia de la actuación de los poderes públicos que actuaron en defensa de la legalidad.

El juicio del *procés*[708], considerado el más importante de la historia de la democracia española, se celebró en la Sala de Plenos del Tribunal Supremo. A la cabeza del tribunal, compuesto por siete magistrados[709], se situó el Presidente de la Sala de lo Penal y ponente de la causa, Excmo. Sr. D. Manuel Marchena Gómez[710].

---

707 El derecho a la libre determinación de los pueblos se reconoce en el Derecho internacional a colonias, poblaciones de territorios sin representación política en las instituciones o sobre las que se ejercen graves y reiteradas vulneraciones de los derechos humanos. No es el caso de la población que reside en Cataluña.

708 La Fiscalía describe el *"procés"* como la *"estrategia planificada, organizada y concertada por los acusados"* para llevar a cabo el proceso secesionista en Cataluña.

709 Lo compusieron el Presidente y ponente Manuel Marchena Gómez y los magistrados Andrés Martínez Arrieta, Juan Ramón Berdugo Gómez de la Torre, Luciano Varela Castro, Antonio del Moral García, Andrés Palomo del Arco y Ana María Ferrer García.

710 Un prestigioso jurista, tanto en el ámbito forense como académico, Doctor en Derecho, quien antes de acceder al Tribunal Supremo perteneció a la carrera fiscal y que también ejerció como abogado y profesor universitario.

Dada la relevancia social y mediática del proceso, la vista oral se retransmitió en *streaming* por la red, a través del portal del CGPJ. Ello supuso que cualquier persona en cualquier lugar del mundo puede ver y escuchar íntegramente las sesiones del juicio oral, sin necesidad de encontrarse presente en la Sala de Plenos del Alto Tribunal. Así quedaron garantizados el derecho fundamental a un proceso público y el principio de publicidad consagrados en los artículos 24.2 y 120.1 CE.

Fueron doce las personas acusadas y se llamó a declarar a más de quinientos testigos -incluidos el Presidente y la Vicepresidenta del Gobierno de España en el momento de los hechos, los ex Ministros de Interior y de Hacienda, la Alcaldesa de Barcelona, Diputados del Congreso nacional y del *Parlament,* autoridades y funcionarios públicos del Estado y de la *Generalitat, Mossos d´Esquadra,* Policías Nacionales y Guardias Civiles- lo que prolongó la vista del juicio oral hasta el 12 de junio de 2019.

B) EL OBJETO DE LA CAUSA: DELITOS ACUSADOS

Los delitos objeto de acusación fueron: rebelión, sedición, malversación de fondos públicos, desobediencia y organización criminal.

El delito de rebelión se encuadra dentro del Título "*Delitos contra la Constitución*" en los artículos 472 y siguientes del CP-. En virtud del apartado 5 del art. 472, se consideran *"reos del delito de rebelión los que se alzaren violenta* ***y*** *públicamente para (...) declarar la independencia de una parte del territorio nacional".*

Por su parte, el delito de sedición está previsto en los artículos 544 y siguientes del CP y se enmarca dentro de los "*Delitos contra el orden público*". Son reos del delito de sedición los que *"sin estar comprendidos en el delito de rebelión, se alcen pública y tumultuariamente para impedir, por la fuerza o fuera de las vías legales, la aplicación de las leyes (...)".*

La cuestión clave para la aplicabilidad del delito de rebelión era la concurrencia o no de una violencia objetivamente idónea para el logro de la secesión en los acontecimientos que antecedieron y rodearon el referéndum ilegal del 1 de octubre de 2017 (1-O), culminados con una declaración unilateral de independencia aprobada por la mayoría del Parlamento catalán y proclamada por el entonces *President* de la *Generalitat*, Carles Puigdemont, quien inmediatamente afirmó que quedaban suspendidos sus efectos.

En cuanto al delito de malversación de fondos públicos, regulado en el artículo 432 del CP en el título "*Delitos contra la Administración Pública*", incurre en el mismo la autoridad y funcionario quien se apropie indebidamente del patrimonio público. Las acusaciones lo referían a la utilización de fondos para sufragar las campañas de publicidad previas al 1-O y a la provisión de infraestructuras, apoyo logístico y técnico, contratación de "*observadores internacionales*" y material electoral.

La desobediencia, que también se incluye en el mismo título del CP, se tipifica en el artículo 410, según el cual cometen delito de desobediencia *"las autoridades o funcionarios públicos que se negaren abiertamente a dar el debido cumplimiento a las resoluciones judiciales (...)"*. Las acusaciones sostenían que tal situación se había producido de manera continuada, al incumplirse –entre otras resoluciones judiciales- los reiterados pronunciamientos del Tribunal Constitucional (en adelante TC) contra los preparativos normativos de la consulta plebiscitaria.

Y, por último, se enjuiciaba también en la causa si los acusados habían incurrido en el delito de organización criminal -sostenido, únicamente, por la acusación popular ejercida por el partido político Vox-. Dicho delito se incluye dentro de la categoría de "*Delitos contra el Orden Público*", en el artículo 570 bis del CP, el cual entiende por organización criminal la unión formada de manera estable o por tiempo indefinido por más de dos personas que se reparten tareas o funciones de manera concertada y coordinada con el fin de cometer hechos delictivos.

C) SUJETOS DEL JUICIO

1. Las acusaciones

Las partes acusadoras fueron el Ministerio Fiscal, la Abogacía del Estado y la acusación popular ejercida por el partido político Vox.

El Ministerio Fiscal, como promotor de la justicia en defensa de la legalidad y del interés público desempeñó un papel esencial en el proceso, cuya incoación propició mediante la presentación de querella. En el juicio fue representado por cuatro fiscales de Sala del Supremo, todos ellos de gran prestigio[711]. Sostuvo la acusación por los delitos de rebelión, malversación y desobediencia.

La Abogacía del Estado, en representación del Estado se personó en el proceso como acusación particular, debido a que consideró que el tesoro había sido perjudicado por el delito de malversación de caudales públicos. Fue representada en el juicio por la Abogada del Estado Jefa de lo Penal, Rosa María Seone López, que sustituyó al anterior integrante de la institución que había actuado hasta entonces, Edmundo Val Francés, cuando este último se negó a formular acusación por delito de sedición en sustitución del delito de rebelión, decisión que ocasionó una gran polémica[712]. Acusó por los delitos de sedición, malversación y desobediencia.

---

711 Javier Zaragoza, Consuelo Madrigal, Fidel Cadena y Jaime Moreno.

712 Rosa María Seoane López.

La acusación popular, sostenida por el partido político VOX, fue la acusación que pidió las penas más altas para los acusados -hasta 74 años de prisión en los casos más graves-. Ello se debe a que incluía en su escrito de acusación, además de los delitos de rebelión y malversación, el de organización criminal.

Uno de los argumentos más utilizados por los abogados de los acusados, tanto en sus escritos de defensa como durante el juicio, incluida la exposición de las cuestiones previas, fue la puesta en tela de juicio de la participación de un partido político que calificaban como de extrema derecha, como actor popular.

2. Los acusados

Las personas acusadas, según se ha adelantado, fueron doce dirigentes políticos independentistas catalanes que pretendieron saltarse la Constitución y que las instituciones españolas aceptasen la escisión de la Comunidad Autónoma de Cataluña, mediante la convocatoria y celebración de un supuesto *referéndum de autodeterminación* entre los habitantes de Cataluña, con el que se usurpaba la competencia exclusiva para la convocatoria de *referenda* por el Gobierno del Estado y la soberanía, que recae sobre la totalidad del pueblo español y no sobre una parte.

De los doce acusados nueve se encontraban en situación de prisión provisional para evitar el riesgo de fuga:

- Oriol Junqueras i Vies: ex Vicepresidente del Gobierno y ex Consejero de Economía y Hacienda de la *Generalitat*;
- Jordi Turull i Negre: ex Consejero de Presidencia de la *Generalitat* de Cataluña;

- Raül Romeva i Rueda: ex Consejero de Territorio y Sostenibilidad de la *Generalitat* de Cataluña;
- Dolors Bassa i Coll: ex Consejera de Trabajo, Asuntos Sociales y Familias de la *Generalitat* de Cataluña;
- Joaquim Forn i Chiarello: ex Consejero de Interior de la *Generalitat* de Cataluña;
- Jordi Sánchez Picanyol: ex Presidente de la Asamblea Nacional Catalana (ANC);
- Jordi Cuixart Navarro: ex Presidente de Omnium Cultural (OC);
- Carme Forcadell i Lluís: ex Presidenta del Parlamento de Cataluña.

Los tres acusados restantes se hallaban en libertad provisional:

- Meritxell Borrás i Solé: ex Consejera de Gobernación de la *Generalitat* de Cataluña.
- Carles Mundó i Blanch: ex Consejero de Justicia de la *Generalitat* de Cataluña
- Santiago Vila i Vicente: ex Consejero de Empresa y Conocimiento de la *Generalitat* de Cataluña.

Habían sido procesadas y declaradas en rebeldía por huir al extranjero: en Bélgica, Carles Puigdemont, Meritxell Serret, Antoni Comín y Lluís Puig; en Suiza: Marta Rovira y Anna Gabriel; y en Escocia, Clara Ponsatí.

En el siguiente cuadro se exponen los delitos y las penas que solicitaron en sus escritos de acusación la Fiscalía, la Abogacía del Estado y la acción popular de VOX.

Acusados	Fiscalía	Abogacía del estado	Acusación popular
Oriol Junqueras i Vies	Rebelión y malversación. Penas de 25 años de prisión y 25 de inhabilitación absoluta.	Sedición y malversación. Penas de 12 años de prisión y 12 de inhabilitación absoluta.	Rebelión, organización criminal y malversación. Penas de 74 años de prisión, 20 años de inhabilitación absoluta y 20 años de inhabilitación especial.
Jordi Turull i Negre	Rebelión y malversación. Penas de 16 años de prisión y 16 años de inhabilitación absoluta.	Sedición y malversación. Penas de 11 años y 6 meses de prisión y 6 meses de inhabilitación absoluta.	Rebelión, organización criminal y malversación. Penas de 74 años de prisión, 20 años de inhabilitación absoluta y 20 años de inhabilitación especial.
Raül Romeva i Rueda	Rebelión y malversación. Penas de16 años de prisión y 16 años de inhabilitación absoluta.	Sedición y malversación. Penas de 11 años y 6 meses de prisión y 6 meses de inhabilitación absoluta	Rebelión, organización criminal y malversación. Penas de 74 años de prisión, 20 años de inhabilitación absoluta y 20 años de inhabilitación especial.
Josep Rull i Andreu	Rebelión y malversación. Penas de16 años de prisión y 16 años de inhabilitación absoluta.	Sedición y malversación. Penas de 11 años y 6 meses de prisión y 6 meses de inhabilitación absoluta.	Rebelión, organización criminal y malversación. Penas de 74 años de prisión, 20 años de inhabilitación absoluta y 20 años de inhabilitación especial.

Dolors Bassa i Coll	Rebelión y malversación. Penas de16 años de prisión y 16 años de inhabilitación absoluta.	Sedición y malversación. Penas de 11 años y 6 meses de prisión y 6 meses de inhabilitación absoluta.	Rebelión, organización criminal y malversación. Penas de 74 años de prisión, 20 años de inhabilitación absoluta y 20 años de inhabilitación especial.
Joaquim Forn i Chiarello	Rebelión y malversación. Penas de16 años de prisión y 16 años de inhabilitación absoluta.	Sedición y malversación. Penas de 11 años y 6 meses de prisión y 6 meses de inhabilitación absoluta.	Rebelión, organización criminal y malversación. Penas de 74 años de prisión, 20 años de inhabilitación absoluta y 20 años de inhabilitación especial.
Jordi Sánchez Picanyol	Rebelión. Penas de 17 años de prisión y 17 de inhabilitación absoluta.	Sedición. Penas de 8 años de prisión y 8 de inhabilitación absoluta.	Rebelión y organización criminal. Penas de 62 años de prisión, 20 años de inhabilitación absoluta y 20 de inhabilitación especial.
Jordi Cuixart Navarro	Rebelión. Penas de 17 años de prisión y 17 de inhabilitación absoluta.	Sedición. Penas de 8 años de prisión y 8 de inhabilitación absoluta.	Rebelión y organización criminal. Penas de 62 años de prisión, 20 años de inhabilitación absoluta y 20 de inhabilitación especial.
Carme Forcadell i Lluís	Rebelión. Penas de 17 años de prisión y 17 de inhabilitación absoluta.	Sedición. 10 años de prisión y 10 de inhabilitación absoluta.	Rebelión y organización criminal. Penas de 62 años de prisión, 20 años de inhabilitación absoluta y 20 de inhabilitación especial.

Meritxell Borrás i Solé	Malversación y desobediencia. Penas de 7 años de prisión, 16 años de inhabilitación absoluta, 20 meses de inhabilitación especial y multa de 30.000 euros.	Malversación y desobediencia. Penas de 7 años de prisión,10 años de inhabilitación absoluta, 20 meses de inhabilitación especial y multa de 30.000 euros.	Organización criminal y malversación. Penas de 24 años de prisión, 20 años de inhabilitación especial, 20 años de inhabilitación absoluta y multa de 216.000 euros.
Carles Mundó i Blanch	Malversación y desobediencia. Penas de 7 años de prisión, 16 años de inhabilitación absoluta, 20 meses de inhabilitación especial y multa de 30.000 euros	Malversación y desobediencia. Penas de 7 años de prisión, 10 años de inhabilitación absoluta, 20 meses de inhabilitación especial y multa de 30.000 euros.	Organización criminal y malversación. Penas de 24 años de prisión, 20 años de inhabilitación especial, 20 años de inhabilitación absoluta y multa de 216.000 euros.
Santiago Vila i Vicente	Malversación y desobediencia. Penas de 7 años de prisión, 16 años de inhabilitación absoluta, 20 meses de inhabilitación especial y multa de 30.000 euros.	Malversación y desobediencia. Penas de 7 años de prisión, 10 años de inhabilitación absoluta, 20 meses de inhabilitación especial y multa de 30.000 euros.	Organización criminal y malversación. Penas de 24 años de prisión, 20 años de inhabilitación especial, 20 años de inhabilitación absoluta y multa de 216.000 euros.

D) LOS ACONTECIMIENTOS EN CATALUÑA

Para entender con mayor precisión los hechos que fueron objeto de enjuiciamiento, conviene recordar que los sucesos más relevantes fueron los acontecidos el 20 de septiembre y el

1 de octubre de 2017 (cuando masas de personas se enfrentaron con las autoridades y los agentes de la autoridad que intentaron impedir la consulta ilegal), aunque el plan secesionista comenzó mucho antes.

En 2012 el ex Presidente de la Generalitat Arthur Mas, en ese momento líder del partido político Convergencia i Unió (CiU), firmó con Oriol Junqueras, Presidente de Esquerra Republicana de Cataluña, un documento denominado *"Acuerdo para la Transición Nacional y para Garantizar la estabilidad del Gobierno de Cataluña"*. Dicho pacto fue el origen del concierto de actuaciones ilegales destinadas a propiciar la declaración de independencia y el surgimiento de un nuevo Estado. Posteriormente, en enero de 2013, el *Parlament* aprobó una "*declaración de soberanía y del derecho a decidir del pueblo catalán*", que fue anulada por el TC[713].

Continuando con el plan secesionista, en febrero de 2013 se creó el *"Consejo Asesor para la Transición Nacional"*[714], el cual en 2014 elaboró el Libro Blanco de la Transición Nacional de Cataluña, compuesto por dieciocho informes que registraban los pasos a seguir para lograr la independencia. El Libro Blanco preveía dos posibilidades: i) conseguir la autodeterminación de Cataluña a través del diálogo y la negociación con el Gobierno de España; o ii) la proclamación unilateral de la independencia, como finalmente terminó ocurriendo. En los dos casos se contaba con un arma de presión que consideraban esencial

---

713 Resolución 5/X de 23 de enero de 2013 que fue impugnada por el Gobierno de España. La STC 42/2014, de 25 de marzo, declaró nula e inconstitucional dicha resolución que pretendía otorgar soberanía al pueblo catalán por ser contraria al art. 2 CE: *"indisoluble unidad de la Nación española"*. La STC 247/2007, de 12 de diciembre, ya advertía que *"autonomía no es soberanía"*.

714 Por Decreto 113/2013, del Departamento de la Presidencia de la Generalitat de Cataluña.

en todo el procedimiento de secesión, la movilización ciudadana (que el independentismo reduce a resistencia pasiva y el Ministerio Fiscal sostiene que fue violenta, en el sentido previsto por el delito de rebelión). Concretamente, el Libro Blanco decía que *"el apoyo de la sociedad civil movilizada podría constituir igualmente un factor decisivo para este objetivo (...) en caso de que esta presión no tuviese éxito la alternativa sería declarar unilateralmente la independencia"*. Dicho objetivo consistía en la construcción de un nuevo Estado, que las instituciones españolas habrían de aceptar mediante el dialogo o por la fuerza.

Meses más tarde, el 9 de noviembre de 2014, la *Generalitat* organizó una consulta popular informal que se presentó como un instrumento de participación ciudadana para conocer la opinión del pueblo catalán sobre el futuro político de Cataluña. La pregunta que se realizó era si los residentes en Cataluña querían que surgiera un nuevo Estado y, de ser así, si tal Estado había de ser independiente. El TC prohibió su celebración, pero los políticos independentistas hicieron caso omiso de sus resoluciones[715]. Tras la realización de la consulta, que se desarrolló sin ninguna garantía, la Sala de lo Civil y Penal del Tribunal Superior de Justicia de Cataluña condenó al entonces Presidente de la *Generalitat*, Arthur Mas, por desobediencia al TC. Fue inhabilitado por dos años para el ejercicio de cargos

---

715 El Presidente de la Generalitat y los dirigentes políticos hicieron caso omiso de las advertencias del TC. El día 26 de septiembre de 2014, el Parlamento aprobó la Ley catalana 10/2014, de 27 de septiembre, de consultas populares no referendarias. Al día siguiente, el Gobierno promulgó el Decreto del Departamento de la Presidencia de la Generalitat de Cataluña 129/2014 de 27 de septiembre, de convocatoria de la consulta popular no referendaria sobre el futuro político de Cataluña. Tanto la citada Ley como el Decreto fueron suspendidos provisionalmente el 29 de septiembre de 2014 por el TC, que posteriormente fueron declaradas inconstitucionales y nulas por las STC 31/2015 y 32/2015, de 25 de febrero.

públicos electivos, así como para el ejercicio de las funciones de gobierno -tanto en el ámbito autonómico como el estatal- y obligado al pago de una multa de 36.000 euros. También fue condenado por el Tribunal de Cuentas a abonar con su patrimonio los gastos de aquella consulta ilegal. En el juicio del *proces* asistió en calidad de testigo. Su sucesor al cargo fue el fugado Carles Puigdemont.

Tras el 9N, el *Govern* continuó siguiendo las directrices del Libro Blanco. Además, para lograr la independencia, varios partidos políticos y asociaciones catalanas[716] elaboraron una hoja de ruta, en marzo de 2015, que preveía los actos ilícitos que se siguieron en el proceso de secesión.

Especial relevancia tuvo –según el escrito de acusación formulado por la Fiscalía- la actuación de los que en aquellos momentos eran los máximos responsables del movimiento secesionista, en el *Parlament,* el *Govern* y las entidades sociales soberanistas. Carme Forcadell, Presidenta del *Parlament,* Oriol Junqueras como Vicepresidente del *Govern,* y Jordi Sánchez y Jordi Cuixart como Presidentes de ANC y OC, respectivamente.

La actuación de Carme Forcadell en la mesa del *Parlament* fue decisiva a la hora de admitir a trámite sistemáticamente todas las leyes contrarias a la legalidad, que habían sido suspendidas o declaradas nulas por el TC. En concreto:

i. la Ley 4/2017, de 28 de marzo, de Presupuestos, la cual en su Disposición Adicional 40 *"medidas en materia de organización y gestión del proceso referendario"* esta-

---

716 Los partidos políticos Convergencia Democrática de Cataluña y Esquerra Republicana con las entidades soberanistas Ómnium Cultural, Asamblea Nacional Catalana y Asociación de Municipios para la Independencia.

blecía una partida presupuestaria para la celebración ilegal del Referéndum[717];

ii. la Ley 19/2017, de 6 de septiembre, del Referéndum de Autodeterminación, que preveía la fecha para su celebración (el 1 de octubre), y regulaba la organización concerniente de la consulta (censo universal, mesas electorales, centros de votación, etc.) [718];

iii. la Ley 20/2017, de Transitoriedad Jurídica, establecía que si el resultado del referéndum resultara positivo se constituiría Cataluña como un Estado independiente con forma de república que se regiría por sus disposiciones.

El resto de acusados en el juicio sobre el *procés,* que durante ese periodo fueron Consejeros del *Govern,* junto con el Presidente huido Puigdemont y el Vicepresidente Oriol Junqueras, tomaron todas las decisiones para garantizar que el referéndum ilegal de autodeterminación se pudiera ejecutar el día señalado en la Ley de Referéndum. Durante los años 2015 y 2016 mantuvieron múltiples reuniones en las que acordaban seguir la actuación ilegal que se había diseñado previamente en la hoja de ruta antes citada. Los Consejeros que eran reacios al plan secesionista fueron sustituidos y mediante los Decretos 108/17 de 17 de julio y 110/17 de 18 de julio, se reordenó el *Govern* para que todas las Consejerías dependieran de la Vicepresidencia, con lo que Oriol Junqueras asumió todo el control de la preparación y ejecución del referéndum.

---

717 El Pleno del TC por providencia de 4 de abril de 2017 admitió a trámite el recurso de inconstitucionalidad n. 1638/2017 contra la referida Disposición Adicional 40.

718 Suspendida al día siguiente de su publicación por providencia del TC de 7 de septiembre de 2017 y declarada nula por la STC 114/2017, de 17 de octubre.

Por su parte, los Presidentes de las asociaciones Asamblea Nacional Catalana y Ómnium Cultural fueron los principales responsables de la movilización ciudadana y la presión en la calle. Según la Fiscalía, Jordi Sánchez y Jordi Cuixart estuvieron detrás de los enfrentamientos que se produjeron desde el día 20 de septiembre de 2017. A partir de esa fecha, la Policía Nacional y la Guardia Civil, en funciones de Policía Judicial, realizaron diversas detenciones y registros en diversos lugares para intentar desarticular la logística e infraestructura del referéndum ilegal, por orden del Juzgado de Instrucción nº13 de Barcelona. Entre ellos destaca el registro en el edificio de la Vicepresidencia y Consejería de Economía y Hacienda el día 20 de septiembre. De inmediato, cuando los miembros de la comisión judicial llegaron a la Consejería de Economía y Hacienda para realizar el registro, Jordi Sánchez y Jordi Cuixart llamaron a la protesta y a una concentración, a través de sus cuentas personales de *twitter* y las de las asociaciones que presidian. En la puerta de la sede de la Consejería, se congregaron hasta sesenta mil personas, para impedir que los agentes de la comitiva cumplieran la orden judicial, según relata el escrito de acusación del Ministerio Fiscal. La referida comisión estaba formada por la Letrada de la Administración de Justicia del Juzgado de Instrucción nº13 de Barcelona y diez guardias civiles, a los que durante varias horas la masa concentratada impidió la salida del edificio, que finalmente tuvo que efectuarse por la funcionaria judicial por la azotea, saltando un muro. Siete vehículos policiales sufrieron daños de consideración. Los *Mossos d'Esquadra* se mantuvieron pasivos. Únicamente estaban presentes los dos que de ordinario protegían la Consejería. En diversas ocasiones, los Presidentes de las asociaciones independentistas se dirigieron a la multitud de manifestantes subidos en los coches destrozados de la Guardia Civil para arengar a la masa. Finalmente, aquel día desconvocaron la concentración sobre las 24:00 y emplazaron a sus seguidores a asistir a una manifestación permanente al día siguiente ante el Tribunal Superior de Justicia de Cataluña. La convocatoria tenía por objeto reclamar la libertad de los detenidos aquella noche y hacer un llamamiento generalizado a la participación en el referéndum ilegal.

En los días previos a la celebración del referéndum ilegal del 1-O, grupos independentistas, atendiendo a la convocatoria de los líderes políticos, ocuparon los locales públicos de votación, en su mayoría centros escolares, para que, llegada la fecha de la consulta, los miembros de la Guardia Civil y la Policía Nacional no pudieran impedir su apertura. El día del referéndum, otros grupos, fuera de los locales, construyeron muros humanos para rechazar la actuación policial.

Como era previsible en tal contexto, se produjeron numerosos enfrentamientos físicos entre las fuerzas policiales que trataron de cumplir el mandato judicial de impedir el referéndum con los grupos independentistas presentes en los centros de votación y sus aledaños. Mientras tanto, la policía autonómica, pese a haber recibido la misma orden, permaneció pasiva y sus actuaciones resultaron irrelevantes, cuando no perjudiciales para la misión que se le había encomendado, al someter a vigilancia a las fuerzas estatales y advertir a los independentistas de sus movimientos.

A lo largo de la jornada electoral noventa y tres agentes de la Policía Nacional y de la Guardia Civil fueron lesionados en acto de servicio, sin contar los innumerables insultos, empujones y patadas que recibieron ese día. También hubo lesionados entre las personas que acudieron a los centros de votación y se enfrentaron a la policía. El más grave recibió un golpe en un ojo de una pelota de goma, al lanzar una valla metálica a los agentes, y lo perdió. Un ciudadano sufrió un infarto en uno de los locales.

Según el recuento que realizó el *Govern,* de nula fiabilidad, en el *referéndum* se obtuvieron la mayoría de votos favorables a la independencia y se prepararon para llevar a término su plan secesionista. Así, el 27 de octubre de 2017, tras una votación en el *Parlament*, el ex Presidente Carles Puigdemont declaró unilateralmente la independencia de Cataluña, si bien manifestó que quedaban suspendidos sus efectos.

A petición del Gobierno de la nación, el Senado aplicó el art. 155 de la Constitución, que permite la suspensión de las competencias de una Comunidad Autónoma en casos excepcionales, el *Govern* de la *Generalitat* fue destituido y el *Parlament* disuleto, con convocatoria inmediata de nuevas elecciones.

E) EL DESARROLLO DEL PROCESO

La fase de instrucción estuvo dirigida por el Magistrado del Tribunal Supremo Excmo.Sr.D. Pablo Llanera Conde. La causa se siguió ante la Sala de lo Penal del Alto Tribunal, debido a que la mayor parte de los acusados estaban aforados ante dicho órgano judicial, en virtud de lo establecido el Estatuto de Autonomía de Cataluña en sus arts. 57[719] y 70[720], al transcender los hechos que fueron objeto del proceso del territorio de la

---

719 *"Los miembros del Parlamento son inviolables por los votos y las opiniones que emitan en el ejercicio de su cargo. Durante su mandato tendrán inmunidad a los efectos concretos de no poder ser detenidos salvo en caso de flagrante delito. En las causas contra los Diputados, es competente el Tribunal Superior de Justicia de Cataluña. Fuera del territorio de Cataluña la responsabilidad penal es exigible en los mismos términos ante la Sala de lo Penal del Tribunal Supremo".*

720 *"El Presidente o Presidenta de la Generalitat y los Consejeros, durante sus mandatos y por los actos presuntamente delictivos cometidos en el territorio de Cataluña, no pueden ser detenidos ni retenidos salvo en el caso de delito flagrante. Corresponde al Tribunal Superior de Justicia de Cataluña decidir sobre la inculpación, el procesamiento y el enjuiciamiento del Presidente o Presidenta de la Generalitat y de los Consejeros. Fuera del territorio de Cataluña la responsabilidad penal es exigible en los mismos términos ante la Sala de lo Penal del Tribunal Supremo".*

Comunidad Autónoma. Durante la instrucción se practicaron las medidas necesarias para el esclarecimiento de los hechos y se dictó el correspondiente auto de procesamiento, con expresión de los hechos atribuidos a las personas investigadas y su posible calificación legal.

En la fase intermedia, una vez que se presentaron los escritos de calificaciones provisionales por las acusaciones, los abogados de los acusados plantearon diversos artículos de previo pronunciamiento, entre ellos una declinatoria de jurisdicción para que el juicio se celebrara en el Tribunal Superior de Justicia de Cataluña, por entender que su Sala de lo Civil y Penal era la competente, al haber sucedido los hechos en su territorio, petición que resultó rechazada por haber transcendido los actos al ámbito nacional e internacional. Seguidamente, las defensas formularon sus conclusiones provisionales, con sus solicitudes de prueba.

Finalmente, el 12 de febrero de 2019 comenzó la vista del juicio oral, cuyo desarrollo se dividió en varias fases, que a continuación referimos.

Una primera etapa fue el planteamiento de cuestiones previas. Aunque la LECrim no la contempla para el proceso ordinario para delitos muy graves, sino para el proceso abreviado (art. 786.2) la jurisprudencia lo había venido aceptado en aplicación de un *principio de supletoriedad invertido* (SSTS 367/2008, de 27 de noviembre, 314/2015, de 4 de mayo, entre otras).

Posteriormente, se abrió la fase probatoria, que comenzó con las declaraciones de los acusados y siguió con el interrogatorio de los testigos y de los peritos y la prueba documental. Ninguna de las defensas solicitó la alteración del orden usual de desarrollo de la prueba para propiciar la declaración de los acusados en último lugar, fórmula que en los últimos tiempos se admite en bastantes casos en la práctica forense, habida cuenta de que la LECrim no regula la declaración del acusado como primer medio de prueba a practicar y de que la postergación de la versión del acusado sobre los hechos debatidos -si desea proporcionarla- dota de mayor efectividad al ejercicio del derecho de defensa en la refutación de la versión de la acusación[721].

Finalizada la prueba, las partes formalizaron sus conclusiones definitivas y sus letrados emitieron sus informes, con concesión a los acusados del derecho a la última palabra.

En todo momento las defensas alegaron que habían sido lesionados los derechos humanos de los acusados: i) el derecho a la libertad de expresión; ii) derecho a la libertad ideológica; iii) derecho de reunión y asociación; iv) derecho a la tutela judicial efectiva; v) derecho a un juez imparcial; vi) derecho a la presunción de inocencia. A lo que añadieron la transgresión, a su juicio, del derecho a la libre determinación de los pueblos. No cesan de insistir que el *procés* era un juicio político, una causa prospectiva contra el independentismo y contra la democracia. Sostuvieron incluso que el juicio discurrió bajo los postulados del llamado Derecho Penal del Enemigo.

Pero resulta evidente que los acusados no afrontaron el juicio por su ideología independentista, que es plenamente respetable y respetada, sino por unos actos que en el terreno político se revelan como un intento de golpe de Estado contra la Constitución democrática de España. Asimismo, se hizo evidente, para cualquier jurista que observara con imparcialidad el desarrollo del juicio, que los acusados gozaron de todas las garantías procesales que el ordenamiento español y los convenios internacionales sobre protección de los derechos humanos les otorgan, las cuales fueron escrupulosamente observadas en una vista oral dirigida por el Presidente de la Sala con gran rigor técnico, templanza y justicia.

---

721 Cfr. MARCHENA GÓMEZ, MANUEL/MARCHENA PEREA, MANUEL, "*Claves prácticas de la defensa penal*", Amazon, 2022, p. 628.

F) LA SENTENCIA

La sentencia se dictó el 14 de octubre de 2019 (STS 459/2019; Causa especial 20907/2017). En ella condenó a cuatro de los doce dirigentes políticos por un delito de sedición en concurso medial con un delito de malversación de caudales públicos, agravado por razón de la cuantía, a cinco de ellos por un delito de sedición y a los tres restantes por desobediencia. Quedaron absueltos todos los acusados de los delitos de rebelión y organización criminal. Seguidamente se incluye un cuadro informativo de los condenados, delitos y penas.

Acusados	Condenas	Penas
Oriol Junqueras	Delito de sedición y malversación (agravada)	13 años de prisión y 13 de inhabilitación absoluta
Raül Romeva	Delito de sedición y malversación (agravada)	12 años de prisión y 12 de inhabilitación absoluta
Jordi Turull	Delito de sedición y malversación (agravada)	12 años de prisión y 12 de inhabilitación absoluta
Dolors Bassa	Delito de sedición y malversación (agravada)	12 años de prisión y 12 de inhabilitación absoluta
Carme Forcadell	Delito de sedición	11 años y 6 meses de prisión y de inhabilitación absoluta
Joaquim Forn	Delito de sedición	10 años y 6 meses de prisión y de inhabilitación absoluta
Josep Rull	Delito de sedición	10 años y 6 meses de prisión y de inhabilitación absoluta
Jordi Sánchez	Delito de sedición	9 años de prisión y de inhabilitación absoluta

Jordi Cuixart	Delito de sedición	9 años de prisión y de inhabilitación absoluta
Santiago Vila	Delito de desobediencia	Multa de 10 meses con cuota diaria de 200 euros e inhabilitación especial durante 1 año y 8 meses
Meritxell Borrás	Delito de desobediencia	Multa de 10 meses con cuota diaria de 200 euros e inhabilitación especial durante 1 año y 8 meses
Carles Mundó	Delito de desobediencia	Multa de 10 meses con cuota diaria de 200 euros e inhabilitación especial durante 1 año y 8 meses

El tribunal calificó los hechos como delito de sedición y no de rebelión -de mayor gravedad- porque consideró que, aunque se había utilizado la violencia para impedir determinadas actuaciones judiciales destinadas a impedir la celebración del referéndum y durante el día para el que se había convocado -el 1-O-, la fuerza empleada no era objetivamente idónea para lograr directamente el fin de la independencia, que calificó como "*ensoñación*". Los condenados -entendió el tribunal- sabían que no lograrían la independencia a través de la vía de hecho por la que se encaminaban, pero engañaron a una buena parte de la población catalana haciendo que se representara tal anhelo como de realización probable, para crear un clima de crispación y desafío permanente que obligara al Gobierno a negociar.

La condena por el delito de malversación de caudales públicos llevo aparejada la obligación de resarcimiento del daño patrimonial ocasionado.

Pese a que el tribunal descartó la aplicación del delito de rebelión, la sentencia -como cabía esperar- no fue del gusto de los sectores soberanistas de la población catalana, -en los que había calado la idea de un pretendido derecho a la secesión so pretexto del derecho a la autodeterminación de los pueblos y se había instalado una falsa sensación de impunidad- y en los días siguientes a su publicación se produjeron múltiples disturbios violentos en las calles de las ciudades -especialmente en Barcelona- y en las carreteras -sobre todo en la autopista que conecta España y Francia-, que se mantuvieron durante algún tiempo.

Las imágenes más significativas de los altercados fueron seguramente la de los grupos *CDR*[722] instigados por la plataforma autodenominada *Tsunami Democràtic*[723], portando banderas independentistas cercando durante la noche las instalaciones policiales, protegidas por agentes antidisturbios, seguidas de las que mostraban a otros grupos de personas -muchas veces en familia- acercándose por las mañanas a las mismas instalaciones con banderas españolas para entregar flores a la policía.

---

722 Comités de Defensa de la República. Son grupos organizados -inicialmente llamados Comités de Defensa del Referéndum- cuyo principal objetivo fue facilitar la realización del referéndum ilegal de autodeterminación y, tras su realización, promover la proclamación de la República catalana. Algunos de sus miembros han sido acusados de la comisión de delitos de terrorismo.

723 Plataforma independentista catalana que surgió en las redes sociales de *Twitter* y *Telegram* para convocar las manifestaciones y fomentar la desobediencia en contra de la Sentencia del juicio del *proces*.

G) DECISIONES RELEVANTES APTAS PARA SERVIR COMO PRECEDENTES

1. Clarificación de cuestiones procesales

Más allá de la específica problemática abordada en el juicio del *procés* en relación con los hechos concretamente enjuiciados y su calificación jurídica, resulta de interés examinar la práctica del tribunal en la clarificación de cuestiones procesales -atinentes a la garantía de los derechos y al desarrollo de la prueba- que, en la práctica de los tribunales españoles, resultaban controvertidas y acerca de las cuales resultó sumamente positivo que la Sala Segunda del Tribunal Supremo se haya pronunciado en un proceso de tanta transcendencia y tan seguido por los profesionales del foro y de la sociedad en su conjunto.

2. El derecho de los acusados a declarar en catalán

La ley no prevé la posibilidad de que un español que comprenda el castellano declare en juicio como acusado en la lengua cooficial de la Comunidad Autónoma en la que reside fuera del territorio de la misma. Pese a ello, el tribunal permitió a los acusados declarar en catalán, si así lo deseaban, o en castellano. De esta manera cada acusado podía optar por su lengua materna para responder las preguntas. El tribunal reconoció la capacidad de responder a cada acusado en su lengua materna por "*razones emocionales*" -integrando así en el derecho de defensa del acusado la elección del idioma en que más confortable se sintiera-. Para posibilitarlo, puso a su disposición un servicio de traducción, que se acordó que se realizara en forma consecutiva, rechazándose la simultaneidad, al considerarse tal modalidad de traducción contraria al derecho fundamental a un proceso público y al principio de publicidad, consagrados en los artículos 24.2 y 120.1 de la CE.

Ha de recordarse que, dada la relevancia del juicio sobre el *pocés* se dispuso por el tribunal -no por primera vez en España[724]- que la vista oral se retransmitiera en directo en *streaming* por la red. Si se hubiera permitido que la traducción se realizase de manera simultánea y no consecutiva -como solicitaron los abogados las defensas- sólo las personas que entendieran el catalán o que -dentro de la Sala- dispusieran de auriculares hubieran podido comprender las declaraciones de los acusados.

Ante la decisión, los doce acusados, previa protesta por la imposibilidad de tener un traductor simultáneo, declararon en castellano. Su postura sugiere que no tenían un problema real con la utilización de la lengua común de todos los españoles, sino que querían representar ante el público la ficción de unos acusados que se encontrarían declarando ante un tribunal extranjero, distante, con el que sólo cabría comunicación con intérpretes y auriculares. Ni se produjo merma del derecho de defensa, ni se escenificó la farsa que pretendían.

3. Los símbolos políticos durante el juicio

Algunos de los acusados y de los asistentes a la vista llevaron -como símbolos independentistas y de apoyo a los procesados y fugados- lazos amarillos[725]. Ante ello la acusación popular ejer-

---

724 En el año 2007 el juicio por los atentados terroristas del 11M, celebrado en la Sala de lo Penal de la Audiencia Nacional, se difundió a través de la cesión de televisiones de una señal institucional de audio y vídeo.

725 Los lazos amarillos son símbolos que se utilizan en EEUU para recordar a soldados ausentes (proceden del lazo amarillo de los soldados de caballería, que entregaban a sus parejas mientras estaban de campaña). Pues bien, han sido adoptados por el soberanismo con

cida por el partido político Vox protestó y solicitó al Tribunal que fijara criterio sobre la posibilidad o no de portar dichos símbolos en el juicio.

Tras la protesta de la acción popular, el tribunal adoptó la medida de hacer suya la doctrina del Tribunal Europeo de Derechos Humanos, establecida en dos precedentes: la Sentencia de 5 de diciembre de 2017, *caso Hamidovic contra Bosnia y Herzegovina*, y la Sentencia de 18 de septiembre de 2018, *caso Lachiri contra Bélgica*, ambas relativas a la compatibilidad de la utilización del velo musulmán por testigos llamadas a declarar en juicio desde la perspectiva del derecho a la libertad religiosa reconocida en el art. 9 de la Convención Europea de Derechos Humanos (que salvaguarda la libertad religiosa, junto con la de pensamiento y conciencia).

En el caso *Hamidovic vs. Bosnia* el TEDH declaró que las sanciones de multa y prisión impuestas a una musulmana wahabita llamada a declarar como testigo durante la vista, por negarse a quitarse el velo por motivo de su religión, supuso una injerencia desproporcionada en el derecho consagrado en el art. 9 de la CED. Conforme al apartado 2 del mismo precepto, *"la libertad de manifestar su religión o sus convicciones no puede ser objeto de más restricciones que las que, previstas por la ley, constituyan medidas necesarias, en una sociedad democrática, para la seguridad pública, la protección del orden, de la salud o de la moral públicas, o la protección de los derechos o las libertades de los demás"*. Consideró el TEDH que el velo no constituía una amenaza contra el tribunal y no impedía su identificación, ni entorpecía la valoración del testimonio, por lo que su prohibición había constituido una

---

devoción, hasta el punto que por negarse a retirar uno de ellos de un balcón de un edificio oficial durante una campaña electoral, el ex Presidente de la *Generalitat* Quim Torra fue condenado por delito de desobediencia a la Junta Electoral por la sala de lo Civil y Penal del Tribunal Superior de Justicia de Cataluña.

intromisión ilegítima en el derecho a manifestar la religiosidad propia. Más tarde, en la misma línea, la STEDH de 18 de septiembre de 2018 aplicó idéntica doctrina respecto a Bélgica.

Conviene aclarar que las sentencias referidas suponen una matización de la jurisprudencia anterior sobre la posibilidad de los Estados de prohibir el uso del velo en los establecimientos públicos o en los centros educativos con la finalidad de garantizar la neutralidad de las instituciones. En las dos sentencias citadas el TEDH resalta que las personas portadoras de símbolos religiosos eran particulares llamados a comparecer obligatoriamente ante los tribunales.

En el juicio sobre el *procés*, la Presidencia constató que un lazo amarillo no es un símbolo religioso, sino ideológico, pero sostuvo que, como el rango axiológico con el que contempla el Convenio de Roma los símbolos religiosos e ideológicos es el mismo, al tutelar simultáneamente la libertad de pensamiento y la liberta religiosa en el art. 9 CEDH, el lazo amarillo se encuentra protegido por la normativa del texto internacional.

En definitiva, los acusados, los testigos y los asistentes entre el público pudieron portar lazos amarillos durante las sesiones del juicio oral. No obstante, en coherencia con la postura del TEDH sobre la legitimidad de excluir la manifestación de las ideas propias en instituciones públicas por parte de servidores públicos o profesionales, el Presidente de la Sala advirtió que no se permitiría la colocación de signos ideológicos sobre las togas de los abogados.

4. Derecho a no declarar y preguntas incontestadas

Durante su interrogatorio, los acusados advirtieron que, acogiéndose a su derecho constitucional a no declarar establecido por el art. 24.2 CE, se negarían a contestar a las preguntas que realizara la acusación popular, que como se ha reiterado ejercía el partido político VOX, cuyo letrado solicitó que se le permitiera plantear oralmente las preguntas para que quedara constancia de las misma. La presidencia de la Sala rechazó la petición, clarificando así las consecuencias del ejercicio del referido derecho fundamental.

Aunque tal derecho fundamental, expresado en el conocido brocardo latino *"nemo tenetur se ipsum acussare"*, ha sido objeto de apropiación -como otras tantas instituciones jurídicas- por los juristas anglosajones, que lo adjudicaron a Edwuard Coke y a la tradición del *common law*, lo cierto es que constituye un principio del derecho canónico preinquisitorial que nació asociado al llamado "*juramento de calumnia*", cuyo fundamento -más allá de antecedentes bíblicos- se encuentra en el Decreto de Graciano del Siglo XII[726].

Pasado el tiempo, pese al reconocimiento constitucional del derecho a no declarar, se venía considerando correcto confrontar al acusado con su acusador para colocarlo durante el interrogatorio en la tesitura de contestar o permanecer silente ante las preguntas del sostenedor de la tesis inculpatoria con el fin de predisponer al tribunal en su contra, por influencia del modelo inquisitorial que todo lo confiaba a la confesión concebida como *regina probatorum.* Pero tal práctica resulta obviamente contradictoria con un sistema de justicia penal garantista, en el que los acusados, para mantener intacto su derecho a la presunción de inocencia, han de tener la posibilidad de optar entre el intento de refutación de la tesis de la acusación o el mantenimiento de un silencio total o parcial ante ella[727].

Actualmente, en el Derecho anglosajón no se obliga al acusado a exponerse a las preguntas de la acusación si no acepta

---

726 GONZÁLEZ-CUÉLLAR SERRANO, NICOLÁS, "*Nemo tenetur*", Ediciones Jurídicas Castillo de Luna, pendiente de publicación.

727 GONZÁLEZ-CUÉLLAR SERRANO, NICOLÁS, *op. ult. cit.*

voluntariamente salir a la palestra. El mismo sistema se recomendaba en el ALECRIM 2011, en la PCPP de 2013 y en el ALECRIM 2020.

Pero, sin necesidad de reforma legislativa, la presidencia del tribunal del *procés* ha señalado a los tribunales el camino a seguir en lo sucesivo, superando posiciones doctrinales y jurisprudenciales ancladas en el pasado. Se ha actuado, de esta forma, con un escrupuloso respeto por el derecho de los acusados a no declarar, mediante la prohibición de la formulación y consignación de las preguntas que las acusaciones insistan en plantear a los acusados silentes. Lamentablemente, aún hoy, en la práctica forense no todos los tribunales siguen tan acertada directriz y prefieren mantener su apego a una práctica de impronta inquisitorial que resulta difícil de extirpar.

5. Interrogatorio cruzado de testigos

Otra de las contribuciones más relevantes de la presidencia del tribunal del *procés* para la práctica de la prueba, esta vez en relación con la testifical, fue la delimitación de las posibilidades de actuación de la parte contraria a la proposición del testigo en el interrogatorio cruzado (*cross examination*, que se practica por la parte contraria tras la examination *in chief* a cargo de la parte proponente en Derecho anglosajón).

Hasta ahora era práctica común de los tribunales permanecer impasibles ante cualquier pregunta que se pudiera efectuar al testigo por la parte contraria a la que había propuesto su intervención en el juicio, siempre que fuera pertinente y útil en relación con los hechos conformadores del objeto del proceso. Pero tales preguntas, si no se refieren al interrogatorio previo, equiparan *de facto* al proponente de la prueba con las demás partes en el proceso, en cuanto al posible planteamiento de las cuestiones fácticas suscitadas y sitúan a las partes no proponentes -probatoriamente pasivas- en mejor posición que a la que haya ostentado la iniciativa probatoria, puesto que les otorga la posibilidad de interrogar al testigo sobre temas acerca de los cuales todavía no ha depuesto, sin posibilidad de un interrogatorio contradictorio acerca de dichos temas por la parte contraria, precisamente la parte proponente de la prueba y a quien tal metodología errónea puede ocasionar indefensión. Por ello, con buen criterio la presidencia del juicio al *procés* cortó en seco tal uso procesalmente incorrecto y estableció en diversas ocasiones (cercenado intentos en contra, tanto del Ministerio Fiscal como de las defensas) que las preguntas propias del interrogatorio cruzado sólo puedan tener como finalidad o bien refutar o aclarar las manifestaciones sobre los hechos efectuadas con ocasión del interrogatorio realizado por la parte proponente de la prueba, o bien poner en entredicho la credibilidad del testigo.

Resulta así delimitada la *cross examination*, un instrumento de defensa que no debe convertir en ventaja indebida para la parte que se muestra pasiva en la proposición de la prueba y activa en el intento de sacar provecho de una hasta ahora inadecuada comprensión por los tribunales del método de interrogatorio de los testigos, que ha de ser equilibrado y justo para ambas partes.

H) LA DESESTIMACIÓN DE LOS RECURSOS DE AMPARO DE LOS CONDENADOS

Con carácter previo a la presentación de demanda de amparo contra la sentencia, los condenados solicitaron la declaración de la nulidad de la sentencia, a través del incidente extraordinario de nulidad previsto por el art. 241 LOPJ, peticiones desestimadas por la Sala por auto de 29 de enero de 2020.

A lo largo del desarrollo del proceso penal en sus distintas fases, el TC ha desestimado la totalidad de los recursos de amparo que se han interpuesto contra las numerosas resoluciones judiciales que han sido impugnadas[728]. Lo mismo ha sucedido con los recursos presentados frente a la sentencia (SSTC34/2021, de 17 de febrero, 91/2021, de 22 de abril, 106/2021, de 11 de mayo, 121 y 122/2021, de 2 de junio, 184/2021, de 28 de febrero, 45/2022, de 23 de marzo, 46/2022, de 24 de marzo y 47/2022, de 24 de marzo). No obstante, tres magistrados[729] han discrepado con formulación de votos particulares de la posición mayoritaria, en relación con la proporcionalidad de las penas de prisión impuestas por el delito de sedición en concurso con el de malversación, que entienden excesivas. A su juicio, el tribunal hubiera debido hacer uso de las posibilidades de imposición de pena inferior que tenía a su disposición, mediante la aplicación del subtipo atenuado del art. 547 del CP o mediante la apreciación de la eximente incompleta de ejercicio de un derecho (art. 21.1, en relación con el art. 20.7) o de una atenuante analógica (art. 21.7, en relación con los arts. 21.1 y 20.7) o haber solicitado el indulto parcial. Aducen que las actuaciones de los condenados se desenvolvieron "*en*

---

728 SSTC 53/2018, de 22 de mayo, 82/2019, de 17 de julio, 12 y 13/2019, de 26 de febrero, 17/2019, de 12 de marzo, 22/2019, de 26 de marzo, 137/2019, de 29 de octubre, 57 , 59, 62, 63 y 64(2020, de 17 de junio, 70 y 71/2020, de 14 de julio, 84/2020, de 21 de julio, 88/2020, de 22 de julio, 29, 30, 31 y 32/2021, de 16 de marzo, 39/2019, de 26 de marzo, 155/2019, de 28 de noviembre, 3/2020, de 15 de enero, 4 y 5/2020, de 15 de enero, 9/2020, de 28 de enero, 11/2020, de 28 de enero, 23/2020, de 25 de febrero, 38/2020, de 25 de febrero, 194/2020, de 17 de diciembre, 34/20221, de 17 de febrero, 67/2021, de 17 de marzo, 70 y 71/2021, de 18 de marzo, 90 y 91 /2021, de 22 de abril, y 87/2022, de 28 de junio.

729 Excmos. Sres.D. Juan Antonio Xiol Rios, Doña María Luisa Balaguer Callejón y, tras su nombramiento en noviembre de 2021, D. Ramón Sáez Valcárcel.

el contexto del derecho de reunión pacífica y se desarrollaron con sólo puntuales incidentes". Tal aseveración, sin embargo, resulta contradictoria con la declaración de Hechos Probados de la sentencia condenatoria, que no funda la condena en el ejercicio del derecho de reunión, sino en continuados episodios de violencia que tenían como finalidad subvertir el orden constitucional. Por su parte, el Excmo Sr. D. José Luis Sáez Valcarcel, a la anterior objeción añade como motivo de discrepancia la, a su juicio, vulneración del derecho a la presunción de inocencia de los condenados por indebida justificación fáctica de la sentencia condenatoria, ello pese a que la lectura de la misma permite comprender perfectamente cuales son los hechos que se subsumen en los tipos penales aplicados, cosa que el citado magistrado no comparte[730].

I) LA EJECUCIÓN DE LAS PENAS PRIVATIVAS DE LIBERTAD

Tras la STS 459/2019, los nueve dirigentes políticos independentistas condenados a penas privativas de libertad fueron recluidos en centros penitenciarios catalanes. Sin embargo, aunque habían sido condenados por delitos muy graves, la Consejera de Justicia de la *Generalitat* Ester Capella anunció, poco tiempo después, que a todos los condenados por la Sen-

---

730 En otro orden de consideraciones, los tres magistrados citados también discrepan del criterio mayoritario expresado en las SSTC 45/2022, de 23 de marzo, y 87/2022, de 28 de junio, relativo a la incidencia que desplegaba el planteamiento, después de la celebración del juicio oral y antes del dictado de la sentencia, de la cuestión prejudicial al TJUE sobre la inmunidad del Sr. Oriol Junqueras tras ser proclamado diputado electo del Parlamento Europeo por la Junta Electoral Central, resuelta favorablemente a la inmunidad por la STJUE de 19 diciembre de 2019 (asunto C-502/19). Ni el TS ni el TC entendieron que dicha cuestión impidiera el dictado de la sentencia, en contra de la opinión de los mencionados magistrados.

tencia del *procés* se les aplicaría el Art. 100.2 del Reglamento Penitenciario, el cual permite a los reclusos en segundo grado -régimen ordinario de privación de libertad- salir a trabajar, realizar labores de voluntariado, o cuidado de familiares durante el día[731]. Esta medida, que tiene un carácter excepcional y no debería convertirse en un grado intermedio entre el segundo y el tercero -régimen de semilibertad- se sostuvo que fue aplicado de forma arbitraria por la Administración autonómica catalana para conseguir vaciar de contenido la resolución judicial a su antojo[732].

Además, al inicio del confinamiento por la pandemia de coronavirus, la Consejera de Justicia intentó que los presos que se beneficiaban en aquel momento del art. 100.2 del RP pasaran el aislamiento en sus respectivos domicilios[733]. Ello, supuestamente, para evitar el contagio masivo en las cárceles y respetar lo máximo posible la distancia de seguridad. La Sala Segunda del Tribunal Supremo advirtió en un comunicado que, si se excarcelaba a los nueve dirigentes independentistas por el coronavirus -equiparándoles en ese sentido a los presos de tercer grado-, los responsables de la medida podrían incurrir en un

---

731 *"No obstante, con el fin de hacer el sistema más flexible, el Equipo Técnico podrá proponer a la Junta de Tratamiento que, respecto de cada penado, se adopte un modelo de ejecución en el que puedan combinarse aspectos característicos de cada uno de los mencionados grados, siempre y cuando dicha medida se fundamente en un programa específico de tratamiento que de otra forma no pueda ser ejecutado. Esta medida excepcional necesitará de la ulterior aprobación del Juez de Vigilancia correspondiente, sin perjuicio de su inmediata ejecutividad"*

732 MAS, E. (2020, 26 de febrero) "El escándalo del 100.2" *El Mundo.* Véase en www.elmundo.es

733 MUÑOZ, T. (2020, 31 de marzo) "El Govern prepara el terreno para que los presos del procés se confinen en casa" *La Vanguardia.* Véase en: www.lavanguardia.com.

delito de prevaricación[734]. En la misma nota el Tribunal Supremo señaló que si las Juntas de Tratamiento de las cárceles donde se encuentran los dirigentes independentistas hubieran aceptado el excarcelamiento durante el estado de alarma exigiría a cada una de ellas y a los directores de cada una de las cárceles explicaciones sobre el fundamento jurídico de tal decisión. Finalmente, las Juntas de Tratamiento descartaron que los dirigentes independentistas pasaran el confinamiento en sus domicilios. Lo hicieron en sus respectivas celdas, siguiendo las recomendaciones sanitarias[735].

Pero con posterioridad, la Secretaría de Medidas Penales, Reinserción y Atención a las Víctimas del Departamento de Justicia de la Generalitat, concedió a los presos del *procés* el tercer grado penitenciario, el cual posibilita el cumplimiento de la pena en régimen abierto, en aplicación del art. 104.3 del Reglamento Penitenciario. Impugnada en alzada la decisión por la Fiscalía, fue confirmada por el Juzgado de Vigilancia Penitenciaria nº 5 de Barcelona. Recurridos en apelación los correspondientes autos judiciales, la Sala Segunda del Tribunal Supremo los revocó, mediante nueve autos en los que declaró ilegal la progresión al tercer grado de los condenados.

En el Auto de 4 de diciembre de 2010, relativo a Oriol Junqueras, la Sala Segunda del TS afirmó que en la fase de ejecución la acomodación del cumplimiento de las penas a los fines constitucionales que la inspiran no podía convertirse en una excusa para la *reinterpretación* de la sentencia, la cual gira sobre la siguiente "*idea clave de la que no puede prescindirse* -en palabras del alto tribunal-: "*ni el Sr. Junqueras ni ninguno de los acusados en*

---

734 *Vide* https://www.europapress.es/catalunya/noticia-ts-advierte-govern-si-excarcela-presos-estara-prevaricando-20200331133219.html

735 *Vide* https://www.rtve.es/noticias/20200402/coronavirus-politicos-independentistas-presos-seguiran-confinamiento-prision/2011320.shtml

este procedimiento han sido condenados por perseguir la independencia de Cataluña. Las ideas de reforma, incluso ruptura, del sistema constitucional no son, desde luego, delictivas. Su legitimidad es incuestionable, está fuera de cualquier duda. El pacto de convivencia proclamado por el poder constituyente no persigue al discrepante. Ampara y protege su ideología, aunque está atente a los pilares del sistema".

J) EL FIASCO DE LAS EUROORDENES

Además de los doce líderes políticos condenados por la STS 459/2019 en la misma causa fueron procesadas otras siete personas, declaradas en rebeldía tras huir de la justicia española al extranjero: a Bélgica Carles, Meritxell Serret, Antoni Comín y Lluís Puig; a Suiza Marta Rovira y Anna Gabriel: y a Escocia Clara Pontasí[736].

Las Órdenes Europeas de Detención y Entrega dirigidas contra los huidos que se hallaban en países de la Unión Europea -Alemania, Bélgica y Reino Unido- fueron inicialmente desactivadas el 5 de diciembre de 2017 por el magistrado instructor de la causa, Excmo. Sr. D. Pablo Llarena, cuando el Tribunal Superior de Schleswig-Holstein (RFA) resolvió que sólo entregaría al procesado rebelde Puigdemont -que había sido detenido en Alemania mientras se desplazaba desde Finlandia a Bélgica-, por el delito de malversación de fondos públicos y no por el de rebelión o sedición. Tal decisión del tribunal alemán, como señala la STS 459/2019 repitiendo lo manifestado en su Auto de 1 de julio de 2019, resultó errónea a ojos de la justicia española:

---

736 Carles Puigdemont, Toni Comín y Clara Ponsatí fueron procesados por rebelión y malversación de fondos públicos; Marta Rovira por rebelión; Lluis Puig y Meritxell Serret por malversación y desobediencia; y Anna Gabriel por desobediencia.

> *"para concluir este rechazo, las autoridades judiciales del Estado requerido suscribieron una resolución cuyos razonamientos entraban a cotejar exhaustivamente los elementos constitutivos de la infracción penal y su influencia en el principio de tipicidad. Se incluyeron también valoraciones de prueba sobre unos hechos que estaban siendo investigados en el marco de un procedimiento caracterizado por su complejidad y extensión. De extraordinaria e inusual magnitud habla el dato de que incluya documentos cuya suma pueda medirse en metros cúbicos. De un procedimiento que, en su versión digital, ocupa un repositorio que supera un terabyte. Nada de ello fue obstáculo para que las autoridades requeridas llegaran a pronunciarse sobre la intencionalidad del autor y su posición de dominio en la ejecución del hecho".*

Por su parte Bélgica también rechazó la euroorden contra Lluis Puig, con la excusa de un incumplimiento formal que no concurría, consistente en la necesidad de una resolución judicial de detención, que se hallaba incluida en el auto mediante el cual se acordaba la prisión provisional[737].

Tras dictarse la sentencia del Tribunal Supremo, el magistrado instructor volvió a reactivar las euroórdenes para los procesados rebeldes que residen en Bélgica y Reino Unido, con el objetivo de que fueran juzgados por la justicia española. Pero la elección de dos de ellos -Sres. Puigdemont y Comín- como parlamentarios europeos complicó sobremanera la situación, al hacer necesario obtener autorización del Parlamento Europeo para conseguir su detención, después de que el TJUE les reconociera inmunidad, pese a no haber recogido sus credenciales es España[738].

---

737 *Vide* GONZÁLEZ-CUÉLLAR SERRANO, NICOLÁS, "Las euroórdenes emitidas por el Tribunal Supremo de España", en *Teoría y derecho. Revista de pensamiento jurídico,* Tirant lo Blanch, 26 de diciembre de 2019, p. 313

738 *Vide* al respecto el mismo trabajo citado en la nota anterior.

Entretanto, Bélgica el 7 de agosto de 2020 rechazó de nuevo la euroorden contra Lluis Puig con argumentos tan incoherentes con el principio de confianza mutua entre órganos judiciales de los Estados de la Unión como el rechazo a la competencia de la Sala de lo Penal del Tribunal Supremo conforme al derecho interno español para el enjuiciamiento del asunto, postura que llevó al magistrado instructor de la causa a plantear mediante auto de 9 de marzo de 2021 cuestión prejudicial ante el Tribunal de Justicia de Luxemburgo sobre el alcance del referido principio que actualmente se encuentra en trámite (*asunto Puig Gordi y otros,* C-158/21).

Levantada la inmunidad de los procesados rebeldes electos como diputados europeos por decisión del Parlamento Europeo de 9 de marzo de 2021, Puigdemont fue detenido en Cerdeña, Italia, el 23 de septiembre de 2021, en ejecución de la euroorden dictada contra él. Pero, finalmente, la Corte d´Apello di Cagliari, Sezzione Distaccata di Sassari, Sezione Penale, por Ordinanza de 4 de octubre de 2021, consideró que la pendencia de la cuestión prejudicial planteada por el magistrado instructor ante el TJUE suponía la desactivación temporal de la euroorden, pese a la postura contraria del magistrado instructor de la causa y de la Fiscalía española, pero con apoyo en la posición adoptada por la Abogacía del Estado y el contenido del auto de 2 de junio de 2021 del TGUE, que había rechazado suspender provisionalmente el levantamiento de la inmunidad por el Parlamento Europeo, en tanto se tramita el proceso de impugnación de dicha decisión (asunto T-272/21 R)[739].

---

739 *Vide* RUIZ YANUZA, FLORENTINO G., "*La euro-orden de Puigdemont ante la justicia italiana: L´ennesima puntata*", Economist & Jurist, 16 de octubre de 2021. https://www.economistjurist.es/articulos-juridicos-destacados/la-euro-orden-de-puigdemont-ante-la-justicia-italiana-lennesima-puntata/

Resulta evidente que, por el momento, la cooperación judicial entre Estados miembros de la Unión Europea no ha funcionado satisfactoriamente en este asunto. Pero es innegable que la justicia española no se ha dado por vencida y sigue tratando de que los fugados sean puestos a su disposición. El resultado del esfuerzo servirá para medir el grado de eficacia del art. 82 del Tratado de Funcionamiento de la Unión Europea, el cual establece el reconocimiento mutuo de las resoluciones judiciales como *piedra angular* de la cooperación jurisdiccional en materia penal entre los Estados miembros.

Capítulo 8

El derecho de gracia

I. LA GRACIA

A) CONCEPTO Y CLASES

Los más claros exponentes del principio de oportunidad en la justicia penal histórica han sido la amnistía y el indulto, instituciones mediante las que se ejerce el llamado *derecho de gracia* y que coinciden en la supresión o mitigación de la respuesta penal por un Poder del Estado distinto del jurisdiccional, por un motivo político. Son, sin embargo, la amnistía y el indulto, figuras distintas.

Mediante la amnistía -término que procede del término griego αμνησί -*amnesia* u *olvido*, el delito se trata en el caso concreto como si no hubiera existido, evitando su investigación, su enjuiciamiento o la ejecución de la pena, si ha sido impuesta antes de que se dicte. El Diccionario de la Real Academia de la Lengua, con bastante imprecisión, lo define como "*perdón de cierto tipo de delito que extingue la responsabilidad de sus autores*". Es al Poder Legislativo al que corresponde su concesión, a través de una ley, que, pese a la generalidad de personas involucradas en el episodio sobre el que se proyecta, es de caso único. La última amnistía otorgada en España fue la contenida en la Ley 46/1977, de 15 de octubre, con el fin de lograr la reconciliación entre los españoles tras el franquismo. La Constitución no hace alusión a dicha institución, pero la omisión no parece que permita entender que la proscriba.

El indulto compete al Poder Ejecutivo y teóricamente puede ser general o especial -para una pluralidad de personas o con carácter individualizado- y puede afectar a un proceso en curso -para su interrupción y evitar así la imposición firme de la pena- o a una pena ya impuesta en sentencia condenatoria firme.

La CE contempla el indulto en el art. 62 i), al atribuir al Rey la prerrogativa del ejercicio del derecho de gracia conforme a la ley, a la que queda prohibida la autorización de indultos generales. Aunque se ha sostenido que la omisión de referencia a la amnistía implica su exclusión (así por ejemplo, en la STS de Pleno de 20 de noviembre de 2013), la literalidad de la norma no la proscribe y su silencio sobre la institución se explica por su naturaleza parlamentaria y no gubernamental. Además, no parece razonable atribuir a las Cortes constituyentes la voluntad de dejar fuera del ordenamiento jurídico un instrumento que ellas mismas habían utilizado previamente mediante la Ley de Amnistía.

La Ley de 18 de junio de 1870 establece las reglas para el ejercicio de la gracia del indulto. Con toda razón se la ha calificado como "*achacosa*" y se ha puesto de manifiesto la necesidad de la redacción de una nueva ley acorde con nuestro sistema constitucional y los tiempos presentes[740].

B) ANTECEDENTES

El perdón, como reverso del castigo, es conocido en todas las culturas, desde la más lejana Antigüedad. Originariamente, al igual que la pena, surgió en lo sagrado y de la autoridad

---

740 SÁNCHEZ-VERA GÓMEZ TRELLES, JAVIER, "Una lectura crítica de la ley de indulto", *InDret* 2/2008, p. 6.

religioso patrimonial se trasladó a la monarquía[741] y a otras formas de organización política, con independencia de la forma de Estado que éste asumiera en el pasado o aparezca en el presente[742].

Ya en el Código de Hammurabi aparece el perdón[743], que fue aplicado en la era clásica en Grecia y en Roma[744].

En la Alta Edad Media fue empleado por los visigodos y se recogió en la Baja Edad Media en distintos textos legales, como el Fuero Juzgo[745], el Fuero Real[746] y las Leyes de Estilo[747].

El perdón se define en el Título 2° de la 7ª Partida del siguiente modo:

> "*Misericordia, et merced, et gracia, et perdón et justicia, son bondades que señaladamente deben haber en si los emperadores, et los reyes et los otros grandes señores que han de juzgar et de mantener las tierras. Onde pues que en los títulos ante deste fablamos de la justicia que deben facer contra los que caen en los yerros, queremos aquí decir que los perdones et las mercedes, et de las misericordias que deben haber algunas vegadas contra los que yerran, perdonándolos la pena que merescen sufrir según sus fechos*". Ley I. "*Perdón tanto quiere decir como quitar et perdonar a home de la pena que debía recibir por el yerro que había fecho (…)*".

---

741 POST, HERMANN, *op. cit.*, p. 117.

742 *Vide* Ireneo Herrero Bernabé, "Antecedentes históricos del indulto", en *Revista de Derecho UNED* n° 10, 2012, p. 687.

743 Cfr. MOORE, KATHLEEN DEAN, "*Justice, mercy, and the public interest*", Oxford University Press, New York, 1989, p. 15.

744 Véase HERRERO BERNABÉ, IRENE, "Antecedentes históricos del indulto", *Revista de Derecho.* Universidad Nacional de Educación a Distancia, n° 10, 2012, pp. 687 y ss.

745 Ley 13 Título preliminar y Ley 7, Título I, LibroVI.

746 1.2, 1.

747 Leyes 38, 39, 126, 141 y 224.

La Ley I del Título 32 de la Séptima Partida distingue entre perdón *general* y *particular*:

> *<<Qué proviene al home por el perdón que le face el rey>>. "Perdonan a las vegadas los reyes a los homes las penas que les deben dar por los yerros que habían fecho. Et si tal perdón ficiere ante que den la sentencia contra ellos, son por ellos quitos de la pena que debian recibir, et cobran su estado, et sus bienes, bien así como los habían enante, fueras ende quanto a la fama de la gente que gelo retraeran, maguer lo perdone el rey. Pero i el perdón lo ficiere después que fueren juzgados, entonces que son quitos de la pena que debían haber en los cuerpos por ende; pero los bienes nin la honra nin la fama que perdieron por aquel juicio que fue dado contra ellos, non los cobran por tal perdón, fueras ende si el rey dixiese señaladamente quando los perdonaba, que les mandaba entregar en lo suyo tornar en el primero estado; ca entonces lo cobrarían todo".*

Los efectos se establecen en la Ley 2ª del mismo Título:

> *<<Qué proviene al al home por el perdón que le face el rey>>. "Perdonan a las vegadas los reyes a los homes las penas que les deben dar por los yerros que habían fecho. Et si tal perdón ficiere ante que den la sentencia contra ellos, son por ellos quitos de la pena que debian recibir, et cobran su estado, et sus bienes, bien así como los habían enante, fueras ende quanto a la fama de la gente que gelo retraeran, maguer lo perdone el rey. Pero i el perdón lo ficiere después que fueren juzgados, entonces que son quitos de la pena que debían haber en los cuerpos por ende; pero los bienes nin la honra nin la fama que perdieron por aquel juicio que fue dado contra ellos, non los cobran por tal perdón, fueras ende si el rey dixiese señaladamente quando los perdonaba, que les mandaba entregar en lo suyo tornar en el primero estado; ca entonces lo cobrarían todo".*

En la Ley 3ª de diferencia entre *misericordia*, *merced* y *gracia:*

> *<<Que departimiento ha entre misericordia, et merced et gracia>>. "Misericordia, et merced et gracia como quiere que algunos homes cuidan que son una cosa, pero departimiento hay entre ellas; ca misericordia es propiamente quando el rey se*

> *mueve por piedad de si mismo a perdonar a alguno la pena que debía haber doliendose del vegendal cuitado o malandante, o por pietat que ha de sus fijos o de su compañía. Et merced es perdón que el rey face a otri por merescimiento del servicio que fizo a quien perdona o aquellos de quien descendió; et es como manera de galardón. Et gracia no es perdonamiento, mas es don que face el rey a alguno que con derecho se podría excusar de lo facer si quisiere. Et como quier que los reyes deben ser firmes en mandar cumplir la justicia; pero pueden et deben usar a las vegadas destas tres bondades de misericordia, et de merced et de gracia".*

También la Nueva Recopilación, dictada en 1567, y la Novísima Recopilación, promulgada en 1805, se ocuparon del derecho de gracia, con la inclusión de las normas dictadas al respecto por la corona[748].

Y la Recopilación de las Leyes de Indias, de 1680, en su Libro III, Título III, Ley 27, incluyó la disposición de Felipe III de 1614 que atribuyó a "*los Virreyes del Perú y Nueva España*" el poder de:

> *"perdonar los delitos y escesos cometidos en sus respectivas provincias en los casos en los que el Rey pueda hacerlo, y librar despachos necesarios para que las justicias no procedan contra los culpables en lo criminal, reservando a los interesados su derecho en lo civil".*

La Constitución de 1812, en art. 171. 13ª, atribuyó al Rey el poder de indultar "*conforme a las leyes*", cuya aprobación correspondía al Congreso, limitando así la prerrogativa real que, con anterioridad, se había ejercido en términos absolutos[749] y que, en adelante, se ejercería desde un nuevo para-

---

748 Libro 12. Título 42 de la Novísima Recopilación.

749 *Vide* REQUEJO PAGÉS, JUAN LUIS, "Amnistía e indulto en el constitucionalismo histórico español", *Historia constitucional (revista electrónica)*, n2, http://hc.rediris.es/02/index.html.

digma común a los sistemas constitucionales propios de las democracias liberales[750].

C) NATURALEZA Y FUNDAMENTO JURÍDICO

La gracia constituye una medida de naturaleza política que, en el ámbito jurídico penal funciona como causa de extinción de la pena.

Su naturaleza política le dota de un componente que va más allá de lo discrecional, calificado precisamente como graciable, blindado ante el control jurisdiccional, aunque no de manera absoluta.

Ya Francisco Suárez se oponía al poder omnímodo del *juez soberano* para otorgar el perdón, al entender que sólo debía entenderse aceptable en el *fuero externo,* no en *el de la conciencia.* "*El príncipe* -señalaba- *no puede por puro capricho y sin causa alguna perdonar a los delincuentes, pues esto sería sin duda un gran perjuicio para el Estado*". Pero la razón puede consistir en mostrarse benigno y liberal a fin de tener a los súbditos benévolos y obedientes. "*También el Pontífice* -reconocía- *muchas veces concede indulgencias por una causa semejante*". Ahora bien, añadía que "*si los delitos son frecuentes o el delincuente es obstinado o es incorregible o escandaloso, se ha de evitar el interceder*" [751].

Aunque la institución se halla presente en todos los sistemas jurídicos, incluidos los ordenamientos constitucionales de nuestro entorno, su tensión con el principio del *imperio de la ley* ha sido puesta de manifiesto en numerosas ocasiones, hasta el punto de haberse llegado a calificar la posible dispo-

---

750 Sobre los distintos sistemas, NOWAK, ANDREW, "*Comparative Executive Clemency. The constitucional Pardon Power and the Prerrogative of Mercy in Global Perspective*", Routledge, Taylor & Francis, 2016.

751 *Op. cit.*, pp. 516 y 517.

sición del *ius puniendi* por el poder político como una fuente de arbitrariedad, contraria al principio de división de poderes[752], y un "*anacronismo absurdo*", en palabras de Concepción Arenal[753].

Pero el mismo padre de la doctrina de la separación de poderes, Montesquieu, consideraba positiva la clemencia como cualidad distintiva de las monarquías:

> "*Las cédulas de indulto* -sostenía Montesquieu- *constituyen un poderoso resorte en los Gobiernos moderados; la facultad de perdonar que tiene el príncipe puede tener efectos admirables si se usa de ella con prudencia. El principio de Gobierno despótico, que no perdona, y al que nunca se perdona, no tiene estas ventajas*".

---

752 *Vide* NOWAK, ANDREW, *op. y loc., cit.*

753 "*El derecho de gracia, en cierta manera, parece un anacronismo. ¿Por qué ha sobrevivido a las circunstancias a que debe su origen? Si no es justo, como esperamos demostrarlo, ¿por qué no ha desaparecido con otras injusticias que no están en armonía con el modo de ser de las sociedades actuales? ¿Por qué existe a la vez en los Estados Unidos de América, en Rusia y en el Japón?*" (...) Y a continuación: "*El testimonio de la Historia, que se invoca a favor del derecho de gracia, depone contra él, puesto que demuestra que se apoya en un falso concepto de la justicia. La justicia no se perdona, no se concede; se aplica* cumpliendo un deber, y faltando a él se *niega. Suprimiendo de la pena la idea de venganza, debe desaparecer la de perdón. La crueldad de las leyes, razón histórica, y todavía de historia contemporánea, explica el derecho de gracia, puede hacerlo considerar como un expediente, pero nunca como una parte racional de la administración de justicia. ¿Qué idea tiene de ella el legislador que no comprende su realización sin la arbitrariedad? Y que el derecho de gracia es, ha sido, será y tiene que ser arbitrariedad, lo dicen la razón y la experiencia*". "El derecho de gracia ante la justicia". Librería de Victoriano Suárez, Madrid, 1896. Accesible en http://www.cervantesvirtual.com/obra-visor/el-derecho-de-gracia-ante-la-justicia—0/html/fef9fe8e-82b1-11df-acc7-002185ce6064_2.html.

Matizaba, sin embargo, su posición seguidamente: "*en la república, cuyo principio es la virtud, no se necesita tanto*" [754].

La primera Constitución escrita del mundo, la de EEUU, en su art. 2 asignó al Presidente de la República la prerrogativa de *perdón* que, con anterioridad a la independencia la corona británica, el Rey ostentaba en su territorio. Se le atribuyó un poder discrecional cuasiabsoluto en la materia, salvo en caso de *impeachment,* (al igual que sucedía en el derecho inglés)[755].

Uno de los padres fundadores, Alexander Hamilton, afirmó en El Federalista:

> *"El Código Penal de cualquier país contiene tanta severidad necesaria que, sin un fácil acceso a excepciones en favor del culpable infortunado, la justicia adquiriría un rostro demasiado sanguinario y cruel"*[756].

Durante la Revolución Francesa se suprimió el indulto y la conmutación de penas en 1789, pero el perdón se reinstauró en 1802 (atribuido a Napoleón como Primer Cónsul)[757].

Como se ha dicho, todos los sistemas constitucionales contemplan el derecho de gracia y el motivo de su reconocimiento estriba en la autoconsciencia normativa de sus propias limita-

---

[754] "*Del Espíritu de las leyes*", Parte I: VI, 16 y VI. 21. Alianza Editorial, Madrid, 2003, pp. 139 y ss.

[755] *Vide* DUKER, WILLIAM F., "The presidential power to pardon; a constitucional history", *William and Mary Law Review,* 1977, Vol. 18, nº 3, pp. 475 y ss; RICHARD H. THOMPSON (Coordinator), "The <<president´s pardon power and legal effects and collateral consequences", *Congresional Research Service,* 7-5700, www.crs.gov, R44571, p. 1

[756] "The command of the Military and Naval Forces, and the pardoning power of the Executive", *New York Packet,* núm. 74, Jueves, 25 de marzo de 1788. Accesible en http://constitution.org/fed/federa74.htm.

[757] Cfr. MOORE, KATHLEEN DEAN, *op. cit.*, pp. 24 y 25.

ciones. Dada la incapacidad de la *norma* y de la *razón* para colmar la totalidad de las aspiraciones de la justicia, el ordenamiento se vale de factores correctores situados en el contexto de la voluntad y consistentes en la *equidad* y el *amor*[758].

Desde tales parámetros, el *derecho de gracia* se instaura como *válvula de escape* que sirve para mitigar los efectos perniciosos que puedan derivarse de la aplicación de la ley penal, en atención a las circunstancias del caso concreto, en virtud de una valoración política de la situación, basada en motivos de conveniencia y utilidad, los cuales, obviamente, deben ser conformes al interés general.

Tal valoración política de la situación conduce a una decisión de la misma naturaleza, frente a la que sólo puede exigirse responsabilidad de idéntico carácter, sin perjuicio de que, como cualquier otra actuación de los poderes públicos, la concesión de la gracia queda sometida al control de legalidad de la jurisdicción, proyectado sobre los elementos de la decisión regidos por la Constitución y las leyes.

¿Podría encomendarse el ejercicio del derecho de gracia al Poder Judicial, para evitar de este modo la tensión de las instituciones mediante las que se canaliza -amnistía e indulto- con el principio de separación de poderes? Concepción Arenal así lo proponía en relación con el indulto: "*el fallo que se da contra conciencia por atenerse a la letra del Código no es un hecho jurídico, ni siquiera un caso de fuerza mayor,*-sostenía- *porque no debe haber ninguna que obligue a condenar al mismo que se considera acreedor a indulto*"[759], pero su postura presenta dos inconvenientes fundamentales:

---

758 KAHN, PAUL, "*El análisis cultural del derecho*", Gedisa Editorial, Barcelona, 2001, pp. 134 y ss; "*Putting liberalism in its place*", Princeton University Press, 2008, pp. 218 y ss.

759 *Op. et loc cit.*

i. la absoluta predominancia que se atribuiría a la individualización equitativa en el ejercicio de la potestad jurisdiccional; y

ii. la restricción de los elementos de valoración a las circunstancias que han formado parte del objeto del proceso penal.

Al abordar el fundamento constitucional del principio de oportunidad, ya se ha examinado la inconveniencia de la atribución a los jueces de un poder de supresión absoluto de la ley penal, dada la necesidad de atemperar la idea de la *connotación valorativa* de las circunstancias particulares del caso con el valor que la persecución penal posee como sustituto de la autotutela. Aunque podría entenderse que la referida necesidad de atemperación es trasladable al ejercicio de la gracia que se confía al Poder Ejecutivo, lo cierto es que el efecto del indulto no es el mismo si se asigna a uno y otro poder del Estado, pues si la gracia se atribuyera a la jurisdicción se confundiría con la emisión del juicio de reproche del delito, factor esencial para el sostenimiento de la confianza de la ciudadanía en el sistema legal y base de la sustitución de la venganza por la respuesta institucional frente al crimen. En el caso del indulto o de la amnistía posteriores a la comisión del hecho punible, el reproche penal ya ha sido realizado y la sociedad se encuentra en disposición de distinguir perfectamente su significado del propio del acto político de extinción de la pena por razón de conveniencia. Si la pena aún no ha sido impuesta, el indulto o la amnistía evitan la realización del juicio de reproche por criterios de utilidad y conveniencia que, como ya se ha explicado, son criterios propios de la política, aunque la jurisdicción pueda también servirse de ellos en el marco de aplicación del principio de oportunidad.

Además, el tribunal de justicia a quien se le permitiera *perdonar* el delito habría de hacerlo a más tardar en la sentencia, sin poder tomar en consideración circunstancias externas al objeto de la causa o posteriores, lo cual tan sólo podría ser evitado mediante la quiebra de la cosa juzgada, consecuencia que Concepción Arenal expresamente aceptaba:

> *"Que sólo los tribunales puedan anular lo que los tribunales hacen; que no venga la arbitrariedad del ministro a reírse de la autoridad de la cosa juzgada, pero que la ciencia y la conciencia pública puedan examinarla".*

La propuesta consistiría, en definitiva, en la colocación del tribunal por encima de la ley, al amparo de una conciencia pública que hoy en día recuerda la sumisión de los jueces durante el régimen nacionalsocialista alemán al "*sano sentimiento del pueblo*" (gesundes Volksempfinden) por el art. 2 del StGB, según su reforma por la ley de 28 de junio de 1935:

> *"Será castigado quien cometa un hecho que la ley declare punible o que merezca pena según la idea básica de una ley penal y según el sano sentimiento del pueblo. Si ninguna ley penal específica se aplica directamente al hecho, el hecho será castigado de acuerdo con la ley cuya idea básica se le aplique mejor".*

Dicho parámetro convertía en inservibles las leyes generales y dotaba a los jueces que habían jurado fidelidad al *führer* de un poder omnímodo para apreciar las circunstancias del caso, desde la perspectiva de la personalidad del autor y de su sumisión al orden político totalitario[760].

D) EL INTERÉS GENERAL

Con independencia de que los elementos reglados que condicionen el ejercicio del derecho de gracia sean más o menos rigurosos, el perdón del delito por el Estado debe concederse

---

760 *Vide* JIMÉNEZ SEGADO, CARMELO, "Carl Schmitt y las ideas penales de la escuela de Kiel", *ADPCP*, Vol. LXII, 2009, p. 473.

por razón de conveniencia o utilidad que responda al interés general, pues otro motivo convertiría al instrumento jurídico-político del que nos ocupamos en una herramienta particular que socavaría los cimientos del Estado de Derecho.

Frente al entendimiento del *perdón real* como regalo gracioso que el soberano podía otorgar a capricho en el Derecho británico, Oliver Wendell Holmes sostuvo que el perdón presidencial establecido por la Constitución de EEUU "*cuando se concede, es la decisión de la autoridad suprema de que el bienestar público será servido de mejor manera mediante un castigo menor que el impuesto en sentencia*"[761].

Ese bienestar público o interés general no impide, sino que reclama, que todas las circunstancias que afectan al individuo como tal sean tomadas en consideración desde la *equidad*, pues la justicia constituye un valor superior del ordenamiento jurídico que importa y mucho a la comunidad. Pero rechaza que, más allá de la justicia o de la utilidad pública, el perdón se ofrezca como regalo inmerecido o, peor aún, como precio de la colaboración mediática, económica o política con quien ostenta el poder de concesión de la gracia. Lamentablemente, la tentación de instrumentalizarla con tan innoble propósito constituye un fenómeno extendido por el mundo, como demuestra el caso de EEUU, donde los perdones presidenciales a la finalización de los mandatos en la Casa Blanca son piedra de escándalo. Como muestra, baste un botón periodístico:

> *"Un tercio de los 140 indultados por Bill Clinton en las últimas horas de su mandato se saltaron el procedimiento habitual de dirigirse al Departamento de Justicia y apelaron directamente al presidente, según informó ayer el diario Los Angeles Times.*

---

761 *Biddle vs. Perovich 274 US 486*. Véase, sobre la evolución de la jurisprudencia de la Corte Suprema de EEUU desde el caso *U.S. vs Wilson 32 U.S. 150* (1833), MOORE, KATHELLEN DEAN, *op. cit.*, pp. 63 a 65.

> *Aunque no está claro si se incluye en este grupo, el más escandaloso de los perdones de Clinton, el del multimillonario Marc Rich, comenzó ayer a ser examinado por el Comité de Reforma del Gobierno de la Cámara de Representantes estadounidense. Los demócratas criticaron a Clinton, pero condenaron la investigación parlamentaria"*[762].

En España la Ley de Indulto condiciona el mismo a la concurrencia de razones de justicia, equidad o utilidad pública (art. 11).

E) EL CONTROL JUDICIAL

Como cualquier otra actuación de los poderes públicos el ejercicio del derecho de gracia queda sometido a control jurisdiccional. En el caso de la amnistía, que se concede a través de la ley, el control posible es el de la constitucioinalidad. En el supuesto del indulto, otorgado por el Gobierno mediante Real Decreto, el control corresponde a la Sala de lo Contencioso-Admisitrativo del TS (art. LJCA, LOPJ).

Ninguno de los referidos controles abarca la oportunidad política del perdón y ha de contraerse a los elementos revisables del acto, a saber:

i. los elementos reglados del acto, entre los cuales se encuentran los requisitos de carácter procedimental y, en el caso de la concesión del indulto, la ausencia de arbitrariedad en la adopión de la decisión;

ii. la vulneración de los derechos fundamentales, que puede producirse si se infirnge el principio de igualdad ante la ley o cuando el indulto supone la impu-

---

762 *El País*. Javier Valenzuela. Washington, 9 de febrero de 2001. https://elpais.com/diario/2001/02/09/internacional/981673202_850215.html

nidad de delitos contra derechos fundametamentales especialmente cualificados.

Seguramente porque no ha tenido ocasión de extender su jurisprudencia a los casos de vulneración de derechos fundamentales indicados en el párrafo ii) anterior, la Sala de lo Contencioso-Administrativo del TS no los menciona cuando expone su doctrina general sobre el alcance del control judicial del indulto. Pero dicho silencio no puede ser entendido como un rechazo jurisprudencial de la necesidad de la tutela de la igualdad en casos de condena por el mismo hecho punible por parte de dos personas que además, en el momento de la solicitud del indulto se encontraran, en idénticas circunstancias y que, no obstante recibieran una respuesta distinta por razón de diferencia de sexo, raza o culquier otro criterio discriminatorio. Tampoco si el indulto fuera contrario a las obligaciones de protección de los derechos humanos a través del Derecho penal, como sucede en relación con el delito de tortura, por ejemplo, pues vulneraría el derecho a la tutela judicial efectiva considerar privada de la posibilidad de control jurisdiccional en España una actuación por la que nuestro páis puede ser condenado por el TEDH.

En cuanto a los elementos reglados del indulto, la jurisprudencia parte de la base de la inexistencia de un derecho subjetivo al indulto. Solo se reconoce el derecho a solicitarlo, a su tramitación conforme al procedimiento legalmente establecido y a su resolución sin arbitrariedad (SSTS 1043/2022, de 20 de julio, 1398/2020, de 26 de octubre). Situando la discusión en el ámbito de la discrecionalidad -como hacen las sentencias citadas- o distinguiendo con mayor precisión entre *acto discrecional* y *acto graciable*, como hacen las SSTS 1080/2022, de 21 de julio y 215/2022, de 21 de febrero, la Sala Tercera del TS considera revisable judicialmente la decisión sobre el indulto no "*in integrum*" (como afirma el ATC 360/1990), sino en términos restrictivos, que no abarcan la valoración de los requisitos de carácter sustantivo y se constriñen a los siguientes defectos, anteriormente mencionados:

a) la infracción de normas procedimentales en supuestos de nulidad de pleno derecho (art. 47.1 e) de la LPAC) y anulabilidad (art. 48 de la LPAC), cuando el vicio sea *sustancial*, incluida la omisión de informes preceptivos en el expediente; y

b) la arbitrariedad de las decisiones de concesión del indulto.

Dicha arbitrariedad se constata mediante un control externo de la resolución. No se desprende de la ausencia o insuficiencia de la motivación entendida como exteriorización de las razones que el Consejo de Ministros ha tomado su decisión, sino que se deriva de la imposibilidad de vincular, dentro de la lógica y la racionalidad jurídica, la decisión gubernativa de conceder el indulto con las razones de justicia, equidad o utilidad pública que lo justifican y que la resolución debe identificar, dentro del soporte fáctico del expediente (STS -Pleno- 20 de noviembre de 2013; 416/2022, de 18 de julio).

La razón de la diferenciación entre la concesión y la denegación del indulto en cuanto a la revisibilidad del acto del Gobierno estriba, según expresa la indicada jurisprudencia, en la distinta consecuencia de una u otra decisión sobre la ejecutividad de una sentencia firme, a la que la concesión del indulto se opone.

II. EL INDULTO A LOS CONDENADOS POR EL *PROCÉS*

Con fecha 22 de junio de 2021, el Gobirno concedió indultos parciales a los nueve condenados en el juicio del *procés* que cumplían penas de prisión, manteniendo las penas de inhabiltación absoluta y con la condición de que no volvieran a cometer delitos graves en el plazo de tres años desde la publicación de los correspondientes Reales Decretos, dictados, según su porpio tenor literal:

> *"atendiendo a las circunstancias del/la condenado/a y, en particular, a los motivos de utilidad públca que se exponen en la propuesta del Ministro de Justicia, de acuerdo a la información que obra en el citado expediente"*[763].

Inmediatamente a continuación el Presidente del Gobierno efectuó una declaración institucional en la escalinata del Palacio de la Moncloa. En ella recordó que "*la vía jurisdiccional concluyó con la sentencia firme del Tribunal Supremo que el Gobierno no pone en cuestión*" y que diversas personas e instituciones civiles habían formulado peticiones de gracia. "*Tras sopesar las razones a favor o en contra de la medida de gracia* -afirmó-, *el Gobierno ha estimado que existen razones de utilidad pública que aconsejan conceder los indultos*"[764].

---

763 Reales Decretos 456, 457, 458, 459, 460, 461, 462, 463 y 464/2021, de 22 de junio (BOE núm 149, miércoles 23 de junio de 2021, 10463 a 10472).

764 Dichas razones -aclaró- "*tienen que ver con la necesidad y la concordia en el seno de la sociedad catalana y en el conjunto de la sociedad española*". Defendió que se trataba de la mejor decisión para Cataluña y para España y la más conforme con el espíritu de concordia y de convivencia de la Constitución Española. "*La sociedad española quiere una Cataluña europea, próspera, plural, solidaria, y con un alto grado de autogobierno. Cataluña sin España ni sería europea, ni sería próspera, ni sería plural. Este es nuestro convencimiento. España sin Cataluña siplemente no sería España, como Cataluña, sin el resto de España no sería Cataluña. Y esta certeza es el norte que guía nuestro camino. Asi que hay camino. Los indultos afectan de manera directa a nueve personas, pero el Gobierno de España sobre todo piensa en los cientos de miles de catalanes y catalanas que se sienten solidarios con quienes están presos y también a muchos otros tanto en cataluña como en el resto de España que no respaldaron sus actos, pero que si creeen que ya han cumplido suficiente castigo. Esta medida de gracia no exige que los beneficiados por ella deban cambiar sus ideas. No esperamos tal caso. De hecho las personas encarceladas jamás fueron sancionadas por sus*

La ministra de Hacienda y portavoz del Gobierno, también tras la reunión del Consejo de Minstros que tomó la decisión, señaló que los indultos eran "*una de las decisiones políticas más transcedentes, más importantes que un Ejecutivo puede impulsar, como es la de abrir una nueva etapa en Cataluña y en España*". Se refirió a "*un conflicto, el catalán (...) que dura ya demasiado tiempo y que ha causado una ruptura en el interior de la sociedad catalana y, por tanto, necesita que la palabra que el diálogo, la convivencia, la necesidad de encuentro cobren un protagonismo que nunca se tuvo que perder al interior de Caaluña y de Cataluña con el resto de España*". Resumió la declaración institucional del Presidente insistiendo en que con la medida se tendían puentes y se anudaban lazos para

ideas, sino por sus actos contrarios a la legalidad democrática.Una democracia fuete, comoes la democracia española no pide a nadie que renuncie a sus ideas, pero exige que todas las ideas se defiendan en el marco de la legalidad y con respeto a los deechs de todos y de todas, de los españoles y las españolas. El Gobierno de España trabaja y va a seguir trabajando por el entendiemiento y nunca por el enfrentamiento. Pretendemos ahora abrir un nuevo tiempo de diálogo, tender puentes de concordia, de convivencia entre personas que estamos muy alejadas en lo político, pero que no podemos ignorarnos. Vivimos juntos y juntos tenemos que afrontar las mismas preocupaciones y los mismos problemas. Encontraemos dificultades en el camino, estoy convencido de ello, pero creo que merece ucho la pena intentarlo, por los españoles, por toso los catalanes, por nuestros hijos, por nuestras hijas, por nuestros nietos, por nuestras nietas, la sociedad entenra, se merecen un fuuturo mejor en Cataluña y en toda España. Y la primera obligación, en consecuencia, del Gobierno de España es ayudar a lograrlo. En este día miramos al futuro con más optimismo. Hoy con esta acción queremos abrir una nueva etapa de diálogo, de encuentro y cerrar de una vez por todas la división y el enfrentamiento. La democracia española demuestra hoy su grandeza y es una buena ocasión para que demuestren la suya también aquellos que la cuestionan. Ahora es el momento de la política, de pasar página. Es el momento de volver a la vía que nunca se debió de abandonar. Ahora es el momento de concentrar todas nuestras fuerzas en mejorar la vida de nuestro pueblo en estos tiempos de dificultades y de muchas esperanzas". https://www.lamoncloa.gob.es/presidente/actividades/Paginas/2021/300621-sanchezcomparecencia.aspx.

"*reconstruir todo aquello que se dinamitó entre la sociedad española y la catalana*". Se trataría de recuperar el "*espíritu de concordia que guió la transición*"[765].

Previamente, la Sala de lo Penal del Tribunal Supremo había emitido un contundente informe, de 26 de mayo de 2021, contrario a los indultos. En el mismo el Alto Tribunal se oponía a "*la concesión de cualquier forma de indulto -total o parcial- a los condenados en la sentencia 459/2019, 14 de octubre, dictada en la causa especial núm. 20907/2017*".

El informe del tribunal sentenciador, emitido con ponencia del Presidente de la Sala, Excmo.Sr.D. Manuel Marchena Gómez, en aplicación del art. 23 de la Ley de Indulto, partía de la base de la imposibilidad de equiparación del indulto con un "*recurso de alzada ante la autoridad gubernativa*" o como "*el último mecanismo*" para la reparación de derechos fundamentales vulnerados, aunque constataba que "*frente a la claridad de esta idea, quienes piden al Gobierno el ejercicio del derecho de gracia hacen valer un argumentario que desenfoca la naturaleza del indulto como causa extintiva de la responsabilidad penal*". Los solicitantes -sostiene el informe- no cuestionaban la necesidad de la pena, sino que basaban su petición en una crítica de la sentencia, a la que el trinunal se remitió como respuesta a las cuestiones planteadas, aunque con una mención particularizada a la alegación de falta de proporcionalidad de las penas, que el informe rechaza por distintas razones:

i. por basarse en un criterio sistemático sobre los delitos contra el orden público reduccionista, que prescinde de la transcendencia de los hechos para el mantenimiento del orden constitucional;

---

765 https://www.lamoncloa.gob.es/consejodeministros/resumenes/Paginas/2021/220621-cministros.aspx.

ii. por resultar contradictorio con el resultado de un análisis de Derecho comparado de la penalidad prevista para los hechos punibles por los que se dictó la sentencia;

iii. por olvidar que la misma abarca -para algunos de los condenados- el delito de malversación de caudales públicos; y

iv. finalemente, por resultar un crierio inaplicable a los condenados por delitos de desobediencia.

El informe echaba en falta en buena parte de las solicitudes de indulto consideraciones de equidad, justicia o utilidad pública, y observaba un enfoque grupal de la responsabilidad penal, que se presentaba en las peticiones como si fuera colectiva, lo cual -entendía la Sala- impide comprender el efecto extintivo del indulto, cuyo fundamento ha de consistir en razones individualizadas.

Dicho reproche lo extendía el tribunal a la Adminsitración Penitenciaria catalana, "*que, desde el primer momento del cumplimiento de la pena y en la elaboración de los informes unidos al expediente, bajo la apariencia de una valoración diferenciada, ha unificado, de forma contumaz el régimen y tratamiento de <<los presos del procés>>, sin atender a la evolución personal e individualizada de cada uno de ellos*". Con inusitada dureza, el informe advertía del "*visible distanciamiento*" del criterio institucional respecto a los requerimientos legales y recordaba la constante necesidad de corrección del mismo por su parte. Expresamente el informe atribuía a la Administración Penitenciaria el entorpecimiento de los fines de la pena -como ya había hecho con anterioridad el ministerio fiscal al oponerse a los indultos-, "*alimentando la ficción de un sujeto colectivo*" que se presentaría como "*titular del derecho a la progresión en grado y, ahora, del derecho al indulto*".

También a los condenados el informe asigna "*tan equivocada y perturbadora forma de concebir la responsabilidad penal*". Pese a que en providencia de 4 de mayo de 2021 la Sala les había permitido trasladarle las consideraciones indivualizadas que estimaran conveniente, para otorgarles audiencia y porque entendía imprescindible conocer la voluntad del condenado en cuyo nombre se solicita el indulto, la mayor parte de ellos no lo hicieron, guardando silencio. Pese a ello, el tribunal otorgó a la falta de respuesta el significado de tácita aceptación de la petición de indulto, bajo la presunción de que la oposición de los condenados a la sentencia equivale a la voluntad de extinción mediante la medida de gracia. Ello pese a que, en algún caso, se llegara "*a sugerir de manera indubitada un rechazo a esa medida impetrada por otros, por lo que pudiera suponer de aceptar un perdón por lo que se entiende que no debe ser perdonado*" y que, en otros casos, la actitud de "*indiferencia o indolencia*" colocara a alguno de los condenados "*en las antípodas de lo que en abstracto sería la actitud que cabe esperar de quien aspira a ser indultado con arreglo a los parámetros perfilados normativamente*".

En el caso de Jordi Cuixart, el condenado recalcaba que no había solicitado el indulto y que su prioridad no era salir de la cárcel, sino la resolución -según sus palabras- "*del conflicto político por el que cumple condena, empezando por la amnistía como respuesta colectiva en lugar del indulto como solución individual*". En relación con tal postura, aunque el tribunal no entraba en el fondo del debate acerca de la constitucionalidad de la amnistía, constataba que constituye una fórmula apropiada para la transición de la dictadura a la democracia, que históricamente ha servido a regímenes totalitarios para procurar la impunidad de graves delitos contra los derechos fundamentales.

En coincidencia con la posición que la Fiscalía había adoptado en su informe previo, el tribunal basaba su oposición al indulto también en la prohibición del *autoindulto* establecido por el art. 102.3 CE, que se proyectaría sobre el delito de sedición, equiparado a estos efectos con los delitos contra la seguridad del Estado. El tribunal consideraba que las dificultades para afrontar la analogía funcional entre miembros del

Gobierno central y autonómicos "*podrían ser valoradas desde la singular perspectiva que ofrece el presente caso*", consistente en el apoyo parlamentario que los partidos políticos de los condenados ofrecen al Gobierno, consideración a la que atribuye "*una dimensión especial*" en relación con la pena de inhabilitación. No obstante, entendía la Sala que no es su misión examinar el cumplimiento de los requisitos legales de la concesión de indulto y que su análisis debe reducirse a la valoración de los motivos aducidos en su apoyo, en relación con la satisfacción de los fines de la pena, que se identifica con el restablecimiento de la legalidad y la reeducación y reinserción social.

Desde tal perspectiva, el informe niega que la ejecución de la pena en el caso concreto constituya una respuesta desmedida o que resulte innecesaria. No exiten -entiende- dilaciones que reparar, ni se ha expresado arrepentimiento ni voluntad de reencuentro, con la legalidad, sino voluntad de reiteración delictiva: "*el mensaje transmitido por los condenados en el ejrcicio del derecho a la última palabra y en sus posteriores declaraciones públicfas es bien expresivo de su voluntad de reincidir enm el ataque a los pilares de la convivencia democrática* (...)". Específicamente el informe se refiere a la posición de Jordi Cuixart, quien en contestación a la solicitud de alegaciones por su parte frente a la solicitud de indulto había afirmado desafiante que "*todo lo que hizo lo volverá a hacer*". Sus palabras -añadía el tribunal- "*son la mejor expresión de las razones por las que el indulto se presenta como una solución inaceptable*". Al finalizar, el informe constataba que los fines de prevención especial de la pena no se habían satisfechos. Al respecto, la Sala aclara que no adjudica a la resocialización el significado de la identificación del penado con valores sociales hegemónicos, pero lo relaciona con la exigencia por una sociedad pluralista de la exclusión de rupturas de las bases de la convivencia unilaterales.

Previamente, como ya se ha indicado, el Ministerio Fiscal se había mostrado contrario a la concesión de los indultos, realizados en relación con cada uno de los penados. Sus razones eran las siguientes: 1ª) inexistencia de razones de equidad, justicia o interés público; y 2ª) carácter general de los indultos solicitados, que no se basaban en consideraciones particularizadas relativas a cada penado.

Al abordar la primera de las razones enunciadas la Fiscalía se adentraba en la cuestión de la proporcionalidad de las penas e incide en la peculiar significación de la sedición en el caso en concreto, al presentar los hechos elementos propios de la rebelión, con independencia de que el tribunal no apreciara la idoneidad objetiva de la violencia utilizada para alcanzar los fines previstos por el tipo penal. "*Lo que sucedió en Cataluña no fue una sedición al uso. Fue mucho más que una grave alteración del orden público*", constataba.

Y al ocuparse de la segunda de las razones, la Fiscalía llegaba a recordar que los indultos no pueden ser arbitrarios, con cita de las STS 3ª de 20 de febrero y 20 de noviembre de 2013 e inmediatamente a continuación del art. 120 CE, cuya aplicación en el presente caso la Fiscalía defiende, al menos como "*criterio que ha de inspirar el examen y valoración por el Ministerio Público al emitir este informe*".

En un primer párrafo sobre la cuestión parece que se manifiesta una posición contraria:

> *"Es cierto que, en el plazo subjetivo, la referencia al <<Presidente y demás miembros del Gobierno>> ha de entenderse que lo es al Gobierno de España, sin que quepa una interpretación que, más allá de la literalidad, expresamente incluya también a los miembros del Gobierno de una Comunidad Autónoma".*

Pero a continuación la Fiscalía aclara su posición:

> *"Ahora bien, aun cuando en la literalidad de la norma no se contenga una prohibición legal de concesión de indulto a presidentes y miembros de gobiernos autonómicos, si cabe afirmar que el espíritu de la ley legitima la inclusión de aquellas conductas -como es el caso- que han sido realizadas por todo el gobierno autonómico, desde el Presidente a todos sus conseje-*

> *ros, en actuación que no se circunscribe a asuntos puramente autonómicos, y que han consistido en un deliberado y planificado ataque al núcleo esencial del Estado democrático, representado por su Constitución, la soberanía nacional, la unidad territorial y el respeto a las leyes como principios vertebradores del Estado constitucional".*

Para la Fiscalía es la propia naturaleza de los delitos cometidos la que fundamenta la exclusión del indulto por el art. 120 CE. Como más tarde sostendría también el informe de la Sala, los hechos punibles por los que se dictó sentencia de condena, han de considerarse *delitos contra la seguridad del Estado.*

En cuanto a la ausencia de coincidencia subjetiva entre los sujetos que otorga el indulto y los condenados, la Fiscalía adujo que, al efecto de su prohibición, el *autoindulto* resulta equivalente a la utilización de la gracia como "*moneda política de cambio en el campo de las negociaciones para la obtención de apoyo parlamentario*".

Actualmente, se encuentra en tramitación ante la Sección Quinta de Sala de lo Contencioso-Administrativo del Tribunal Supremo siete recursos contra la concesión de los indultos, presentados por los partidos políticos PP, Ciudadnos, Vox y diputados del Parlament, los cuales, aunque en un primer momento fueron inadmitidos por sendos autos de 22 de marzo de 2022[766], por entender la Sala que los actores carecían de legitimación activa por falta de interés legítimo, han sido admitidos con posterioridad, al estimarse los recursos de reposición formulados contra la decisión inicial. Ha consiedrado el tribunal, en sus autos de 8 de junio

---

[766] Dictados por los magistrados Segundo Menéndez Pérez, Octavio Juan Herrero Pina, Wenceslao Francisco Olea Godoy, Fernando Román García y Ángeles Huet De Sande (Wencelao Francisco Ola Godoy y Fernando Román García presentaron votos particulares).

de 2022[767], que, dada la naturaleza de la legitimación como elemento de la fundamentación de la pretensión y su íntima relación con la cuestión de fondo en este caso, la decisión sobre su concurrencia debe quedar diferida al momento de dictarse sentencia.

III. LA GRACIA EN LA JUSTICIA TRANSICIONAL

A) CONCEPTO Y NOTAS ESENCIALES DE LA JUSTICIA TRANSICIONAL

Se conoce como *justicia transicional* el método de tratamiento de los delitos contra los derechos humanos cometidos a gran escala durante periodos de represión dictatorial, una vez instaurado un régimen constitucional que imponga el imperio de la ley propio del Estado de Derecho, o en situaciones de conflicto armado finalizado o en trance de superación[768].

---

767 Dictados por los magistrados Octavio Juan Herrero Pina, Wenceslao Francisco Olea Godoy, Inés Huerta Garicano, Ángel Arozamena Laso y Fernando Román García (Octavio Juan Herrero Pina y Ángel Arozamena Laso formularon votos particulares).

768 *Vide* Informe del Secretario General de Naciones Unidas "*El Estado de derecho y la justicia de transición en las sociedades que sufren o han sufrido conflictos*". Consejo de Seguridad. 3 de agosto de 2004. S/2004/616, p. 6; "*Report of the Special Rapporteur on the promotion of truth, justice, reparation and guarantees of non-concurrence, Pablo de Greiff*", Naciones Unidas. Asamblea General. Comisión de Derechos Humanos. A/HRC/21/46. GE.12-15858. 9 de agosto de 2012, p. 6; GIL BLASCO, MARTA, "Justicia transicional: conceptos clave y aspectos normativos". *Res Pública. Revista de las ideas políticas*, Vol. 21.1, 2018, p. 124.

Diacrónicamente, la *justicia transicional* se caracteriza por el encapsulamiento histórico de su objeto, que se contrae a los hechos cometidos en un periodo, temporalmente definido, del pasado. Precisamente porque se trata de un periodo ya superado, en el que se produjeron situaciones que se espera que no vuelvan a acontecer, se emplea el adjetivo *transicional*, un neologismo procedente del inglés que todavía la Real Academia de la Lengua Española no ha definido, pero cuyo significado es claro: *propio de una transición*. Acudiendo al Diccionario de la Real Academia, por transición se entiende, en su primera acepción, la "*acción y efecto de pasar de un modo de ser o estar a otro distinto*". Así pues, la *justicia transicional* es la propia del cambio de un régimen político, pero también se aplica a situaciones de conflicto armado en las que no existe una sustitución de un régimen por otro, sino una finalización de las acciones violentas derivadas de un grave conflicto social que se encauza a través de vías pacíficas de compromiso político[769].

Cuando la situación superada puede ser calificada como una guerra, la justicia transicional se enmarca en el denominado *ius post bellum*, al cual ya se hizo referencia en el primer capítulo de este trabajo.

Objetivamente, la *justicia transicional* no se proyecta sobre cualesquiera delitos. Aunque se produzca un cambio de régimen político que suponga una alteración del sistema de justicia penal en general, el sintagma no se refiere a ello, sino que se aplica a un grupo determinado de hechos punibles, específicamente los cometidos en forma de ataque generalizado o sistemático contra los derechos humanos con intencionalidad política o motivos de odio, que se integran en la categoría de

---

769 *Vide* McAULIFFE, PÁDRAIG, "Transitional justice, institution and temporality: toward a Dynamic understanding", *International Criminal Law Review*, 21 (2021), pp. 818 y 819.

crímenes de lesa humanidad, identificados en el art. 7 del Estatuto de la Corte Penal Internacional, aprobado en el Tratado de Roma de 17 de julio de 1998:

> *"1. A los efectos del presente Estatuto, se entenderá por "crimen de lesa humanidad" cualquiera de los actos siguientes cuando se cometa como parte de un ataque generalizado o sistemático contra una población civil y con conocimiento de dicho ataque:*
>
> *a) Asesinato;*
>
> *b) Exterminio;*
>
> *c) Esclavitud;*
>
> *d) Deportación o traslado forzoso de población;*
>
> *e) Encarcelación u otra privación grave de la libertad física en violación de normas fundamentales de derecho internacional;*
>
> *f) Tortura;*
>
> *g) Violación, esclavitud sexual, prostitución forzada, embarazo forzado, esterilización forzada o cualquier otra forma de violencia sexual de gravedad comparable;*
>
> *h) Persecución de un grupo o colectividad con identidad propia fundada en motivos políticos, raciales, nacionales, étnicos, culturales, religiosos, de género definido en el párrafo 3, u otros motivos universalmente reconocidos como inaceptables con arreglo al derecho internacional, en conexión con cualquier acto mencionado en el presente párrafo o con cualquier crimen de la competencia de la Corte;*
>
> *i) Desaparición forzada de personas;*
>
> *j) El crimen de apartheid;*
>
> *k) Otros actos inhumanos de carácter similar que causen intencionalmente grandes sufrimientos o atenten gravemente contra la integridad física o la salud mental o física".*

También los Estatutos de los Tribunales Penales para la antigua Yugoslavia[770] y para Ruanda[771] contienen definiciones parecidas.

Subjetivamente, la *justicia transicional* no se proyecta sólo sobre los delitos cometidos por las autoridades, servidores públicos y agentes no oficiales –como son los componentes de fuerzas paramilitares o parapoliciales-, sino también sobre los atribuibles a los sujetos insurgentes que combatieron el poder instituido, tanto si se les puede calificar como terroristas, como si no merecen dicha calificación, pero realizaron actos que objetivamente encajan en la figura. Frente a una inicial comprensión de la *justicia transicional* como herramienta de tratamiento

---

770 Instaurado por Resolución del Consejo de Seguridad de las Naciones Unidas 827 el 25 de mayo de 1993. S/RES/827 (1993). Conforme al art. 5 de su Estatuto, relativo a los crímenes de lesa humanidad:
"El Tribunal Internacional tendrá competencia para enjuiciar a los presuntos responsables de los crímenes que se señalan a continuación, cuando hayan sido cometidos contra la población civil durante un conflicto armado, interno o internacional:
Asesinato.
Exterminio.
Esclavitud.
Deportación.
Encarcelamiento.
Tortura.
Violación.
Persecución por motivos políticos, raciales o religiosos.
Otros actos inhumanos".

771 Establecido por Resolución del Consejo de Seguridad de las Naciones Unidas 955 el 8 de noviembre de 1994. S/RES/955 (1994). El Estatuto del Tribunal, en su art. 3, contiene idéntico listado al Estatuto del Tribunal Penal para la antigua Yugoslavia, si bien los caracteriza los crímenes de lesa humanidad por cometerse "*como parte de un generalizado o sistemático ataque a la población civil por motivos de nacionalidad, político, étnico, racial o religioso*".

de los abusos de poderes estatales autoritarios, actualmente el concepto abarca también el tratamiento de los crímenes cometidos por grupos u organizaciones armadas en situaciones de conflicto[772].

Por último, aunque existe una tendencia creciente a situar dentro de la categoría de la *justicia transicional* el tratamiento intelectual de la insatisfacción con un pasado colonial más o menos remoto y las expectativas de transformación socioeconómica, política y cultural a largo plazo, son esfuerzos que encuentran su lugar en una retórica de tinte *inter* e incluso *multigeneracional*, carente de sustancialidad jurídica[773] y propia de las *políticas de la identidad* de grupos o entidades que se sienten sojuzgados, los cuales, desde el resentimiento, buscan el reconocimiento de su dignidad[774].

B) ENFOQUES

1. Pluralidad de enfoques

No existe un modelo de justicia transicional ideal que pueda imponerse a través de fórmulas tecnocráticas, ni fines absolutos que puedan alcanzarse al margen de las condiciones políticas y socioeconómicas del país concernido[775]. En la práctica el modo de reacción frente a los delitos *de lesa humanidad* cometidos en situaciones de conflicto y/o represión de los derechos humanos ha sido muy distinto en unos tiempos y lugares

---

772 "Report of the Special Rapporteur… ", *cit*, p. 6.

773 *Vide McAULIFFE, PÁDRAIG, op. cit., pp.* 820 y 821.

774 Cfr. FUKUYAMA, FRANCIS, "*Identity. Contemporary identity politics and the struggle for recognition*", Profile Books, London, 2019, pp. 7 a 11.

775 *Vide* McAULIFFE, PÁDRAIG, *op. cit.*, pp. 831 a 833.

y otros, si bien cabe distinguir en la *justicia transicional* aplicada hasta el momento cuatro enfoques diversos, que pueden emplearse conjunta o separadamente: a) el *enfoque jurisdiccional*; b) el *enfoque del conocimiento*; c) el *enfoque de la reparación*; y d) el enfoque de la *reforma institucional*[776].

Cualquiera de ellos precisa, para poder alcanzar, o al menos acercarse a sus objetivos, cierto grado de gobernanza, seguridad e imperio de la ley, razón por la cual los resultados de la *justicia transicional* han sido más exitosos en Sudamérica y Europa Central y Oriental, donde se ha aplicado tras la reinstauración de regímenes democráticos, que en países arrasados por la guerra y/o carentes de estructuras estatales consistentes (como Haiti, Guatemala, El Salvador, Burundi o Liberia)[777].

Los referidos enfoques han sido los adoptados en los dos instrumentos internacionales fundamentales sobre lucha contra la impunidad y reparación de las víctimas, ambos de 2005, autónomos y complementarios entre sí, los cuales, aunque carentes por sí mismos de fuerza normativa, son de indudable transcendencia en el avance del Derecho internacional en la materia, a saber:

i. el "*Conjunto de principios actualizado para la protección y la promoción de los derechos humanos mediante la lucha contra la impunidad*"[778]; y

---

776 *Vide* GIL BLASCO, MARTA, *op. cit.*, p. 124.

777 *Vide* McAULIFFE, PADRAIG, *op. cit.*, pp. 828 a 830, 833 y 834.

778 Aprobados en la 61ª sesión de la Comisión de Derechos Humanos de la ONU. *Resolución sobre impunidad núm 2005/81 por medio de la cual toma nota del Conjunto actualizado de principios como directrices que ayuden a los Estados a desarrollar medidas eficaces para luchar contra la impunidad, reconoce la aplicación regional y nacional de los Principios y adopta otras disposiciones al respecto.* ONU E/CN.4/RES/2005/81.

ii. los "*Principios y directrices básicas sobre el derecho de las víctimas de violaciones manifiestas de las normas internacionales de derechos humanos y de violaciones graves del derecho internacional humanitario a interponer recursos y obtener reparaciones*"[779].

En el presente trabajo nos centraremos en los enfoques *jurisdiccional* y *del conocimiento*, esto es, en la *justicia* y en la *verdad*.

2. El enfoque jurisdiccional

El *enfoque jurisdiccional* es el realizado desde la perspectiva de la persecución penal de los delitos y puede ser efectuado:

a) en positivo, con la investigación y enjuiciamiento de los hechos punibles; o

b) en negativo, mediante el ejercicio del *derecho de gracia* total o parcial, con la amnistía y el indulto.

Un ejemplo histórico paradigmático del que se ha denominado enfoque jurisdiccional positivo fue el enjuiciamiento de Luis XVI, soberano de Francia depuesto por la revolución, condenado por la Convención y guillotinado en el patíbulo el 21 de enero de 1793, al igual que la reina María Antonieta meses después. El nuevo poder político saldaba cuentas con el pasado absolutista y seguidamente se protegía de las amenazas contra su desarrollo -internas y externas-, a través de la imposición de un Régimen del Terror, en el cual la aplicación de la justicia se transformó en una masacre de desafectos -reales, supuestos o inventados- señalados por el Comité de Salvación Pública, liderado por Robespierre.

---

[779] Aprobados mediante la Resolución 60/147, de 16 de diciembre de 2005, de la Asamblea General de la ONU.

Pero no toda revolución –violenta o pacífica- asume un enfoque jurisdiccional positivo con carácter absoluto, pues muy frecuentemente se opta por su sustitución –total o parcialmente- por la gracia, ya sea por falta de fuerza para imponer la jurisdicción, ya sea por la conveniencia de favorecer la pacificación mediante la reconciliación entre los sectores o grupos sociales enfrentados y la reconstrucción nacional.

Se contrapone, así, en este contexto, la justicia y la paz, las cuales, pese a que quedan vinculadas en la mitología[780] y el salmo 84 proclama que caminan unidas[781], pueden llegar a ser antitéticas en la práctica política, si por justicia se entiende retribución o necesidad de persecución y castigo del delito. Dicha exigencia de retribución disminuye en su intensidad –sostiene el sociólogo noruego Jon Elster- con el intervalo de tiempo entre las atrocidades y la transición y entre la transición y los procesos judiciales[782].

Existe, sin embargo, una innegable tendencia hacia una concepción retribucionista de la *justicia transicional*[783], que,

---

780 En la mitología griega Irene (Paz) es hija de Zeus y de Temis (la ley y el orden eterno). Sus hermanas son Dike (Justicia) y Eunomia (Leyes) -las tres Horas-. En la mitología romana Pax es hija de Jupiter y de la Justicia y hermanad de la Concordia y de la Disciplina.

781 "*10. La misericordia y la verdad se encuentran.*
La justicia y la paz se besan.
11. La verdad brotará de la tierra y la justicia
Mirará desde los cielos.
12. Dios nos brindará el bien
Y nuestra tierra dará sus frutos.
13. La justicia irá delante de él y nos pondrá en el camino de sus pasos".

782 "Closing de book. Transitional justice in historical perspective", 2004.

783 PASTOR, DANIEL R., habla de una "*ideología de la punición infinita*" como fundamento del entusiasmo por el castigo en el Derecho penal internacional. "*El poder penal internacional. Una aproximación jurí-*

cuando supone la revisión de decisiones de superación del conflicto precedentes, se ha denominado *justicia post-transicional*[784], la cual ha ido reduciendo el espacio de juego de la amnistía o el indulto hasta hacerlo desaparecer en el sistema iberoamericano de protección de los derechos humanos y reducirlo a contornos que se presentan inciertos en el europeo.

Dicha tendencia no surge del Derecho regulador de la persecución penal por las jurisdicciones internacionales, que no excluye el ejercicio de la gracia.

Ya en la justicia impartida tras la Segunda Guerra Mundial en Nüremberg y Tokio, cuyos principios sirvieron de cimiento al Derecho penal internacional después de su reconocimiento por la Asamblea General de Naciones Unidas[785], rigió el principio de oportunidad, a través de la discrecionalidad acusatoria y del ejercicio del derecho de gracia a favor de algunos de los condenados. En efecto, las potencias vencedoras, a través de sus autoridades militares, establecieron y aplicaron criterios para la selección de los objetivos para el enjuiciamiento y concedieron indultos que redujeron las condenas de los beneficiarios del perdón, incluidos ministros y mandatarios nacionalsocialistas y otros autores de atroces crímenes, como los perpetrados por los *Einsatzgruppen de las SS* o Erhard Milch, quien fue declarado culpable y condenado a cadena perpetua por la comisión de gravísimos delitos, entre ellos la realización

---

dica critica a los fundamentos del Estatuto de Roma", Atelier, Barcelona, 2006, pp. 75 y ss.

784 COLLINS, CATH, "State, Terror and the Law: The (Re)Judicialization of human rights accountability in Chile and El Salvador", *Latin America Perspective,* 35(5), 2008, pp. 20 y ss; "The end of impunity? <<Late justice>> and post-transitional prosecutions in Latin America", en Clark/Granville and Palmer, eds, "*Critical perspectives in Transitional Justice*", Intersentia Press, Cambridge, 2012, p. 399.

785 *Vide* Res. 95 (1) de 1946, 177 (II) de 1947 y 488 (V) de 1950.

de experimentos médicos con prisioneros, y cuya pena quedo en cinco años de prisión[786].

Por su parte, el art. 6.5 del Segundo Protocolo Adicional a los Convenios de Ginebra, relativo a la protección de las víctimas de conflictos internos, establece:

> *"A la cesación de las hostilidades, las autoridades en el poder procurarán conceder la amnistía más amplia posible a las personas que hayan tomado parte en el conflicto armado o que se encuentren privadas de libertad, internadas o detenidas por motivos relacionados con el conflicto armado".*

También contemplan el perdón y la conmutación de la pena en los Estatutos de los Tribunales *ad hoc* establecidos por el Consejo de Seguridad de Naciones Unidas para el enjuiciamiento de los crímenes cometidos en la antigua Yugoslavia y en Ruanda (arts. 23 y 28)[787], así como el Estatuto del Mecanismo Residual que sustituyó a los tribunales indicados[788].

Y, así mismo, el Estatuto de la Corte Penal Internacional -el cual vimos que otorga a la Fiscalía discrecionalidad acusatoria- autoriza la reducción de la pena por el tribunal en su art. 110, con el requisito del cumplimiento de las dos terceras partes o

---

786 *Vide, inter alia*, la información al respecto del United States Holocaust Memorial Museum en https://www.ushmm.org/wlc/en/article.php?ModuleId=10007074.

787 "*Si según la legislación aplicable del Estado en el que la persona condenada esté cumpliendo la pena de prisión pudiera obtener el indulto o la conmutación de la pena, el Estado lo notificará al Tribunal Internacional. El Presidente, previa consulta con los Magistrados, decidirá la cuestión de conformidad con los intereses de la justicia y los principios generales del Derecho*".

788 Su Estatuto fue aprobado por Resolución de Naciones Unidas 1966 el 22 de diciembre de 2010. El art. 26 establece la posibilidad de "*perdón o conmutación de la pena*" de forma similar a la establecida en los Estatutos de los Tribunales a los que sustituye, si bien no prevé la necesidad de que el presidente consulte con los magistrados.

veinticinco años si se trata de cadena perpetua. Conforme al art. 223 e) de las Reglas de Procedimiento y Prueba, son factores a considerar en la concesión del perdón "*las circunstancias individuales del condenado, incluido el deterioro de salud física o mental o su edad avanzada*".

El mismo Louis Joinet, relator de Naciones Unidas, cuyos trabajos -junto con los de Diane Orentlicher- sirvieron de base para el *Conjunto de Principios*, propuso la aplicación del principio de oportunidad en la persecución del genocidio cometido en Ruanda, debido a que los perpetradores ascendían a decenas de miles de personas que habían actuado en masa poseídos de un frenesí criminal y a que por la ingente cantidad de responsables resultaba imposible enjuiciarlos a todos. Por ello, proponía llevar a juicio sólo a los sujetos más destacados[789].

Pero en la actualidad, como se ha referido, la tendencia hacia la imposición de la necesidad de persecución penal y, en su caso, el castigo, es innegable. El *Conjunto de Principios*, lo demuestra, al imponer la obligación de investigación, enjuiciamiento y condena de los autores de delitos graves de Derecho internacional (principio 19) y condicionar la amnistía o el indulto, aun cuando tenga por objetivo promover la pacificación o la reconstrucción nacional al cumplimiento de la referida obligación o al sometimiento a juicio de los autores ante un tribunal internacional o nacional ajeno al Estado en el que la transición se produce (principio 24 a). El instrumento, sin em-

---

789 *Vide* "*La administración de justicia y los derechos humanos de los detenidos. Informe final revisado acerca de la cuestión de la impunidad de los autores de violaciones de derechos humanos (derechos civiles y políticos) preparado por el Sr. L. Joinet de conformidad con la resolución 1996/119 de la Subcomisión*". Subcomisión de Prevención de Discriminaciones y Protección a las Minorías. 49° periodo de sesiones. Comisión de Derechos Humanos. Consejo Económico y Social. E/CN.4/Sub.2/1997/20/Rev.1. 2 de octubre de 1997.

bargo, no impide la exclusión o mitigación de las penas mediante amnistías o medidas de clemencia, que no menoscaben el derecho a saber (principio 24 b) o se apliquen desviadamente (principio 22).

En Hispanoamérica la supresión de la gracia del ámbito de la justicia transicional es total: incluye la amnistía, el indulto o cualquier medida que pueda suponer la impunidad y se proyecta sobre decisiones adoptadas en cualquier momento, antes, durante o después de la transición entre regímenes políticos y con el origen y finalidad del perdón, con inclusión tanto de las *autoamnistías* con las que los dictadores trataban de asegurarse la impunidad blindándose ante la justicia, como de las medidas adoptadas por las autoridades democráticas ya en el poder en aras al logro de la concordia (sentencia de 14 de marzo de 2001, *caso Barrios Altos vs. Perú*; sentencia de 8 de julio de 2004, *caso de los Hermanos Gómez Paquiyauri*; sentencia de 7 de septiembre de 2004, *caso Tibi;* sentencia de 19 de noviembre de 2004, *caso Masacre Plan de Sánchez. Reparaciones*; sentencia de 3 de marzo de 2005, *caso Huilca vs. Perú*; sentencia de 12 de septiembre de 2005, *caso Gutiérrez Soler vs. Colombia*; sentencia de 26 de septiembre de 2006, *caso Almonacid Arellano y otros vs. Chile*; sentencia de 29 de noviembre de 2006, *caso La Cantuta vs Perú*; sentencia de 25 de octubre de 2012, *caso Masacres del Mozote y lugares aledaños vs. El Salvador*).

En palabras de la sentencia de 1 de marzo de 2005, *caso Hermanos Serrano Cruz vs. El Salvador*:

> *"El Estado deberá abstenerse de recurrir a figuras como la amnistía, la prescripción y el establecimiento de excluyentes de responsabilidad, así como medidas que pretendan impedir la persecución penal o suprimir los efectos de la sentencia condenatoria".*

En la sentencia de 15 de julio de 2005, *caso de la Comunidad Moiwana vs. Surinam,* se llega a identificar la necesidad de la acción de la justicia con el eterno descanso de los muertos, antigua idea fundamentadora del retribucionismo absoluto de la que ya tuvimos ocasión de ocuparnos:

> *"En resumen sólo cuando se obtenga justicia por los hechos del 29 de noviembre de 1986 los miembros de la comunidad podrán: 1) aplacar a los espíritus de enfurecidos de sus familiares y purificar su tierra tradicional; y 2) dejar de temer que se hostilice a su comunidad". Esos dos elementos, a su vez, son indispensables para el regreso permanente de los miembros de la comunidad a la aldea de Moiwana, que muchos -si no todos- desean" (pr. 118).*

En el ámbito interno destaca el caso de Argentina, donde los tribunales declararon la nulidad de las leyes de obediencia debida y de punto final, ambas aprobadas -en 1986 y 1987 respectivamente- a iniciativa del gobierno presidido por Raúl Alfonsín, así como de los indultos de los mandos militares condenados por el ejecutivo liderado por Carlos Menem[790].

En el sistema europeo de protección de los derechos humanos, el rechazo a un enfoque negativo de la jurisdiccionalidad –mediante la amnistía o el indulto- es más matizado, como la lectura de la STEDH de 27 de mayo de 2014, *caso Margus contra Croacia,* demuestra.

En efecto, el TEDH ha considerado que la amnistía o el indulto del asesinato o la tortura vulnera el Convenio, en sus arts. 2 o 3, respectivamente (STEDH de 30 de marzo de 2009, *caso Ould Dah contra Francia,* de 4 de agosto de 2001, *caso Hugh Jordan contra Reino Unido,* de 13 de abril de 2009, *caso Yeter contra Turquía*), pero en el caso Margus el tribunal deja abierto un resquicio en el ámbito de la justicia transicional.

---

790 *Vide* GARIBIAN, SÉVANE, "Truth versus impunity: post-transicional justice in Argentina and the human right turn", *African Yearbook of Rethoric,* 6, 1, 2015, pp. 63 a 73.

La sentencia mencionada afronta la cuestión de la conformidad con el principio *non bis in idem* de la condena de un criminal de guerra que había sido previamente indultado. Reconociendo que existe una tendencia creciente al rechazo de las medidas de gracia concedidas a los responsables de delitos de genocidio, crímenes de guerra o contra los derechos humanos, el tribunal constata que no existe ninguna disposición convencional que expresamente los prohíba y, asimismo, que el art. 6.5 del Protocolo Adicional Segundo a los Convenios de Ginebra, antes referido, promueve la amnistía cesado el conflicto armado interno, pero -al igual que había considerado la Corte Interamericana en el *caso Masacres del Mozote y lugares aledaños-*, entiende que los crímenes de guerra y *de lesa humanidad* quedan fuera del ámbito de la norma indicada. Más adelante toma nota del argumento utilizado a favor de la amnistía como herramienta para la solución de conflictos enquistados que puede arrojar resultados positivos y expresa su posición del siguiente modo:

> *"Se observa una tendencia creciente en el Derecho internacional a considerar tales amnistías inaceptables, porque son incompatibles con la obligación unánimemente reconocida de los estados a perseguir y castigar graves violaciones de los derechos humano. Incluso si fuera aceptable que las amnistías son posibles donde concurren circunstancias particulares, tales como un proceso de reconciliación y/o una forma de compensación a las víctimas, la amnistía otorgada al demandante en este caso no sería aceptable porque no hay nada que indique que tales circunstancias se daban".*

En España, la Ley 20/2022, de 19 de octubre, de Memoria Democrática, en su Exposición de Motivos, reconoce el valor de la Ley 49/1977, de 15 de octubre, de Amnistía, como instrumento de reconciliación entre los españoles establecido por el primer parlamento democrático tras la dictadura, a instancia de la oposición antifranquista[791]. Pero, contradictoriamente, pretende contradecir su normatividad con el contenido de su art. 2, dedicado a los principios generales de la ley:

"Artículo 2. Principios generales.

> *1. Esta ley se fundamenta en los principios de verdad, justicia, reparación y garantía de no repetición, así como en los valores democráticos de concordia, convivencia, pluralismo político, defensa de los derechos humanos, cultura de paz e igualdad de hombres y mujeres.*
> *2. De acuerdo con el artículo 10.2 de la Constitución Española, los poderes públicos interpretarán la presente ley de conformidad con los tratados internacionales de derechos humanos en la materia ratificados por España, sin perjuicio de su aplicación directa cuando correspondiera.*
> *3. Todas las leyes del Estado español, incluida la Ley 46/1977, de 15 de octubre, de Amnistía, se interpretarán y aplicarán de conformidad con el Derecho internacional convencional y consuetudinario y, en particular, con el Derecho Internacional Humanitario, según el cual los crímenes de guerra, de lesa humanidad, genocidio y tortura tienen la consideración de imprescriptibles y no amnistiables.*

---

791 *"El primer Parlamento elegido democráticamente desde el final de la Guerra aprobó la Ley 46/1977, de 15 de octubre, de Amnistía, una reclamación histórica de la oposición antifranquista, dictada antes de la Constitución de 1978, pero posteriormente a la entrada en vigor en España del Pacto Internacional de Derechos Civiles y Políticos, ratificado el 30 de abril de 1977. Esta ley tuvo por virtud amnistiar todos los delitos de intencionalidad política e infracciones de naturaleza laboral y sindical. Sin perjuicio de la voluntad de reconciliación y de construcción de una sociedad democrática avanzada que presidió ese proceso político, a la luz del desarrollo del Derecho Internacional de los Derechos Humanos, la práctica de los organismos de derechos humanos, y de conformidad con el artículo 10.2 de la misma Constitución, se ha de garantizar el derecho a la verdad y a la justicia de las víctimas de graves violaciones de los derechos humanos o del derecho internacional humanitario, así como las oportunas formas de reconocimiento y reparación, todo ello para profundizar en el objetivo original de fomentar la convivencia pacífica y el continuo desarrollo de nuestra democracia"*.

El precepto, sin embargo, de defectuosa técnica legislativa, carece completamente de fuerza normativa. Su primer apartado porque supone una exteriorización de los fundamentos de las disposiciones legales, constitutivos del Derecho Internacional y de Derecho Constitucional, más propia de una Exposición de Motivos. Su segundo apartado porque se limita a reiterar una disposición constitucional cuya imperatividad no precisa de intermediación legislativa alguna. Y el tercero debido a que no contiene un mandato jurídico en sí mismo, sino que pretende identificar el contenido de una norma de Derecho internacional, lo cual resulta del todo impropio para una disposición de Derecho interno.

Precisamente, el *ius cogens* internacional se impone *erga omnes*, sea cual sea el Derecho interno de los Estados. Según el art. 2.3 de la LMD el Derecho internacional atribuiría del carácter imprescriptibles y no amnistiables a los delitos de crímenes de guerra, de lesa humanidad, genocidio y tortura, pero tal proclamación no es rigurosa, como demuestra la puerta abierta a la amnistía o al indulto en situaciones transicionales que el TEDH ha dejado abierta.

Si el legislador se hubiera tomado en serio la inexacta y maximalista proclamación teórica efectuada por el art. 2.3 de la LMD, hubiera regulado la forma de proceder contra los sospechosos de la comisión de los delitos indicados que se consideraron cubiertos por la amnistía de 1977, incluidos los perpetrados a través de actos terroristas de ETA que quedaron en la impunidad, pero no lo hace.

No es ocioso señalar, en relación con ello, que la Comisión de Peticiones del Parlamento Europeo ha aprobado el 21 de abril de 2022 el "*Informe de Misión a raíz de la visita de información realizada en España, del 3 de noviembre de 2021, en relación con 379 casos de asesinatos todavía sin resolver competidos por el grupo terrorista ETA*" [792], en el cual sostiene la posibilidad de que los crímenes de la citada organización terrorista sean calificados como *crímenes de lesa humanidad.*

Dicho informe toma en consideración el trabajo realizado por una delegación parlamentaria que visitó España para conocer la situación de los casos de asesinatos sin resolver cometidos por ETA, de conformidad con el art. 228 del Reglamento interno del Parlamento Europeo, como consecuencia de la petición nº 1525/2016, efectuada por la Asociación Dignidad y Justicia. Entre otras conclusiones, el informe constata que España tuvo "*dificultades claras y comprensibles*" para la persecución de los delitos "*ante el extraordinario nivel de violencia desplegado por ETA, especialmente en los años ochenta*" y entre sus recomendaciones de actuación en el ámbito nacional se encuentran las siguientes:

> *"(...) 4.- Pedir la continuación de un procedimiento de investigación actualizado, detallado y exhaustivo para los casos no resueltos, desde la Fiscalía y con la participación de las Fuerzas y Cuerpos de Seguridad del Estado, sin entrar a valorar con carácter previo la posible prescripción legal de la causa, con el fin de responder a las familias que siguen esperando justicia. Esta consideración debería hacerse al final de la investigación, de cuyo resultado debería informarse a las víctimas que así lo soliciten.*
> *(...) 8.- Sugerir a las instituciones competentes que agoten las posibilidades interpretativas del Derecho penal, incluido el posible reconocimiento de los crímenes terroristas de ETA como crímenes contra la humanidad, incluso antes de 2004, por lo que se consideran que no están sujetos a prescripción ni amnistía. Recordar que ya se han presentada varias iniciativas de modificación del Código penal para que el principio de legalidad se interprete de acuerdo con el Derecho internacional"*[793].

---

792 PE702.917v03-00. El informe ha sido aprobado con 27 votos a favor, 3 en contra y 3 abstenciones.

793 "*Informe de Misión...*", cit., p. 38.

Es obvio que, sin cobertura jurídica internacional, una ley de amnistía no puede ser dejada sin efecto por un cambio legal posterior, pues ello supondría la aplicación retroactiva de una disposición sancionadora proscrita, por el Derecho Internacional y Constitucional. Por ello, aunque el legislador lo hubiera querido -lo que no parece ser el caso-, no hubiera podido echar por tierra la amnistía declarada en la Transición. Dicha ley, ni era contraria "*a los compromisos internacionales contraídos por España*", como el ya jubilado Magistrado de Tribunal Supremo José Antonio Martín Pallín pretende, sin identificar a qué convenio internacional efectúa tan genérica referencia[794], ni vulnera el Derecho Internacional imperativo, como se ha expuesto.

No obstante, la LMD, en su art. 28, crea un Fiscal de Sala de Derechos Humanos y Memoria Democrática, al que se le asigna el objetivo de "*la investigación de los hechos que constituyan violaciones de Derecho Internacional de Derechos Humanos y del Derecho Internacional Humanitario, incluyendo los que tuvieron lugar con ocasión del golpe de Estado, la Guerra y la Dictadura*" y al que se encomienda "*funciones de impulso de los procesos de búsqueda de las víctimas de los hechos investigados, en coordinación con los órganos de las distintas administraciones con competencias en esta materia, para lograr su debida identificación y localización*".

A continuación, dentro de la regulación del "*derecho a la investigación*", se prevé una garantía de tutela judicial "*en los procedimientos encaminados a la obtención de una declaración judicial sobre la realidad y las circunstancias de hechos pasados determinados relacionados con las víctimas a que se refiere el art. 3.1*" (art. 29.2), en los cuales el Fiscal de Sala mencionado "*intervendrá en su caso en defensa de la legalidad y los derechos humanos*". Se establece, así, un procedimiento judicial que la ley configura como actuaciones de jurisdicción voluntaria.

---

794 "*La guerra de los jueces. El proceso judicial como arma política*", Catarata, Madrid, 2022, p. 79.

Además, el art. 29 de la LMD atribuye a la nueva Fiscalía de Sala la promoción de las inscripciones en el Registro Civil de las defunciones de personas desaparecidas como consecuencia de la guerra civil o de la represión dictatorial.

Mediante su Disposición final primera, la LMD introduce un nuevo apartado dos bis en el art. 20 del EOMF en el que se establecen las funciones de la referida Fiscalía de Sala, dentro de la Fiscalía General del Estado: a) supervisión y coordinación de la acción de la Fiscalía en los procedimientos y actuaciones previstos por la LMD; representación de la persona al frente de la Fiscalía General del Estado en los actos de reconocimiento a la memoria democrática; c) práctica de diligencias de investigación y ejercicio de la acción penal en cualquier tipo de procedimiento -directamente o mediante instrucciones- ante hechos constitutivos de violación del Derecho Internacional de Derechos Humanos y del Derecho Internacional Humanitario, incluidos los que tuvieron lugar con ocasión de golpe de Estado de 1936, la guerra y la dictadura, así como la facilitación y coordinación de los instrumentos de cooperación internacional para la reparación de las víctimas; d) representación de la Fiscalía General del Estado, por delegación, y relación con el Defensor del Pueblo; e) coordinación de la Fiscalía en materia de memoria democrática mediante la unificación de criterios de actuación, con posibilidad de proposición de instrucciones a la Fiscalía General del Estado; f) representación de la Fiscalía General del Estado, por delegación, y relación con los Agentes del Reino de España ante el TEDH en materia de interpretación de la jurisprudencia del Tribunal, en especial en lo que pudiera afectar a los recursos de revisión de sentencias derivados de sus resoluciones y, asimismo, servir de cauce de coordinación entre la Fiscalía del Tribunal Supremo y la Fiscalía del Tribunal Constitucional y las unidades especializadas en materia de memoria democrática y derechos humanos; y g) elaboración anual y presentación a la persona titular de la Fiscalía General del Estado de un informe sobre la materia, que será incorporado a la memoria anual de la Fiscalía General del Estado.

3. El enfoque del conocimiento: la verdad

"*Para pasar página hay que haberla leído antes*", afirma Louis Joinet[795].

Con el conocimiento de la verdad se reconoce el sufrimiento de las víctimas, se otorga consuelo a sus familiares y se conforma la memoria colectiva de los sucesos. Una memoria que salvaguarda la dignidad de las víctimas frente a la ocultación o el olvido de su sacrificio y fortalece una cultura de respeto por los derechos humanos mediante el recuerdo de las consecuencias de su inobservancia.

El Principio 2 del *Conjunto de Principios* consiste en el *derecho inalienable a la verdad*:

> *"Cada pueblo tiene el derecho inalienable a conocer la verdad acerca de los acontecimientos sucedidos en el pasado en relación con la perpetración de crímenes aberrantes y de las circunstancias y de los motivos que llevaron, mediante violaciones masivas o sistemáticas, a la perpetración de esos crímenes. El ejercicio pleno y efectivo del derecho a la verdad proporciona una salvaguarda fundamental contra la repetición de tales violaciones".*

Y el principio 4 se refiere al *derecho de las víctimas a saber*:

> *"Independientemente de las acciones que puedan entablar ante la justicia, las víctimas y sus familiares tienen el derecho imprescriptible a conocer la verdad acerca de las circunstancias en que se cometieron las violaciones y, en caso de fallecimiento o desaparición, acerca de la suerte que corrió la víctima".*

---

795 "*La administración de justicia y los derechos humanos...*", *cit.*, Epílogo. Punto. 49.

La verdad sobre los delitos cometidos no tiene por qué derivarse de los hechos probados de las sentencias penales. El principio 5, sobre *garantías para hacer efectivo el derecho a saber*, afirma que "*las medidas apropiadas para asegurar ese derecho pueden incluir procesos no judiciales que complementen la función del poder judicial*". Fuera de la jurisdicción, han sido varios los países en lo que se han creado *comisiones de la verdad* como alternativa o complemento a la persecución penal de los hechos, con el fin de investigar los hechos y conservar las pruebas. El sistema se ha utilizado en Sudáfrica, Argentina, Chile, Guatemala, El Salvador, Burundi, Timor Oriental, Sierra Leona y Túnez. El *Conjunto de Principios* las define como "*órganos oficiales, temporales y de constatación de hechos que no tienen carácter judicial y se ocupan de investigar abusos de los derechos humanos o derecho humanitario que se hayan cometido a lo largo de varios años*" y establece criterios para su constitución y funcionamiento, así como sobre las garantías atribuibles a las personas acusadas (*sic*), a las víctimas y de los testigos.

Incluso se ha rebatido que la verdad judicial pueda cumplir el papel de soporte de la memoria histórica, debido a la distinta metodología que emplean la jurisdicción y la historiografía[796].

Ciertamente, un juez no es un historiador. Baste señalar en relación con tan evidente afirmación que en un proceso acusatorio al tribunal se le prohíbe hacer uso de su *ciencia privada*, valorar pruebas no aportadas por las partes o contaminadas por haberse obtenido o practicado con vulneración de derechos fundamentales y dictar sentencia de condena si concurre cualquier duda razonable. El historiador, por el contrario, investiga según su propia iniciativa, valora toda información fidedigna disponible, con independencia de su modo de hallazgo o producción, puede conformarse con la incertidumbre y for-

---

796 PASTOR, DANIEL R., *op. cit.*, pp. 124 y ss.

mular opiniones o exponer conclusiones, como consecuencia del examen racional de los elementos disponibles, sin asignación de cargas probatorias a los sostenedores de las distintas versiones de los hechos que puedan existir.

No obstante, desde la perspectiva de la relevancia simbólica de la justicia penal en el imaginario colectivo, se ha defendido por Nicolás González-Cuéllar Serrano la transcendencia de los llamados *juicios de la verdad* para la formación de la conciencia colectiva sobre la juridicidad e imperatividad de los derechos humanos[797]. La formación de dicha conciencia colectiva desde el ámbito de la misma justicia penal sirve como barrera de contención cultural frente a nuevas recaídas en la atrocidad y ello porque el relato de hechos probados pone en relación el suceso histórico –por incompleto que se presenta en comparación con la obra de un historiador- con la normatividad, en el lugar donde la justicia encuentra su realización: la sentencia judicial.

Se intentaría así, con la celebración de *juicios de la verdad*, cuando la persecución del delito no es posible, lograr el fortalecimiento de una cultura jurídica de observancia de los derechos humanos, a la que no resulta pertinente contraponer una verdad histórica que permita profundizar en el sustrato del régimen opresor o en las razones políticas del conflicto, porque la indagación sobre la responsabilidad del individuo culpable –sea una persona física o una organización- y su declaración solemne no tiene por qué ocultar las causas que se encuentran en el trasfondo de los acontecimientos, incluida la *violencia estructural* que pueda existir[798], pese a las críticas que

---

797 "Bases metodológicas...", *op. et loc. cit.*

798 Para Johan Galtung la violencia es la diferencia entre lo potencial y lo efectivo. Lo potencial depende del conocimiento y los recursos. El monopolio implica *violencia estructural* o *indirecta*, que caracteriza la que denomina *paz negativa*. GALTUNG, JOHAN, "Violence, peace and peace research", *Journal of Peace Research*, Vol. 6, nº 3 (1969),

sostienen lo contrario[799], las cuales ven en la actual concepción de *justicia transicional* un artificio *liberal-legalista,* que habría de ser reorientada hacia políticas *transformadoras* o *emancipadoras* conducentes a un cambio social efectivo[800].

Ahora bien, al tener lugar en el sitio de la justicia, como se ha expuesto, los *juicios de la verdad* deben respetar las garantías de todo proceso jurisdiccional y, en particular, las propias de la justicia penal. El derecho de defensa, en consecuencia, debe ser asegurado, lo que impide el enjuiciamiento de fallecidos o de personas incapaces de comprender el significado del proceso por razón de deterioro cognitivo, debido a la edad o por enfermedad.

No son tiempos ya en los que pueda juzgarse a los muertos, como sucedió con el Papa Formosus, cuyo cuerpo inerte fue juzgado por herejía[801]. En la actualidad, el derecho de defensa constituye un elemento esencial y un factor de legitimación del proceso jurisdiccional del cual no se puede prescindir.

Distinto al propio de los *juicios de la verdad* es el enfoque adoptado por la LMD, sumamente confuso.

---

pp. 167 y ss.; "Twenty-five years of peace research: ten challenges and some response"; *Journal of Peace Research,* 22, nº 2 (1985), pp. 141 y ss; en contra de la distinción dicotómica entre *paz positiva* y *negativa,* vide BOULDING, KENNETH E., "Twelve friendly quarrels with Johan Galtung", *Journal of Peace Research,* 14 nº 1 (1977), pp.75 y ss.

799 Recogidas en BRAUN, KATHRIN, "Transitional justice, political temporality", Universität Wien. *Institute für Politikwisdenschaft Working Paper, nº 1/2017,* pp. 14 y 15;

800 *Vide* McAULIFFE, PÁDRAIG, *op. cit.*, pp. 836 y ss. https://politikwissenschaft.univie.ac.at/fileadmin/user_upload/i_politikwissenschaft/IPW_Working_Papers/IPW-Working-Paper-01-2017-Braun.pdf

801 *Vide* GONZÁLEZ-CUÉLLAR SERRANO, NICOLÁS, "*Ecos de Inquisición*", *cit.*, p. 100.

Por un lado, atribuye a la Fiscalía de Sala de Derechos Humanos y Memoria Democrática, entre sus funciones, la misión de practicar diligencias de investigación y ejercitar la acción penal en relación con delitos sometidos a su autoridad, entre otros los sucedidos "*con ocasión del golpe de Estado, la guerra y la dictadura*", pese a la doble barrera de la extinción de la responsabilidad penal interpuesta por el óbice natural de la muerte de todos los posibles responsables de delitos cometidos durante la guerra y constituida por el obstáculo jurídico de la Ley de Amnistía de 1977.

Por otro lado, prevé su intervención en los procedimientos de constatación de hechos que se planteen en el orden civil, a su instancia o a solicitud de cualquier persona interesada, como actuaciones de jurisdicción voluntaria -si no hay contienda- o en un proceso civil de cognición ordinario, cuando exista oposición (arts. 29.1 de la LMD y 80 ter. 2 de la Ley 15/2015, de 2 de julio, de la Jurisdicción Voluntaria, redactado por la Disposición final tercera de la LMD).

Como, conforme al art. 80 bis.2 c) de la LMD, el *expediente de declaración judicial de hechos pasados* requiere que "*de los hechos sobre los que se interesa la información no resulte perjuicio para una persona cierta y determinada*", es claro que la rediviva *información para perpetua memoria*, que la antigua Ley de Enjuiciamiento Civil de 1881 establecía en sus arts. 2002 a 2010, regulada ahora con nueva denominación por la LDM, no cumple la función de los *juicios de la verdad* que los instrumentos internacionales animan a sustanciar, porque una verdad sin indagación y descubrimiento de la autoría y la responsabilidad individual en la comisión del hecho constituye un relato fragmentario que no refleja la realidad en su integridad.

Es más, aunque el art. 29.2 de la LMD prevé que el Estado "*garantizará la tutela judicial efectiva en los procedimientos encaminados a la obtención de una declaración judicial sobre la realidad y las circunstancias de hechos pasados determinados relacionados con las víctimas a las que se refiere el art. 3.1*" del mismo texto legal, en un precepto dedicado al "*derecho a la investigación*", el cauce establecido para la tutela judicial que se pretende asegurar no incorpora instrumento alguno para la práctica de la investigación que pueda servir para el esclarecimiento de los hechos a constatar, ni dentro de las actuaciones de jurisdicción voluntaria, ni en el ámbito del proceso civil contencioso que pueda plantearse si existe oposición, que habría de sustanciarse con arreglo a las normas generales que disciplinan el proceso ordinario, en las cuales no se prevén con carácter general *diligencias de comprobación de hechos*, reservadas a materias específicas -propiedad industrial, propiedad intelectual, competencia desleal, secretos empresariales-, entre las que la investigación para la *memoria democrática* no se ha incluido.

Mención aparte merece la controvertida creación por la Disposición Adicional Decimonovena de la LMD de una comisión técnica dedicada a la investigación del periodo que se inicia con la entrada en vigor de la Constitución y el día 31 de diciembre de 1983, en la cual la Exposición de Motivos del citado texto normativo expone dubitativo que, "*como se ha dado en otros procesos transicionales de muy diversos países, (…,) pudieran persistir elementos que ocasionaran supuestos de vulneración de derechos humanos a personas por su lucha por la consolidación de la democracia, los derechos fundamentales y los valores democráticos*". La finalidad de la investigación –prosigue la Exposición de Motivos- es que se "*señale posibles vías de reconocimiento a las mismas*". Dado que no existe noticia de ninguna persona que, después de la Constitución, haya sido perseguida o represaliada por su activismo a favor de la democracia (como confirma la consideración de víctima a efectos de aplicación de la ley efectuada por su art. 3.1[802]), la proclamación legal,

---

802 "*A los efectos de esta ley se considerará víctima a toda persona, con independencia de su nacionalidad, que haya sufrido, individual o colectivamente,*

como hipótesis de trabajo, de la posible persistencia de elementos represores en el inicio de la etapa constitucional sólo puede entenderse como una insinuación, en absoluto vedada, de equiparación de las actividades terroristas de los grupos separatistas y de ultraizquierda activos aquellos años –y desgraciadamente hasta mucho tiempo después- con la lucha por la consecución de un régimen de derechos y libertades de la oposición antifranquista. Dicha equiparación, gracias a la cual la LMD contó con el apoyo de Bildu, supone una contradicción insalvable para un texto legal que pone sus ojos en un pasado ya lejano con el explícito propósito de tutelar la dignidad de las víctimas de la guerra civil y de la dictadura –algo loable-, mientras zahiere la dignidad de las víctimas del terrorismo, al colocar a los miembros de ETA y del GRAPO en la posición de combatientes por la democracia –lo cual merece un rotundo rechazo-. No es, desde luego, la mejor manera de "*fomentar la cohesión y solidaridad entre las diversas generaciones en torno a los principios, valores y libertades constitucionales*", finalidad declarada por el art. 1.1 de la LMD.

Los principios, valores y libertades constitucionales se protegen, desde la política y desde el Derecho, en el ámbito penal, a través de la legalidad, con justicia y equidad y sin la utilización de los espacios abiertos a la aplicación del principio de oportunidad en el terreno de juego del oportunismo político.

---

daño físico, moral o psicológico, daños patrimoniales o menoscabo sustancial de sus derechos fundamentales, como consecuencia de acciones u omisiones que constituyan violaciones de las normas internacionales de derechos humanos y del derecho internacional humanitario durante el periodo que abarca el golpe de Estado de 18 de julio de 1936, la posterior Guerra y la Dictadura, incluyendo el transcurrido hasta la entrada en vigor de la Constitución Española de 1978 (…)".

TERCERA PARTE

LA OPORTUNIDAD PARA LA EFICACIA

Capítulo 9

La colaboración eficaz

I. CONSIDERACIONES GENERALES

Una de las ventajas que ofrece la aplicación del principio de oportunidad en el proceso penal es su utilidad para la obtención de información y colaboración por parte del arrepentido del delito, para combatir, principalmente, la delincuencia organizada[803], a cambio de una reducción de la pena u otras ventajas penológicas o penitenciarias, así como, incluso, la obtención de inmunidad.

Con carácter previo, con el fin de evitar equívocos y deslindar la figura de la *colaboración eficaz* de forma conceptualmente clara de otros fenómenos, conviene precisar, en primer lugar, las diferencias entre delación y colaboración eficaz.

Cuando hablamos de delación nos referimos a la denuncia de una infracción o delito por cualquier persona, sea o no partícipe en el mismo. El término se emplea, especialmente, para designar denuncias anónimas o confidenciales. Las primeras las realiza un sujeto desconocido, mientras que en las segundas el sujeto se identifica, pero sus datos se mantienen reservados. El principal requisito de la delación es un acto de declaración de conocimiento, la transmisión de la *notitia criminis* a las autoridades[804].

---

803 MARCHENA GÓMEZ, MANUEL/GONZÁLEZ-CUÉLLAR SERRANO, NICOLÁS, *"La reforma..."*, *cit.*, p. 415.

804 ORTIZ PADRILLO, JUAN CARLOS, "La delación premiada como instrumento de investigación contra la corrupción y la delincuencia

Sin embargo, por *colaboración eficaz* entendemos la actuación de uno de los partícipes en la infracción y/o en la organización criminal que abandona la actividad delictiva, se separa del grupo y acude ante las autoridades de persecución penal para revelar la existencia del delito y proporcionar la información y los elementos de prueba de los que disponga en toda su amplitud, acerca de los intervinientes en el hecho punible, la estructura y componentes de la organización, sus medios materiales y métodos, su actuación pretérita y sus planes futuros. Sus efectos pueden ser: la mitigación de la pena (en su entidad, duración o condiciones de cumplimiento); la exclusión de la sanción, previo enjuiciamiento, en sentencia; o la no persecución por no iniciación o finalización anticipada del proceso penal. En cuanto a sus requisitos, en la *colaboración eficaz* se exige el reconocimiento de cuatro requisitos indispensables, a saber:

i. el abandono de la actividad criminal -disociación-;

ii. la delación;

iii. la sinceridad,

iv. la relevancia de los elementos probatorios.

Adicionalmente, pueden exigirse condiciones negativas, de carácter objetivo, como son que no se trate de determinados delitos (delitos *de lesa humanidad*, por ejemplo), o de carácter

---

económica*"*, en *"Halcones y Palomas: corrupción y delincuencia económica", cit.*, p. 481. *Vide* también del mismo autor, "El difícil encaje del debate en el proceso penal especial", *Diario La Ley Semanal* 138, 15 al 21 de junio de 2015, pp. 1 y ss.; "Presente y futuro de la delación en el proceso penal", *"Curso de formación. La prueba obtenida a través de la infiltración y la delación. El agente encubierto y el confidente"*, Ponencia impartida el 2 de junio de 2016, accesible en www.fiscal.es; "La delación premiada en España: instrumentos para el fomento de la colaboración con la justicia". *Revista Brasileña Direito Processual Penal,* Porto Alegre, Vol. 3, , núm 1, 2017, pp. 39 y ss.

subjetivo, que no se trate de determinadas personas (verbigracia, quienes constituyeron o dirigieron una organización criminal)[805].

Generalmente, se entiende que la *colaboración eficaz* puede encuadrarse dentro de la categoría de Derecho Penal Premial. Pero resulta muy discutible que la reducción o exclusión del "mal" en que la sanción consiste para el infractor pueda calificarse como un "bien" para el sujeto activo del delito. Si se comparte que, por definición, el mal existe donde el bien no se encuentra, como la teología católica reconoce, un mal no puede ser simultáneamente un bien para el mismo sujeto.

Así que una recompensa económica a un denunciante puede ser un *premio*, pero no debería considerarse *premiado* a un delincuente porque su castigo sea mitigado o suprimido. Sigue siendo más apropiado hablar en tales casos de "*gracia*" o, mejor aún, "*perdón*", un contexto lingüístico más idóneo dentro de la trascendental simbología del Derecho penal, destinada a fortalecer la confianza de la sociedad, incluidas especialmente las víctimas, en la aplicación de la ley y la sanción del delito.

Desde la perspectiva de la víctima no puede ser tolerado que se *premie* a su agresor (por ejemplo, un terrorista que colocó una bomba cuya explosión le amputó las piernas). Cosa distinta es que el Estado le perdone, previo reconocimiento del hecho y del sufrimiento ocasionado, por su colaboración con la justicia para la consecución de un interés público esencial y con posibilidad de expresión de la víctima de su opinión al respecto.

---

805 SAN MARTÍN CASTRO, CÉSAR, *"Lecciones de Derecho Procesal Penal"*, INPECCP CENALES, Lima, 2015, p. 871.

II. HISTORIA DE LA DELACIÓN

Es el Génesis el primer registro histórico de la narración de una delación[806]. Cuando Dios observa a Adán avergonzado, tras comer la fruta del Árbol Prohibido de la Sabiduría del Bien y del Mal, le pregunta por la causa de su turbación. Dios es omnisciente, lo sabe todo, pero como respeta la libertad humana permite a Adán explicarse. Este lo hace mediante su confesión, a la vez que delata a la primera mujer, Eva, a quien atribuye la culpa. Una culpa simbólica que todavía hoy parece indeleble en un imaginario colectivo marcadamente machista.

En el mismo texto sagrado, también en el capítulo del Génesis, encontramos la segunda delación relatada en los libros. Interrogada Eva por el Creador, delata a la serpiente. Según Paul Kahn, en su ensayo sobre la naturaleza del mal, el reptil encarna la libertad de acción, que abre la posibilidad de discurso y la argumentación. Jurídicamente podemos observar una infracción, a la que sigue un enjuiciamiento basado en la confesión y la *colaboración eficaz*, con el consiguiente castigo, acomodado en su entidad a la sumisión de los infractores al poder soberano[807].

Milenios después, en la Antigua Roma, algunos Emperadores fomentaban la delación, otros la prohibían con las penas más crueles[808]. No obstante, es imposible graduar la veracidad histórica de los hechos sobre la crueldad de los Emperadores

---

806 ORTIZ PADRILLO, JUAN CARLOS, *"La delación premiada…", cit.* p. 482

807 GONZÁLEZ-CUÉLLAR SERRANO, NICOLÁS. *"El derecho de defensa…", cit.* pp. 28 y ss.

808 Seguidamente seguimos en la exposición de los antecedentes históricos de la delación a RUBIO EIRE, *"La posible inviolabilidad de una denuncia anónima o fundada en fuentes no verificables como elemento precursor de una instrucción penal"*, Madrid, 5.07.2013, disponible en www.elderecho.com/penal

romanos, debido a la escasa fiabilidad de los relatos sobre su vida redactados a su fallecimiento con la finalidad política de hundir su memoria y ensalzar a su sucesor.

Tiberio es considerado el promovente de la delación. Según Séneca, la delación en época de Tiberio era más perniciosa que en las guerras civiles[809].

Por su parte, Trajano tiene mejor fama que Tiberio, pese a ser el autor de un verdadero genocidio en Dacia inmortalizado en las pavorosas imágenes de la columna que lleva su nombre, instalada en Roma. En su correspondencia con Plinio el Joven, entonces Gobernador de Bitinia, le da instrucciones sobre cómo proceder ante las denuncias contra los cristianos.

En la misma Plinio relataba al Emperador cómo había procedido contra los cristianos. Entre otros extremos le informaba sobre lo siguiente:

> *"Me fue presentado un panfleto anónimo conteniendo el nombre de muchas personas. Los que dañan que no eran ni habían sido cristianos, decidí que fuesen puestos en libertad después de que hubiesen invocado a los dioses, indicándoles yo lo que habían de decir, hubiesen hecho sacrificios de vino e incienso a una imagen tuya que yo había colocado con ese propósito junto a las estatuas de los dioses (...)"*[810].

Trajano contestó:

> *"Has seguido, querido Segundo, la conducta que debías al juzgar las causas de los que te fueron denunciados como cristianos. No puede establecerse algo como valor general con una reglamentación delimitada. No se les debe buscar. Si son denunciados y se les prueba, se les debe castigar, pero de manera que quien negara que es cristiano y lo demostrara con hechos, como es dando culto a nuestros dioses, obtenga perdón por su*

---

809 SÉNECA, LUCIO ANNEO, *"De Beneficiis"*, Libro III, 26.1

810 *Plinio el Joven. Cartas,* Introducción. Traducción y notas de Julián González Fernández, Ed Gredos, Madrid, 2015, p.138.

> *arrepentimiento, por más que se sospeche de su pasado. (2) En cambio, en ningún delito han de admitirse las denuncias anónimas ya que son un pésimo precedente e impropias de nuestro tiempo"*[811]

Más tarde, Eusebio de Cesarea narra en su Historia de la Iglesia, escrita en el Siglo IV, que el Emperador Adriano ordenó cautela en los procesos ocasionados por delaciones. En los casos de procesos contra los cristianos el denunciante había de sostener la acusación en el juicio, si no quería ser castigado[812].

Fueron Constantino y Teodosio los más renombrados Emperadores cristianos, que castigaban la delación con graves penas tales como la caída en la esclavitud, e incluso con la muerte en caso de tercera condena[813].

En el siglo dentro del Código Teodosiano (Teodosio II) se castigaba al delator como traidor con el corte de la lengua y el estrangulamiento, como puede advertirse de la lectura de la siguiente disposición transcrita en latín:

> *"Delatores dicentur, qui aut facultates prodiderint alienas aut caput impetierint alienum. Quicumque delator cuislibet rei exstiterit, in ipso prodiotinis initio a iudice loci correptus continuo stranguletur, et ei incisa radicitus lingua tollatur, ut si quis proditur futurus est, nec calumnia nec vox illius audiatur"* X (10,10).

El acusador había de estar en disposición de probar el delito o de sufrir la consecuencia de la falta de la prueba: la absolución del acusado y la aplicación de la Ley de Talión -se aplica al acusador la pena prevista para el delito objeto de acusación-.

Tras la caída del Imperio Romano de Occidente, ya en la Alta Edad Media, conforme al derecho de los pueblos germá-

---

811 *Op. cit.*, p. 139

812 "*Historia Eclesiástica*", Ed Clie, Barcelona, 2008, p.133.

813 Cfr. RUBIO EIRE, JOSÉ VICENTE, *op. et loc. cit.*

nicos el resultado de los juicios se confiaba a la expresión de la voluntad divina, a través de las ordalías o los duelos entre los contendientes y a los juramentos[814].

En el siglo XIII, la imposición del poder del Papa frente a la disidencia religiosa y política exigió la construcción de un sistema de control, mediante la aplicación de la ley penal contra la herejía y la apostasía más eficaz. Dicho sistema formado a lo largo de varios decenios por la confluencia de disposiciones canónicas e imperiales que competían en su rigor fue la Inquisición, que resucitaba los métodos del Derecho Romano más autoritarios[815]. Entre ellos, la tortura, el secreto de la causa y, en lo que aquí nos interesa, la *innecesaridad de acusación*: la denuncia anónima, incluso la fama pública o el rumor habían de servir como *notitia criminis* apta para la detención e interrogación del sospechoso. Este anonimato, que se aplicaba tanto a denunciantes como a testigos, se reguló, primero, en la bula de Inocencio IV de 7 de marzo de 1254. Más tarde, se incluyó por Bonifacio VIII en el Sexto (L.V.T.II.C.XX)[816].

En el sistema Inquisitorial la *colaboración eficaz* constituía un elemento esencial para la investigación. Tanto al inicio como al final de la causa.

Al inicio la colaboración podía producirse en el *Periodo de Gracia -Tempus Gratiae-*. Al principio por costumbre, cuando los Inquisidores llegaban a una población para su desinfección herética, proclamaban el llamado Edicto de Gracia, mediante el cual perdonaban la vida y la libertad de aquellos que, en un determinado plazo, acudieran a su presencia a confesar sus de-

---

814 LEA, HENRY CHARLES, *"Superstition and force"*, Collins Printer, Filadelfia, 1892, pp. 249 y ss.

815 GONZÁLEZ-CUÉLLAR SERRANO, NICOLÁS, "*Ecos de Inquisición*", *cit.*, pp. 75 y ss.

816 *Op. cit.*, p. 96.

litos con toda amplitud y sinceridad y a delatar a sus cómplices. Pasado el periodo concedido, se proclamaba el Edicto de Fe. Con la cruz cubierta de negro y las antorchas sumergidas en agua bendita, lanzaban el anatema contra los herejes y sus "fautores", incluidos quienes no los denunciaran, independientemente de vínculos de amistad o parentesco[817].

Dictado el Edicto de Fe, se iniciaban las investigaciones y una vez seleccionado un objetivo nada podía salvarlo, salvo la *confesión* y *abjuración*, mediante la cual el reo -antes de ser torturado o veinticuatro horas después de serlo- reconocía las acusaciones, confesaba, manifestaba su arrepentimiento y solicitaba volver al seno de la Iglesia, con expreso rechazo de sus pecados. La confesión había de ser -al menos formalmente- voluntaria, completa y comprender la denuncia de todos los herejes que el reo conociera. Gracias a ello el sujeto evitaba la hoguera, pero era privado de sus bienes y encerrado de por vida. En caso de recaer en la herejía, el condenado era conducido directamente, sin juicio ni piedad, como relapso, al *quemadero*[818].

En cuanto a España, la Inquisición creada por Fernando de Aragón a finales del siglo XV, como instrumento sometido al poder de la Corona en 1492, utilizó los métodos del Santo Oficio papal de la denuncia secreta y los testigos anónimos[819].

No obstante, en el Tribunal del Santo Oficio el anonimato no era admitido como un medio de apertura de la causa en sentido estricto. Si bien no se revelaba al reo el nombre del delator, quedaba constancia de su nombre en el registro. En caso de que el denunciante no diera sus datos el Inquisidor, había

---

817 *Op. cit.*, pp. 87 y 88.

818 *Op. cit.*, pp. 90 y 91.

819 *Op. cit.*, p. 133.

de recabar información sobre la *fama* del sospechoso y abrir la causa de oficio si lo entendía procedente[820].

La Novísima Recopilación (Libro XII) recoge tres leyes castellanas que regulaban las denuncias anónimas en la misma línea: no se admitían como auténticas denuncias y tan sólo se permitía activar la persecución penal si el hecho era notorio[821].

---

820 *Op. cit.*, p. 293.

821 *Ley I.- Prohibición de acusar y denunciar los Fiscales de S,M. y Promotores de la Justicia sin dar delator, salvo en los casos en que sean notorios.*
D. Juan II en Medina del Campo a 22. Feb. 1431 en Guadalaxara año 436 en las Orzas del Consejo cap. 3, en Toledo a 25 Sept .436 pet. 37 y en Madrigal año 38 pet. 30.
Los mis Procuradores Fiscales y Promotores de la nuestra justicia, ni alguno de ellos no pueda acusar a persona ni personas algunas, ni Concejos ni Universidades, ni otras personas algunas de cualquier ley, estado y condición, preeminencia o dignidad que sean; ni les demandar ni denunciar contra ellos cosa alguna civil ni criminal en nuestro nombre y la de mi Cámara, ni la de mi Justicia, sin dar primeramente ante los nuestros Oidores, y otras Justicias de nuestros Reynos que hubieren de cognoscer de la causa, delator de las acusaciones y demandas y denunciaciones que entiende poner ante ellos y que tal delator diga por ante Escribano público la delación; la cual delación se ponga por escrito, porque no se pueda negar, ni venir en duda (…)".
Ley VII.- En ningún Tribunal, Juzgado, Comunidad o Junta se admitan memoriales, sin formas de personas que den fianza de probar su contenido.
D. Felipe III en Belén de Portugal por Pragm. 28 junio 1619.
Prohibimos, defendemos y mandamos, que en ninguno de nuestros Consejos Tribunales, Chancillerías, Audiencias, Colegios ni Universidades ni otras Congregaciones ni Juntas seglares, ni por otros ningunos Corregidores, ni Jueces de comisión, ni ordinarios no se admitan memoriales que no se den firmados de persona conocida, y entregándolos la misma parte personalmente, o por virtud de su poder, obligándose y dando fianzas primero y ante todas cosas a probar y averiguar lo en ellos contenido; so pena de las costas que de sus averiguaciones se causaren, y de quedar expuesto a la pena que, en falta de verificarlo, se le impusiere, quedando ésta a la disposición y arbitrio del juez que de la causa conociere".
Ley VIII.- Observancia de la ley precedente, prohibitiva de la admisión de memoriales o delaciones sin firma o fecha.

La Novísima Recopilación también se ocupaba de la colaboración en relación con *bandidos, bandoleros y facinerosos* en su Libro XII, Titulo XVII, que contiene la pragmática dictada por Felipe IV de 15 de junio y 16 de julio de 1663:

> *"2. Y para que, con más facilidad y brevedad sean castigados los dichos salteadores y bandidos, que después de la publicación de esta nuestra pragmática, y aunque sea de dos años después, prendiere o matare, y entregare a cualquiera Justicia de estos Reynos otro bandido que mereciere pena de muerte, se le perdone, como por la presente le perdonamos sus delitos; y se le alzará el bando, y se le remitirán todas las demás penas en quehabía incurrido por sus delitos, aunque por ellos no estiviese condenado ni bandido: pero si el que matare ó prendiere algún bandido , y entregare a nuestra justicia no fuere bandido, sino que hubiere cometido otros delitos, , se le remitirán las penas en que por ellos había incurrido, salvo el crimen de heregía y de lesa Majestad y de moneda falsa, porque los tales en nuestra voluntad, que por ningún caso sean perdonados; y si el que entregare alguno de los dichos bandidos, vivo o muerto, no hubiere cometido delito, queremos, que si el dicho bandido, fuere cabeza de cuadrilla o Tropa, se le conceda el indulto para dos delinqüentes, los que él nombrare, presos o ausentes; y si no fuere cabeza de quadrilla, se le conceda el indulto para un delinqüente , como no sea de los salteadores bandidos, ni haya cometido cualquiera de los tres crímenes exceptuados; y en nuestra voluntad, que gocen de los dichos indultos, aunque prendan ó maten a los dichos foragidos fuera del distrito de la jurisdicción donde se hubiere procedido contra ellos, para que puedan en qüalesquiera parte y lugar de estos nuestros Reynos y Señorios prender, ó matar y ofender los dichos bandidos".*

D. Fernando VI. Por R.D. 1 Ex 1747 cap. 6.
Deseando que no padezcan algunas personas injustamente con la temeridad de voluntarias calumnias, las que regularmente se verifican en los memoriales y cartas sin firma, con otros muchos daños que resultan de la inobservancia de la ley real (ley anterior); prohíbo de nuevo, que se admitan semejantes papeles o delaciones para el efecto de formalizar pesquisa, ni otra especie de sumaria información que sirva en juicio (…)".

Y, más adelante, en su Título XVIII, la Ley VII contiene el capítulo 3 de la misma pragmática, que otorga el indulto al que acogieran o ayudara a los salteadores, si los entregare vivos o muertos.

Mucho después, la Ley de 1 de marzo de 1940 sobre represión de la masonería y el comunismo estableció como atenuante *"el suministrar información o datos interesantes sobre actividades de la secta, sobre los que iniciaron o fueron jefes o compañeros en ella del declarante y, en general, sobre otros extremos que puedan servir con eficacia al propósito de la presente Ley"* (art. 8. 2º). Poco más tarde, el Decreto-Ley de 18 de abril 1947, sobre represión de los delitos de bandidaje y terrorismo, cuyo fin era combatir la actividad guerrillera del *Maquis*, exoneraba de la pena a los que realizaran las conductas prohibidas previstas por las normativas, cuando denunciaran los delitos antes de su ejecución a tiempo para evitar sus consecuencias, los que facilitaran la captura de la partida y a los que, habiendo obrado por temor, avisaran a la fuerza pública *"la presencia de los malhechores"* (art. 8). Por su parte, el Decreto 1794/1960, de 21 de septiembre, sobre bandidaje y terrorismo, que refundía las disposiciones contenidas en el anterior texto legal y en la Ley 2 de marzo de 1943 (la cual equiparaba las actividades de oposición al régimen franquista con el delito de rebelión militar), contenía una norma de exoneración similar a la anterior (art. 7).

Ya en la época de la Ilustración, destacados filósofos y juristas se habían pronunciado acerca de la delación.

Según Montesquieu, en su obra *"El espíritu de las leyes. Libro VI. Cap. VII. De las acusaciones de los distintos gobiernos:*

> *"En Roma (...) le era permitido a un ciudadano el acusar a otro. Esto se había establecido según el espíritu de la República, en la que todo ciudadano ha de tener un celo sin límites por el bien público (...); en la que se supone que todo ciudadano dispone de la suerte de la patria. Las máximas de la República perduraron con los emperadores, y se vio aparecer un género de hombres funestos, una turba de infames delatores. Todos*

los ambiciosos de alma baja delataban a cualquiera, culpable o no, cuya condena pudiera ser grata al príncipe: este era el camino de los honores y de la fortuna (...), lo cual no sucede entre nosotros"[822].

El marqués de Beccaria, por su parte, en su *"Tratado de los Delitos y las Penas" "Cap. XV: Acusaciones Secretas"* sostiene:

"Evidentes, pero consagrados desordenes son las acusaciones secretas, y en muchas naciones admitidos como necesarios por la flaqueza de la Constitución. Semejante costumbre hace a los hombres falsos y dobles. Cualquiera que puede sospechar ver en el otro un delator, ve en él un enemigo. Entonces los hombres se acostumbran a enmascarar sus propios dictámenes, y con el uso de esconderlos a los otros llegan finalmente a esconderlos de sí mismos.

¿Quién puede defenderse de la calumnia cuando ella está armada del secreto, el escudo más fuerte de la tiranía?[823] "

La LECrim de 1882 no contempla la denuncia anónima. Sus arts. 265 a 268 exigen la identificación del autor como requisito de la denuncia. No obstante, como sostiene Nicolás González-Cuéllar Serrano, en España se admite el comienzo de la investigación tras la presentación de una denuncia anónima, debido a la posible iniciación de oficio del proceso penal, sin necesidad ya de que concurra *fama pública* ni la *notoriedad*, lo cual, a juicio del autor citado, resulta censurable[824]. Actual-

---

822 *Vide* www.antorcha.net/biblioteca_virtual/derecho/montesquieu/indice.html. Edición virtual de "*Del espíritu de las leyes de Montesquieu*".

823 *Vide* http://hdl.handle.net/10016/20199. Descargado de e-Archivo, repositorio institucional de la Universidad Carlos III de Madrid.

824 El autor cita la Instrucción FGE 3/1993, de 16 de marzo, la Circular FGE 1/2000, de 18 de diciembre y, como ejemplo jurisprudencial, la STS 2ª 318/2013, de 11 de abril). A continuación, diferencia entre denuncia anónima y denuncia secreta, en la que el denunciante aparece identificado, pero cuyo nombre y datos que servirían para

mente, la LO 3/2018, de 5 de diciembre, de protección de datos y garantías de derechos digitales, establece en su artículo 25.1 que serán lícitas las denuncias anónimas en el ámbito de la empresa.

III. LA COLABORACIÓN EFICAZ

A) LA FIGURA EN EL DERECHO ANGLOSAJÓN

En derecho anglosajón el *colaborador eficaz* encuentra su origen en el *prover o approver,* que era el acusado de un delito de traición que confesaba su culpabilidad y delatada a los partícipes del delito por el que se le acusaba para obtener una serie de beneficios. Dicha figura, que desembocó en el *testigo de la corona,* fue objeto de análisis en el capítulo quinto.

---

identificarle se mantienen secretos para la defensa. "*La exclusión de los datos de los denunciantes y de los testigos* –relata el autor citado-, *se estableció como posibilidad en los cánones y se impuso como necesidad en la práctica del Santo Oficio, peculiaridad que no se trasladó, al menos como norma general, a la justicia penal laica, hasta hace poco tiempo, cuando el contemporáneo furor por encontrar poderosos instrumentos contra el fraude fiscal, primero, y el delito de blanqueo de capitales y la financiación del terrorismo, después, ha redescubierto el secreto de la denuncia y le ha otorgado rango legal (arts. 114.2.2º de la Ley 58/2003, de 17 de diciembre, General Tributaria, y art. 46.1.2º de la Ley 10/2010, de 28 de abril, de Prevención del Blanqueo de Capitales y de la Financiación del Terrorismo). También en el ámbito de la criminalidad empresarial se propone anteponer la preocupación por la seguridad de los denunciantes a las exigencias del derecho de defensa y al principio de transparencia en el funcionamiento de la justicia penal, siguiendo el ejemplo de la normativa norteamericana relativa al soplón (whistelblower) en la regulación de los sistemas de control interno de las sociedades para la prevención de la delincuencia (compliance). Torquemada se hubiera mostrado partidario*". "*Ecos de Inquisición*", *cit.*, p. 295.

Anteriormente, al ocuparnos de los criterios utilizados por los fiscales federales de EEUU para la aplicación de la discrecionalidad prosecutoria en la selección y presentación de los cargos y la negociación de conformidades, establecidos por su Manual, ya adelantamos que uno de los criterios a tomar en consideración es la colaboración de la persona presuntamente responsable de un delito con las autoridades para el esclarecimiento del hecho o la persecución de otros. Las instrucciones al respecto se encuentran también en el Capítulo Noveno del Manual, dentro de los Principios de la persecución penal.

Así en la Sección 9-27.600 (titulada *Acuerdos de no persecución por cooperación. Consideraciones generales*) se condiciona la existencia de acuerdos de no persecución a una cooperación adecuada por el momento en que se presta que parezca necesaria para el interés público, en atención a la imposibilidad de conseguir el objetivo perseguido de otra manera, o a la ineficacia de cualquier método alternativo. El acuerdo debe ser aprobado por un fiscal supervisor.

La motivación de la directriz explica que una persona involucrada en la actividad criminal puede rehusar prestar colaboración para evitar su incriminación y que, ante tal caso, existen varias posibilidades, que seguidamente se explican en detalle.

i. Si es temporalmente factible, la persona puede ser acusada, juzgada y condenada antes de que se produzca la cooperación para la investigación o persecución de otros.

ii. La persona puede estar dispuesta a cooperar si los cargos o el cargo potencial contra ella se reducen o reduce en número o grado a cambio de su cooperación y se llega a una conformidad sobre los cargos restantes. Un acuerdo de presentación de una solicitud, conforme a la directriz de aplicación de pena 5 k1.1 de las *Sentencig Guidelines* o Regla 35 de las Reglas Federales de Procedimiento Penal, después de que el investigado preste completa colaboración, es el método preferible para asegurar tal colaboración. Usualmente, tal concesión por el Gobierno será todo lo que se necesita para asegurar la colaboración. Como política general, el Manual proclama que es ciertamente deseable que un infractor asuma alguna responsabilidad por su conducta delictiva, y prevé que los fiscales intentaran asegurar este resultado en todos los casos apropiados, siguiendo los principios establecidos más adelante en USA 9-27.430 en la medida aplicable.

iii. También puede emplearse como método para obtener la cooperación de un investigado potencial la emisión por el tribunal de una orden basada en 18 USC 6001-6003, disposiciones legales que regulan las condiciones bajo las cuales un testigo no colaborativo puede ser obligado a testificar o a proporcionar información pese a su alegación del derecho a no declarar. En síntesis, mediante la, así denominada, "*norma de concesión de inmunidad*", establecida por las disposiciones citadas, el tribunal puede ordenar a la persona testificar o proporcionar información, pero ni su testimonio ni la información que proporcione puede ser utilizada contra ella, directa o indirectamente, en ningún proceso penal, excepto en una persecución por perjuicio u otro incumplimiento de la orden. Generalmente, la concesión de inmunidad se debe efectuar en los casos en los que los fiscales necesiten obtener testimonio bajo juramento o aportar información ante el Gran Jurado o en juicio y en los que haya razones para creer que la persona rehusará testificar o aportar información con base en su derecho a no declarar (*vide* Manual 9-23.000). Los ofrecimientos de inmunidad y los acuerdos al respecto deben efectuarse por escrito. Debe considerarse documentar la prueba disponible antes del ofrecimiento de inmunidad.

iv. Finalmente, pueden existir casos en los que es imposible o carente de sentido práctico utilizar los métodos descritos hasta ahora para asegurar la cooperación y en los cuales la persona sólo se presta a cooperar a cambio del acuerdo de que no sea perseguido por sus actos. Las previsiones establecidas a continuación describen las condiciones que deben concurrir antes de que se llegue a dichos acuerdos, así como los procedimientos recomendados para tales supuestos.

Se resalta que estas disposiciones se aplican únicamente cuando se trate de una persona que, en caso de no existir acuerdo, sería perseguida. Si la persona es considerada un testigo potencial más que un posible investigado y la persona se encuentra dispuesta a cooperar, estas previsiones no es necesario que sean consultadas.

La Sección 9-27.600 describe tres circunstancias que deben concurrir antes de que los fiscales lleguen a un "*acuerdo de no persecución*" a cambio de cooperación: la inviolabilidad o inefectividad de otros medios de obtener la cooperación deseada; la necesidad aparente de cooperación para el interés público; y la aprobación de tal forma de actuación por un fiscal supervisor. Seguidamente, el Manual se ocupa de comentar cada uno de los requisitos establecidos.

A) Inviabilidad o inefectividad de otros medios de obtener la cooperación.

Los "*acuerdos de no persecución*" son uno de los medios de obtener cooperación. Los demás medios, arriba referidos, suponen la persecución de la persona o, al menos, dejar abierta la posibilidad de perseguirla, sobre la base de pruebas obtenidas independientemente. Como estos resultados son claramente preferibles a permitir que un delincuente evite la responsabilidad derivada de sus actos, el posible uso de la alternativa al *"acuerdo de no persecución"* debe ser seriamente considerado en primer lugar.

El Manual explica que otra razón para utilizar una alternativa a un "*acuerdo de no persecución*" para obtener cooperación concierne a la ventaja práctica detenida en términos de la credibilidad de la persona si testifica en el juicio. Si la persona ya ha sido condenada, después de un juicio o mediante una conformidad, por participar en los hechos sobre los cuales testifica, su declaración es mucho más creíble que si al juzgador le parece que se "*va de rositas*" ("*scott free*"). De modo similar, si el testimonio es requerido por orden de un tribunal, la persona no podrá ser presentada por la defensa del acusado, como alguien que ha llegado a un acuerdo con el gobierno y cuyo testimonio es, por ello, sospechoso. El testimonio habrá sido forzado, no negociado, concluye el Manual.

Pero pueden concurrir razones, especialmente de carácter temporal que hagan aconsejable el acuerdo, expuestas en el Manual con un detalle que aquí resulta innecesario recoger.

B) El interés público

El Manual instruye a los fiscales para contrapesar el coste de la persecución de la persona en disposición de colaborar con el beneficio de su colaboración, para determinar si el interés público necesita del "*acuerdo de no persecución*". Se trata del mismo test o requisito que, para la emisión de la "*orden de concesión de inmunidad*" del 18 USC 6003, antes indicada, se debe observar, porque con el acuerdo el testigo no puede ser perseguido, como sucede con la persona a la que se ofrece inmunidad.

C) Aprobación del supervisor

El Manual impone la necesaria aprobación del Fiscal Federal o del Fiscal Asistente supervisor. Se trata, según se explica, de procurar la revisión de la decisión por un fiscal experimentado en la materia de la colaboración y de lograr una práctica uniforme.

A continuación, la Seeción 9-27.620 (*Acuerdos de no persecución a cambio de cooperación. Consideraciones a tener en cuenta*) se ocupa de efectuar las indicaciones precisas sobre las circunstancias a valorar para llegar a un acuerdo de tal tipo. Se obliga a sopesar todas las consideraciones relevantes, incluidas las siguientes:

i. la importancia de la investigación para un programa efectivo de aplicación de la ley o consideración de otros intereses de seguridad nacional o del Gobierno;

ii. el valor de la cooperación para la investigación y la persecución;

iii. la culpabilidad de la persona en relación con el delito o los delitos en cuestión y su historial criminal; y

iv. el interés de las víctimas.

El comentario de la directriz explica que no se trata de un listado exhaustivo de elementos a considerar. A continuación, en síntesis, advierte que los "*acuerdos de no persecución*" tienen carácter extraordinario y deben quedar reservados para los casos de delitos graves y no aplicarse en asuntos de importancia relativa o carentes de importancia. Los mismos se efectúan en previsión del cumplimiento del pacto por la persona, por lo que requieren de un clara comprensión de la naturaleza del *quid pro quo* y una valoración cuidadosa de su probable eficacia, pronóstico que puede requerir que el fiscal pida a la persona o a su abogado con carácter previo una muestra de la prueba que la persona puede proporcionar y la toma en consideración de cuestiones tales como si la colaboración se producirá, la credibilidad del testimonio o información proporcionada, su posibilidad de corroboración por otra prueba y si existe otra alternativa. En cuanto a la culpabilidad del sujeto, se manifiesta expresamente en el Manual que no es del interés público llegar a acuerdos con los jefes o personas de alto nivel en las organizaciones criminales a cambio de su cooperación en la persecución de sus subordinados, ni evitar la persecución de una persona con un amplio historial delictivo para obtener la condena de alguien a quien procedería presentar cargos más o menos equivalentes. Finalmente, se advierte sobre la importancia de valorar el impacto económico, físico y psicológico para la víctima, cuyos deseos de persecución del delincuente, edad y salud son relevantes, así como es trascendente la cuestión de la reparación del daño.

Con el fin de evitar cubrir con un injustificado manto de impunidad la actuación del colaborador, la Sección 9-27.630 del Manual (*Acuerdo de no persecución a cambio de Cooperación-Limitación del ámbito de compromiso*) se ocupa de la definición del objeto del pacto.

Según el Manual, los fiscales deben limitar expresamente el ámbito del compromiso del Gobierno a:

i. no persecución basada directa o indirectamente en el testimonio u otra información o cooperación que haya sido proporcionada; o

ii. no persecución en el distrito respecto a un cargo pendiente o a otro delito específico que se conoce que la persona ha cometido.

Se explica en el texto del que nos ocupamos que el fiscal debe poner un cuidado extremo en no proporcionar a la persona un instrumento que le otorgue inmunidad en distritos de otros fiscales o ante otras agencias sin su consentimiento o sin aprobación del Asistente del Fiscal General. Además, se anima a los fiscales a alcanzar "*acuerdos de concesión de inmunidad informales*", antes que suscribir "*acuerdos de no persecución*", debido a que los acuerdos informales de concesión de inmunidad permiten la persecución penal de la persona con base en prueba independiente a su declaración y, además, animan al colaborador convertido en testigo a ser lo más sincero posible, porque cuanto más hechos incriminatorios relate mayor cobertura se proporcionará a sí mismo frente a una posible persecución posterior. En otro orden de consideraciones, expresamente se prohíbe que los fiscales alcancen acuerdos que afecten a la responsabilidad civil o fiscal o a la seguridad nacional sin aprobación de todas las divisiones y agencias afectadas.

Los casos en los que el acuerdo requiere aprobación del Asistente del Fiscal General se relacionan en la Sección 9-27.640 (*Acuerdos que requieren la aprobación del Assistant Attorney General*). Son los siguientes:

i. si la consulta o aprobación previa es requerida por una disposición o política del Departamento de Justicia sobre no presentación o retirada de cargos (por ejemplo, delitos fiscales, insolvencias punibles o relativos a la seguridad nacional[825]); o

ii. la persona es a) un funcionario de alto grado federal, estatal o local, b) un oficial o agente de una agencia federal de investigación o aplicación de la ley, o c) una persona que de otro modo sea de interés público o pueda llegar a serlo.

Son casos excepcionales, en los que el Asistente del Fiscal General debe considerar si consulta, a su vez, con el Fiscal General o el Fiscal General Adjunto.

Por su parte, la Sección 9-27.641 (*Requisitos de los acuerdos multidistritales -globales-*) exige autorización de los fiscales de los distritos afectados o del Asistente del Fiscal General, como anteriormente ya tuvimos ocasión de exponer.

---

[825] La lista completa es encuentra en el Manual, 9-2.400.

Por último, la Sección 9-27.650 (*Registro de los "acuerdos de no persecución"*) prevé la necesidad de dejar constancia en el expediente del caso de un *memorandum* u otro escrito con los términos del acuerdo. Ello con dos objetivos, según aclara la motivación de la directriz. En primer lugar, para evitar que se cuestione el alcance del acuerdo por la defensa en el interrogatorio cruzado del testigo, posibilidad derivada de la obligación de revelación del acuerdo (*disclosure*) como consecuencia de la jurisprudencia establecida por el Tribunal Supremo en Brady v. Maryland, 373 US 83 (1963), y Giglio v. United States, 405 U.S. 150 (1972) y para posibilitar la persecución del testigo en el futuro, si los términos del acuerdo lo permiten. En segundo lugar, para que los fiscales puedan conocer las personas con las que se ha llegado a "*acuerdos de no persecución*" en el curso de la ponderación a realizar para adoptar decisiones de presentar o no cargos, negociar conformidades o adoptar otras acciones discrecionales (incluidos otros "*acuerdos de no persecución*").

B) LA COLABORACIÓN EFICAZ EN IBEROAMÉRICA

Por influencia de EEUU, Puerto Rico fue el primer país iberoamericano que adoptó un sistema de *colaboración eficaz*. Perú y Colombia lo implantaron respectivamente, en 1992 (por el Decreto Ley/25582) y en 1993 (por la Ley de Colombia n°81, de 2 de noviembre[826]. Chile en 1996 (por la Ley 19.366, reformada por la Ley 20000 de 2005) estableció la *cooperación eficaz* como atenuante en los delitos de terrorismo y tráfico de drogas. Guatemala, por su parte, lo introdujo con el Decreto 21/2006 de la Ley contra la Delincuencia Organizada.

Siguiendo a César San Martín Castro, las razones por las que los países de América Latina implantan mecanismos especiales

---

[826] *Op. cit.*, pp. 870 y 871.

de investigación y cooperación consisten en la prevención y erradicación de manera eficaz del terrorismo y la delincuencia organizada. Uno de los instrumentos de cooperación más efectivos para combatir estos delitos es el proceso por *colaboración eficaz*[827]. Las leyes que lo regulan intentan crear un marco favorable para destruir dichas organizaciones[828].

La importancia del tema se pone de manifiesto en el *caso Odebrecht*, que es el supuesto más llamativo de *colaboración eficaz* que ha dado lugar a una gran litigiosidad penal en muchos países iberoamericanos. El origen se produjo cuando la constructora brasileña gastó ochocientos millones de dólares en sobornos a jefes de Estado, ministros y funcionarios para obtener licencias y contratos que permitían ganar fuertes cantidades de dinero. Como explica Mario Vargas Llosa, el presidente de la compañía Marcelo Odebrecht fue condenado, junto con sus principales ejecutivos, a diecinueve años y cuatro meses de prisión. Después de pasar un tiempo privado de libertad, anunció que contaría todo lo que ocurrió dentro de la empresa, con el fin de reducir su condena. *"Comenzó a hablar y de su boca salieron víboras y ponzoñas que han hecho temblar a todo el continente, empezando por sus presidentes actuales y pasados"* [829]. Se menciona a

---

827 Para un amplio conocimiento del proceso por colaboración eficaz en Iberoamérica, *vide* ORTIZ PRADILLO, JUAN CARLOS, *"Los delatores en el proceso penal. Recompensas, anonimato, protección y otras medidas para incentivar una colaboración eficaz con la justicia"*, Wolters Kluwer, Madrid, 2018, pp. 329 a 343.

828 Conferencia impartida por el Prof. Dr. Cesar San Martín Castro en el curso "Garantías Constitucionales de la Justicia Penal", organizada por el área de Derecho Procesal sobre "el principio de oportunidad y el proceso inmediato", Universidad de Castilla la Mancha, Toledo, enero de 2017.

829 VARGAS LLOSA, MARIO, "Las delaciones premiadas" Artículo publicado en el periódico *El País*, Domingo 19 de febrero de 2017, p. 13.

presidentes pasados porque uno de los mayores implicados es Alejandro Toledo, expresidente del Perú. Éste había aceptado de la compañía veinte millones de dólares para asegurar unos contratos para la construcción de la carretera que une Brasil con Perú. El artículo relata que Toledo trabajaba en la Universidad de Stanford y todavía no se había personado. El juez acordó prisión provisional hasta que se investigara el caso. Por ello las autoridades peruanas dieron conocimiento a la Interpol y el presidente Kuczynski llamó a Trump para que lo extraditara. Actualmente, el expresidente Toledo sigue en EE. UU. y el proceso de extradición continua en trámite, tras haber sido rechazada por el Noveno Circuito del Tribunal de Alegaciones de la Corte de San Francisco la medida cautelar solicitada por Toledo para suspender dicho proceso[830].

Como acertadamente señala Vargas LLosa, *"las <<delaciones premiadas>> de Odebrecht abren una oportunidad soberbia a los países latinoamericanos para dar un gran escarmiento a los mandatarios y ministros corruptos"*[831].

No obstante, la conveniencia de prever legalmente y potenciar la figura del colaborador eficaz no puede ocultar las dificultades de su regulación y aplicación, muy especialmente en lo concerniente al valor que debe concederse al testimonio del arrepentido, así como a los requisitos que deben satisfacer las fuentes de prueba que aporte, en especial, cuando consisten en soportes que recojan grabaciones de audio y/o vídeo. Tales cuestiones se resolverán más tarde, sin perjuicio de poder ade-

---

830 BARBOZA QUIROZ, KAREM, "Alejandro Toledo. Tribunal de EE. UU. deja sin efecto la suspensión del proceso de extradición", *El comercio,* octubre de 2022. Consúltese en https://elcomercio.pe/politica/actualidad/alejandro-toledo-nuevo-reves-para-expresidente-tribunal-de-eeuu-deja-sin-efecto-suspension-de-proceso-de-extradicion-noticia/.

831 VARGAS LLOSA, MARIO, "Las delaciones...", *cit.*, p. 15.

lantar aquí que el problema se centra en la credibilidad de las declaraciones de los colaboradores y autenticidad e integridad de las fuentes de prueba que ponen a disposición de la Administración de Justicia. Y es que, como acertadamente ha señalado César San Martín Castro, *"trabajar con los bandidos es muy complicado, ya que sólo cuentan el diez por ciento de la información"* [832].

C) LA COLABORACIÓN EFICAZ EN EL CONTINENTE EUROPEO

1. Alemania

En Alemania se introdujo la colaboración eficaz, por primera vez en 1981, en la legislación antinarcóticos *(Betäubungsmittelgesetz)*. Permite al Tribunal reducir la condena o no imponer la pena si:

i. el delincuente contribuye al esclarecimiento del delito, mediante la revelación voluntaria del esclarecimiento del mismo; o

ii. voluntariamente revela el conocimiento del delito y, por el tiempo en que lo efectúa, permite su prevención[833].

Más tarde, en 1989, la figura se incluyó en el Código Penal para su aplicación a una lista de delitos graves relacionados con la delincuencia organizada y el terrorismo (prs. 129.6 y 261.9 del StGB).

---

832 Conferencia impartida por el Prof. Dr. Cesar San Martín Castro en el curso: *"Garantías Constitucionales de la Justicia Penal*", *cit.*

833 ZIMMERMANN, ANNE KATHARINA, "*Securing protection and cooperation of witnesses and whistle-blowers. An Overview of the Law as it stands in Germany*", p. 30. Accesible en www.unafei.org.jp.

Desde 1989 a 1999 la figura fue aplicable en la investigación de cualquier delito relativo a la criminalidad organizada y el terrorismo, pero la extensión finalizó el 31 de diciembre de 1999. En 2009 se generalizó a un listado de delitos graves contenido en el párrafo 100 a) del StGB, generalmente vinculados a la delincuencia organizada. Las consecuencias de la colaboración se establecen en el pr. 49.1 del StGB. El tribunal puede:

i. reducir la condena; o

ii. no imponer pena, si la pena aplicable fuera inferior a tres años.

La discrecionalidad del Tribunal se rige por los siguientes criterios:

i. la naturaleza y alcance de los hechos revelados;

ii. la relevancia de la información para la prevención del delito;

iii. el momento de la colaboración;

iv. el nivel de colaboración con las autoridades; y

v. la gravedad del delito, en relación con las circunstancias anteriores y el grado de culpabilidad del delincuente.

Por regla general la colaboración se debe prestar durante la investigación preliminar de la Fiscalía[834].

Al abordar la regulación del principio de oportunidad en Alemania se examinó el arrepentimiento activo como motivo específico contemplado en el pr. 153 e) de la StPO y la posible utilización del cauce que proporciona el pr. 153 b) del mismo texto legal.

---

[834] ZIMMERMANN, ANNE KATHARINA, *"Securing protection…"*, *cit.*, pp.31 y ss.

2. Italia

En Italia se introdujo en los años 70 del pasado siglo la figura del *pentito* que, por cooperar con la justicia, obtiene una serie de ventajas que le concede el Estado.

El *pentito* o arrepentido surgió para combatir el terrorismo en los años setenta. Se ha considerado un arma esencial en la lucha contra las organizaciones criminales como la mafia y la camorra. Los *pentiti* suelen ser antiguos miembros de las bandas criminales que, tras abandonar la organización, deciden colaborar con la justicia. Han roto la *omertá* -ley del silencio- propio del submundo de la coacción y el miedo. Los primeros *pentiti* reconocidos fueron Leonardo Vitale y Tommaso Buscetta[835].

Leonardo Vitale pertenecía a la mafia siciliana o *Cosa Nostra*[836]. El 29 de marzo de 1973 acudió a la comisaría para confesar todos sus delitos y los cometidos por la organización. Sin embargo, las autoridades no tomaron en serio sus declaraciones, ya que consideraban que un mafioso no podía colaborar con la justicia voluntariamente. Fue el único que cumplió condena en prisión, pues todos los mafiosos que delató fueron absueltos. A los pocos meses de salir de la cárcel uno de los integrantes de *Cosa Nostra* le pegó dos tiros en la cabeza [837].

Tommaso Buscetta, por su parte, tuvo más suerte que Vitale. Fue considerado el primer *pentito* importante contra la mafia siciliana. En 1984 informó al juez Giovanni Falcone sobre toda la estructura de la Comisión de *Cosa Nostra.* Se considera que el testimonio de Buscetta y el macrojuicio al que sus revelaciones

---

835 *Op. cit.*, pp. 32 y 33.

836 Se cree que la expresión *Cosa Nostra* encuentra su origen en las comunidades de italianos inmigrantes de EEUU, *cosa nuestra.* Sin embargo, es muy difícil de precisar debido a que los mafiosos nunca dejaban restos de la organización por escrito.

837 RE, MATTEO, "*No quieren cambiar...* ", *cit.*, p.32.

condujeron[838] sirvieron para desarticular el entramado de *Cosa Nostra*[839]. Por ello, Buscetta recibió de Italia una pensión económica como colaborador de justicia. Después, fue extraditado a EEUU, donde le concedieron un domicilio secreto y otra identidad. Permaneció allí hasta su muerte, a los 71 años[840].

Actualmente, la regulación de la colaboración con la justicia en Italia se encuentra en la Ley de 13 de febrero de 2001, nº 45, que ha modificado la Ley de 15 de marzo de 1991, la cual, a su vez, convalidó con modificaciones el Decreto Ley de 15 de enero de 1991, nº 8. La introducción de la normativa, inspirada en el derecho estadounidense sobre protección de testigos, fue instada, entre otros servidores del Estado comprometidos en la lucha del Estado de Derecho contra las organizaciones terroristas y mafiosas, por el juez Falcone, cuya voluntad de sacrificio por la justicia le costó su propia vida[841].

---

838 El macrojuicio o *maxiprocesso* fue un proceso penal celebrado a mediados de los años 80 en Sicilia, en el que, gracias al testimonio del *pentito* Buscetta, fueron declarados culpables cientos de mafiosos por actividades relacionadas con la *Cosa Nostra*. El éxito del juicio llevó a otros *pentiti* a confesar.

839 DICKIE, JOHN, *"Cosa Nostra: historia de la mafia siciliana"*, Trad. Francisco Ramos, Ed. Debate, Barcelona, 2006, p. 27.

840 *Vide* el artículo publicado por Lola Galán "El mafioso <<arrepentido>> Tommaso Buscetta muere de cáncer en EEUU" en *El País Internacional*, en Roma a 5 de abril del 2000. En www.internacional.elpais.com.

841 Cfr. MILITELLO, VINCENZO, "Lucha contra la criminalidad organizada de tipo mafioso y el sistema penal italiano"; en VVAA, "*Problemas actuales de la justicia penal*", Ed. Colex, Madrid, 2013, p. 131. CACACE, LORENA, "Collaboratori di giustizia in Italia. Elenco, normativa e benefici ", 12 de marzo de 2014, http://www.nanopress.it/cronaca(2014/03/12; FLORI, ANACLETO, "Invisibili", *Polizia Moderna*, accesible en http://www.studiolegaledelalla.it/testimoni-protetti-collaboratori.

Tras la modificación de la Ley en 2001, se distingue nítidamente entre colaboradores y testigos, se limitan los delitos en los que se reconoce la atenuante por colaboración (con la reducción de una cuarta de la pena imponible diez años en el caso de la cadena perpetua -*ergastolo*-), y se restringen a seis meses el tiempo del colaborador para dar la información útil (con el efecto de evitar las llamadas "*declaraciones a plazos*")[842].

3. España

En nuestro país, la colaboración -que el CP denomina *activa*- sirve para atenuar o excluir la pena, cuando se trata de ciertos delitos y se cumplen ciertas condiciones: alteración de precios en concursos y subastas públicas (art. 262.3 del CP), detracción de materias primas o productos de primera necesidad y alteración de precios (art. 288 bis, en relación con los arts. 281 y 284), narcotráfico (art. 376); cohecho (art. 426); malversación (art. 434), terrorismo (art. 579.bis. 3 del CP); organización criminal (art.570 quater. 4 del CP); contra la Hacienda Pública (art. 305.6 del CP); contra la Seguridad Social (art. 307.5 del CP); y fraude de subvenciones (art. 308.7 CP). Pero no se establece en nuestro Código Penal como motivo de oportunidad en el ejercicio de la acción penal, que autorice a no iniciar o finalizar un proceso penal como potestad discrecional.

En la práctica, sin embargo, se observa la aplicación alegal del principio de oportunidad para favorecer la colaboración de la justicia de personas que han cooperado con la actividad criminal dirigidas por otros cuya responsabilidad se presenta como de mayor gravedad. Tal ejercicio práctico de la discrecionalidad acusatoria o bien se realiza sin exposición de cobertura formal alguna de la decisión de dejar al margen al colaborador

---

842 MILITELLO, VINCENZO, *op. cit.*, p. 131; CACACE, LORENA, *op. et loc cit.*

de la inculpación y/o acusación, o bien se camufla en consideraciones materiales atinentes a la falta de antijuricidad o culpabilidad en la conducta de quien se desea que preste declaración testifical en el juicio.

Un ejemplo de ello lo tenemos en la sentencia 124/2007, de 7 de junio, de la Sección 3ª de la Audiencia Provincial de Badajoz (sede de Mérida), revocada parcialmente, aunque no en la materia que nos ocupa, por la STS 1916/2018, de 17 de mayo. Dicha sentencia condenó a directivos de un consorcio público extremeño, FEVAL, dedicado a la organización de Ferias, situado en Don Benito, por delitos continuados de malversación de caudales públicos, falsedad en documento oficial y prevaricación, entre otras pruebas con base en el testimonio de los empleados de la institución, en el departamento de administración, a los que los acusados solicitaban que modificaran los asientos de la contabilidad oficial para hacer desaparecer ingresos procedentes de ventas de servicios en metálico, o para simular la realización de gastos aparentando encontrarse justificados, todo ello para ocultar la apropiación por su parte de una cantidad superior a 200.000 euros. Aunque durante la instrucción y el juicio oral las defensas de los acusados insistieron en la responsabilidad penal de los empleados que efectuaron las rectificaciones contables por orden de sus superiores y trataron de mermar la credibilidad de sus testimonios, la sentencia afirma que no puede serles exigida responsabilidad penal porque el miedo a perder sus puestos de trabajo en caso de desobediencia a la delictiva instrucción recibida convierte en inexigible otra conducta. Pero tal aseveración no se habría realizado, claro está, si los empleados no hubieran prestado declaración incriminatoria contra los acusados. Podría sostenerse que, precisamente, la colaboración mediante la declaración testifical prueba que sólo el miedo al despido condujo a los empleados a ejecutar las ilícitas instrucciones falsarias que se les impartía, pero la inexigibilidad de otra conducta, aunque de elemento de la culpabilidad ha pasado a convertirse en un principio general del Derecho[843], proporciona una explicación menos clara al tratamiento exculpatorio otorgado a los empleados que el reconocimiento de la conveniencia de la concesión a los mismos del estatus de testigos y no de acusados al margen de su posible responsabilidad penal, por el interés de la justicia en la sanción de las conductas de mucha mayor gravedad de los directivos, que se hubiera corrido el riesgo de que quedaran impunes si se hubiera colocado a los empleados a la defensiva en el juicio.

Mención aparte merecen los *programas de clemencia (antitrust)* que se aplican en los procedimientos de defensa de la competencia en el mercado. En ellos se exime de multa al primer participante en un cártel que lo denuncie a la autoridad y se rebaja la multa hasta la mitad al segundo participante que reconozca el hecho y aporte pruebas relevantes[844]. Con dichos programas, España sigue el modelo de EEUU de los *leniency programs,* con la previsión en los artículos 65 y 66 de la Ley 15/2007, de 3 de julio de Defensa de la Competencia, de un "*procedimiento de clemencia*" "*similar al vigente en el ámbito comunitario*", en palabras de su Exposición de Motivos. El art. 65 de la LDC prevé la exención del pago de la multa al infractor, cuando la persona

> *"a) sea la primera en aportar elementos de prueba que, a juicio de la Comisión Nacional de la Competencia, le permitan ordenar el desarrollo de una inspección (...) en relación con un cártel (...); o*

---

843 AGUADO CORREA, TERESA, "*Inexigibilidad de otra conducta en Derecho Penal*", Ed. Comares, Granada, 2004, pp. 8 y ss.

844 GONZÁLEZ-CUÉLLAR SERRANO, NICOLÁS, "¿Criminalización de las prácticas restrictivas de la competencia? Los carteles ante la Justicia Penal", en MARTINEZ LAGE, SANTIAGO Y PETITBÒ, JUAN AMADEO, dirs, "*Remedios y sanciones en el Derecho de la Competencia*", Marcial Pons, Madrid, 2008 p. 86.

> *b) sea la primera en aportar elementos de prueba que a la Comisión Nacional de Competencia le permitan comprobar la infracción en relación con un cartel (...)".*
> Como requisitos se establece:
> *"a) Cooperar plena, continua y diligentemente con la Comisión Nacional de la Competencia, en los términos en que se establezcan reglamentariamente, a lo largo de todo el procedimiento administrativo de investigación.*
> *b) Poner fin a su participación en la presunta infracción en el momento en que facilite los elementos de prueba a que hace referencia este artículo, excepto en aquellos supuestos en los que la Comisión considere necesario que dicha participación continue con el fin de preservar la eficacia de una inspección.*
> *c) No haber destruido elementos de prueba relacionados con la solicitud de exención ni haber revelado, directa o indirectamente, a terceros distintos de la Comisión Europea o de otras Autoridades de Competencia, su intención de presentar esta solicitud o su contenido.*
> *d) No haber adoptado medidas para obligar a otras empresas a participar en la infracción".*

El artículo 66 LDC, por su parte, contempla la reducción de la multa a aquellas personas que no cumplan con los requisitos establecidos en el apartado 1 del artículo anterior, pero satisfagan las siguientes condiciones:

> *a) faciliten elementos de prueba de la presunta infracción que aporten un valor añadido significativo con respecto a aquellos que de los que ya dispongan la Comisión Nacional de los Mercados y la Competencia, y*
>
> *b) cumplan los requisitos establecidos en las letras a), b) y c) del apartado 2 del artículo anterior*".

Según el apartado segundo del precepto, *la primera empresa o persona física que cumpla lo establecido en el apartado anterior, podrá beneficiarse de una reducción de entre el 30 y el 50 por ciento. La segunda empresa o persona física podrá beneficiarse de una reducción de entre el 20 y el 30 por ciento. Las sucesivas empresas o personas físicas podrán beneficiarse de una reducción de hasta el 20 por ciento del importe.*

En conexión con la transcendencia administrativa de la clemencia en el ámbito de la represión administrativa de las infracciones contra la competencia, lo arts. 262.3 y 288 bis del Código Penal -antes citados- establecen, en términos idénticos, la colaboración activa como supuestos de exoneración de la responsabilidad penal respecto a los delitos a los que se refieren[845].

De nuevo en el ámbito administrativo, la *clemencia,* después de manifestarse puntualmente en el sector del control de la utilización del dinero en efectivo (art. 7. Dos. 6 de la Ley 7/2012, de 29 de octubre), se ha generalizado en el art. 62.4 de

845 Dichos preceptos han sido introducidos por la LO *14/2022, de 22 de diciembre, de transposición de directivas europeas y otras disposiciones para la adaptación de la legislación penal al ordenamiento de la Unión Europea, y reforma de los delitos contra la integridad moral, desórdenes públicos y contrabando de armas de doble uso. Conforme al art. 262.3: "Quedarán exentos de responsabilidad criminal los directores, administradores de hecho o de Derecho, gerentes y otros miembros del personal actuales y anteriores de cualquier sociedad, constituida o en formación, que en esa condición hayan cometido alguno de los hechos previstos en este artículo, cuando pongan fin a su participación en los mismos y cooperen con las autoridades competentes de manera plena, continua y diligente, aportando informaciones y elementos de prueba de los que estas carecieran, que sean útiles para la investigación, detección y sanción de las demás personas implicadas, siempre que se cumplan las siguientes condiciones: a) Cooperen activamente en este sentido con la autoridad de la competencia que lleva el caso,b) estas sociedades o personas físicas hayan presentado una solicitud de exención del pago de la multa de conformidad con lo establecido en la Ley de Defensa de la Competencia, c) dicha solicitud se haya presentado en un momento anterior a aquel en que los directores, administradores de hecho o de Derecho, gerentes y otros miembros del personal actuales o anteriores de la sociedad, constituida o en formación, hayan sido informados de que están siendo investigados en relación con estos hechos, d) se trate de una colaboración activa también con la autoridad judicial o el Ministerio Fiscal, proporcionando indicios útiles y concretos para asegurar la prueba del delito e identificar a otros autores".* Idénticos requisitos establece el art. 288 bis.

la Ley 39/2015, de 1 de octubre, del Procedimiento Administrativo Común de las Administraciones Públicas, el cual prevé la exoneración de la sanción pecuniaria que correspondería al infractor cuando concurran los siguientes requisitos: a) que haya sido el primero en aportar elementos de prueba que permitan iniciar el procedimiento o probar la infracción; y b) que en el momento de hacerlo no se dispongan de otros elementos que hubieran permitido tramitar el procedimiento y lograr la reparación del juicio. Añade el citado precepto que, en caso de que no se cumplan los requisitos antes reseñados, debe reducirse la sanción del denunciante si facilita elementos de prueba que aporten un valor añadido respecto a los que obren en el procedimiento. Como exigencia con carácter general, prevé el último párrafo del art. 62.4, que el denunciante tiene que haber cesado en la conducta ilegal y no haber destruido elementos de prueba.

Volviendo ya al ámbito penal, en la Propuesta de Código Procesal Penal de 2013, claramente inspirada en este punto en la legislación *antitrust,* se prevé como motivo de oportunidad la colaboración con la justicia (en los números 4 a 7 del art. 91.1) en los siguientes casos: i) cuando el autor o partícipe en el hecho punible pertenezca a una organización o grupo criminal y sea el primero de los responsables en confesar el delito, si ha prestado plena colaboración con la Administración de Justicia y la misma ha sido de suficiente relevancia a criterio del Fiscal General del Estado; ii) cuando el autor o partícipe de un delito leve o menos grave denuncie un delito de extorsión o amenazas condicionales relativas al mismo y el sobreseimiento facilite la persecución de la extorsión o las amenazas; y iii) cuando un particular denuncie un delito de cohecho o tráfico de influencias del que sea autor o partícipe y el sobreseimiento del delito cometido por el particular facilite la persecución del delito cometido por un funcionario público.

Para finalizar, conviene efectuar referencia a la figura del *informante*, el cual transmite la noticia de la comisión de un hecho punible.

Ya en la anterior legislatura, desde distintos sectores y grupos se defendió la necesidad de dotar de protección al delator, al que muy frecuentemente se le denomina con el término anglosajón *whistleblower* (como si no existieran unas expresiones muy similares en nuestro idioma, como son las palabras *soplón y chivato*). En el ámbito europeo, la Directiva 2019/1937 del Parlamento Europeo y del Consejo, de 23 de octubre de 2019, establece medidas de protección de los delatores. Para su transposición se encuentra en trámite parlamentario el Proyecto de Ley reguladora de las personas que informen sobre infracciones normativas y de lucha contra la corrupción[846].

---

[846] https://www.mjusticia.gob.es/es/AreaTematica/ActividadLegislativa/Documents/Proyecto%20de%20Ley%20Informantes.pdf

Capítulo 10

La circulación vigilada y el agente encubierto

I. TÉCNICAS ESPECIALES DE INVESTIGACIÓN Y OPORTUNIDAD

La preocupación por el auge del crimen organizado no es reciente. Hace décadas que los Estados decidieron adoptar medidas de prevención y represión adecuadas a la delincuencia organizada de carácter transnacional, inicialmente en el ámbito del tráfico de drogas. Un hito importante en el camino de la mejora de los instrumentos de persecución penal es la Convención de Naciones Unidas contra la Delincuencia Organizada Transnacional[847], que anima a los Estados Parte a utilizar *técnicas especiales* de investigación como la entrega vigilada, la vigilancia electrónica y el agente encubierto, siempre que así lo permita su derecho interno, por decisión de las autoridades competentes (art. 20.1).

Para que sea posible la utilización de las referidas *técnicas especiales* en el contexto de la cooperación en el plano internacional, el Convenio alienta a los Estados Parte interesados a celebrar acuerdos o arreglos bilaterales o multilaterales (art. 20.2). Si no se han firmado dichos acuerdos o arreglos, se podrán utilizar en el plano internacional dichas técnicas de investigación atendiendo al caso concreto y con base en los arreglos

847 Hecha en Nueva York el 15 de noviembre de 2000. Ratificada por España el 1 de septiembre de 2003.

financieros y los entendimientos del ejercicio de la jurisdicción entre los Estados Parte interesados (art. 20.3).

En España, la incorporación de las referidas técnicas se ha realizado con la consustancial admisión en la *entrega o circulación vigilada* de la realización controlada de una parte de la acción típica constitutiva del delito y con la inclusión, en la regulación del agente encubierto, tanto presencial como virtual, de la posible comisión de delitos por los agentes de la Policía Judicial infiltrados, cuya persecución el Estado no realiza -al tolerarse las infracciones penales que encuentren cobertura en el principio de proporcionalidad-, con el fin de asegurar la más efectiva persecución de los fenómenos criminales generados por la delincuencia organizada y otras formas de criminalidad especialmente preocupantes. Se administran, así, mediante ambas *técnicas especiales de investigación* dosis de oportunidad en la investigación de los delitos para facilitar su esclarecimiento y represión.

II. LA CIRCULACIÓN O ENTREGA VIGILADA

La Convención de Naciones Unidas contra el Tráfico Ilícito de Estupefacientes y Sustancias Psicotrópicas[848] contempla la *entrega vigilada de drogas* en el plano internacional su art. 11:

> *"1. Si lo permiten los principios fundamentales de sus respetivos ordenamientos jurídicos internos, las Partes adoptarán las medidas necesarias, dentro de sus posibilidades, para que se pueda utilizar de forma adecuada, en el plano internacional, la técnica de entrega vigilada, de conformidad con acuerdos o arreglos mutuamente convenidos, con el fin de descubrir a las personas implicadas en delitos tipificados de conformidad*

---

[848] Hecha en Viena el 20 de diciembre de 1988. Ratificada por España el 6 de noviembre de 1990.

> *con el párrafo 1 del artículo 3 y de entablar acciones legales contra ellas.*
> *2. Las decisiones de recurrir a la entrega vigilada se adoptarán caso por caso y podrán, cuando sea necesario, tener en cuenta los arreglos financieros y los relativos al ejercicio de su competencia por las Partes interesadas.*
> *3. Las remesas ilícitas cuya entrega vigilada se haya acordado podrán, con el consentimiento de las Parte interesadas, ser interceptadas y autorizadas a proseguir intactas o habiéndose retirado o sustituido total o parcialmente los estupefacientes o sustancias sicotrópicas que contengan".*

En España la regulación de la circulación o entrega vigilada de drogas se efectuó por la LO 8/1992, de 23 de diciembre, de modificación del Código Penal y de la Ley de Enjuiciamiento Criminal en materia de tráfico de drogas, la cual -para la transposición en el Derecho interno de las medidas previstas por el Convenio de Viena- incluyó un art. 263 bis en la LECrim circunscrito al delito al que se dedicaba el texto legal. Posteriormente, la LO 5/1999, de 13 de enero, en materia de perfeccionamiento de la acción investigadora relacionada con el tráfico ilegal de drogas y otras actividades ilícitas graves, extendió el ámbito de aplicación de la medida a otras formas de criminalidad cuya realización exige frecuentemente el transporte del objeto del delito.

Conforme al art. 263.bis de la LECrim, constituye circulación o entrega vigilada la técnica que, con autorización del Juzgado de Instrucción, del Ministerio Fiscal o del Jefe de la Unidad Orgánica de Policía Judicial, central o de ámbito provincial, o un mando superior, permite la circulación o entrega de sustancias prohibidas, así como bienes y especies animales o vegetales, por territorio español o que salgan y entren de él sin que la autoridad policial lo impida, bajo su vigilancia y con el fin de descubrir o identificar a las personas responsables de los delitos susceptibles de ser investigados mediante esta técnica especial: tráfico de drogas, blanqueo de capitales, relativos a especies protegidas de flora o fauna silvestre, falsificación de moneda o de tarjetas de crédito o débito o cheques de viaje, tenencia, tráfico o depósito de armas, municiones o explosivos inflamables, incendiarios o asfixiantes, o sus componentes. Ello en realción con la investigación de un delito perseguido en España o como medida de cooperación con autoridades extranjeras.

La adopción de la medida no queda reservada a la autoridad judicial, a diferencia del tratamiento legal del agente encubierto, que posteriormente abordaremos, por la escasa incidencia de la circulación vigilada sobre el ámbito de los derechos de los investigados, a los que tan sólo se somete a una vigilancia sin interacción entre agentes policiales y sospechosos -más allá de la que pueda resultar superficial y ocasional-[849].

Aún así, la resolución autorizante debe ser fundada, con determinación explícita, si ello resulta posible, del tipo y cantidad de la sustancia de que se trate (art. 263 bis.1), y otorgarse "*caso por caso*", como señala el art. 263 bis.3.1° , lo que implica que deberá basarse en la apreciación de las circunstancias del supuesto concreto y en criterios de proporcionalidad, que tomen en consideración el interés público en la identificación de los responsables como finalidad de la medida, por un lado, y las posibilidades efectivas de vigilancia, por otro (art. 263 bis.1). Se trata de evitar la asunción de riesgos desproporcionados de frustración de la incautación del objeto del delito, con el daño que ello comporta para el interés público protegido, cuando la expectativa de la identificación de los responsables sea escasa, por no poder efectuarse un pronóstico razonable de éxito de la vigilancia.

En relación con ello, siempre que sea posible, para la reducción del riesgo para el bien jurídico protegido, se deberá

---

849 LAFONT NICUESA, LUIS, *"El agente policial encubierto"*, Ed. Tirant Lo Blanch, Valencia, 2022, p. 45.

proceder subrepticiamente a la incautación y a la sustitución del objeto del delito por un sucedáneo, utilizado como señuelo para la vigilancia, cuando ello sea posible.

Los mandos de la Policía Judicial han de poner en conocimiento de la Fiscalía las medidas de circulación o entrega acordadas y, en caso de que exista un proceso judicial abierto, al Juzgado de Instrucción competente (art. 263 bis.2°).

Si la realización de dicha vigilancia precisa de la utilización de medidas tecnológicas intrusivas en los derechos fundamentales de los afectados, habrá de contar con autorización judicial, incluida la utilización de sistemas de seguimiento y localización, si bien cuando concurran razones de urgencia que hagan temer por la frustración de la investigación, se autoriza a la Policía Judicial a la colocación del dispositivo, dando plazo a la mayor brevedad posible y en todo caso en el plazo máximo de veinticuatro horas al Juzgado de Instrucción (art. 588 quinquis b.4 de la LECrim).

No obstante, la vigilancia puede comprender la apertura de paquetes postales en los siguientes casos, establecidos por el art. 579.4 de la LECrim:

> *"a) Envíos postales que, por sus propias características externas, no sean usualmente utilizados para contener correspondencia individual sino para servir al transporte y tráfico de mercancías o en cuyo exterior se haga constar su contenido.*
> *b) Aquellas otras formas de envío de la correspondencia bajo el formato legal de comunicación abierta, en las que resulte obligatoria una declaración externa de contenido o que incorporen la indicación expresa de que se autoriza su inspección.*
> *c) Cuando la inspección se lleve a cabo de acuerdo con la normativa aduanera o proceda con arreglo a las normas postales que regulan una determinada clase de envío".*

Como recuerda la STS 339/2017, de 11 de mayo, la clave se encuentra en que en tales supuestos el paquete no está destinado a la transmisión de mensajes, por lo que queda fuera del ámbito de protección del art. 18.3 de la CE.

Además, en la vigilancia policial el agente, aunque puede ocultar su condición de policía y simular ser otra persona, no asume una identidad supuesta que le permita operar en el tráfico jurídico y social[850], más allá de posibles contactos superficiales propios de coincidencias ocasionales (por ejemplo, la entrega realizada por un cartero o la atención recibida de un camarero). Cosa distinta sucede con el agente encubierto, el cual se infiltra totalmente en el entramado de la organización y genera un vínculo de confianza con los investigados.

Aunque la circulación vigilada tiene como fin esencial la identificación de los responsables del delito[851], nada impide que durante el desarrollo de la vigilancia policial se haga acopio de informaciones y fuentes de prueba de utilidad para el proceso penal.

III. EL AGENTE ENCUBIERTO

A) CONCEPTO

El agente encubierto puede ser definido como aquel miembro de la Policía Judicial que, mediante la debida autorización judicial y una identidad supuesta, se infiltra voluntariamente en una organización criminal para intentar prevenir los delitos previstos por el art. 282.bis de la LECrim y obtener informaciones y fuentes de prueba sobre su comisión[852].

En Alemania, al agente encubierto (*verdeckter ermittler*) fue introducido en el ordenamiento por la Ley contra el Crimen

---

850 LAFONT NICUESA, LUIS, *"El agente..."*, *cit.*, p. 45.

851 LAFONT NICUESA, LUIS, *"El agente..."*, *cit.*, p. 41.

852 *Vide* GASCÓN INCHAUSTI, FERNANDO, *"Infiltración policial y <<agente encubierto>>"*, Editorial Comares, Granada, 2001, p.17

Organizado, de 15 de julio de 1992[853]. Se trata de un miembro de la Policía Judicial que se infiltra en el seno de una organización criminal con una identidad ficticia, mediante la cual puede actuar en el tráfico jurídico y social. Su regulación ha tenido una considerable influencia en el desarrollo y tratamiento del agente encubierto en España[854].

En derecho italiano se utilizan términos similares, *l'agente sotto copertura,* para denominar al agente policial que se infiltra en una organización criminal para obtener medios de prueba de los delitos especialmente graves. La primera vez que en Italia se recurrió a la técnica del agente encubierto fue en relación con los delitos de tráfico de drogas, que eran cometidos por grupos delictivos más o menos organizados, en los que un agente de policía se infiltraba para identificar a los responsables del delito[855]. La doctrina mayoritaria, que rechaza la actuación del agente encubierto como medio de prevención del delito, ha planteado que únicamente debe utilizarse en los supuestos en los que ya se haya iniciado un proceso penal y se tenga conocimiento de la *notitia criminis. L'agente sotto copertura* puede cometer delitos en el seno de la organización criminal y no ser sancionado por ello si ha cumplido con los requisitos de la operación[856].

---

853 *Gesetz zur Bekämpfung des ilegalen Rauschgifthandels und anderer Erscheinungsformen der Organisieter Kriminalität"* (OrgKG), que introduce en la StPO los §110a a §110e.

854 GASCÓN INCHAUSTI, FERNANDO, *op. cit.*, pp. 39 y 40.

855 Art. 9 del Decreto del Presidente Della Repubblica, 9 ottobre 1990, nº 309, Testo único delle leggi in materia di disciplina degli stupefacenti e sostanze psicotrope, prevenzione, cura e riabilitazione dei relativi stati di tossicodipendenza.

856 CATERINI, MARIO, "L'agente sotto copertura al limite della provocazione", *ORDINES, per un sapare interdisciplinare sulle instituzioni europee, nº1,* Giugno 2022, p. 169.

En España, como afirma la STS 1140/2010 de 29 de diciembre, *"el término undercover o agente encubierto, se utiliza para designar a los funcionarios de policía que actúan en la clandestinidad, con identidad supuesta y con la finalidad de reprimir o prevenir el delito. Agente encubierto, en nuestro ordenamiento será el policía judicial, especialmente seleccionado, que bajo identidad supuesta, actúa pasivamente con sujeción a la Ley y bajo el control del juez, para investigar delitos propios de la delincuencia organizada y de difícil averiguación, cuando han fracasado otros métodos de la investigación o estos sean manifiestamente insuficientes, para su descubrimiento y permite recabar información sobre su estructura y modus operandi, así como obtener pruebas sobre la ejecución de hechos delictivos"*[857].

Para infiltrarse en la organización criminal el agente encubierto utiliza el engaño. Como sostiene la STS 957/2007, de 15 de noviembre, *"la infiltración es una simulación que permite la ley (una puesta en escena teatral, podríamos decir), que autoriza el ordenamiento jurídico para introducirse en las organizaciones criminales, en donde el agente ha de desempeñar un <<papel>>, que confunda a los integrantes de tal organización, y les permita suponer que se trata de <<uno de ellos>>".*

Mediante la infiltración se sortean las barreras de protección de todo derecho fundamental que autorice a mantener ámbitos de exclusión de la intromisión física o cognitiva ajena definidos por una voluntad no viciada y se acepta la restricción de los derechos fundamentales que asisten a los investigados a no declarar contra sí mismo, a la intimidad personal y familiar, a la inviolabilidad del domicilio, al secreto de las comunicacio-

---

[857] Sobre el concepto de agente encubierto, *vide* la STS 104/2019, de 27 de febrero; la STS 750/2019, de 13 de marzo; la STS 392/2012, de 10 de mayo, la STS 104/2011, de 1 de marzo y la STS114/2010, de 29 de diciembre.

nes y a la libre autodeterminación informativa -recogidos en los arts. 18 y 24 de nuestra Norma Fundamental-[858].

Además, el funcionario policial, que actúa como agente encubierto, necesita tener unos conocimientos básicos sobre derecho procesal y penal, psicología y criminología para garantizar el éxito de la operación y evitar tanto que se cometa un delito provocado, como una mayor vulneración de los derechos de los investigados[859]. Asimismo, ha de contar con cualidades personales y habilidades sociales que le permitan proceder a la infiltración y mantener la identidad supuesta sin despertar sospechas entre los investigados.

Importa también desatacar que los agentes encubiertos no actúan por cuenta propia, sino que forman parte de Unidades Especializadas. Las Unidades de Agentes Encubiertos son cada vez más importantes en España, ya que gestionan todo el entramado de las operaciones, realizan las labores de control y supervisión y canalizan las relaciones entre el agente policial y la Unidad Policial Investigadora con el Juzgado y la Fiscalía. Además, se encargan de proteger la identidad del agente encubierto[860].

B) DISTINCIÓN CON EL AGENTE PROVOCADOR

Por *agente provocador* se entiende el agente de policía que intenta inducir a otra persona a la comisión de un delito que, de no haber sido por la intervención del agente, no se hubiese realizado. Se crea *animus delictivo provocado*[861].

---

858 GASCÓN INCHAUSTI, FERNANDO, *op. cit.*, pp. 92.a 107.

859 LAFONT NICUESA, LUIS, *"El agente…"*, *cit.*, pp. 60 y 61.

860 LAFONT NICUESA, LUIS, *"El agente…"*, *cit.*, pp. 61 y 62.

861 ZAFRA ESPINOSA DE LOS MOTEROS, ROCÍO, *"El policía infiltrado. Los Presupuestos jurídicos en el proceso penal español"*, Ed. Tirant lo

Como no existe riesgo para el bien jurídico tutelado por la norma infringida y resulta incoherente que el Estado sancione una conducta que ha instigado, la persona que comete el *delito provocado* se encuentra exenta de responsabilidad criminal.

Se ha sostenido también que no deben admitirse en el proceso penal las pruebas obtenidas por el *delito provocado*[862]. Pero, tal planteamiento resulta artificioso: la cuestión no se encuentra en la determinación del alcance de las prohibiciones probatorias, sino en la inadmisibilidad de la persecución penal del hecho punible provocado.

Según afirma la STS 2331/2021, de 10 de junio, *"el delito provocado es aquel que llega a realizarse en virtud de la inducción engañosa de un agente que, deseando conocer la propensión al delito de una persona sospechosa y con la finalidad de constituir pruebas indubitables de un hecho criminal, convence al presunto delincuente para que lleve a cabo la conducta que de su torcida inclinación se espera simulando primero allanar y desembarazar el iter criminis y obstruyéndolo finalmente, en el momento decisivo, con lo cual se consigue que por el provocador la casi segura detención del inducido"*. En el mismo sentido se pronuncia el TEDH en su STEDH, de 5 de febrero de 2008, caso *Ramanauskas contra Lituania,* cuando sostiene que: "*se considera que ha tenido lugar una incitación por parte de la policía cuando los agentes implicados -ya sean miembros de las fuerzas de seguridad o personas que actúen según sus instrucciones- no se limitan a investigar actividades delictivas de una manera pasiva, sino que ejercen una influencia tal sobre el sujeto que le incitan a cometer un delito que, sin esa influencia, no hubiera cometido, con el objeto de averiguar el delito, esto es, aportar pruebas y poder iniciar un proceso*".

Para que se pueda hablar de *delito provocado,* según añade la STS 2331/2021, de 10 de junio, es necesario que se cumplan

---

Blanch, Valencia, 2010, p. 104 a 107.

862 ZAFRA ESPINOSA DE LOS MONTEROS, ROCÍO, *op. cit.*, p. 102.

simultáneamente los presupuestos que se exponen a continuación[863].

1.- *Elemento objetivo/teleológico*: la persona provocada sólo actúa bajo la incitación que el agente provocador realiza sobre él y que tiene por finalidad obtener el comportamiento delictivo esperado y detenerle.

2.- *Elemento subjetivo*: el agente provocador crea un dolo de delinquir mediante el engaño.

3.- *Elemento material*: no existe riesgo para el bien jurídico protegido ya que, mediante su intervención, el agente policial ha impedido su vulneración. Debido a que no es un delito típico, no hay verdadera infracción penal y la impunidad es absoluta.

Pero no toda instigación al delito se encuadra dentro de la categoría del *delito provocado*. La STS 690/2010, de 1 de julio, afirma que: *"en el delito provocado resulta ante todo imprescindible el hecho de la inexistencia previa de cualquier actividad delictiva en trance de comisión del concreto delito de que se trate, de modo que si la ejecución del mismo da comienzo solo a partir de la intervención*

---

863 Dichos elementos del delito provocado encuentran su origen en la STS, de 27 de junio de 1967: *"El delito provocado, normalmente, dirigido en una de sus formas a conocer la propensión para hechos criminales de una persona, y a comprobar su capacidad de realización, que convenza psicológicamente de que, está efectuando actos delictivos de forma oculta o desconocida, para quien desea perseguirlos, requiere para su existencia, la inducción suficiente para mover la voluntad de la misma, a fin de que efectúe una actividad, que estimada por ella ilícita penalmente, no puede llegar a un resultado, porque habiéndose previsto éste, se impide por el inductor sea alcanzado, haciendo baldía la actividad, por el empleo de medidas precautorias defensivas o de garantía"*. *Vide* RUIZ ANTÓN, LUIS FELIPE, "El delito provocado, construcción conceptual de la Jurisprudencia del Tribunal Supremo", *Anuario de Derecho Penal y Ciencias Penales, Tomo 35, Fasc/mes 1*, 1982, p.123.

del funcionario o agente provocador, pudiendo llegar a afirmarse con seguridad que de no haberse producido tal intervención provocativa el delito no se hubiera llegado a cometer, al menos en las circunstancias concretas en las que el mismo se produjo, sí que deviene procedente la calificación, como <<delito provocado>>, de esa conducta ilícita y, por consiguiente, con fundamento en lo inadmisible de dicha provocación por parte de las Autoridades entendida como contribución eficaz y determinante a la comisión de un delito, la procedencia de su carácter impune".

Por lo tanto, se trata de *delito provocado* cuando no se tiene conocimiento de una actuación ilícita previa y lo que se busca es crear un delito *ex novo,* sin que existiera en el investigado la voluntad de delinquir. Sin embargo, cuando el agente policial actúa con indicios suficientes de que el delito que investiga ya se ha cometido o está siendo cometido desde antes de su intervención no existe *delito provocado* y el hecho punible es perseguible[864]. En tal caso, la actuación policial no está destinada a inducir el delito, sino a la obtención de la

---

864 Un ejemplo se encuentra en la STS 591/2018, de 26 de noviembre, que asevera que *"se rechaza la existencia del delito provocado al constatar que existió un animus delictivo propio. En este caso este ánimo opera con claridad, ya que en el hecho probado se constata que con el fin de optimizar su actividad de importación, evitando el riesgo de pérdidas de mercancías como consecuencia de eventuales aprehensiones por las Fuerzas y Cuerpos de Seguridad del Estado encargadas de la supervisión aeroportuaria, el equipo integrado por los mencionados Carlos María y Teodosio intentó establecer un contacto con algún agente de la Guardia Civil destinado en el aeropuerto de El Prat que, a cambio de un porcentaje de las ganancias que generaba la actividad de los acusados, dejase que los individuos que realizasen transportes de cocaína para que ellos pasasen el control de aduanas sin ser registrados. Tales gestiones de los acusados acabaron dando lugar a que el miembro de la Guardia Civil contactado fuese el agente encubierto identificado como "Bucanero"*. Se puede observar cómo existe ánimo delictivo previo y la actuación del agente de la Guardia Civil es consecuencial a la de los investigados.

prueba de la actividad delictiva precedente, cuya validez no queda comprometida.

La STS 767/2007, de 3 de octubre, no aplica la doctrina del *delito provocado*, porque el acusado ya había cometido el mismo delito -distribución de pornografía infantil- con una persona distinta: *"en nuestro caso el delito lo había cometido ya el recurrente de forma libre y espontánea respecto a otra persona, circunstancia que llegó a conocimiento del agente policial, y ese primer delito suponía que el recurrente era poseedor de material pornográfico que facilitó a un tercero"*. Cuando el delito que se pretende investigar es de posesión o distribución de pornografía infantil, como el hecho de poseer archivos con contenido ilícito, guardados en el ordenador y preparados para ser enviados al instante, es delictivo en virtud de lo dispuesto por el art. 189.5 del CP[865], la existencia de indicios sobre el mismo otorga base a la actuación policial de petición de intercambio de archivos.

En el supuesto concreto, el acusado había sostenido en su recurso que se trataba de un *delito provocado*, porque el agente encubierto había fingido una relación afectiva para generar ese vínculo de confianza. *"El hecho de que el agente fingiera una relación de amor condicionó su conducta, justificando los esfuerzos por corresponder a un supuesto <<novio>>, remitiendo fotos de vídeos pornográficos"*. Pero la Sala Segunda del Tribunal Supremo desestima el motivo de casación, dado que el engaño sobre la referida situación sentimental no fue la causa de la voluntad delictiva

---

865 Tras la reforma del CP operada por la LO 1/2015, de 30 de marzo, se añade un segundo párrafo a dicho artículo, el cual añade que "*la misma pena se impondrá a quien acceda a sabiendas a pornografía infantil o en cuya elaboración se hubieran utilizado personas con discapacidad necesitadas de especial protección, por medio de las tecnologías de la información y comunicación*", lo que implica que será delito no sólo la posesión, sino la visualización de pornografía infantil a través de internet, aunque no se descarguen y guarden los archivos.

del acusado, quien había remitido, previamente a la infiltración del agente, material con pornografía infantil a un tercero por error.

Distinto del *agente provocador* es el *agente corroborador*. Pero tanto en la jurisprudencia como en la doctrina se advierte una utilización confusa de la expresión *agente provocador*, que no sería el instigador de un *delito provocado*, sino un agente policial que, aunque no reúne todos los requisitos que la LECrim establece en su art. 282.bis para el agente encubierto, participa en ciertas operaciones en las que se pretende recabar pruebas de la existencia de actuaciones delictivas previas.

Ejemplo de ello se encuentra en la STS 2470/2001, de 27 de diciembre de 2001: "*cuestión distinta es la sutil pero trascendente diferenciación entre el delito provocado y la provocación policial, tendente esta última a poner de manifiesto una situación o actividades criminales ya existentes, singularmente de tracto sucesivo como ocurre en el tráfico de drogas, pero que permanecen ocultas, teniendo la actividad policial la única finalidad de sacar a la luz la ilicitud penal ya cometida*[866].

Según Fernando Gascón Inchausti, el *agente provocador* constituiría una figura *que no es sino el resultado de una peculiar construcción efectuada por nuestra jurisprudencia para aplicarla al enjuiciamiento de ciertas operaciones policiales, donde, en la mayoría de ocasiones uno o varios policías, ocultando su condición, fingen ante personas sospechosas de dedicarse al tráfico ilícito de drogas la volun-*

---

866 La sentencia recuerda la distinción entre el *delito provocado* y la figura del agente policial provocador, "*se inicia en las STS de 18 de abril de 1972 y se continúa en las de 20 de febrero de 1973 y 14 de Junio de 1975. En el mismo sentido, SSTS nº 53/97 de 21 de enero, 1247/97 de 20 de octubre, 18 de marzo de 1997 y 31 de enero de 1998, a las que pueden añadirse otras anteriores (SSTS de 20 de enero de 1995, 13 de julio de 1995, 11 de octubre de 1995 y 30 de diciembre de 1995, 13 de febrero de 1996, n.º 1587/2000 de 18 de octubre y n.º 44/2001 de 23 de enero)*".

tad de adquirir tal cantidad y que, en caso de respuesta favorable con el sospechoso, ponen con ello de relieve la comisión delictiva". A lo que añade que dicha figura resulta totalmente admisible para la obtención de información y pruebas propia de la fase de investigación[867].

Como la denominación *agente provocador*, para referirse al funcionario de policía que no provoca el delito, sino que pretende recabar información y pruebas de un delito ya producido o que se está produciendo, puede conducir a error, resulta mejor, en tales casos, hablar de *agente corroborador*.

La técnica de la corroboración consistiría, así, en la incitación a la reiteración de un hecho que indiciariamente se enmarca en un delito permanente o continuado, pero que, al ser un hecho efectuado por impulso del agente carece de significación penal propia, sin perjuicio de la validez de las pruebas que se obtengan. En el supuesto de que, finalmente, no logre probarse la actividad delictiva previa del investigado, el *agente corroborador* se vería privado de tal cualidad y se convertiría en *agente provocador*, con la consecuencia de que el fragmento de la actuación punible efectuada por la provocación devendría impune.

La STS 133/1998, de 3 de febrero, sostiene que *"una cosa es el delito provocado que ha de ser enérgicamente rechazado porque, no existiendo culpabilidad ni habiendo tipicidad propiamente dicha, se llega a la lógica conclusión de que el sujeto no hubiera actuado de la manera que lo hizo si no hubiere sido por la provocación previa y eficaz del agente incitador (...) Otra distinta es la conducta que, sin conculcar legalidad alguna, se encamina al descubrimiento de delitos ya cometidos, generalmente de tracto sucesivo como suelen ser los de tráfico de drogas, porque en tales casos los agentes no buscan la comisión del delito sino los medios, las formas o los canales por los que ese tráfico*

---

867 GASCÓN INCHAUSTI, FERNANDO, *op. cit.*, pp. 29 y 30.

ilícito se desenvuelve, es decir, se pretende la obtención de pruebas en relación a una actividad criminal que ya se está produciendo pero de la que únicamente se abrigan sospechas".

Como afirma la STS 1003/2019, de 1 de abril, "*la provocación policial que actúa sobre un delito ya iniciado sólo influirá en el grado de perfección del mismo, en función del momento del <<iter criminis>> en que aquella intervención se produjo, bien limitándose a su descubrimiento y constatación en la fase postconsumativa o de agotamiento, bien originando su frustración o tentativa si la intervención policial se produce antes de que el delito se haya consumado*".

Habiendo quedado suficientemente clara la distinción entre *agente provocador* y *agente encubierto y corroborador*, deviene necesario analizar los factores que diferencian las dos últimas figuras referidas. Las notas distintivas entre ambos conceptos -*agente encubierto* y *agente corroborador*- son las que seguidamente se exponen.

i. No es necesario que el *agente corroborador* obtenga una identidad supuesta. Simplemente utiliza el engaño ocultando su condición de agente policial. Ello al contrario de lo que sucede con el agente encubierto, el cual además de ocultar que es miembro de la Policía Judicial, actúa con una identidad ficticia con la que se relaciona en el tráfico jurídico[868].

ii. La infiltración dentro del entorno criminal sólo se produce en el caso del agente encubierto. El agente corroborador únicamente tiene un contacto limitado y de corta duración con el o los investigados[869].

iii. En la interacción del agente corroborador con el sospechoso se produce una afectación menor de los

---

868 GASCÓN INCHAUSTI, FERNANDO, *op. cit.*, p. 29.

869 ZAFRA ESPINOSA DE LOS MONTEROS, ROCÍO, *op. cit.*, p. 106.

derechos fundamentales que la que resulta de la actuación de un infiltrado. La razón estriba en que los contactos son más cortos y superficiales, al no existir la relación de confianza característica de las operaciones encubiertas[870].

iv. El agente encubierto realiza investigaciones complejas mediante las que se pretende obtener pruebas del delito. El agente corroborador tiene un objetivo más inmediato, consistente en la confirmación de la sospecha y la detención del delincuente en el momento en el que comete la actividad delictiva, sin perjuicio de que las informaciones recabadas puedan ser utilizadas posteriormente en el proceso penal[871].

C) EVOLUCIÓN HISTÓRICA

Ya en la prehistoria se utilizaban espías en la guerra. Antiquísimos restos de asentamientos humanos demostrativos de cruentos enfrentamientos entre grupos humanos sugieren la existencia de reconocimientos de la zona previos a devastadores ataques[872]. Más adelante, en la etapa histórica en la que la escritura ha dejado constancia de los sucesos, existen relatos sobre la utilización del espionaje. En el III Milenio a.C el

---

870 LAFONT NICUESA, LUIS, *"El agente..."*, *cit.*, p. 54.

871 LAFONT NICUESA, LUIS, *"El agente..."*, *cit.*, p. 54.

872 En el asentamiento de Talheim, en Abrigo de los Dogues y en Asparn-Schelz hacia el año 5000 a.C., en Austria, se encontraron sesenta y siete cuerpos, de los cuales sólo cuatro pertenecían a mujeres jóvenes, lo cual indica el probable rapto de la población femenina y -a su vez- que los agresores contaban con información sobre la estructura social del grupo atacado. HERRERA HERMOSILLA, CARLOS, "*Breve historia del espionaje*", Ediciones Nowtilus, Madrid, 2012, p. 17.

Rey de Acad, Sargón I, enviaba mercaderes a las tierras que planeaba conquistar para ampliar sus territorios con el fin de obtener información militarmente relevante, tal y como consta en caracteres cuneiformes en una tablilla datada en torno al 2210 a.C[873]. En la mitología sumeria, en el poema épico de Ninurta, escrito pocos años después, la maza Sharur sirve al dios guerrero como observadora y consejera, lo que puede interpretarse como expresión simbólica del espionaje[874]. Las tablillas de Mari, escritas entre los años 1800 a 1750 a.C., incluyen numerosos informes militares dirigidos al rey Zimri-Lim antes de que el soberano babilonio Hammurabi destruyera la ciudad, entre los que se encuentra alguno relativo a un cuerpo de espías denominado *Skabum.* También incluyen informes sobre las actividades de espionaje enemigas y sobre la presencia de dos embajadores espías en la corte de Hammurabi, llamados Ibalpiel e Ibalel[875].

En el Antiguo Egipto también hay constancia de actividades de espionaje, como la operación de desinformación urdida por el monarca hitita Muwatallis para confundir al faraón Ramsés II acerca de la situación de sus tropas en la lucha por la ciudad de Qadesh en el año 1247 a:C., para la cual utilizó a dos beduinos que fingiendo brindar información veraz transmitieron una falsa localización del ejercito enemigo[876].

En China, Sun Tzu, en el Arte de la Guerra, trata el tema del espionaje en el capítulo 13 de su obra. Tras resaltar la importancia del conocimiento de la situación del enemigo sostiene: *"la información previa no puede obtenerse de fantasmas ni espíritus, ni se puede tener por analogía, ni descubrir mediante cál-*

---

873 HERRERA HERMOSILLA, CARLOS, *op. cit.*, p. 18

874 HERRERA HERMOSILLA, CARLOS, *op. cit.*, p. 19.

875 HERRERA HERMOSILLA, CARLOS, *op. cit.*, pp. 20 a 22.

876 HERRERA HERMOSILLA, CARLOS, *op. cit.*, pp. 23 y 24.

culos. Debe obtenerse de personas; personas que conozcan la situación del adversario"[877].

La Biblia también contiene numerosas referencias al espionaje. Entre ellas el relato del reconocimiento efectuado por los doce espías enviados por Moises a reconocer la tierra de Canaán por orden divina, que duró cuarenta días, tras los cuales rindieron sus informes (Deuteronomio 1.19-33):

En el ámbito de la investigación penal la utilización de agentes infiltrados también hunde sus raíces en tiempos lejanos, pero la ética de su utilización fue pronto cuestionada en los albores de la lucha contra la herejía. En el seno de la Iglesia San Agustín rechazaba, en su epístola *"contra medacium"*, dirigida al Obispo Consencio, la infiltración de agentes encubiertos en las sectas[878]:

> *"¿Cuándo dijo Jesucristo: Vestíos con piel de lobos para descubrir a los lobos, aunque sigáis siendo ovejas? Si no hay otro modo de descubrirlos, valen más que sigan ocultos"*[879].

En la Edad Contemporánea, el inventor del *agente encubierto* fue el francés Eugène-François Vidocq, un antiguo criminal, posterior criminalista y director de la policía francesa de la Restauración. El mismo Vidocq, un delincuente arrepentido, pasó a convertirse en confidente para la policía francesa y, posteriormente, en agente encubierto, para llegar finalmente a dirigir la *Brigade de la Sûreté*, cuyos medios para la infiltración han sido valorados y utilizados universalmente más adelante.

---

877 https://freeditorial.com/es/books/el-arte-de-la-guerra/readonline.

878 *Vide* GONZÁLEZ-CUÉLLAR SERRANO, NICOLÁS, *"Ecos de Inquisición..."*, *cit.*, p. 56.

879 MENÉNDEZ PELAYO, MARCELINO, *"Historia de los Heterodoxos Españoles"*, T.I., Biblioteca de Autores Cristianos, Madrid, 2006, p. 153.

En palabras de Carlos Berbell, "*Vidocq es considerado el primero de los nuevos investigadores de la historia de la criminalista*"[880].

También, en España la infiltración policial se ha utilizado antes de su específica regulación legal. Tal y como señala la STS 750/2019, de 13 de marzo,*"la incorporación de este medio de investigación no significa que no se hubiera utilizado nunca anteriormente, con plena garantía de legalidad. No siempre las leyes colman vacíos, sino que vienen a sancionar, regulándolas adecuadamente, técnicas de investigación que ya contaban con un genérico soporte normativo, pero que es conveniente que tengan una adecuada regulación legal"*. Un ejemplo de ello es en el *caso Lobo.*

Lobo era el pseudónimo que utilizaba el servicio secreto español (Servicio Central de Documentación o SECED -predecesor del CESID y del actual CNI-), para referirse a Mikel Lejarza Eguía, quien en la década de los años setenta se infiltró en la banda terrorista ETA, con el alias *Gorka*, para intentar desarticular la organización desde su interior. El *lobo* consiguió, con su actuación como agente infiltrado, que se detuviera a más de trescientas personas, entre los que se encontraban los altos mandos de la banda, tanto durante el periodo que duró su infiltración -desde 1973 hasta 1975- como durante los veinte años posteriores en los que continuó persiguiéndoles[881]. Tal era el grado de confianza que los terroristas depositaron en él que llegó a ocupar altos cargos de dirección dentro de la organización. En concreto, fue miembro del Comité Ejecutivo de ETA como jefe de Infraestructura. Pero, en esa época, aun

---

880 BERBELL, CARLOS, "Vidoq, un delincuente arrepentido, fue el fundador de la Policía Nacional Francesa", *Confilegal.* https://confilegal.com/20200830-el-delincuente-arrepentido-vidocq-fue-el-fundador-de-la-policia-nacional-francesa/.

881 RUEDA RIEU, FERNANDO, "El Lobo, el gran topo de ETA, coge de nuevo la pistola: <<Todo es mentira, van a venir a matarme>>", *El Español,* 5 de mayo de 2018.

no estaba regulada en España la figura del agente encubierto y *Lobo* no pudo disfrutar de todas las garantías que hoy en día se proporcionan a los policías infiltrados. Además, desde que se descubrió su verdadera identidad vive en un estado permanente de terror. Tanto es así que, incluso en la actualidad, ya disuelta ETA, *Lobo* afirmó, en una entrevista que concedió a El Español en 2018, que *"ahora queda el descontrol, que para mí es lo más perjudicial que puede pasar, desde que yo tuve que empezar a esconderme. Ahora me viene a la cabeza aquello que me dijo en su día Emiliano, mi antiguo oficial de caso, de que <<Lobo serás errante para toda tu vida, tendrás que andar en la oscuridad, tendrás que vivir camuflado>>*[882].

Mediante la reforma de la LECrim operada por la LO 5/1999, de 13 de enero, se incorporó la figura del agente encubierto como medida especial de investigación en el proceso penal. Para ello se introdujo un artículo 282.bis que regula de forma detallada las condiciones, tanto subjetivas como objetivas, de la infiltración. El precepto permite a los miembros de la Policía Judicial penetrar en la estructura criminal de las organizaciones criminales, para esclarecer los delitos y obtener pruebas sobre los mismos.

Pero la infiltración no sólo se regula en el mundo físico, sino también en el virtual.

Con el desarrollo de las Tecnologías de la Información y la Comunicación (TIC) se han producido múltiples cambios, tanto positivos como negativos, en la vida de las personas. Por un lado, se obtienen múltiples ventajas y facilidades a la hora de organizar nuestro día a día, realizar transacciones económicas y gestiones por internet y comunicarnos con los demás. Pero, por otro, se ha abierto una nueva puerta al delito, favorecido por el anonimato que propicia internet y potenciado

---

[882] RUEDA RIEU, FERNANDO, *op. et loc. cit.*

por su tremendo impacto social. Ello hizo necesario introducir nuevas formas de investigación en el proceso penal, como afirma la Exposición de Motivos de la Ley Orgánica 13/2015, de 5 de octubre, de modificación de la Ley de Enjuiciamiento Criminal para el fortalecimiento de las garantías procesales y la regulación de las medidas de investigación tecnológica, la cual reguló el *agente encubierto virtual*, llamado a penetrar en el *entorno virtual* de los individuos.

Ya en el año 2011 el Grupo Parlamentario Popular presentó una moción en el Senado por la que instaba al Gobierno a remitir a las Cortes Generales un Proyecto de Ley de modificación de la LECrim y del CP para crear la figura del agente encubierto en internet, con el objetivo de prevenir y perseguir los delitos de pornografía infantil y pedofilia[883], iniciativa debida a la gran preocupación existente sobre la utilización de los jóvenes, cada vez a una edad más temprana, de las nuevas tecnologías. La señora Vindel, Senadora de las Cortes Generales del PP, declaró que *"la red puede ser un espacio de riesgo para los adolescentes porque, por una parte, les permite acceder a contenidos peligrosos y, por otra, facilita la exhibición y rápida difusión de imágenes y contenidos de su vida personal e íntima, especialmente en redes sociales"*. También describió la técnica denominada *grooming*, acoso y abuso sexual en la red, que consiste en establecer lazos de amistad con un menor de edad por parte de un adulto, que se hace pasar por alguien más joven, para intercambiar fotos y vídeos de contenido sexual y derivar, en el peor de los casos, en un encuentro real con la víctima. La moción fue aprobada, para que el Gobierno, en un plazo de dos meses, remitiese a las Cortes Generales un proyecto de ley para la introducción de la figura en nuestro ordenamiento jurídico.

---

883 Diario de Sesiones, Senado, IX Legislatura, 23 de marzo de 2011.

Sin embargo, no fue hasta el año 2015, con la reforma de la LECrim efectuada por la ya citada LO 13/2015, de 5 de octubre, cuando se reguló el agente encubierto informático, mediante la incorporación de los apartados 6 y 7 al art. 282.bis de la LECrim. Dicha medida de investigación tecnológica surge como instrumento para combatir los delitos que se pueden cometer a través de internet en canales cerrados de comunicación. Como refiere Manuel Marche Gómez, *"los avances científicos ligados a las nuevas formas de comunicación telemática ponen al alcance del delincuente una metodología hasta ahora inimaginable para obtener ventajas en la ansiada impunidad del delito. Ante esta realidad el Estado no tiene otra alternativa que luchar contra los nuevos fenómenos delictivos sin descartar la utilización de armas de intenso poder de injerencia en la vida privada de los ciudadanos'*[884].

D) EL AGENTE ENCUBIERTO FÍSICO

1. Requisitos

1.1 Objetivos

1.1.1. La delincuencia organizada

El art. 282 bis.1 de la LECrim condiciona la utilización del agente encubierto a que la investigación policial se proyecte sobre "*actividades propias de la delincuencia organizada*". El primer inciso del apartado cuarto del precepto establece que "*a los efectos señalados en el apartado 1 de este artículo, se considerará como delincuencia organizada la asociación de tres o más personas*

884 MARCHENA GÓMEZ, MANUEL/GONZÁLEZ-CUÉLLAR SERRANO, NICOLÁS, "*La reforma...*", *cit.*, p. 175.

para realizar, de forma permanente o reiterada, conductas que tengan como fin cometer alguno o algunos de los delitos siguientes (…)". Por su parte, el párrafo segundo del art. 570 bis del CP define la organización criminal como "*la agrupación formada por más de dos personas con carácter estable o por tiempo indefinido, que de manera concertada y coordinada se repartan diversas tareas o funciones con el fin de cometer delitos*". El párrafo segundo art. 570, ter califica como grupo criminal "*la unión de más de dos personas que, sin reunir alguna o algunas de las características de la organización criminal definida en el artículo anterior, tenga por finalidad o por objeto la perpetración concertada de delitos*". Como en el próximo epígrafe se examinará, para la actuación del agente encubierto no basta que el delito se enmarque en el fenómeno de la delincuencia organizada, pues se requiere que se trate de tipos penales específicos.

Si bien la organización o el grupo criminal supone la participación de, al menos, tres personas, puede solicitarse la autorización judicial para la infiltración aunque únicamente se conozcan una o dos personas implicadas en los hechos objeto de investigación, cuando existen indicios de necesaria participación de más personas en los hechos delictivos. Así lo afirma la STS 2331/2021, según la cual *"que el agente solo conociese a dos personas y solo interactuase con una no significa que no pudiera existir una organización; es más: contaba con datos que permitían llegar a la estimación contraria. Desde luego, aludir a una red preparada para el envío reiterado y sucesivo de droga a través del aeropuerto de Madrid desde Ecuador, es algo que ineludiblemente evoca una organización"*. En el mismo sentido, la STS 207/2020 asevera que *"hay actividades llevadas a cabo por grupos organizados en que la investigación alcanzará a detectar solo a uno de ellos. Uno de los objetivos de la investigación será justamente identificar otras personas implicadas (lo que puede lograrse o no); y/o confirmar que en efecto los indicios de que se está ante una estructura organizada se confirman. Pero obviamente cuando se investiga por contarse con datos indicativos de esa realidad, que necesitados de confirmación pues son provisionales, pueden utilizarse los métodos previstos en las leyes para esas pesquisas que, por resultar más dificultosas, requieren medios especiales (entre ellos, el uso de agentes encubiertos). Lo exigible es que exista base indiciaria valorada en un juicio ex ante de esa realidad. Es indiferente que luego se confirme o no".*

En definitiva, se podrá utilizar la figura del agente encubierto para la investigación de delitos en el seno de un grupo u organización criminal, aunque, en un primer momento, no se hayan identificado tres o más personas implicadas en la comisión de los hechos, si de los datos fácticos objetivos existentes se desprende que presumiblemente pertenecen a un grupo u organización criminal, con independencia de que, finalmente, se demuestre que existía grupo u organización o no[885].

La norma no contempla el fenómeno de los *lobos solitarios,* delincuentes que cometen delitos terroristas sin encontrarse integrados en un grupo u organización, pero cuya actuación criminal puede ser de extraordinaria gravedad. El individualismo de este tipo de criminales y el carácter repentino e inesperado de su comportamiento hace difícil que la actuación de un agente encubierto pudiera resultar eficaz. Pero, aunque en un caso concreto la actuación de un agente encubierto pudiera ser útil, el principio de legalidad, cuya estricta observancia deviene obligada por el impacto de la medida en el ámbito de los derechos fundamentales de los investigados, impide que la omisión legal pueda ser suplida mediante una aplicación analógica de la norma.

La Propuesta de Código Procesal Penal de 2013 superaba el problema mediante una definición más flexible del ámbito de actuación del agente encubierto, propiciando la infiltración ante los siguientes delitos:

a) terrorismo;

---

885 LAFONT NICUESA, LUIS, *"El agente…", cit.*, p. 97.

b) tráfico de drogas;

c) contra la Constitución, traición y relativos a la defensa nacional;

d) cometidos en el seno de una organización o grupo criminal.

1.1.2. Catálogo de delitos

El segundo de los requisitos objetivos consiste en la pertenencia del delito investigado a una lista cerrada que establece el art. 282 bis. 4 de la LECrim:

> "a) *Delitos de obtención, tráfico ilícito de órganos humanos y trasplante de los mismos, previstos en el Art. 156.bis del Código Penal; b) Delito de secuestro de personas previsto en los artículos 164 a 166 del Código Penal; c) Delito de trata de seres humanos previsto en el artículo 177 bis del Código Penal; d) Delitos relativos a la prostitución previstos en los artículos 187 a189 del Código Penal; e) Delitos contra el patrimonio y contra el orden socioeconómico previstos en los artículos 237, 243, 244, 248 y 301 del Código Penal; f) Delitos relativos a la propiedad intelectual e industrial previstos en los artículos 270 a277 del Código Penal; g) Delitos contra los derechos de los trabajadores previstos en los artículos 312 y 313 del Código Penal; h) Delitos contra los derechos de los ciudadanos extranjeros previstos en el artículo 318 bis del Código Penal; i) Delitos de tráfico de especies de flora o fauna amenazada previstos en los artículos 332 y 334 del Código Penal; j) Delito de tráfico de material nuclear y radiactivo previsto en el artículo 345 del Código Penal; k) Delitos contra la salud pública previstos en los artículos 368 a 373 del Código Penal);* l) *Delitos de falsificación de moneda, previsto en el artículo 386 del Código Penal, y de falsificación de tarjetas de crédito o débito o cheques de viaje, previsto en el artículo 399 bis del Código Penal; m) Delito de tráfico y depósito de armas, municiones o explosivos previsto en los artículos 566 a 568 del Código Penal; n) Delitos de terrorismo previstos en los artículos 572 a 578 del Código Penal y o) Delitos contra el patrimonio histórico previstos en el artículo 2.1.e de la LO 12/1995, de 12 de diciembre, de represión del contrabando".*

El catálogo de delitos es cerrado, por lo que la investigación de ningún otro hecho punible puede ser efectuada a través de agentes encubiertos, restricción que ha sido criticada doctrinalmente, al proponerse la inclusión de otros delitos graves[886]. Pero, con independencia de los tipos penales en concreto establecidos en el catálogo, conviene recordar nuevamente que la técnica de investigación de la que nos ocupamos supone una grave injerencia en el ámbito de los derechos fundamentales, por lo que queda sometida a las exigencias del principio de proporcionalidad, entre ellas la legalidad y la idoneidad de la medida, cuyo ámbito objetivo de aplicación debe quedar estrictamente definido.

1.1.3. La restricción del ámbito objetivo en el Anteproyecto de LECrim de 2020

El agente encubierto físico se prevé en el Anteproyecto de LECrim de 2020 para la obtención de datos y pruebas sobre delitos vinculados con el crimen organizado en supuestos de especial gravedad o complejidad[887], de un modo muy similar al Anteproyecto de 2011, salvo en puntos concretos. Se destina la medida en el texto prelegislativo a la investigación de organizaciones dedicadas a la comisión de delitos graves y menos graves, si se da alguna de las circunstancias previstas por el art. 270 bis.2 del Código Penal. Se excluyen las organizaciones dedicadas a la comisión reiterada de delitos leves y los grupos criminales, con la salvedad del terrorismo (art. 500. 1 a 3).

Se trata de una restricción respecto al ámbito actual que resulta criticable, por la dificultad de distinción *ab initio* de la investigación entre grupo y organización criminal y por la

---

886 LAFONT NICUESA, LUIS, *"El agente..."*, *cit.*, p. 85

887 Exposición de Motivos del Anteproyecto de Ley de Enjuiciamiento Criminal de 2020, p. 55.

potencialidad lesiva de los grupos criminales y también de las organizaciones criminales dedicadas a la comisión de delitos leves, además de que, en la práctica, será difícil encontrar organizaciones de tal tipo que no hayan creado mecanismos de blanqueo de los bienes obtenidos ilícitamente -lo que ya supone la comisión de un delito grave-.

El objeto de la investigación consistirá en la constitución, promoción, coordinación, dirección o pertenencia activa a una organización criminal y no las actuaciones delictivas singulares de la organización, que sólo podrán ser investigadas con autorización judicial expresa e individualizada para cada uno de ellos (art. 500. 4), en una fragmentación sobre la realidad que la norma está llamada a operar cuya utilidad deviene de difícil comprensión y que, en la práctica, presentaría no pocos problemas, derivados de la inescindibilidad de los hechos en su esclarecimiento, que resultará muy complicado, por no decir imposible, efectuar por compartimentos estancos.

1.2 Subjetivos

1.2.1. Pertenencia a la Policía Judicial

El primer requisito subjetivo que se exige es que el agente encubierto sea un funcionario de la Policía Judicial, entendida en sentido estricto y no en el amplio del art. 283 de la LECrim.

Conforme al art. 29 de la Ley Orgánica 2/1986, de 13 de marzo, de Fuerzas y Cuerpos de Seguridad ejercerán las funciones de Policía Judicial las Fuerzas y Cuerpos de Seguridad del Estado, es decir, la Policía Nacional y la Guardia Civil. Los miembros de la Policía de las Comunidades Autónomas y de las Corporaciones Locales solo tienen funciones de colaboración, salvo las de las Comunidades Autónomas que tengan transferidas las competencias en materia de policía judicial en sus respectivos Estatutos de Autonomía: es el caso del País Vasco y Cataluña[888].

La infiltración por parte de particulares, como sucedió en el famoso caso del *padre Coraje*[889], no está contemplada. El ALECRIM 2020 -como ya hiciera su homónimo de 2011- establece expresamente que los particulares no podrán actuar como infiltrados y, de forma innecesaria, añade que ni los confidentes ni los arrepentidos tendrán la consideración de agentes encubiertos (art. 501).

En otros países, como Colombia, Perú o Bolivia, se permite, con el cumplimiento de ciertos requisitos que garanticen su protección, la infiltración de civiles[890]. Destaca el caso de Bolivia, país en el que un Equipo Técnico, formado en la Oficina de las Naciones Unidas contra la Droga y el Delito en Bolivia, por funcionarios del Ministerio Público y de la Policía Bolivariana, en el marco del Programa de Asistencia Legal para América Latina y el Caribe, ha elaborado un Manual de Técnicas Espe-

---

888 En virtud del art. 23 del Decreto Legislativo 1/2020, de 22 de julio, por el que se aprueba el texto refundido de la Ley de Policía del País Vasco, *"las personas que integran la Policía del País Vasco respetarán la autoridad de los Tribunales, y, en el desempeño de su función como Policía Judicial, estarán al servicio y bajo la dependencia de la Administración de Justicia, en los términos que dispongan las leyes"*. Asimismo, conforme a la Ley 10/1994, de 11 de julio, de la Policía de la Generalidad, "el cuerpo de Mossos d'Esquadra actuará en funciones de policía judicial en los términos establecidos por el art. 13.5 del Estatuto de Cataluña", el cual, a su vez, dispone que *"la Policía Judicial y Cuerpos que actúen en esta función dependerán de los jueces, de los Tribunales y del Ministerio Fiscal en las funciones de averiguación del delito y descubrimiento y aseguramiento del delincuente"*.

889 Francisco Holgado, quien simuló ser toxicómano e investigó la muerte de su hijo en el atraco de una gasolinera y cuya historia fue llevada a una miniserie de televisión por Atresmedia.

890 LAFONT LICUESA, LUIS, *"El agente…", cit.*, loc. cit.

ciales de Investigación, Agente Encubierto y Entrega Vigilada. En el texto, además de regularse el proceso para la selección del agente encubierto, su autorización y el procedimiento a seguir, se incluyen los requisitos que debería seguir un particular en el supuesto de infiltrarse en una operación encubierta. Se trata de una técnica, ciertamente arriesgada, prevista para su utilización de forma subsidiaria y solamente cuando no funcione otro medio para la obtención de pruebas.

El referido Manual, en su *Recomendación 27,* establece los requisitos de la colaboración de los particulares:

i. prestación del debido consentimiento para la infiltración;

ii. concurrencia de circunstancias excepcionales, porque no se cuente con agentes policiales o puedan emplearse medidas de investigación;

iii. supervisión y dirección por los funcionarios responsables;

iv. adopción de previsiones especiales sobre la responsabilidad penal y civil derivada de la actuación del particular dentro de la operación;

v. restricción del tipo de actividad en que puede participar el agente; y

vi. previsión de las normas adecuadas para la realización de manera efectiva de la presentación de informes, vigilancia, seguridad y rendición de cuentas[891].

En España, la regulación de la posibilidad de la infiltración por particulares no se plantea como opción. Existe consenso

---

891 Manual de Técnicas Especiales de Investigación Agente Encubierto y Entrega Vigilada publicado en www.undog.org.

en que los civiles deben ser alejados de los riesgos que supone la infiltración[892].

En el caso de la Policía Nacional, el funcionario de la Policía Judicial actuante como infiltrado generalmente está adscrito a la Unidad de Agentes Encubiertos, que puede pertenecer a distintas Unidades Especializadas.

Por un lado, a la Unidad Central de Droga y Crimen Organizado (UDYCO) de la Comisaría General de la Policía Judicial, que es la Unidad encargada de dirigir y supervisar la mayor parte de las infiltraciones policiales que realiza el cuerpo de Policía Nacional[893]. Por otro lado, los policías infiltrados también pueden formar parte de la Unidad de Delincuencia Especializada y Violenta (UDEV), que se encarga de investigar y perseguir delitos relacionados con el patrimonio, el consumo y el medio ambiente, propiedad intelectual e industrial; de la Unidad Central de Inteligencia Criminal (UCIC), que trata de realizar una captación y análisis de la criminalidad, así como el desarrollo de las operaciones estratégicas; o de la Unidad Central de Delincuencia Económica y Fiscal (UDEF), dentro de la cual se encuentran la Brigada Central de Investigación de Blanqueo de Capitales y Anticorrupción y la Brigada Central de Inteligencia Financiera[894]. Las referidas Brigadas serían las únicas que intervendrían en las infiltraciones policiales encubiertas, dentro de la UDEF. Quedaría excluía, por tanto, la Brigada Central de Delincuencia Económica y Fiscal, debido a que los delitos contra la Hacienda Pública y la Seguridad Social no se incluyen en la lista tasada que la ley establece.

---

892 ZAFRA ESPINOSA DE LOS MONTEROS, ROCÍO, *op. cit.*, p. 233

893 *Vide* https://www.policia.es/_es/tupolicia_conocenos_estructura_dao_cgpoliciajudicial.php/.

894 *Vide* www.policia.es/_es/tupolicia_conocenos_estructura_dao_cgpoliciajudicial.php/.

A la División de Cooperación Internacional[895] compete la colaboración y coordinación de la Policía Nacional con las policías de los diferentes países, en el marco de la UE y otras organizaciones internacionales, así como su participación y apoyo en diferentes misiones policiales en las que, además, la policía española puede colaborar y prestar servicio en el extranjero[896].

En la Guardia Civil, la Unidad de Agentes Encubiertos pertenece a la Unidad Central Operativa (UCO), concretamente al Departamento Contra el Narcotráfico y Blanqueo[897].

En el ámbito internacional, ante la sospecha de la comisión de cualquier delito, que se enmarque en el ámbito de la criminalidad organizada y afecte a varios Estados, las agencias policiales extranjeras pueden enviar un agente policial encubierto o solicitar a España su designación.

Notorio es el ejemplo de cooperación internacional entre la Agencia Antidrogas de EEUU *-Drug Enforcement Administration,* DEA- y la UDYCO de la Policía Nacional española y/o la UCO de la Guardia Civil, que ha ayudado a la resolución de varios casos sobre tráfico de drogas en los últimos años mediante la utilización de agentes encubiertos. En realidad, no sólo destaca su colaboración con España, sino que la DEA posee infiltrados por todo el mundo.

También es de especial interés la colaboración policial que tuvo lugar en la *Operación Turia,* en la que se desarticuló una banda criminal que introducía toneladas de cocaína a Europa desde diferentes puertos españoles. La cooperación policial in-

---

[895] Art. 6 del RD 400/2012, de 17 de febrero, por el que se desarrolla la estructura orgánica básica del Ministerio del Interior.

[896] *Vide* https://www.policia.es/_es/tupolicia_conocenos_estructura_cooperacioninternacional.php/

[897] *Vide* https://www.guardiacivil.es/es/institucional/actividadesInstitucionales/actos/09_08.html/.

ternacional, que se realizó en España bajo la dirección del Juzgado Central nº1 de la Audiencia Nacional, se produjo entre la UCO, Europol, la DEA, la Policía Federal de Brasil y la Policía Federal de Bélgica[898]. Dicha operación policial internacional, una de las más importantes realizadas en nuestro país, tuvo un gran éxito gracias a la actuación de agentes encubiertos, tanto miembros de la guardia civil española que se infiltraron en Brasil como agentes brasileños y de Europol que actuaron en España. Para la operación policial fue de vital importancia la intervención de los agentes encubiertos, que llegaron a convertirse en las personas en las que más confiaban los jefes de la organización[899].

Otro ejemplo de cooperación internacional se contiene en la reciente STS 3103/2022, de 21 de julio, que desestima el recurso de casación interpuesto por tres narcotraficantes de nacionalidad española y albanesa que traían cocaína procedente de Colombia para distribuirla y venderla en España. Miembros de la Brigada de Estupefacientes, pertenecientes a la UDYCO, de la Policía Nacional, ante el aviso de la DEA de la introducción de una ingente cantidad de cocaína en España para su posterior distribución, deciden cooperar e infiltrarse en la operación en curso. En ella participan cuatro agentes encubiertos, dos que efectivamente se infiltran en la organización criminal y dos que actúan como intermediarios para transportar la droga, que llega a España desde Colombia, hasta su efectiva entrega, que se realiza de manera controlada, a los miembros de la organización que traficaban en España. Los dos policías intermediarios fingen la venta de 790 kilos de cocaína y, pocos minutos

---

898 *Vide* https://www.guardiacivil.es/es/prensa/noticias/8129.html/.

899 ABASCAL JUNQUERA, ALEJANDRO, Conferencia impartida sobre "*El papel del juez en el Estado de Derecho*", el 26 de octubre de 2022, en la Facultad de Ciencias Jurídicas y Sociales de la UCLM, Campus de Toledo.

después, la furgoneta donde se encuentran los delincuentes es interceptada por la policía, la cual procede a su registro, en el que se encuentra la referida cantidad de droga. El TS descarta la existencia de un delito provocado por parte de la policía, al considerar que existía actividad delictiva preexistente.

1.2.2. Voluntariedad

Otro de los requisitos subjetivos es que la infiltración se realice de manera voluntaria. La LECrim establece que los miembros de la policía judicial no pueden ser obligados a actuar como agentes encubiertos, debido a que se trata de un tipo de operacion que supone un riesgo considerable para la vida y la integridad de los infiltrados.

1.3. Formales

1.3.1. Solicitud de infiltración

Los miembros de la Policía Judicial, en relación con la labor de investigación y averiguación del delito que les confiere el art. 282 de la LECrim, podrán mantener contactos previos con los investigados ante la sospecha de que se están cometiendo delitos propios de la criminalidad organizada y practicar las diligencias necesarias para comprobarlos. Ante la necesidad de utilizar la medida de investigación del agente encubierto, son los encargados de solicitar la debida autorización para la infiltración.

El contenido de la petición de infiltración no se concreta legalmente, pero resulta determinado por la jurisprudencia. Debe incluir tanto la identidad de las personas investigadas y su vinculación con la organización criminal, como los datos objetivos de los que se desprende que se han cometido los hechos delictivos investigados. No será necesario reflejar ni la identidad del confidente, en caso de existir, ni el contenido de las conversaciones previas con el investigado, si se han producido[900]. Antes de que el Juez de Instrucción o el Ministerio Fiscal autorice a que un miembro de la Policía Judicial pueda infiltrarse dentro de una organización criminal, con los peligros y riesgos que ello conlleva y con la injerencia que ello supone sobre los derechos fundamentales de los investigados, la Policía Judicial debe hacer acopio de las informaciones y los elementos de acreditación disponibles sobre el hecho punible que justifiquen la medida[901].

En cumplimiento del *principio de especialidad*, se requiere que existan sospechas fundadas sobre hechos punibles en concreto y no meras suposiciones o conjeturas. Tal y como afirma la STC 261/2005, de 24 de octubre, *"los datos objetivos han de serlo en un doble sentido: en primer lugar, en el de ser accesibles a terceros, sin lo que no serían susceptibles de control y, en segundo lugar, en el de que han de proporcionar una base real de la que pueda inferirse que se ha cometido o que se va a cometer el delito, sin que pueda consistir en valoraciones acerca de la persona. Este es el criterio del Tribunal Europeo de Derechos Humanos cuando en diversas resoluciones exige la concurrencia de <<buenas razones o fuertes presunciones>> de que las infracciones están a punto de cometerse (STEDH, de 6 de septiembre de 1978, caso Klass, y de 5 de junio de 1992, caso Lüdi)".*

Además, la medida ha de ser necesaria, por no existir otra medida alternativas menos gravosa para los derechos de los interesados que se verán afectados suficientemente eficaces a los fines de la investigación. Así lo exige expresamente el ALECRIM 2020 en su art. 500. 5[902].

---

900 LAFONT NICUESA, LUIS, *"El agente…", cit.*, pp. 119 a 121.

901 GASCÓN INCHAUSTI, FERNANDO, *op. cit.*, p. 208.

902 Conforme al art. 502 del ALECRIM 2020, la solicitud ya no se presentará por la Policía Judicial, sino por el Ministerio Fiscal, que la dirigirá al Juez de Garantías. La solicitud deberá contener la iden-

1.3.2. Autorización judicial

En virtud del art. 282. bis de la LECrim, la autorización para la infiltración del agente encubierto la debe otorgar el Juez de Instrucción competente o el Ministerio Fiscal, dando cuenta inmediata al Juez, el cual -aunque el precepto no lo indique expresamente- podrá rechazar la medida si entiende que no resulta procedente, lo que se debe a su papel de garante de los derechos fundamentales de los investigados. La atribución del poder de otorgar la autorización a la Fiscalía debe entenderse otorgada para supuestos de urgencia (difíciles de imaginar en la práctica). Para evitar dudas al respecto en la práctica, hubiera sido preferible que el precepto exigiera una ratificación judicial expresa de la decisión de la Fiscalía. Tanto los ALECRIM 2011 y 220 como la PCPP 2013 requieren autorización judicial expresa para la actuación del agente encubierto.

La resolución, por su impacto en el ámbito de los derechos fundamentales, debe estar suficientemente motivada, conforme a las exigencias derivadas del principio de proporcionalidad. Además, se deberá consignar la identidad real del agente policial y la identidad supuesta con la que actuará en la infiltración policial. La resolución se mantendrá reservada y deberá conservarse fuera de las actuaciones con la debida seguridad. Por último, el mismo precepto añade que la información que vaya obteniendo el agente encubierto deberá ser puesta a la mayor brevedad posible en conocimiento de quien autorizó la medida. Asimismo, dicha información deberá incorporarse al proceso íntegramente.

---

tificación de la o las personas que se pretenden investigar y su vinculación con la organización criminal. También se deberá justificar que la investigación no puede llevarse a cabo de otra forma que no sea mediante la infiltración policial.

Sin perjuicio de la potestad atribuida a la Fiscalía, la autorización judicial para la infiltración es un requisito esencial para la posibilidad de utilización de las informaciones y pruebas obtenidas durante la investigación en un proceso penal posterior. Su fundamento se encuentra en la injerencia que la medida implica para los derechos fundamentales afectados, que ya tuvimos ocasión de indicar, cuya restricción se basa en el carácter engañoso de la actuación policial. Además, la autorización implica que el agente encubierto pueda llevar a cabo ciertas actuaciones delictivas y quedar exonerado de las responsabilidades que en otro caso se generarían, efecto de la medida que posteriormente se examinará.

Como expresamente se establece en el art. 508 ALECRIM 2020 (siguiendo la disposición que contenía el art. 414 del ALECRIM 2011), las informaciones obtenidas por el agente encubierto podrán ser utilizadas en otro proceso posterior, si el Juez competente para la nueva investigación lo autoriza y si resultan necesarias para el esclarecimiento de un delito respecto al cual podría haberse acordado la diligencia, exigencias que se desprenden del principio constitucional de proporcionalidad.

En cuanto al contenido de la autorización, aunque no viene reflejado en el art. 282. bis de la LECrim, deberá contener al menos: i) la identificación del investigado o investigados que son objeto de la investigación; ii) los delitos que presuntamente ha cometido y su vinculación con la organización criminal; iii) el plazo para la infiltración; iv) la identidad real y supuesta del agente policial que se va a infiltrar en la organización; y v) las actividades que se le permite realizar al agente encubierto[903].

---

903 GASCÓN INCHAUSTI, FERNANDO, *op. cit.*, pp. 208 y 209.

El art. 503.1 del ALECRIM 2020 regula el contenido de la autorización judicial, que incluiría:

> *"a) Los indicios de los que se deriva la existencia de una organización criminal de las que permiten utilizar este medio de investigación.*
> *b) La identificación de la persona o personas que estén siendo investigadas y los indicios de su pertenencia o colaboración con dicha organización.*
> *c) Los motivos por los que la utilización del agente encubierto resulta imprescindible para el logro de los fines establecidos en esta ley.*
> *d) La información o informaciones que se pretenden obtener a través de la actuación del agente y su relevancia para la investigación del hecho delictivo investigado.*
> *e) La autorización al agente encubierto para que utilice una identidad supuesta.*
> *f) La duración de la medida, que no podrá exceder de seis meses, prorrogables por plazos de igual duración"*[904].

Cuando la intervención del agente encubierto vaya a suponer una limitación de derechos fundamentales, más allá de la afección que se desprende del carácter engañoso de su actuación, por ejemplo, mediante una entrada domiciliaria clandestina, una interceptación de comunicaciones en las que el agente no participe o la colocación de un dispositivo de localización o seguimiento, se necesita autorización judicial específica para su práctica (art. 283 bis.3 de la LECrim).

Mediante la LO 13/2015, de 5 de octubre, se añadió un apartado séptimo en el art. 282 bis, (de contenido idéntico al art. 323 de la PCPP 2013), que prevé la posible autorización judicial de la grabación de imágenes y sonidos en los encuentros previstos entre el agente y el investigado, aun cuando se desarrollen en el interior de un domicilio. La norma deja claro que, sin tal autorización, el agente encubierto podrá conver-

---

904 El art. 409 del ALECRIM 2011 tenía un contenido casi idéntico.

sar con el investigado o acompañarle en su domicilio, pero no efectuar grabaciones de la conversación o en el interior del domicilio.

1.4. Plazo

La infiltración se autoriza en el art. 282 bis de la LECrim por un plazo de seis meses, susceptible de prórrogas por iguales periodos, sin que la ley establezca límite alguno para las mismas. No obstante, las posibles prorrogas quedan sometidas al principio de proporcionalidad, que, en relación con su duración, reclama el mantenimiento de la idoneidad de la medida y de la preponderancia del interés público de persecución penal en el caso concreto.

2. La identidad ficticia

Una vez que se ha concedido la autorización, el Ministerio del Interior otorgará una identidad ficticia al agente infiltrado, para garantizar tanto su protección como el éxito de la operación, válida hasta que finalice la infiltración y que el agente policial podrá utilizar para operar en el tráfico jurídico y social (art. 282.bis.1 de la LECrim).

La identidad ficticia supone identidad completa, que simula una vida pasada y presente supuesta de la persona infiltrada. El agente encubierto deberá actuar de acuerdo con la profesión y cualidades de esa vida ficticia. Para ello, se le proporcionará documentos de identidad nuevos y todo lo necesario para que desarrolle su personalidad fingida[905].

---

905 ZAFRA ESPINOSA DE LOS MONTEROS, ROCÍO, *op. cit.*, pp. 70 a 72.

Conforme al art. 682 bis.2 de la LECrim, los agentes encubiertos podrán mantener la identidad falsa cuando testifiquen en el proceso que pudiera derivarse de los hechos en que hubieran intervenido, siempre que así se acuerde por resolución judicial motivada, con independencia de la posible aplicación de las medidas de protección de testigos establecidas por la LO 19/1994, de 23 de diciembre. El ALECRIM 2011 optaba por mantener la misma regulación. Por su parte, el ALECRIM 2020, en su art. 507, contempla la posibilidad de declaración testifical del agente bajo la identidad ficticia como regla general del régimen de infiltración que no precisa de autorización judicial específica al respecto. En este punto, tanto la norma vigente, como con mayor motivo la propuesta de reforma, suponen, a nuestro juicio, una clara violación del carácter equitativo y de la transparencia del proceso judicial, inadmisible en un proceso penal en el que deben regir los principios de contradicción, de igualdad de armas y de publicidad.

Un agente encubierto que declara no desde el anonimato, sino bajo la cobertura de una identidad falsa que conoce el tribunal y la Fiscalía, pero ignoran la defensa, las restantes partes y el público, provoca una situación que no supone una simple sustracción de información relevante a los sujetos del proceso y a la sociedad en su conjunto, como sucede en el caso de los testigos anónimos, sino una adulteración de la realidad que la distorsiona gravísimamente. Ello porque ni las partes ni el público conocen, siquiera, que la alteración de la verdad se ha producido. Sin necesidad de discutir aquí sobre la controvertida figura del testigo anónimo y sobre el valor de su testimonio, resulta conveniente recordar el recelo y la cautela con la que la jurisprudencia lo maneja, ante las limitaciones que impone a la defensa en el debate procesal sobre la prueba[906]. Dichas

---

906 Al respecto nos remitimos al tratamiento de la cuestión en MARCHENA GÓMEZ, MANUEL/MARCHENA PEREA, MANUEL, *op.*

limitaciones se multiplican exponencialmente, hasta hacerlas inasumibles en un proceso penal con todas las garantías, con el agente encubierto que, tras engañar a los investigados, burla también a sus defensas y a la sociedad, en el momento de realización de una justicia que renuncia a ser equitativa y transparente, en casos excepcionales y con autorización judicial individualizada en el momento presente y como de forma generalizada sucedería en supuestos de intervención de agentes encubiertos en un futuro, si se aceptara la autoritaria propuesta al respecto del ALECRIM 2020.

Plenamente garantista, por las consideraciones expuestas, resultan las disposiciones contenidas en la PCPP 2013, que, en su art. 410, establece la necesaria revelación de la condición de funcionario público del agente, su número de identificación y su unidad en caso de que fuera propuesto como testigo como prueba anticipada o para el juicio.

En otro orden de consideraciones, conviene advertir también que no toda posible identidad ficticia podrá ser utilizada en las operaciones de infiltración. Sería inadmisible que el agente encubierto se hiciera pasar por un profesional sometido a la obligación de mantener secreto profesional, como un abogado o un psiquiatra. En tal caso, habría de prevalecer la protección de la expectativa del investigado a la reserva sobre la información que pudiera proporcionar al profesional, en aras a la salvaguarda de los derechos fundamentales tutelados, que en el caso del abogado son el derecho de defensa y sus derechos instrumentales a no declarar contra sí mismo y a la asistencia letrada, así como el derecho a la intimidad y a mantener ámbitos reservados de información[907].

---

cit., pp. 647 y ss.

907 En palabras de NICOLÁS GONZÁLEZ-CUÉLLAR SERRANO, *"el secreto profesional del abogado consiste en la garantía de confidencialidad que se proyecta sobre las informaciones reservadas comunicadas a un letrado que*

E) AGENTE ENCUBIERTO INFORMÁTICO

1. Origen

En España, al igual que en todo el mundo, el problema sobre la ciberdelincuencia se ha agravado de manera exponencial en los últimos años. Según el *IX Informe sobre Cibercriminalidad,* elaborado por la Oficina de Coordinación de Ciberseguridad (OCC) y el Sistema Estadístico de Criminalidad (SEC), correspondiente a los datos sobre delitos informáticos registrados por las Fuerzas y Cuerpos de Seguridad del Estado, se han detectado 305.477 ciberdelitos en el año 2021 frente a los 117.399 que se registraron en 2017. Entre ellos destacan los ciberdelitos sobre acceso e interceptación ilícita, amenazas y coacciones, delitos contra el honor, contra la propiedad intelectual e industrial, delitos sexuales, falsificación informática, fraude informático e interferencia en datos y sistemas[908].

Como medida de investigación tecnológica que surge para luchar contra la ciberdelincuencia, destaca el agente encubierto informático, que es el miembro de la Policía Judicial

---

se proyecta sobre las informaciones reservadas comunicadas a un letrado por su cliente y las obtenidas por el mismo relativas a su cliente en el ejercicio de su actividad profesional. Para el cliente la garantía es un derecho. Para el abogado el mantenimiento del secreto también constituye un derecho y simultáneamente también es una obligación, cuyo incumplimiento genera responsabilidad civil, disciplinaria y penal", en GONZÁLEZ-CUÉLLAR SERRNO, NICOLÁS, "El secreto profesional del abogado", en VVAA, "*Problemas actuales de la justicia penal. Secreto profesional, cooperación jurídica internacional, víctimas de delitos, criminalidad organizada, personas jurídicas, eficacia y licitud de la prueba, prueba y derechos fundamentales",* Ed. Colex, Madrid, 2013, pp. 9 a 15.

908 Informe sobre la cibercriminalidad en España en 2021, en www.interior.gob.es/opencms/pdf/prensa/balances-e-informes/2021/Informe-Cibercriminalidad-2021.pdf, p 43.

que se infiltra en canales cerrados de comunicación, con autorización judicial, para prevenir, detectar e investigar los delitos cometidos en la red. Al igual que al agente encubierto físico, se le exime de responsabilidad criminal por los delitos cometidos como medio de ejecución de la operación encubierta, con los mismos límites que prevé la ley para el agente encubierto convencional.

Obviamente, para navegar por los canales abiertos y públicos de comunicación no es necesaria una autorización judicial previa y cualquier miembro de la Policía Judicial, en su labor de vigilancia, prevención y persecución del delito, puede realizar búsquedas o rastreos policiales en la red ocultando su identidad. Es el caso de los llamados *ciberpatrulladores,* que se incluirían en un primer nivel de infiltración policial totalmente superficial y válida en nuestro ordenamiento jurídico[909]. El ejemplo más claro es el rastreo que se realiza para detectar posibles delitos de pornografía infantil. Para ello, destaca la utilización de *metabuscadores,* que analizan fotos, vídeos y palabras claves y localizan archivos con posible contenido pedófilo en canales que no se encuentran protegidos por el derecho al secreto de las comunicaciones.

Ya desde el año 2011, se utiliza una técnica policial de *ciberpatrullaje* denominada *Gnuwatch* -vigilante-, considerada una herramienta forense de la Policía Nacional, que rastrea miles de conexiones al día y localiza dónde se esconden los pedófilos. La referida técnica, desarrollada en EEUU por la División de Investigación Criminal de Wyoming, cuenta con un registro de miles de archivos de contenido pedófilo de extrema grave-

---

909 ZARAGOZA TEJADA, JAVIER IGNACIO, "La modificación operada por la Ley 13/2015. El agente encubierto informático", en "*Curso de Formación Continua de Fiscales*", Centro de Estudios Jurídicos del Ministerio de Justicia, Madrid, 2016, p.7.

dad y rastrea e identifica a las personas que intercambian ese tipo de material pornográfico[910].

Desde entonces y hasta la actualidad, el software *Gnuwatch,* ha logrado identificar a un gran número de pedófilos. Se intenta averiguar, de esa manera, el IP de origen para localizar y detener a los presuntos delincuentes. Otra de las novedades de este software es que rastrea la ciudad de origen donde se han descargado los archivos, facilitando a la policía la averiguación del delito. Asimismo, *Gnuwatch* no sólo busca nombres de archivos de los que se pueda deducir el contenido pedófilo, sino que también rastrea el *hash*[911] de cada uno, es decir, el número de serie único de cada foto o vídeo que circula en internet[912]. Dicho tipo de investigación no requiere autorización judicial, ya que el material con contenido pedófilo se encuentra en foros públicos y/o abiertos de internet y redes P2P[913].

Mediante tales operativas, la Policía Judicial desarrolla su labor de vigilancia, prevención y persecución del delito que

---

910 www.ccn-cert.cni.es/gl/gestion-de-incidentes/lucia/23-noticias/911-gnuwatch-la-nueva-herramienta-forense-de-la-policia-nacional-ha-permitido-detener-a-10-pedofilos.html/; www.computerworld.es/economia-digital/gnuwatch-clave-en-las-operaciones-contra-la-pornografia-infantil/.

911 En concreto, el código *hash* es "una sucesión alfanumérica (letras y números) de longitud fija, que identifica o representa a un conjunto de datos determinados *(por ejemplo, un documento, una foto, un vídeo, etc.).,* https://blog.signaturit.com/es/que-es-un-hash/.

912 Agencia EFE, La Razón: "Nueva arma policial: Un GPS para buscar pedófilos., *https://www.larazon.es/historico/6205-nueva-arma-policial-un-gps-para-buscar-pedofilos-ILLA_RAZON_363956/.*

913 Sistemas *peer to peer,* que son *"aquellos programas que permiten conectarse entre sí a usuarios y compartir archivos entre ellos sin necesidad de descargarse ningún software que conecte su ordenador con el resto de las personas -conexión entre iguales-"*. Ejemplo de ello serían los programas BitTorrent, Emule o Skype.

le confiere el art. 282 de la LECrim y ello no supone una injerencia en los derechos fundamentales de los usuarios de internet[914]. Cosa distinta es que su actuación se realice en canales cerrados de comunicación, de los que quedan excluidos terceros y cuya inspección requiere autorización judicial. Por ello, se reclamaba ya desde 2011 la regulación de la figura del agente encubierto virtual, para que los agentes pudieran acceder válidamente a las comunicaciones canalizadas a través de circuitos reservados y, también, dado que la presencia en dichos canales exige la comisión de hechos punibles, para evitar que los miembros de la Policía Judicial incurrieran en responsabilidad por suministrar a los investigados material prohibido, como son los archivos con contenido pedófilo.

2. Requisitos

2.1. Objetivo: ámbito

El art. 282 bis. 6 de la LECrim define el ámbito de actuación del agente encubierto con remisión a los delitos establecidos en el apartado cuarto del mismo precepto, para los que se autoriza la intervención de agentes encubiertos presenciales, y a los previstos en el art. 588 ter a), que a su vez se remite al art. 579.1 y añade los delitos cometidos a través de instrumentos informáticos o de cualquier otra tecnología de la información o la comunicación o servicio de comunicación. Los delitos referidos en el art. 579.1 son:

1.° delitos dolosos castigados con pena con límite máximo de, al menos, tres años de prisión;

---

914 ZARAGOZA TEJADA, JAVIER IGNACIO, "La modificación…", *cit.*, p 10.

2.º delitos cometidos en el seno de un grupo u organización criminal;

3.º delitos de terrorismo.

Así pues, los delitos que se pueden investigar a través del agente encubierto informático no se requiere que se sitúen en el campo de la criminalidad organizada, a diferencia de la exigencia legalmente establecida para la infiltración presencial. Frecuentemente, el agente encubierto informático en España se infiltra en la red para investigar posibles delitos de pornografía infantil o terrorismo yihadista que, en muchos casos, son cometidos por delincuentes que actúan aisladamente, como el mencionado *lobo solitario*[915].

Ahora bien, no todos los ciberdelitos pueden ser investigados por el agente encubierto virtual, al tratarse de una medida restrictiva de derechos fundamentales. Únicamente, podrá utilizarse en investigaciones particularmente complejas, en las que no existan otros medios alternativos de esclarecimiento del hecho. Como acertadamente afirma Alejandro Abascal Junquera, *"el agente encubierto informático es una medida que ingiere tanto en los derechos fundamentales que sólo se utiliza en los casos más extremos"*[916].

En la práctica, los delitos que más frecuentemente se investigan a través de agentes encubiertos informáticos son los delitos de pornografía infantil, *grooming* -acoso a menores de

---

[915] Interior crea "*el agente encubierto 2.0*" para combatir la impunidad en internet. https://www.lainformacion.com/espana/interior-crea-el-agente-encubierto-2-0-para-combatir-la-impunidad-en-internet_KEyAziUFIVXCNtRern0es2/.

[916] ABASCAL JUNQUERA, ALEJANDRO "EL papel del juez... ", *cit.*

edad-, ciberterrorismo, en concreto terrorismo yihadista, la trata de seres humanos y la estafa informática[917].

2.2. Subjetivos

2.2.1. Pertenencia a la Policía Judicial

También se requiere que se trate de miembro de la Policía Judicial (art. 282 bis.6.1º). Por el momento, los miembros de la Policía Judicial que se infiltran a través de internet no pertenecen a ninguna Unidad de Agentes Encubiertos Informáticos. Si el funcionario policial es un miembro de la Policía Nacional se encuadra, generalmente, en la Brigada Central de Investigación Tecnológica (BICIT), que es la unidad policial encargada de la investigación y persecución del ciberdelito, como los delitos de pornografía, estafas y fraudes por internet, fraudes en el uso de las nuevas tecnologías, ataques cibernéticos y/o piraterías.[918] En la Guardia Civil actúan como agentes encubiertos informáticos miembros del Grupo de Delitos Telemáticos (GDT) de la UCO, el cual, además de prevenir la comisión de delitos informáticos, ayudan a promover el uso seguro de las nuevas tecnologías[919].

---

917 LAFONT NICUESA, LUIS, *"El agente..."*, *cit.*, pp. 440 y 441. Y BUENO DE MATA, FEDERICO, "El agente encubierto en internet: mentiras virtuales paras alcanzar la justicia", en *"Los retos del Poder Judicial ante la sociedad globalizada"*, Agustín Pérez Cruz y Xulio Ferreiro Baamonde, dirs, Actas del IV Congreso Gallego de Derecho Procesal (Internacional) A Coruña, 2 y 3 de junio de 2011, Universidade da Coruña, 2012, p. 300.

918 *Vide* https://www.policia.es/_es/tupolicia_conocenos_estructura_dao_cgpoliciajudicial_bcit.php/

919 *Vide* https://www.gdt.guardiacivil.es/webgdt/la_unidad.php/

En cuanto a las cualidades de los agentes, habrán de poseer una alta capacitación informática, debido a la naturaleza de su misión.

Además, en la investigación de la pederastia le será necesaria una gran fuerza psicológica para afrontar el material delictivo que habrá de manejar[920]. Es tanta la carga psicológica que los agentes soportan en el referido contexto que, para una misma operación, se necesitan varios agentes encubiertos, que son sustituidos cada cierto tiempo. De hecho, intercambiar archivos y mantener conversaciones con pedófilos de manera continuada puede producir graves daños psicológicos en la persona del agente infiltrado[921].

Dicho problema puede verse solucionado con la utilización de un robot que actúe como agente infiltrado en la red. Además, el empleo de la Inteligencia Artificial para el desarrollo de la tarea también supone un ahorro de recursos. Aunque, en principio, la creación de un robot para actuar como agente encubierto pudiese parecer más costosa que la preparación de los policías, después de varias operaciones se amortizaría su fabricación[922].

Un ejemplo de investigación robótica se encuentra en la creación por parte de *Terres des Hommes*[923] de una niña virtual llamada *Sweetie* utilizada como reclamo en la detección de delitos sexuales contra menores. En concreto, *Sweetie* ha mantenido conversaciones, de índole sexual, a través de internet con

---

920 LAFONT NICUESA, LUIS, *"El agente..."*, *cit.*, p. 437

921 MARCHENA GÓMEZ, MANUEL, *"Inteligencia artificial..."*, *cit.*, p. 22

922 MARCHENA GÓMEZ, MANUEL, *"Inteligencia artificial..."*, *cit.* pp. 22 y 23

923 Una organización holandesa, sin ánimo de lucro, dedicada a proteger los derechos de los niños, las niñas y los jóvenes por todo el mundo igual que se defienden en la Convención sobre los Derechos del Niño. https://tdh-latam.org/tdh-quienes-somos/.

pederastas con el fin de averiguar su efectiva localización, lo que ha permitido identificar a más de veinte mil pederastas[924].

2.2.2. *Voluntariedad*

El segundo requisito subjetivo para la infiltración del agente encubierto informático es la voluntariedad, al igual que para el agente encubierto físico.

2.3. Formales

2.3.1. *Solicitud para la infiltración*

Para la investigación que deba realizarse en canales cerrados de comunicación, los miembros de la Policía Judicial deben solicitar al Juez de Instrucción competente autorización para infiltrarse bajo una identidad ficticia. Para ello, la policía habrá de contar con indicios suficientes sobre la comisión de algún delito que conforme a la norma justifique la medida, que no podrá ser prospectiva[925].

La solicitud para la infiltración del agente policial, cuyo contenido no se regula en el art. 282.bis de la LECrim, habrá de cumplir los requisitos que establece el art. 588 bis. b del mismo texto legal, pues contiene las exigencias propias de las injerencias estatales en el ámbito de los derechos fundamentales realizadas a través de medidas de investigación tecnológicas.

---

924 MARCHENA GÓMEZ, MANUEL, *"Inteligencia artificial… ", cit.*, p. 22

925 GONZÁLEZ GARCÍA, SAUL, "La prueba obtenida por el agente encubierto informático: un examen sobre su validez procesal y constitucional ", en VVAA, "*La Justicia Digital en España y La Unión Europea: situación actual y perspectivas de futuro*", Ed. Atelier, Barcelona, 2019, p. 255

Dichos requisitos son (excluyendo el que figura en el núm. 8º del precepto, carente de aplicación en la infiltración):

1.º la descripción del hecho objeto de investigación y la identidad del investigado o de cualquier otro afectado por la medida, siempre que tales datos resulten conocidos;

2.º la exposición detallada de las razones que justifiquen la necesidad de la medida de acuerdo a los principios rectores establecidos en el artículo 588 bis a, así como los indicios de criminalidad que se hayan puesto de manifiesto durante la investigación previa a la solicitud de autorización del acto de injerencia;

3.º los datos de identificación del investigado o encausado y, en su caso, de los medios de comunicación empleados que permitan la ejecución de la medida;

4.º la extensión de la medida con especificación de su contenido;

5.º la unidad investigadora de la Policía Judicial que se hará cargo de la intervención;

6.º la forma de ejecución de la medida.

7.º la duración de la medida que se solicita.

2.3.2. *Autorización judicial*

La autorización sólo puede ser otorgada por el Juez de Instrucción y no por el Ministerio Fiscal, a diferencia de la previsión establecida respecto a la infiltración de un agente físico. Ello debido a la mayor potencialidad lesiva de la intromisión en los derechos al secreto de las comunicaciones, a la intimidad y al *entorno virtual* del investigado[926].

---

[926] ZARAGOZA TEJADA, JAVIER IGNACIO, *op. cit.*, p. 4

Tal y como afirma la STC 173/2011, de 7 de diciembre, "*si no hay duda de que los datos personales relativos a una persona individualmente considerados están dentro del ámbito de la intimidad constitucionalmente protegido, menos aún pueda haberla de que el cúmulo de la información que se almacena por su titular en un ordenador personal, entre otros datos sobre su vida privada y profesional (en forma de documentos, carpetas, fotografías, vídeos, etc.) —por lo que sus funciones podrían equipararse a los de una agenda electrónica—, no sólo forma parte de este mismo ámbito, sino que además a través de su observación por los demás pueden descubrirse aspectos de la esfera más íntima del ser humano. Es evidente que cuando su titular navega por Internet, participa en foros de conversación o redes sociales, descarga archivos o documentos, realiza operaciones de comercio electrónico, forma parte de grupos de noticias, entre otras posibilidades, está revelando datos acerca de su personalidad, que pueden afectar al núcleo más profundo de su intimidad por referirse a ideologías, creencias religiosas, aficiones personales, información sobre la salud, orientaciones sexuales, etc. Quizás, estos datos que se reflejan en un ordenador personal puedan tacharse de irrelevantes o livianos si se consideran aisladamente, pero si se analizan en su conjunto, una vez convenientemente entremezclados, no cabe duda de que configuran todos ellos un perfil altamente descriptivo de la personalidad de su titular, que es preciso proteger frente a la intromisión de terceros o de los poderes públicos, por cuanto atañen, en definitiva, a la misma peculiaridad o individualidad de la persona*"[927].

---

927 Asimismo, la STS 786/2015, de 4 de diciembre, recuerda la importancia de proteger el entorno digital del individuo, cuando alega que: "*La ponderación judicial de las razones que justifican, en el marco de una investigación penal, el sacrificio de los derechos de los que es titular el usuario del ordenador, ha de hacerse sin perder de vista la multifuncionalidad de los datos que se almacenan en aquel dispositivo. Incluso su tratamiento jurídico puede llegar a ser más adecuado si los mensajes, las imágenes, los documentos y, en general, todos los datos reveladores del perfil personal, reservado o íntimo de cualquier encausado se contemplan de forma unitaria. Y es que, más allá del tratamiento constitucional fragmentado de*

Queda con ello claro que, no bastaría, para aprehender todos los datos que una persona tiene guardados en su ordenador, la autorización general que se otorga al agente encubierto informático para acceder al canal cerrado de comunicación, sino que sería necesario otorgar una autorización específica para realizar tal examen, a través del registro remoto del equipo informático, conforme a las disposiciones establecidas en los art.s 588 septies a a 588 septies c.

Al igual que la autorización otorgada para el agente encubierto físico, la concedida a un agente encubierto informático deberá cumplir con los requisitos de motivación y proporcionalidad.

Respecto a su contenido, serán aplicables las disposiciones previstas para las medidas de investigación tecnológica en el art. 588 bis c. de la LECrim, el cual establece que en la resolución habrán de constar, al menos, los siguientes extremos (excluida la letra h, que carece de aplicación):

a) el hecho punible objeto de investigación y su calificación jurídica, con expresión de los indicios racionales en los que funde la medida;

b) la identidad de los investigados y de cualquier otro afectado por la medida, de ser conocido;

c) la extensión de la medida de injerencia, especificando su alcance, así como la motivación relativa al cumplimiento de los principios rectores establecidos en el artículo 588 bis a;

---

todos y cada uno de los derechos que convergen en el momento del sacrificio, existe un derecho al propio entorno virtual. En él se integraría, sin perder su genuina sustantividad como manifestación de derechos constitucionales de nomen iuris propio, toda la información en formato electrónico que, a través del uso de las nuevas tecnologías, ya sea de forma consciente o inconsciente, con voluntariedad o sin ella, va generando el usuario, hasta el punto de dejar un rastro susceptible de seguimiento por los poderes públicos".

d) la unidad investigadora de Policía Judicial que se hará cargo de la intervención;

e) la duración de la medida;

f) la forma y la periodicidad con la que el solicitante informará al juez sobre los resultados de la medida;

g) la finalidad perseguida con la medida.

Un ejemplo de autorización judicial para la infiltración de un agente encubierto informático concedido en la práctica lo encontramos en la STS 750/2019, de 13 de marzo, la cual analiza la actuación de un agente policial que se infiltra en varias redes sociales para investigar delitos de adoctrinamiento y captación de mujeres jóvenes con fines terroristas. La autorización dispone que *"se autoriza la creación de un agente encubierto virtual, por plazo de seis meses a contar desde la fecha de notificación de la siguiente resolución (sin perjuicio de prórroga en caso de resultar necesaria) y en los términos concretados en los Razonamientos Jurídicos de la siguiente resolución debiendo la unidad investigadora remitir un acta donde conste: i) la creación de perfiles en las redes sociales Facebook, Twiter, Google Badoo, Whatsapp, Telegram, Line, Skype, Snapchat, Neverline, Viber y www.mnbr.info; ii) el carnet profesional del funcionario del Cuerpo Nacional de Policía que operará con dicho perfil de forma exclusiva, y únicamente para la presente investigación; y iii) el carnet profesional del traductor de idioma árabe"*. Asimismo, la referida resolución confirma que, para proceder a la restricción de cualquier derecho fundamental adicional a la afección propia de la infiltración o, como en ocasiones sucede, para que el agente encubierto informático mantenga reuniones en el mundo físico con el sospechoso, se necesita una autorización judicial expresa: *"finalmente se le informará que en caso de ser precisa en el desarrollo de su actuación la práctica de diligencia alguna que conlleve limitación de algún derecho fundamental, deberá instar autorización judicial expresa. Así: necesidad de intervenir comunicaciones orales o postales, en que no forme parte, grabaciones videográficas que afecten a espacios cerrados donde se desarrolle la intimidad, etc."*.

Respecto a la utilización de los resultados de la medida en otros procesos, el ALECRIM 2020 requiere, en su art. 509. 6, la autorización del Juez competente sobre la nueva investigación, sin requerir expresamente los requisitos que el mismo texto reclama para la posibilidad de utilización del producto del trabajo del agente encubierto presencial, que en todo caso ya hemos referido que se desprenden del principio de proporcionalidad.

Además, el mismo Anteproyecto, para el caso de que el agente quiera asegurar la fuente de la prueba, reclama autorización judicial para la grabación y obtención de imágenes de las comunicaciones entre el agente encubierto y la persona investigada, algo que en la actualidad establece el apartado 7 del art. 282 bis de la LECrim en unos términos que deben entenderse referidos también a los agentes informáticos, dada que también los contactos virtuales entran dentro de la categoría de los "encuentros" a los que la norma alude.

2.4. *Plazo*

Se viene entendiendo -como la resolución que se acaba de citar demuestra- que la autorización judicial para la actuación del agente encubierto informático, al igual que para el convencional, puede otorgarse para un periodo de seis meses prorrogable por periodos de la misma duración hasta que finalice la investigación, en aplicación del art. 282 bis de la LECrim, que se ocupa de la duración de la medida sin diferenciar entre el agente encubierto físico y el virtual. Se considera que para todos aquellos preceptos en los que el agente encubierto virtual no tenga regulación específica seguirá las disposiciones del agente encubierto físico[928]. Sin embargo, en la práctica, en la

---

928 LAFONT NICUESA, LUIS, *"El agente…"*, *cit.*, p. 435

mayoría de las infiltraciones que se realizan a través de internet no se suele otorgar un plazo superior a tres meses, al igual que sucede con el resto de las medidas de investigación tecnológicas[929]. Pero más allá de la práctica, dado que la infiltración informática constituye una medida tecnológica intrusiva en el ámbito del derecho al secreto de las comunicaciones, sería correcto entender aplicable el plazo previsto con carácter general para la interceptación de las comunicaciones telefónicas y telemáticas por el art. 588 ter g LECrim -seis meses prorrogables hasta un máximo de dieciocho meses-.

3. Identidad ficticia

Al agente encubierto informático basta con que se le proporcione un usuario y una cuenta falsos, creada por la propia policía, para que el AEI pueda empezar a tener contactos en foros o chats, de ámbito privado, con los sospechosos. Federico Bueno de Mata considera que *"sería conveniente que para atraer la atención de los pederastas se eligiera un nickname o apodo que se pueda familiarizar a los ojos de un tercero con alguien que simpatice o que sea afín a practicar dichos ciberdelitos. Ese puede ser un gran efecto llamada a la hora de empezar a mantener una conversación a mantener una conversación a través de los foros con estas personas"*[930].

4. El intercambio de archivos ilícitos

El legislador ha previsto en el apartado 6 del Art. 282.bis de la LECrim que el agente que se infiltra en la red pueda realizar una serie de actuaciones, siempre que cuente con autorización judicial específica para ello, como intercambiar o enviar por sí

---

929 ABASCAL JUNQUERA, ALEJANDRO, *"El papel del juez..."*, *cit.*

930 *Op. cit.*, pp. 301 y 303.

mismo archivos ilícitos por razón de su contenido y analizar los resultados de los algoritmos aplicados para la identificación de dichos archivos ilícitos.

La norma, claro está, se refiere a la circulación por la red de material pedófilo, que se permite en la medida necesaria para que el agente encubierto se gane la confianza de los sospechosos y pueda alcanzar una posición apta para identificarlos, localizarlos, y conseguir pruebas del delito.

La norma constituye una herramienta muy útil en la persecución de la pornografía infantil, que constituye un fenómeno criminal desgraciadamente en aumento. Lamentablemente, tras el confinamiento que se produjo por la pandemia provocada por el COVID-19, el número de casos de delitos de pornografía infantil y acoso a menores de edad ha aumentado exponencialmente, tanto en canales abiertos como en canales cerrados de comunicación y sistemas P2P. Ello ocurre no sólo en España, sino en toda Europa[931].

Pero el problema estriba en que el envío del material prohibido se debe realizar con anterioridad a la comisión del delito por parte del presunto pedófilo, precisamente para que el investigado permita al agente entrar en los foros o chats privados

---

931 *"Child Rescue Coalition, una ONG internacional que trata de rescatar a los niños de los abusos sexuales, confirmó un aumento claro de casos en España e Italia, particularmente afectados por la Covid-19, y que informaron directamente de un alza considerable de movimiento de pornografía infantil en marzo y abril en internet (…) Además, también aumentó lo que Europol llama «competiciones» pornográficas, una práctica en la que diferentes grupos desafían a los usuarios a buscar y compartir el mejor material de pornografía infantil que localicen en internet o que produzcan ellos mismos"* en RACHIDI, IMANE, "La pornografía infantil en internet aumentó durante el confinamiento en Europa", *Euroefe Euroactiv*, 21 de junio de 2020. https://euroefe.euractiv.es/section/justicia-e-interior/news/la-pornografia-infantil-en-internet-aumento-durante-el-confinamiento-en-europa/.

donde se realizan dichos intercambios. Surge el interrogante sobre si el agente virtual no estaría actuando como un agente provocador. La respuesta depende de la existencia de indicios de comisión delictiva previos, como ya se ha examinado en el epígrafe anterior, al tratar la diferencia entre el agente provocador y el agente, el cual no crea la voluntad delictiva en la persona investigada, que la posee con anterioridad.

Tal y como señala la STS 345/2019, de 7 de febrero, *"la actuación del agente encubierto con la oportuna autorización judicial es una medida apta y hábil en estos casos para conseguir la información de la autoría, no siendo un delito provocado en modo alguno, sino una medida reconocida legalmente para la obtención de pruebas con respecto a los hechos que son objeto de investigación y, en donde, al igual que en las medidas de limitación de derechos fundamentales se llega a un punto en la investigación en donde ya no se puede continuar, precisando la introducción de medidas de investigación, como la del agente encubierto informático, para acceder a esa información de la que no podía accederse de otra manera; y más en circuitos de comunicación cerrados que requieren de claves o accesos de amistad entre los partícipes. La intervención del agente encubierto no provoca en estos casos el delito, sino que el delito ya se ha cometido o se está cometiendo, y la actuación del agente lo que hace es conseguir pruebas acerca de la comisión del delito, pero no provoca que el delito se cometa; de ahí su legitimidad de intervención"*.

En relación con el intercambio de archivos con pornografía infantil, se han propuesto dos posibilidades para que el agente encubierto informático lleve a cabo su misión de averiguación del delito con el menor daño posible al bien jurídico protegido -el interés del menor-.

Una de las posibilidades consiste en la creación de escenas de pornografía infantil *ad hoc*, de forma simulada, sin utilización real de menores de edad. Se propone el empleo de actores adultos con apariencia de menores, cuando sea posible[932]. Aunque la iniciativa se ha criticado por la posibilidad de que la condena del investigado se ponga en riesgo, por el posible éxito de la alegación defensiva consistente en el conocimiento por el pedófilo, ya que la defensa podría alegar el conocimiento por el investigado de la mayoría de edad de los protagonistas[933], la objeción carece de consistencia, pues el delito por el que se puede condenar no consiste en la posesión del material enviado por el agente, sino por la posesión y remisión del material que el investigado remita al agente. Obviamente, si el material que el investigado intercambia incluye imágenes de menores de corta edad, la solución de la representación simulada deviene impracticable[934].

La otra posibilidad consiste en el empleo por parte del agente encubierto informático de material incautado en otras investigaciones criminales, baja la observancia del principio de proporcionalidad, con atención a la totalidad de las circunstancias del caso en concreto.

Con escaso rigor técnico en este punto, el ALECRIM 2020 excluye de la provocación delictiva la actividad de intercambiar o enviar archivos ilícitos, en su art. 509.4, el cual tras prohibir que la investigación encubierta consista en instigar, promover e instigar el delito, añade: "*No tendrá esta consideración la actividad consistente en intercambiar o enviar archivos ilícitos*". Con ello, se acepta la provocación delicitiva en el ámbito de la posesión o tráfico de archivos ilícito cuando se realice por agentes encubiertos, abriendo así un resquicio innecesario a la creación por

---

932 BUENO DE MATA, FEDERICO, *op. cit.*, p. 304.

933 CAROU GARCÍA, SARA, "Agente encubierto contra el instrumento de lucha contra la pornografía infantil en internet. El guardián al otro lado del espejo", en *Cuadernos de la Guardia Civil*, núm 56, 2018, p. 36.

934 CARAU GARCÍA, SARA, *op. et loc. cit.*

el Estado de la voluntad delictiva en la ciudadanía. De forma además innecesaria para la persecución penal de usuarios de la red dedicados a la comisión de delitos, por las consideraciones anteriormente realizadas.

F) EXENCIÓN DE RESPONSABILIDAD

1. Responsabilidad penal

El agente encubierto, puede realizar durante su infiltración en la organización criminal las actividades de adquisición y transporte de objetos, efectos e instrumentos del delito, cuya incautación queda diferida (art. 282 bis.1 de la LECrim).

Además, el apartado quinto del citado precepto exonera al agente encubierto de responsabilidad penal "*por aquellas actuaciones que sean consecuencia necesaria del desarrollo de la investigación, siempre que guarden la debida proporcionalidad con la finalidad de la misma y no constituyan una provocación al delito*".

La ley parte de la base de que en muchos casos el infiltrado se verá en la tesitura, si no quiere perder la confianza de los integrantes de la banda e incluso poner en riesgo su seguridad, de participar en las actividades de la organización o grupo criminal, como haría un integrante de la banda. La exención de responsabilidad resulta, en consecuencia, una medida necesaria para la eficacia práctica de la figura del agente encubierto. Sin tal exención ningún miembro de la policía se arriesgaría a infiltrarse mediante la apariencia simulada de una persona dispuesta a cometer delitos. Como sostiene Fernando Gascón Inchausti, la exención de responsabilidad conlleva un aumento del grado de eficacia de la medida de investigación, puesto que "*si el infiltrado policial tuviese prohibida la comisión de delitos su in-*

filtración sería prácticamente ilusoria"[935], razón de la inclusión en la LECrim de la transcrita *"clausula específica de inmunidad"*[936].

Según expone la STS 395/2014, 13 de mayo, el agente encubierto *"por resolución motivada, recibe una especie de autorización para transgredir la norma respecto a alguno de los delitos que se relacionan en el art. 282 bis, una especie de excusa absolutoria impropiamente recogida en una norma procesal"*.

Aunque más que de excusa absolutoria se trataría de una concreción de la causa de justificación consistente en el cumplimiento del deber o el ejercicio legítimo del cargo del art. art. 20.7 del CP.

La ley somete la medida a las exigencias de la necesidad y la proporcionalidad de la actuación del agente. EL ALECRIM 2020, al igual que el ALECRIM 2011 (art. 412) coinciden en exigir, además de que no se trate de provocación para el delito, que las actuaciones sobre las que se proyecta la exoneración *"sean proporcionadas a la finalidad de la medida, no entrañen lesión a un bien jurídico de mayor valor que el que tratan de proteger y siempre estén directamente relacionadas con la actividad delictiva de la organización criminal investigada"*.

Dicha actuación será necesaria si es imprescindible para alcanzar su finalidad, sin que exista otro medio alternativo para conseguirlo. Como ya se ha expuesto, el objetivo es mantener la confianza en la identidad ficticia del agente, que puede verse obligado para no despertar sospechas a intervenir en la comisión de delitos. La actuación delictiva del agente se permite en la medida en que resulte precisa para lograrlo, no cuando su posición en el grupo u organización no genere una expectativa de comportamiento criminal, que resulte superfluo crear (por ejemplo, si la infiltración se produce mediante la asunción de

---

935 GASCÓN INCHAUSTI, FERNANDO, *op. cit.*, p. 274.

936 LAFONT NICUESA, LUIS, *"El agente... ", cit.*, p. 283

un papel distinto al de integrante del grupo u organización o de persona dedicada a una actividad ilícita -así, por ejemplo, si el infiltrado asume el papel de pareja sentimental de un investigado). Tampoco cuando la actuación delictiva en la que el agente incurra desborde las expectativas de criminalidad en su comportamiento que los integrantes de la banda puedan albergar (por ejemplo, si el agente es contratado como simple vigilante de un lugar de depósito de mercancía).

El principio de proporcionalidad conduce a la ponderación entre los intereses contrapuestos, en ambos casos públicos. De un lado el interés en evitar cualquier delito; por el otro, el interés en obtener informaciones que permita la persecución de la organización y su desmantelamiento. Es claro que el delito cometido por el agente no puede ser más grave que el delito o los delitos investigados a través de la operación. En la medición de su gravedad habrá de tomarse en consideración, atendiendo a la totalidad de las circunstancias concurrentes, la gravedad del hecho -dependiente de la altura de la pena esperada- y la importancia de la causa (factores que ya se han analizado en el capítulo cuarto, al que nos remitimos).

Asimismo, junto con el interés público en la evitación del delito deberán ponderarse los intereses de las víctimas que pueden resultar afectados por la actuación delictiva del agente, que, en ningún caso resulta admisible si incrementa el daño ocasionado sobre bienes jurídicos de carácter personal del ofendido por el delito, en comparación con el que hubiera sufrido sin la intervención del infiltrado.

Aunque sería deseable que en la resolución judicial que autorice la infiltración se establezca por anticipado un marco de exoneración, con la mayor concreción posible de las circunstancias en las que pueda operar, para dotar de seguridad jurídica al agente y evitar apreciaciones incorrectas por su parte dañosas para el Derecho, frecuentemente devendrá imposible efectuar un pronóstico de futuro útil y apropiado a unas circunstancias de evolución difícil de prever incluso en el corto plazo.

Como último requisito de la exoneración, la prohibición de provocación delictiva constituye un límite infranqueable que evita que el agente encubierto aporte voluntad criminal a la banda en la que se infiltre. En caso de ser el agente el creador de dicha voluntad, cuando antes fuera inexistente, serán los investigados los que quedarán exonerados de responsabilidad penal, en la que el agente, por el contrario, incurrirá.

En cuanto al procedimiento para la exigencia de responsabilidad penal al agente por los hechos realizados con la finalidad de ejecutar la operación encubierta ("*actuaciones realizadas a los fines de la investigación*", dice la norma), el párrafo segundo del apartado quinto del art. 282 bis de la LECrim. requiere la solicitud por el Juez de Instrucción con competencia sobre el hecho punible de informe al Juez de Instrucción autorizante de la infiltración, el cual no podrá ser en ningún caso el mismo, ni siquiera si la competencia coincide, pues el contacto de este último con el agente, su conocimiento previo de la operación y el otorgamiento de la autorización pondría generar prejuicios que deben ser evitados.

El citado informe, preceptivo pero no vinculante, supondrá un elemento más que permitirá una más completa apreciación de los hechos, que la ley expresamente establece que corresponde realizar al Juez competente para instruir la causa por el hecho punible atribuido al agente conforme a su criterio.

Se ha sostenido que el requerimiento de informe referido quebranta el principio de legalidad, con el argumento de que el Juez de Instrucción autorizante puede llegar a intentar amparar las actuaciones delictivas y a obstaculizar la investigación, postura infundada que pivota sobre una injustificada desconfianza hacia la probidad del Juez autorizante y sobre una errónea comprensión de la función del informe, el cual, en absoluto, condiciona el criterio del Instructor competente[937].

Más bien el informe sirve como garantía para el agente, para evitar actuaciones judiciales derivadas de denuncias carentes de fundamento, cuya inconsistencia resulte de los datos que el Juez autorizante se encuentre en disposición de aportar[938].

El contenido de dicho informe, que opera como requisito de procedibilidad contra el agente[939], deberá exponer la información necesaria para que pueda ser examinada la observancia de los requisitos legalmente exigidos para la exoneración de responsabilidad[940].

2. Responsabilidad civil

También el agente puede incurrir en responsabilidad civil por su actuación bajo identidad ficticia.

Si se trata de la responsabilidad civil derivada del delito, la actuación justificada del agente sobre la que se proyecte la exoneración de la responsabilidad penal supondrá su elusión de la responsabilidad civil, en la que incurrirá el Estado por cuya cuenta el agente actúa y que habrá de indemnizar a los perjudi-

---

937 NÚÑEZ PAZ, MIGUEL ÁNGEL Y GUILLÉN LÓPEZ, GERMÁN, "Entrega vigilada, agente encubierto y agente provocador", *Anuario de Derecho Penal y Ciencias Penales*, Vol. LXI, 2008, pp. 139 y 140.

938 GASCÓN INCHAUSTI, FERNANDO, *op. cit.*, p. 299

939 RIFÁ SOLER, JOSÉ MARIA, "El agente encubierto o infiltrado en la nueva regulación de la LECrim", *Poder Judicial*, 1999, núm. 55, pp. 157 y ss.; LÓPEZ BARJA DE QUIROGA, JACOBO, "El agente encubierto", *La Ley*, núm. 4778, 20 de abril de 1999; y DELGADO MARTÍN, JOAQUÍN, "El proceso penal ante la criminalidad organizada. El agente encubierto", *Actualidad Penal*, núm. 1, 2000, pp. 1 y ss.

940 GASCÓN INCHAUSTI, FERNANDO, *op. cit.*, pp. 286 y 287.

cados por los daños y perjuicios derivados del hecho cubierto por la exoneración de la responsabilidad penal. A tal efecto, tal hecho debe encuadrarse en el *funcionamiento anormal de la Administración de Justicia* (art. 121 de la CE y 292 LOPJ), dado que se trata de una acción amparada por una resolución judicial dictada en un proceso penal en curso, que resulta contraria a la norma penal, excepcionalmente tolerada por el Estado, pero que el perjudicado no tiene por qué sufrir sin la adecuada compensación.

En caso de que el agente incurra en responsabilidad civil contractual o extracontractual (no delictual), si la actuación dañosa se efectúa en el ejercicio de la función pública, es el Estado el que responde directamente frente al acreedor, sin perjuicio de la posibilidad de repetición de la Administración frente al funcionario en caso de dolo o culpa grave (art. 36 de la Ley 40/2015, de 1 de octubre, de Régimen Jurídico del Sector Público, sobre la responsabilidad de las autoridades y personal al servicio de las Administraciones Públicas).

3. Responsabilidad disciplinaria

En virtud de los principios de legalidad y *non bis in idem*, es claro que la exoneración de responsabilidad penal, cuando se produce, conlleva la responsabilidad disciplinaria en que de otro modo se pudiera incurrir por la realización del hecho. Carecería de sentido que la autorización legal al agente encubierto para incurrir en actuaciones delictivas -con los requisitos expuestos- no fuera punible, pero si disciplinariamente sancionables.

Conclusiones

1ª.- En España, tradicionalmente, el proceso penal se ha regido por el denominado *principio de legalidad,* el cual, en su acepción ligada a las teorías retribucionistas de la pena, supone que todo delito cometido debe ser perseguido y castigado por los órganos del Estado encargados de la aplicación de la ley penal. El art. 100 de la Ley de Enjuiciamiento Criminal expresa el referido principio, en su vertiente procesal, cuando establece que de todo delito nace acción penal para el castigo del culpable. Como *par dialéctico* del *principio de legalidad* se presenta el *principio de oportunidad,* el cual rige allí donde el ordenamiento jurídico acepta como jurídicamente correcta la posibilidad dependiente de la voluntad de omitir la persecución penal de un hecho punible de cuya comisión existen sospechas y cuyo esclarecimiento y enjuiciamiento podría conducir hipotéticamente a la condena del culpable.

2ª.- Con la instauración del principio de oportunidad el Estado acepta las limitaciones prácticas para la persecución de los delitos que las normas penales definen en términos generales, pero simultáneamente da un paso más, al crear espacios normativos de contornos, más o menos definidos, en los cuales atribuye a los aplicadores del Derecho un poder de elección en la toma de la decisión sobre la persecución penal, situado en el campo de la discrecionalidad y orientado por criterios de conveniencia. Tal poder de elección puede atribuirse con mayor o menor extensión objetiva según el tipo de asuntos de que se trate y con un carácter absoluto (*oportunidad pura*) o relativo, por la existencia de requisitos legales y/o criterios normativos que limiten y/o guíen el arbitrio concedido al titular de la acción penal (*oportunidad reglada o bajo condición*).

3ª.- En la historia de la humanidad *justicia penal* y *guerra* han estado fuertemente enlazadas. Los tribunales de justicia, en la

Edad Antigua y Alta Edad Media, ya estuvieran compuestos por asambleas o personas singularmente revestidas de autoridad -magistrados-, tenían como fin otorgar una solución a los conflictos entre miembros de distintos clanes o familias para evitar la violencia dentro de las tribus, cuya cohesión -cimentada en la devoción religiosa por los ancestros comunes- resultaba crucial para la consecución de los valiosos fines de defensa y ataque que la confederación de allegados ofrecía. Para evitar la venganza privada, que conduciría a la organización social a una espiral de odio y sangre, se arbitraron mecanismos de resolución, los cuales serían ahora asimilables con las figuras de la mediación o el arbitraje, dada la ausencia de poder de coerción para la ejecución por el tribunal de la decisión considerada justa.

4ª.- Con independencia de a quien se atribuya, tribunal, acusador oficial o súbdito, en el Estado la justicia se aplica por decisión soberana, no por obligación, pues tal obligación resultaría contradictoria con la idea de soberanía. En el Estado democrático de Derecho se reparten los poderes. También el de acusar, con mayor o menor generosidad, constreñido a un órgano oficial y/o difundido entre la población con arreglo a criterios estrictos o laxos. Pero, con independencia del sujeto al que se adjudique, la función de acusar continúa siendo la misma: una función pública, atribuida como poder jurídico, de expresión de la voluntad de que el delito sea enjuiciado. Una voluntad que, por serlo, depende del querer y no del deber. Dicho de otro modo, el poder jurídico de acusar, como el poder de declarar la *guerra justa*, no resultaría constitutivo de obligación alguna. Ahora bien, la anterior reflexión precisa ser matizada, no ya desde una perspectiva jurídica, sino fáctica, conectada con la misma idea de soberanía. Para que la soberanía subsista debe mantener su poder, el cual puede perderse si la cohesión social en el que se sustenta desaparece o se debilita en la medida necesaria para amenazar la estabilidad institucional. Por ello, la voluntad estatal de no acusar tiene como límite el consenso de la comunidad sobre la aceptabilidad de la omisión de persecución.

5ª.- Dado que las teorías absolutas sobre la pena se caracterizan por reclamar el castigo de todo delito, es consustancial a sus postulados excluir -con limitadísimas excepciones materiales- cualquier manifestación de la oportunidad en el ejercicio del *ius puniendi*. Pero hoy en día la pena no puede explicarse ni desde la expiación ni desde la sanción como exigencia racional. Su esencia se encuentra en el terreno de lo fáctico y su origen se encuentra en la idea del sacrificio como medio de contención de la violencia. En la medida en que la admisión de la omisión de la persecución penal sea socialmente percibida como admisible el Estado podrá mantener el monopolio del uso de la violencia.

6ª.- Arthur Schopenhauer sometió a crítica las teorías absolutas de la pena sostenidas por Kant y Hegel, negando que la retribución constituya una exigencia racional y situando su finalidad en la disuasión. En su obra "*El fundamento de la moral*", anticipó buena parte de las críticas dirigidas hasta el día de hoy contra la ética kantiana.

7ª.- La pena es un hecho político, una realidad social que el Derecho incorpora a la norma, como consecuencia de la condena por la comisión de delito, no tanto porque el ordenamiento se encuentre en la necesidad de hacerlo por exigencias morales o racionales absolutas o porque persiga una finalidad relativa -preventivo general o especial-, sino porque no puede evitarlo, dado el papel que juega la pena en la contención de la venganza.

8ª.- Como el Derecho -que vincula las consecuencias jurídicas queridas la ley a supuestos de hecho predefinidos- se proyecta sobre infinitas situaciones reales posibles, con matices diferenciales inabarcables *ex ante*, no es raro que los intereses que confluyen en ellas, y que sólo pueden constatarse con seguridad *ex post*, diverjan de los esperados con carácter general, tanto en su efectiva presencia o real necesidad de protección. En la vertiente de la aplicación normativa, la equidad confluye para guiar los casos que no se ajustan al patrón regular al margen de la ley, para su tratamiento diferenciado. Desde la equidad, sobre el caso real específico, la norma implosiona suprimiendo su automática imperatividad. Exactamente así funciona el principio de oportunidad en el proceso penal.

9ª.- Junto con la exigencia de predeterminación de delito y pena, el principio de legalidad, aplicado al ámbito penal, reclama la existencia de un cauce necesario para la investigación y el enjuiciamiento del delito, que ha de ser conforme al art. 24.2 de la CE -el proceso con todas las garantías-, el único que, como expresa el art. 1 de la LECrim, permite el dictado de la sentencia por el tribunal competente como condición inexcusable para la imposición de una sanción penal, ya se trate de una pena o de una medida de seguridad (sentencia firme -precisa el art. 3.1 del CP-). Pues bien, el *principio de legalidad* que se opone al *principio de oportunidad* no coincide con el principio de legalidad material y procesal inspirador de los citados preceptos constitucionales, arts. 25.1 y 24.2, los cuales reconocen derechos fundamentales de los ciudadanos.

10ª.- Ningún precepto constitucional en España prohíbe la instauración del principio de oportunidad. Su regulación, sin embargo, debe ser respetuosa con las exigencias derivadas del principio del Estado de Derecho, la igualdad, la publicidad del proceso, el derecho a la tutela judicial efectiva y el principio *non bis in idem.*

11ª.- Como en España ha puesto de manifiesto un relevante sector doctrinal, desde hace más de un cuarto de siglo, la protección de la víctima y la reinserción del delincuente pueden ser alcanzados con mayor facilidad con la instauración del principio de oportunidad, si -en caso necesario- queda condicionada la ausencia de ejercicio de la acción penal a la realización de prestaciones o asunción de obligaciones por el autor del delito que favorezcan su resocialización o la reparación moral o material de la víctima. Asimismo, el principio de oportunidad permite la concentración de los medios de persecución penal en la lucha contra los fenómenos más graves de delincuencia.

12ª.- Con origen en el Derecho anglosajón, el principio de oportunidad ha tenido un importante desarrollo en el Derecho continental, especialmente en Alemania, desde la *reforma Emminger* de 1924 hasta la actualidad. Especialmente polémico es el parágrafo 153 a de la StPO, por la posible omisión de persecución penal a cambio del pago de cantidades de dinero, lo que se ha considerado una mercantilización deplorable de la justicia penal.

13ª.- Nuestra LECrim establece, en su art. 105, la obligación de los funcionarios del Ministerio Fiscal "*de ejercitar, con arreglo a las disposiciones de la Ley, todas las acciones penales que consideren procedentes, haya o no acusador particular en las causas, menos aquellas que el Código Penal reserva exclusivamente a la querella privada*". La Circular de la Fiscalía del Tribunal Supremo de 2 de diciembre de 1984 dejó tempranamente claro que "*lo que para los ciudadanos es un derecho, es un deber ineludible para el Ministerio Fiscal*". Dicho precepto permanece vigente en nuestro ordenamiento, en el cual no se contempla la inacción de la Fiscalía ante la sospecha de un hecho que presente caracteres de delito y sea perseguible, ni siquiera en los casos en los que se autoriza el sobreseimiento de la causa por motivo de oportunidad en el proceso por delito leve, con las únicas excepciones que se establecen en relación con los siguientes delitos:

i. amenazas condicionales del art. 171.3 del CP; y

ii. agresión sexual o acoso sexual, cuando la víctima no presenta denuncia o querella, supuesto en el cual se atribuye discrecionalidad al Ministerio Público para instar la persecución penal "*ponderando los legítimos intereses en presencia*" (art. 190.1 del CP).

14ª.- Tanto el Anteproyecto de Ley de Enjuiciamiento Criminal de 2011 y su homónimo de 2020, como la Propuesta de Código Procesal Penal de 2013, proponían la generalización del principio de oportunidad, para determinados delitos y con ciertas reglas o criterios y con condicionantes en algunos supuestos. Pero ninguno de los citados trabajos ha abandonado el ámbito del Ministerio de Justicia convirtiéndose en Proyecto de Ley (la PCPP ni siquiera llegó a Anteproyecto).

15ª.- El principio de oportunidad se basa en criterios de conveniencia y utilidad que no son ajenos al Derecho, pues importan y mucho en el momento de la creación normativa, se consagran también, aunque como excepción a la imperatividad, en el contenido de las normas e influyen irremediablemente en su aplicación práctica. Dichos criterios, de carácter metajurídico, son los propios de la política y su inclusión en el ordenamiento jurídico o su utilización legal o extralegal por la Administración de Justicia asemeja su funcionamiento al característico de los Poderes Legislativo y Ejecutivo, en los que la normatividad -constitucional y/o legal- define espacios de opción discrecional sumamente amplios. Pero admitir que en la Administración de Justicia la adopción de decisiones por parte de la judicatura o de la Fiscalía se asiente no sólo en normas y razones sino también en la voluntad del aplicador de la norma, realidad que guste o no parece innegable, no implica aceptar que dicha voluntad pueda ser puesta al servicio del juego de los intereses políticos de partidos y grupos que, en una democracia, encuentran su punto de encuentro y contienda en el Parlamento.

16ª.- Justicia y política deben quedar separadas. El Estado de Derecho no puede tolerar que los delitos dejen de perseguirse por la existencia de presiones políticas sobre los tribunales. El juicio del *procés* constituyó un triunfo del Estado de Derecho.

17ª.- Los más claros exponentes del principio de oportunidad en la justicia penal histórica han sido la amnistía y el indulto, instituciones mediante las que se ejerce el llamado *derecho de gracia* y que coinciden en la supresión o mitigación de la respuesta penal por un Poder del Estado distinto del jurisdiccional, por un motivo político. Actualmente, se encuentra en tramitación ante la Sección Quinta de la Sala de lo Contencioso-Administrativo del Tribunal Supremo siete recursos contra la concesión de los indultos, presentados por los partidos políticos PP, Ciudadnos, Vox y diputados del Parlament, los cuales, aunque en un primer momento fueron inadmitidos por sendos autos de 22 de marzo de 2022, por entender la Sala que los actores carecían de legitimación activa por falta de interés legítimo, han sido admitidos con posterioridad, al estimarse los recursos de reposición formulados contra la decisión inicial.

18ª.- Especialmente controvertido resulta el ejercicio del derecho de gracia en la justicia transicional. La Ley de Memoria Democrática, aunque redactada en términos confusos en relación con la Ley de Amnistía de 1977, mantiene incólume el perdón de los delitos cometidos con intencionalidad política que en aquel momento se decidió como instrumento para la reconciliación entre los españoles.

19ª.- Por *colaboración eficaz* se entiende la actuación de uno de los partícipes en la infracción y/o en la organización criminal que abandona la actividad delictiva, se separa del grupo y acude ante las autoridades de persecución penal para revelar la existencia del delito y proporcionar la información y los elementos de prueba de los que disponga en toda su amplitud, acerca de los intervinientes en el hecho punible, la estructura y componentes de la organización, sus medios materiales y métodos, su actuación pretérita y sus planes futuros. Sus efectos pueden ser: la mitigación de la pena (en su entidad, duración o condiciones de cumplimiento); la exclusión de la sanción, previo enjuiciamiento, en sentencia; o la no persecución por no iniciación o finalización anticipada del proceso penal. *Lege lata* la colaboración eficaz no constituye motivo de archivo por motivo de oportunidad. *Lege ferenda* se plantea su reconocimiento en los ALECRIM 2011 y 2020 y en la PCPP 2013.

20ª.- Con la *entrega o circulación vigilada* de sustancias u objetos el ordenamiento admite la realización controlada de una parte de la acción típica constitutiva del delito y con la inclusión, en la regulación del agente encubierto, tanto presencial como virtual, de la posible comisión de delitos por los agentes de la Policía Judicial infiltrados se toleran las infracciones penales de los agentes encubiertos que encuentren cobertura en el principio de proporcionalidad, con el fin de asegurar la más efectiva persecución de los fenómenos criminales generados por la delincuencia organizada y otras formas de criminalidad especialmente preocupantes. Se administran, así, mediante ambas *técnicas especiales de investigación* dosis de oportunidad en la investigación de los delitos para facilitar su esclarecimiento y represión.

Bibliografía

AGUADO CORREA, TERESA, "*Inexigibilidad de otra conducta en Derecho Penal*", Ed. Comares., Granada, 2004.

AGUILERA DE PAZ, ENRIQUE, "*Comentarios a la Ley de Enjuiciamiento Criminal*", T. I, Hijos de Reus, Editores, Madrid, 1912.

ALCALÁ ZAMORA Y CASTILLO, NICETO, "*Proceso, autocomposición y autodefensa*", Universidad Nacional Autónoma de México, 1991.

ALCAYDE BLANES, CARMEN, "Aspectos constitucionales del principio de oportunidad en el proceso penal", en "*Principio de oportunidad y transformación del proceso penal*", Wolters Kluwer, Madrid, 2019.

ALLUÉ FUENTES, ALFONSO, "Manifestaciones procesales del principio de oportunidad en el ordenamiento penal español", en "*Principio de oportunidad y transformación del proceso penal*", Wolters Kluwer, Madrid, 2019.

ALONSO BENITO, MARÍA ANGELES, "Principio de oportunidad y conformidad", en "*Principio de oportunidad y transformación del proceso penal*", Wolters Kluwer, Madrid, 2019.

ALONSO FURELOS, JUAN MANUEL, "Notas sobre el principio de oportunidad procesal", "*Principio de oportunidad: Sociedad civil, empresa, doctrina y jurisprudencia*", Wolters Kluwer, Madrid, 2020.

ANDRÉS IBÁÑEZ, PERFECTO, "¿Desmemoria o impostura? Un torpe uso del <<uso alternativo del derecho>>", *Jueces para la Democracia*, nº 55, 2006.

ARANGUENA FANEGO, CORAL, "El Estatuto de la Víctima", *Cuadernos Digitales de Formación*, CGPJ, 2015.

ARISTÓTELES, "*Política*". Introducción y notas de Salvador Rus Rufino. Traducción de Carlos García Gual y Aurelio Pérez Jiménez, Ed. Tecnos, Madrid, 2004.

ARISTÓTELES, *Ética nicomaquea. Ética eudemia*", Trad. Julio Pallí Bonet, Editorial Gredos, Madrid, 1985.

ARISTÓTELES, "Retórica", Ed. Gredos. Trad. Quintín Racionero, Madrid, 1994.

ARMENTA DEU, TERESA, "*Criminalidad de bagatela y principio de oportunidad: Alemania y España*", PPU, Barcelona, 1991.

ARMENTA DEU, TERESA, "Principio de legalidad vs principio de oportunidad: una ponderación necesaria", *ResearchGate.* Enero 2009.

ARMENTA DEU, TERESA, "Principio de oportunidad y acción popular, ¿una relación imperfecta?", en "*La víctima del delito y las últimas reformas procesales penales*", Montserrat De hoyos Sánchez dir., Thomson Reuters Aranzadi, Pamplona, 2017.

ARMENTA DEU, TERESA, "*Lecciones de Derecho procesal penal*", Ed. Marcial Pons, Madrid, Barcelona, Buenos Aires, Sao Paulo, 2019.

ARMENTA DEU, TERESA, "*Derivas de la justicia. Tutela de los derechos y solución de controversias en tiempo de cambios*", Marcial Pons, Buenos Aires, Madrid, Barcelona, Sao Paulo, 2021.

ARNHEIM, RUDOLF, *"El mundo al revés"*, Trad. Richard Gross, Ed. Calabaza, 2017.

AUGER LIÑÁN, CLEMENTE, "El principio de oportunidad reglada", en "*La reforma del proceso penal*", Centro de Publicaciones del Ministerio de Justicia, Madrid, 1989.

BACIGALUPO ZAPATER, ENRIQUE., "Descriminalización y prevención", *Poder Judicial,* Número Especial II, *Justicia penal. Jornadas sobre la Justicia Penal en España, Madrid, 24 a 27 de marzo de 1987.*

BACIGALUPO ZAPATER, ENRIQUE, *El debido proceso penal,* Ed. Hammurabi, Buenos Aires, 2005.

BAUER, ANTON, "*Die Wahrnungstheorie nebst einer darstellung und Beurtheilung aller Strafrechtstheorien*", bei Vandenhoeck un Ruprecht, Göttingen, 1830.

BAUMANN JÜRGEN, "Über die notwendigen Veranserungen im Berich des Vermögenschutzes", *JZ,* núm. 1, 7. Januar 1972.

BAUMANN JÜRGEN, "Grabsgesang für das Legalitätsprinzip", en *Zietschrift für Rechtspolitik,* H. 12, Dezember, 1972.

BAUMANN, JÜRGEN, "*Derecho procesal penal. Conceptos fundamentales y principios procesales. Introducción sobre la base de casos*", Ediciones Depalma, Buenos Aires, 1986.

BECCARIA, "*Tratado de los delitos y de las penas*", Trad. Juan Antonio de las Casas, Joachin Ibarra, Impresor de cámara de S.M., Madrid, MDCCLXXIV.

BECKEMPER, KATHARINA, "El principio de oportunidad en el derecho penal económico alemán", en "*Postmodernidad y proceso europeo: la oportunidad como principio informador del proceso judicial*", Dykinson, Madrid, 2020.

BENTHAM, JEREMY, "*Tratado de las Pruebas Judiciales sacado de los manuscritos de Jeremías Bentham por Esteban Dumont*", Trad. José Gómez de Castro, T. I, Imprenta de Don Tomás Jordán, Madrid, 1835.

BERBELL, CARLOS: "Vidoq, un delincuente arrepentido, fue el fundador de la Policía Nacional Francesa", *Confilegal.*

BERMAN, HAROLD J., "*Law and revolution. The formation of the western legal tradition*", Harvard University press, Cambridge, Massachusets and London, 1983.

BERNABÉU VERGARA, JOSÉ MARÍA, "El principio de oportunidad y responsabilidad penal del menor", en "*Principio de oportunidad y transformación del proceso penal,* Wolters Kluwer, Madrid, 2019.

BERZOSA RÍOS, MARÍA JESÚS, "Los delitos leves en el Código Penal tras la reforma operada por la LO 1/2015 y su relación con el principio de oportunidad", en "*Principio de oportunidad y transformación del proceso penal",* Wolters Kluwer, Madrid, 2019.

BIBAS, STEPHANOS, "The need for prosecutorial discretion", *Temple Political & Civil Right Law Review,* Vol. 19 nº 2, Spring 2010.

BLACKSTONE, WILLIAM, "*Blackstone´s, "Commenaries on the Laws of England*", Vol. II, Callaghan and company, Chicago, 1884.

BORJA JIMÉNEZ, EMILIANO, "*Curso de política criminal*", Ed. Tirant lo Blanch, Valencia, 2011.

BOULDING, KENNETH E., "Twelve friendly quarrels with Johan Galtung", *Journal of Peace Research,* 14 núm. 1, 1977.

BRAUN, KATHRIN, "Transitional justice, political temporality", Universität Wien. *Institute für Politikwisdenschaft Working Paper, núm. 1/2017.*

BUENDÍA RUBIO, MARÍA DEL CARMEN, "El principio de oportunidad en la legislación de menores", en "*Principio de oportunidad: Sociedad civil, empresa, doctrina y jurisprudencia*", Wolters Kluwer, Madrid, 2020.

BUENO DE MATA, FEDERICO, "El agente encubierto en internet: mentiras virtuales paras alcanzar la justicia", en *"Los retos del Poder Judicial ante la sociedad globalizada".* Dirs. Agustín Pérez Cruz y Xulio Ferreiro Baamonde, Actas del IV Congreso Gallego de Derecho Procesal (Internacional) A Coruña, 2 y 3 de junio de 2011, Universidade da Coruña, 2012.

BURZACO SAMPER, MARÍA, "Principio de oportunidad y derecho administrativo sancionador", en "*Postmodernidad y proceso europeo: la oportunidad como principio informador del proceso judicial*", Dykinson, Madrid, 2020.

CABEZUDO RODRÍGUEZ, NICOLÁS, "*El Ministerio Público y la justicia negociada en los Estados Unidos de Norteamérica*", Comares, Granada, 1996.

CACACE, LORENA, "Collaboratori di giustizia in Italia. Elenco, normativa e benefici", 2014, www.nanopress.it.

CALAZA LÓPEZ, SONIA, "La subordinación de la oportunidad a la legalidad en el proceso penal", *Revista Doctrinal Aranzadi*, núm. 5, 2012.

CALAZA LÓPEZ, SONIA/MUINELO COBO, JOSÉ CARLOS, "Principios transformadores del proceso judicial: Oportunidad y proporcionalidad. Doctrina y jurisprudencia ante el principio de oportunidad. Transferencia del conocimiento científico a la sociedad civil", en "*Principio de oportunidad y transformación del proceso penal*", Wolters Kluwer, Madrid, 2019.

CALAZA LÓPEZ, SONIA, "Rotación, traslación y otros movimientos estelares de la justicia en torno a la resolución de los conflictos sociales: transferencia de la justicia restaurativa a la sociedad civil", en "*Principio de oportunidad: Sociedad civil, empresa, doctrina y jurisprudencia*", Wolters Kluwer, Madrid, 2020.

CALAZA LÓPEZ, SONIA, "La mediación penal: de las bambalinas a la escena", en "*Postmodernidad y proceso europeo: la oportunidad como principio informador del proceso judicial*", Dykinson, Madrid, 2020.

CALAZA LÓPEZ, SONIA/MUINELO COBO, JOSÉ CARLOS, "El principio de oportunidad del siglo XXI: ¿panacea, avance retroceso?", en "*Principio de oportunidad: Sociedad civil, empresa, doctrina y jurisprudencia*", Wolters Kluwer, Madrid, 2020.

CAROU GARCÍA, SARA, "Agente encubierto contra el instrumento de lucha contra la pornografía infantil en internet. El guardián al otro lado del espejo", en *Cuadernos de la Guardia Civil*, núm. 56, 2018.

CASSESE, ANTONIO, "Terrorism is also disrupting some crucial legal categories in Internacional law", *European Journal of International Law*, Vol. 12, núm. 5.

CASTÁN TOBEÑAS, JOSÉ, "*La equidad y sus tipos históricos en la cultura europea occidental. Discurso leído en el acto de su recepción en la Real Academia de Ciencias Sociales y Políticas el día 4 de junio de 1950*", Instituto Editorial Reus, Madrid, 1950.

CATERINI, MARIO, "L'agente sotto copertura al límite della provocazione", *ORDINES, per un sapare interdisciplinare sulle instituzioni europee, núm. 1*, Giugno 2022.

CASTILLEJO MANZANARES, RAQUEL, “Hipótesis de partida acerca de la posibilidad de mediación en supuestos de violencia de género”, *Diario La Ley*, núm. 882, 15 de diciembre de 2016.

CASTILLEJO MANZANARES, RAQUEL, “Estado de la mediación penal en España”, “*Iuris tantum. Revista del Instituto de Investigaciones Jurídicas*”, Vol. 33, núm. 29, 2019.

CEREZO CANO, SEBASTIÁN, “El principio de oportunidad y sus manifestaciones en el proceso penal de menores”, en “*Principio de oportunidad: Sociedad civil, empresa, doctrina y jurisprudencia*”, Wolters Kluwer, Madrid, 2020.

CICERÓN, MARCO TULIO, *“Los oficios”*, Trad. Manuel Blasco Valbuena, Don Juanchin Ibarra, Madrid, MDCCLXXVII.

CICERÓN, MARCO TULIO, “*La invención retórica*”, Trad. Salvador Núñez, Editorial Gredos, Madrid, 1997.

CICERÓN, MARCO TULIO, “*Particiones Oratorias*”, Trad. Marcelino Menéndez y Pelayo, www.historicodigital.com

CICERÓN, MARCO TULIO, “*La tópica*”, Trad. José Domingo Martín, Ediciones clásicas, Madrid, 2012.

COLLINS, CATH, “State, Terror and the Law: The (Re)Judicialization of human rights accountability in Chile and El Salvador”, *Latin America Perspective*, 35(5), 2008.

COLLINS, CATH, “The end of impunity? <<Late justice>> and post-transitional prosecutions in Latin America”, en Clark/Granville and Palmer eds., “*Critical perspectives in Transitional Justice*”, Intersentia Press, Cambridge, 2012.

CONDE- PUMPIDO, FERREIRO, CÁNDIDO, “El principio de legalidad y el uso de la oportunidad en el proceso penal”, *Poder Judicial*. Número Especial II, Justicia Penal, Jornadas sobre la Justicia Penal en España, Madrid, 24 a 27 de marzo de 1987.

CONDE-PUMPIDO FERREIRO, CANDIDO, “El principio de oportunidad reglada: su posible incorporación al sistema del Proceso Penal Español”, en “*La reforma del proceso penal*”, Centro de Publicaciones del Ministerio de Justicia, Madrid, 1989.

CORTEN, OLIVIER, “*The law against war*”, Hart Publishing, Dublin, 2010.

COUTURE, EDUARDO J., “*Fundamentos del Derecho Procesal Civil*”, Editorial Bdef, Montevideo-Buenos Aires, 2010.

CUETO SANTA EUGENIA, ELISABET, "El principio de oportunidad como garante del interés superior del menor en la justicia juvenil", en VVAA, "*Derecho Procesal, Retos y Transformaciones*", Atelier Libros Jurídicos, Barcelona, 2021.

DAMIÁN MORENO, JUAN, "*La decisión de acusar. Un estudio a la luz del sistema acusatorio inglés*", Dykinson, Madrid, 2014.

DE AQUINO, SANTO TOMÁS, "*Suma Teológica*", https://hjg.com.ar/sumat/.

DE CANTERBUY, ANSELMO "*Cur Deus Homo. ¿Por qué Dios se hizo hombre?*", Emporium Books, 2020.

DE CLARAVAL, BERNARDO, "*De considerationes*", www.binetti.ru.

DE HIPONA, AGUSTÍN, "*La ciudad de Dios*". Edición abreviada, estudio preliminar, selección de textos, notas y síntesis de Salvador Antuñano Alea, Tecnos, Madrid, 2007.

DE UBALDIS, BLADUS, "*Consilia*", Bonino de´Bonini, 1490.

DE VATTEL, EMER, "*El derecho de gentes o principios de la ley natural, aplicados a la conducta y a los negocios de las naciones y de la soberanía*", T. II, Trad. Manuel María Pascual Hernández, Imprenta de León Amarita, Madrid, 1934.

DEITERS, MARK, "*Legalitätsprinzip und Normgeltung*", Mohr Siebeck, Tübingen, 2006.

DELGADO BARRIOS, JAVIER, "El principio de oportunidad en el proceso penal: aplicación de la doctrina de los conceptos jurídicos indeterminados", "*La reforma del proceso penal*", Centro de Publicaciones del Ministerio de Justicia, Madrid, 1989.

DELGADO MARTÍN, JOAQUÍN, "El proceso penal ante la criminalidad organizada. El agente encubierto", *Actualidad Penal*, núm. 1, 2000.

DEMETRIO CRESPO, EDUARDO, "Crítica a la retribución como fin de la pena", en *Anales de la Cátedra Francisco Suárez*, Protocolo I, 2021.

DENCKER, FRIEDICH, "Strafrechtsreform im Einführungsgesetz? I. Die Bagatelldelikte im Entwurf eines EGStGB", en *Juristische Zeitung*, nº 5/6 (9 März 1973).

DETTMAR, JULIANE SOPHIA, "*Legalität und Opportunität im Strafprocess. Reformsdiskussion und Gesetzgebung von 1877 bis 1923*", Berliner Wissenshafts-Verlag, Berlin, 2008.

DICKIE, JOHN, "*Cosa Nostra: historia de la mafia siciliana*", Ed. Debate, Barcelona, 2006.

DÍAZ RODRÍGUEZ, BERNARDINO, "El principio de oportunidad respecto de los delitos cometidos por menores", en "*Principio de oportunidad y transformación del proceso penal*", Wolters Kluwer, Madrid, 2019.

DÍEZ PICAZO GIMÉNEZ, LUIS MARÍA, "*El poder de acusar. Ministerio fiscal y constitucionalismo*", Ed. Ariel Derecho, Madrid, 2001.

DÍEZ RIAZA, SARA, "Mecanismos alternativos al ejercicio del ius puniendi y la desjudicialización de la intervención con los menores infractores", en "*Postmodernidad y proceso europeo: la oportunidad como principio informador del proceso judicial*", Dykinson, Madrid, 2020.

DREHER, EDUARD, "Die Behandlung der Bagatellkriminalität", en "*Festschrift für Hans Welzel zum 70. Geburstag am 25. März 1974*", De Gruyter, Berlin, 2017.

DUKER, WILLIAM F., "The presidential power to pardon; a constitucional history", *William and Mary Law Review*, 1977, Vol. 18, núm. 3.

DUNLAP, CHARLES J., "Law and Military Interventions: Preserving Humanitarian Values in 21St Conflicts. Prepared for the Humanitarian Challenges in Military Intervention Conference. Carr Center for Human Rights Policy Kennedy School of Government, Harvard University Washington., DC", 29 de noviembre de 2001. www.people.duke.edu.

DURÁN MIGLIARDI, MARIO, "Teoría absoluta de la pena: origen y fundamentos. Conceptos y críticas fundamentales a la teoría de la retribución moral de Immanuel Kant a propósito del neoretribucionismo y del neoproporcionalismo en el Derecho penal actual", en *Revista de Filosofía*, Vol. 67, Santiago, 2011.

ESCANILLA PALLÁS, MIGUEL, "El principio de oportunidad reglada", en "*La reforma del proceso penal*", Centro de Publicaciones del Ministerio de Justicia, Madrid, 1989.

ESCUDERO MUÑOZ, MARTA, "La aplicación del principio de oportunidad por el Ministerio Fiscal en los delitos leves", "*Principio de oportunidad: Sociedad civil, empresa, doctrina y jurisprudencia*", Wolters Kluwer, Madrid, 2020.

ESPIN TEMPLADO. EDUARDO, "El sistema de fuentes en la Constitución I", en VVAA, Derecho Constitucional. Vol. I, Tirant lo Blanch, Valencia, 2013.

EUSEBIO DE CESAREA, "*Historia Eclesiástica*", Ed Clie, Barcelona, 2008.

EVANS-PRITCHARD, EDWARD, "*The criminal prosecution and capital punishment of animals*", William Heinnenhan, London, MCMVI.

FAURE, MURRAY, "Understanding Aristotle prudence and its resurgence in potmodern times", *Phronimon*, Vol. 14, Tomo 2, enero 2013.

FEIJOO SÁNCHEZ, BERNARDO, "*Un estudio sobre la teoría de la pena y las funciones del Derecho penal*", Julio César Faria Editor, Montevideo-Buenos Aires, 2007.

FEIJOO SÁNCHEZ, ERNARDO, "Individualización de la pena y teoría de la pena proporcional al hecho. El debate europeo sobre los modelos de determinación de la pena", en *InDret* 1/2007.

FEIJOO SÁNCHEZ, BERNARDO, "*La pena como institución jurídica. Retribución y prevención general*", Julio César Faria Editor, Buenos Aires, 2014.

FERNÁNDEZ BERMEJO, DANIEL, "Análisis normativo de la regularización penal tributaria como excusa absolutoria", *ADPCP*, Vol. LXXIII, 2020.

FERNÁNDEZ SALGADO, MÓNICA, "Sobreseimiento y principio de oportunidad", en "*Principio de oportunidad y transformación del proceso penal*", Wolters Kluwer, Madrid, 2019.

FERRAJOLI, LUIGI, "*Derecho y razón. Teoría del garantismo penal*". Ed. Trotta, Madrid, 2005.

FEURBACH, ANSELM, "*Lehrbuch des gemeinen in Deutschland gültiger peinlichen Rechts*", Georg Friedich Heye, Giessen, 1812.

FEURBACH, ANSELM, "*Betrachtigungen über die Offenlichkeit und Mündlichkeit des Gerechtigkeitspflege*", Giessen, Georg Friedrich Heiner, 1821.

FOUCAULT, MICHEL, "*Vigilar y castigar. Nacimiento de la prisión*", Editorial Biblioteca Nueva, Madrid, 2012.

FRAGA IRIBARNE, MANUEL, "*Luis de Molina y el derecho a la guerra*", Consejo Superior de Investigaciones Científicas, Madrid, 1947.

FRAGA IBARNE, MANUEL, "Estudio Preliminar a la traducción de la obra de Luis de Molina <<*Los seis libros de la Justicia y el Derecho*>>", T. VI, Vol. II, Biblioteca de Clásicos Jurídicos, Madrid, 1944.

FRANCÉS LECUMBERRI, PAZ, "El principio de oportunidad y la justicia restaurativa", *Revista para el análisis del derecho*, n*úm*. 4, 2012.

FRANCO-SERRANO, MARÍA TERESA, "El principio de oportunidad. La eficacia de la justicia restaurativa en materia de violencia de género", en "*Principio de oportunidad: Sociedad civil, empresa, doctrina y jurisprudencia*", Wolters Kluwer, Madrid, 2020.

FRIEYRO ELÍCEGUI, SOFÍA, "El sobreseimiento del procedimiento en los juicios por delitos leves al amparo del artículo 963.1.1º de la Ley de Enjuiciamiento Criminal", en "*Principio de oportunidad: Sociedad civil, empresa, doctrina y jurisprudencia*", Wolters Kluwer, Madrid, 2020.

FUKUYAMA, FRANCIS, "*Identity. Contemporary identity politics and the struggle for recognition*", Profile Books, London, 2019.

FUSTERA BERNARD, AMALIA, "El proceso penal del menor como tendencia de la nueva política criminal. Justicia restaurativa y psicología jurídica en niños infractores", en "*Principio de oportunidad: Sociedad civil, empresa, doctrina y jurisprudencia*", Wolters Kluwer, Madrid, 2020.

GALTUNG, JOHAN, "Violence, peace and peace research", *Journal of Peace Research,* Vol. 6, núm. 3, 1969.

GALTUNG, JOHAN, "Twenty-five years of peace research: ten challenges and some response"; *Journal of Peace Research,* 22, núm. 2, 1985.

GARIBIAN, SÉVANE, "Truth versus impunity: post-transicional justice in Argentina and the human right turn", *African Yearbook of Rethoric,* 6, 1, 2015.

GASCÓN INCHAUSTI, FERNANDO, "*Infiltración policial y <<agente encubierto>>*", Ed. Comares, Granada, 2001.

GIL BLASCO, MARTA, "Justicia transicional: conceptos clave y aspectos normativos". *Res Pública. Revista de las ideas políticas,* Vol. 21, núm. 1, 2018.

GILMORE, GRANT, "*The ages of American Law*", Yale U. Press, New Haven and London, 2015.

GIMENO BEVIÁ, JORDI, "*El proceso penal de las personas jurídicas*", Editorial Aranzadi, Cizur Menor, 2014.

GIMENO BEVIÁ, JORDI, "Hacia el principio de oportunidad en el enjuiciamiento penal de las personas jurídicas", en "*Postmodernidad y proceso europeo: la oportunidad como principio informador del proceso judicial*", Dykinson, Madrid, 2020.

GIMENO SENDRA, VICENTE, "*La querella*", Bosh, Barcelona, 1977.

GIMENO SENDRA, VICENTE, "Los procesos penales simplificados (<<principio de oportunidad>> y proceso penal monitorio", *Poder Judicial.* Número Especial II, Jornadas sobre la justicia penal en España, Madrid, 24 a 27 de marzo de 1987.

GIMENO SENDRA, VICENTE, "Artículo 100", en GIMENO SENDRA, VICENTE/CONDE PUMPIDO TOURÓN, GARBERÍ LLOBREGAT, JOSÉ, "*Los procesos penales*". T. II. "*Arts. 100 a 258 LECrim*", Bosch, Barcelona, 2000.

GIMENO SENDRA, VICENTE, "El principio de oportunidad y el M.F.", *Diario La Ley*, nº 8746, 2016.

GIMENO SENDRA, VICENTE, "*Manual de Derecho procesal penal*", Ediciones Jurídicas Castillo de Luna, Madrid, 2018.

GIMENO SENDRA, VICENTE, "*Introducción al Derecho Procesal*", Ediciones Jurídicas Castillo de Luna, Madrid, 2019.

GIMENO SENDRA, VICENTE, "*La simplificación de la justicia civil y penal*", Colección de Derecho Penal y Procesal penal, Agencia Estatal Boletín Oficial del Estado, Madrid, 2020.

GINZO FERNÁNDEZ, ARSENIO, "Eduard Gans y la idea de Europa", en *Ingenium. Revista de historia del pensamiento moderno*, nº 6, 2012.

GIRARD, RENÉ, "*La violencia y lo sagrado*", Ed. Anagrama, Barcelona, 1983.

GIRAD, RENÉ, "*El chivo expiatorio*", Ed. Anagrama, Barcelona, 1986.

GLASER, JULIUS ANTON, "Das prinzip der Strafverfolgung", en "*Gesammelte kleinere Schriften über Strafrecht, Civil-und Strafprocess*", Ersten Band, Verlag von Lendler & Comp, Wien, 1868.

GÖSSEL, KARL HEINZ, "Uberlungen zur Bedeutung des Legalitätsprinzips im rechtstandlischen Strafverfahren", en "*Festchrift für Hanns Dünnebier zum 75 Geburstag am 2. Juni 1982*", De Gruyter, 1982.

GÓMEZ ORBANEJA, EMILIO, "*Derecho procesal penal*", Madrid, 1987.

GÓMEZ PADILLA, I.M., "Presente y futuro de los complementos alimenticios en el deporte. El dopaje, consecuencias penales y éticas. Especial consideración del principio de oportunidad", en "*Principio de oportunidad y transformación del proceso penal*", Wolters Kluwer, Madrid, 2019.

GONZÁLEZ CANO, MARÍA ISABEL/ROMERO PRADAS, MARÍA ISABEL, "El principio de oportunidad reglada", en "*La reforma del proceso penal*", Centro de Publicaciones del Ministerio de Justicia, Madrid, 1989.

GONZÁLEZ GARCÍA, SAÚL, "La prueba obtenida por el agente encubierto informático: un examen sobre su validez procesal y constitucional", en "*La Justicia Digital en España y La Unión Europea: situación actual y perspectivas de futuro*" (VVAA), Editorial Atelier, Barcelona, 2019.

GONZÁLEZ-CUÉLLAR GARCÍA, ANTONIO, "Crisis de la justicia y reforma del proceso penal", *Actualidad Penal,* núm. 28, 1988.

GONZÁLEZ-CUÉLLAR SERRANO, NICOLÁS, "*Proporcionalidad y derechos fundamentales en el proceso penal*", Ed. Colex, Madrid, 1990.

GONZÁLEZ-CUÉLLAR SERRANO, NICOLÁS, "La reforma de la Ley de Enjuiciamiento Criminal: necesidad de su reforma y examen de las sucesivas reformas parciales", en "*El proceso del siglo XXI y soluciones alternativas*", Aranzadi Thomson Reuters, Cizur Menor, 2006.

GONZÁLEZ-CUÉLLAR SERRANO, NICOLÁS "¿Criminalización de las prácticas restrictivas de la competencia? Los carteles ante la Justicia Penal", en Santiago Martínez Lage y Juan Petitbó dirs., "*Remedios y sanciones en el Derecho de la Competencia*" Ed. Marcial Pons, Barcelona. 2008.

GONZÁLEZ-CUÉLLAR SERRNO, NICOLÁS, "El secreto profesional del abogado", en VVAA, "*Problemas actuales de la justicia penal. Secreto profesional, cooperación jurídica internacional, víctimas de delitos, criminalidad organizada, personas jurídicas, eficacia y licitud de la prueba, prueba y derechos fundamentales*", Ed. Colex, Madrid, 2013.

GONZÁLEZ-CUÉLLAR SERRANO, NICOLÁS, "*Ecos de Inquisición*", Ediciones Jurídicas Castillo de Luna, Madrid, 2014.

GONZÁLEZ-CUÉLLAR SERRANO, NICOLÁS, "El derecho de defensa y la marca de Caín", en VVAA, "*Legalidad y Defensa. Garantías Constitucionales del Derecho y la Justicia penal*", Ediciones Jurídicas Castillo de Luna, 2015, Madrid.

GONZÁLEZ-CUÉLLAR SERRANO, NICOLÁS, "Halcones y palomas en la justicia penal", en VVAA, "*Halcones y Palomas: corrupción y delincuencia económica*", Ediciones Jurídicas Castillo de Luna, Madrid, 2015.

GONZÁLEZ-CUÉLLAR SERRANO, NICOLÁS, "Bases metodológicas de la jurisdicción universal", en "*Derecho, justicia, universidad. Liber amicorum de Andrés de la Oliva Santos*", Vol. II, Editorial Universitaria Ramón Areces, Madrid, 2016.

GONZÁLEZ-CUÉLLAR SERRANO, NICOLÁS, "La independencia judicial frente a la corrupción", en VVAA, "*La reforma de la Administración de Justicia, el sistema electoral y la lucha contra la corrupción. I Jornada Internacional*", Instituto Peruano de Criminología y Ciencias Penales, Lima, 2019.

GONZÁLEZ-CUÉLLAR SERRANO, NICOLÁS, "Las euroórdenes emitidas por el Tribunal Supremo de España" en *Teoría y derecho. Revista de pensamiento jurídico,* Tirant lo Blanch, 26 de diciembre de 2019.

GONZÁLEZ-CUÉLLAR SERRANO, NICOLÁS, "El origen de los tribunales", en VVAA, "*El poder de los tribunales*", Thomson Reuters Aranzadi, Pamplona, 2022.

GONZÁLEZ-CUÉLLAR SERRANO, NICOLÁS, "*Nemo tenetur*", Ediciones Jurídicas Castillo de Luna, pendiente de publicación.

GRANADO PACHÓN, SANTIAGO JAVIER, "Política frente al interés superior del menor", en "*Principio de oportunidad y transformación del proceso penal",* Wolkers Kluwer, 2019.

GRANADO PACHÓN, SANTIAGO JAVIER, "La oportunidad", en "*Principio de oportunidad: Sociedad civil, empresa, doctrina y jurisprudencia,* Wolters Kluwer, Madrid, 2020.

GÜNTHER, LOUIS, "*Die Idee der Wiedervergeltung in der Gesichte und Philosophie des Strafrechts: ein Betrag zur universal-historischen Entwicklung desselbem. Abteilung II: das deutsche Strafrecht nach der Carolina bis zur Mitte des 18 Jahrhundert und die juristische und philosophische Strafrechts-Literatur von Kant*", TH, Bläsing´s Universitätsbuchhandlung, H. Metzer & A. Eifflander, Altenburg, 1891.

GUTIÉRREZ MASSON, LAURA, "Inquisitio, Fama, Evientia: la contribución de Inocencio III a la teoría de la notieriedad del delito". www.repositorio.ucam.edu.

HAMILTON, ALEXANDER, "The Command of the Military and Naval Forces, and the Pardoning Power of the Executive", *New York Packet, El Federalista,* nº 74, jueves, 25 de marzo de 1788.

HARENDORF, STEFAN, "Attrititon in and perfomance of criminal justice system in Europe: a comparative approach", *European Journal on Criminal Policy and Research,* 24, 2018.

HASSEMER, WILFRIED, "*Strafverfolgung und Strafverzicht. Festschrift für 125Jährigen Bestehen der Staatsanwaltschaft Schleswig-Holstein*", Carl Heymann Verlag AG, Köln-Berlin, 1992.

HAWKINS, WILLIAM, *"Of Courts of Criminal Jurisdiction on the modes if proceeding therein", "Treatise of the Pleas of the Crown or, a system of the principal matters relating to that subject, digested under proper heads",* Vol. 2, John Curwood, London, 1824.

HEGEL, GEORG WILHELM FRIEDICH, "*Filosofía del Derecho o compendio de derecho natural y ciencia del estado*", Trad. Eduardo Vázquez, Ed. Biblioteca Nueva, Madrid, 2000.

HERRERA HERMOSILLA, CARLOS, "*Breve historia del espionaje*", Ediciones Nowtilus, Madrid, 2012.

HERRERO BERNABÉ, IRENEO, "Antecedentes históricos del indulto", en *Revista de Derecho UNED,* núm. 10, 2012.

HERTZ, ADOLF, *"Die Gesichte des Legalitätsprinzip"*, Borna-Leipzig, R. Noske, 1935.

HOBBES, THOMAS, "*Leviatán*", Editorial Losada, Buenos Aires, 2003.

HORMIGA FRANCO, PINO ESTHER, "Principio de oportunidad. Amenazas del artículo 171.3 del Código Penal", en "*Principio de oportunidad: Sociedad civil, empresa, doctrina y jurisprudencia*", Wolters Kluwer, Madrid, 2020.

JAKOBS, GÜNTHER, "Kriminalisierung im Vorfeld einer Rechtsgutsvertletzung", *Zeitschrift für gesamte Strafrechtswissenschaft, 97* Heft 4, 1985.

JAKOBS, GÜNTHER/CANCIO MELIÁ, MANUEL, "*Derecho penal del enemigo*", Thomson Civitas, Cizur Menor, 2006.

JAKOBS, GÜNTHER, "*Sociedad, norma y persona en una teoría de un Derecho penal funcional*", Trad. Manuel Cancio Meliá y Bernardo Feijoo Sánchez, Editorial Civitas, Madrid, 1996.

JIMÉNEZ DE ASÚA, LUIS, "*Tratado de Derecho Penal*", T.II. "*Filosofía y ley penal*". Ed. H. Losada, Buenos Aires, 1965.

JIMÉNEZ SEGADO, CARMELO, "Carl Schmitt y las ideas penales de la escuela de Kiel", *ADPCP,* Vol. LXII, 2009.

JURADO ROMÁN, NURIA, "El principio de oportunidad en la humanización de la justicia", en "*Principio de oportunidad y transformación del proceso penal",* Wolters Kluwer, Madrid, 2019.

KAHN, PAUL, "*El análisis cultural del derecho*", Gedisa Editorial, Barcelona, 2001.

KAHN, PAUL, "*Putting liberalism in its place*", Princeton University Press, 2008.

KANT, INMMANUEL, "*Project for a perpetual peace, A philosophical essay*", London, Stpheen Couchman, London, 1796.

KANT, INMMANUEL, "*Los principios metafísicos del Derecho*", Trad. De G. Lizarra, Librería de Victoriano Suárez, Madrid, 1873.

KANTOROWICZ, ERNST, H., "*The king´s two bodies. A study in medieval political theology*", Princenton University Press, Princenton, New Jersey, 1997.

KLUG, ULRICH, "Abscheid von Kant und Hegel", en "*Skeptische Rechtsphilosophie und humanes Strafrecht. Band 2. Materielle und formelle Strafrechtsprobleme*", Sprigger-Verlag, Berlin, Heidelberg, New York, 1981.

KRAUSS, REBECCA, "The theory of prosecutorial discretion in federal law: origins and developmet", *Setton Hall Ciucuit Review*, Vol. 6, 2008.

KREY, VOLKER/ HEINRICH, MANFRED, "*Deutsches Strafverfahrensrecht*", Kohlhammer, Sttutgart, 2019.

LAFONT NICUESA, LUIS, "El principio de oportunidad en la responsabilidad de la persona jurídica y la flexibilidad de la negociación de los fiscales. Una mirada en el ámbito comparado. Análisis de los deferred prosecution agreements", en "*Postmodernidad y proceso europeo: la oportunidad como principio informador del proceso judicial*", Dykinson, Madrid, 2020.

LAFONT NICUESA, LUIS, "*El agente policial encubierto*", Editorial Tirant Lo Blanch, Valencia, 2022.

LAMADRID LUENGAS, MIGUEL, "*El principio de oportunidad como una herramienta de política criminal*", Tesis Doctoral, 2017. www.tdx.cat.

LANGBEIN, JONH HARRISS, "*The origin of Adversary Criminal Trial*", Oxford University Press, 2005.

LANZAROTE MARTÍNEZ, PABLO A., "La víctima del delito y el sistema jurídico penal: ¿hacia un sistema de alternativas?", *Poder Judicial*, núm. 34, junio 1994.

LASO PRIETO, JOSÉ MARÍA, "Sobre el uso alternativo del Derecho", *El Basilisco*, nº 2, mayo-junio 1978.

LEA, HENRY CHARLES, "*Superstision and force*", Collins Printer, Filadelfia, 1892.

LESLIE, JOHN, "*Politics and International law*", Cambridge University Press, Cambridge, 2022.

LÉVY-ULLMANN, "*Eléments d´introduccion général à l´étude des sciencies juridiques, II. Le systeme juridique de l´Anglaterre*", t. 1º, Sirey, Paris, 1928.

LIVIO, TITO, "*Historia de Roma desde su fundación*", Traducción de J.A, Villar Vidal. http://historicodigital.com.

LLANES DEL BARRIO, MARÍA JOSÉ, "El principio de oportunidad en la jurisdicción de menores y en el enjuiciamiento por delitos leves", en "*Principio de oportunidad: Sociedad civil, empresa, doctrina y jurisprudencia*", Wolters Kluwer, Madrid, 2020.

LÓPEZ BARJA DE QUIROGA, JACOBO, "El agente encubierto", *Diario La Ley,* núm. 4778, 20 de abril de 1999.

LÓPEZ BARJA DE QUIROGA, JACOBO, "El principio de oportunidad: cuestiones generales", en "*Postmedernidad y proceso europeo: la oportunidad como principio informador del proceso judicial*", Dykinson, Madrid, 2020.

LÓPEZ CALERA, NICOLÁS, SAAVEDRA LÓPEZ, MODESTO, ANDRÉS IBÁÑEZ, PERFECTO, "*Sobre el uso alternativo del Derecho*", Fernando Torres ed., Valencia, 1978.

LÓPEZ YAGUE, VERÓNICA, "Una apuesta de transferencia de la justicia a la sociedad civil postmodernidad: transformación del proceso penal", en "*Principio de oportunidad: Sociedad civil, empresa, doctrina y jurisprudencia*", Wolters Kluwer, Madrid, 2020.

LUHMANN, NIKLAS, "*Legitimation durch verfahren*", Shuhrkamp Verlag, FranKfurt am Mein, 2019.

McAULIFFE, PÁDRAIG, "Transitional justice, institution and temporality: toward a Dynamic understanding", *International Criminal Law Review,* 21, 2021.

MAIER, JULIO, "*Derecho procesal penal argentino. 1 b. Fundamentos*", Ed. Hammurabi, Buenos Aires, 1988.

MARCEHNA GÓMEZ, MANUEL, "*El Ministerio fiscal: su pasado y su futuro*", Marcial Pons, Madrid, 1992.

MARCHENA GÓMEZ, MANUEL/GONZÁLEZ-CUÉLLAR SERRANO, NICOLÁS, "*La reforma de la Ley de Enjuiciamiento Criminal en 2015*", Ediciones Jurídicas Castillo de Luna, Madrid, 2015.

MARCHENA GÓMEZ, MANUEL/MARCHENA PEREA, MANUEL, "*Claves prácticas para la defensa penal*", Amazon, 2022.

MARCHENA GÓMEZ, MANUEL, "*Inteligencia artificial* y jurisdicción penal ", Real Academia de Doctores de España, Madrid, MMXXII.

MARCO MARTÍNEZ, ANTONIO, "*Antiquetatem. Historia de Grecia y Roma*", www.antiquetatem.com.

MARTÍN PALLÍN, JOSÉ ANTONIO, "*La guerra de los jueces. El proceso judicial como arma política*", Catarata, Madrid, 2022.

MARTÍN RÍOS, PILAR, "*Víctima y justicia penal*", Atelier, Barcelona, 2012.

MARTÍN DELPÓN, JOSÉ LUIS, "El principio de oportunidad: análisis de derecho comparado", *Anales de la Facultad de Derecho,* 2011, núm. 28.

MAVANY, MARKUS, "*Löwe-Rosenberg. Die Strafprozessordnung und das Gerichtsverfassungsgesetz*", Fünfter Band, T. 1. Parágrafos 151-157, De Gruyter, Berlin/Boston, 2020.

MEDINA PÉREZ, PATRICIA, "El principio de oportunidad desde el punto de vista de la víctima: el arte de soltar y perdonar", en "*Principio de oportunidad y transformación del proceso penal*", Wolters Kluwer, Madrid, 2019.

MENÉNDEZ PELAYO, MARCELINO, "*Historia de los Heterodoxos Españoles*", T.I., Biblioteca de Autores Cristianos, Madrid, 2006.

MESSMER, HEINZ y OTTO HANS UWE, "Restorative Justice: Step son the way toward a good idea", en "*Restorative justice on trial*", H. Messmer, H.U ed., Bieleveld, 1991.

MIRANDA ESTRAMPES, MANUEL, "La prueba ilícita: la regla de exclusión probatoria y sus excepciones", *Revista Catalana de Seguretat Pública,* mayo 2010.

MILITELLO, VINCENZO, "Lucha contra la criminalidad organizada de tipo maficoso y el sistema penal italiano", en VVAA, "*Problemas actuales de la justicia penal*". Ed. Colex, Madrid, 2013.

MITTERMAIER, CARL JOSEPH ANTON, "*Die Mundlichkeit, das Anklageprinzip, die Offenlichkeit und das Geschwornengericht in ihrer Durchfhürung in den Verschiedenen Gesetzgebungen dargestellt und nach den Forderungen des Rechts un der Zweckmässigkeit mit Rücksicht auf die Erfahrungen der verschiedene Länder geprüft*", Gottascher Verlag, Sttutgart/Tübingen, 1845.

MITTERMAIER, CARL JOSEPH ANTON, "Die Staatsanwaltschaft, der gegenwärtige Standpunkt der Erfahrungen und Ansichten über ihre Stellung un die Hauptpunkte auf welche die Sicherung der besten Wirksamkeit der Austalt gerichtet sein muss", *Der Gerichtstaal. Zeitschrift für volkskumliches Recht und wissenchaftliche Praxis,* 1858.

MONTESQUIEU, "*Del espíritu de las leyes*", Trad. Mercedes Blázquez y Pedro de Vega, Tecnos, Madrid, 1987.

MOORE, KATHLEEN DEAN, "*Justice, mercy, and the public interest*", Oxford University Press, New York, 1989.

MORENO CATENA, VICTOR, "La justicia penal y su reforma", *Justicia,* núm. 2, 1988.

MORENO CATENA, VICTOR, "El papel del Ministerio Fiscal en el Estado democrático de Derecho", *Cuadernos de Derecho Público,* núm. 16, mayo-agosto, 2002.

MORENO CATENA, VICTOR, "*Derecho procesal penal*", Ed. Tirant lo Blanch, Valencia, 2019.

MORENO CLAROS, L.F, "*Schopenhauer. Una biografía*", Ed. Trotta, Madrid, 2014.

MUINELO COBO, JOSÉ CARLOS, "Efectos y consecuencias socio-jurídicas del principio del principio de oportunidad", en "*Principio de oportunidad y transformación del proceso penal*", Wolters Kluwer, Madrid, 2019.

MUINELO COBO, JOSÉ CARLOS, "Principios vertebradores del proceso judicial postmoderno", en "*Postmodernidad y proceso europeo: la oportunidad como principio informador del proceso judicial*", Dykinson, Madrid, 2020.

MUÑOZ CONDE, FRANCISCO, "De las prohibiciones probatorias al Derecho procesal penal del enemigo", *Revista Penal,* núm. 23, enero 2009.

MUÑOZ MAMPMANY, MARÍA JESÚS, "El Ministerio Fiscal y el principio de oportunidad", en "*Principio de oportunidad y transformación del proceso penal*", Wolters Kluwer, Madrid, 2019.

NIETZSCHE, FRIEDICH, "*Así hablaba Zaratustra. Un libro para todos y para ninguno*", Trad. De Antonio de Vilasella, Imprenta de F. Badías, Barcelona, 1905.

NIETZSCHE, FRIEDICH, "*Genealogía de la moral*", Alianza Editorial, Madrid, 2005.

NÓTÁRI, TOMÁS, "*Summum ius suma iniuria.* Comments on the historical Background of a legal maxim of interpretation", *Hungarian Journal of Legal Studies,* December, 2004.

NOWAK, ANDREW, "*Comparative Executive Clemency. The constitucional Pardon Power and the Prerrogative of Mercy in Global Perspective*", Routledge, Taylor & Francis, 2016.

NÚÑEZ PAZ, MIGUEL ÁNGEL Y GUILLÉN LÓPEZ, GERMÁN, "Entrega vigilada, agente encubierto y agente provocador ", *Anuario de Derecho Penal y Ciencias Penales,* Vol. LXI, 2008.

ORTIZ PRADILLO, JUAN CARLOS, "La Delación Premiada como instrumento de investigación contra la corrupción y la delincuencia económica", en VVAA, *"Halcones y Palomas: corrupción y delincuencia económica"*, Ediciones Jurídicas Castillo de Luna, Madrid, 2015.

ORTIZ PRADILLO, JUAN CARLOS, "El difícil encaje del debate en el proceso penal especial", *Diario La Ley,* núm. 138, 2015.

ORTIZ PRADILLO, JUAN CARLOS, "Presente y futuro de la delación en el proceso penal", *Curso de formación. La prueba obtenida a través de la infiltración y la delación"*, 2 de junio 2016. www.fiscal.es.

ORTIZ PRADILLO, JUAN CARLOS, "La delación premiada en España: instrumentos para el fomento de la colaboración con la justicia". *Revista Brasileira de Direito Processual Penal,* Portoalegre, vol. 3, 2017.

ORTIZ PRADILLO, JUAN CARLOS, *"Los delatores en el proceso penal. Recompensas, anonimato, protección y otras medidas para incentivar una colaboración eficaz con la justicia"*, Wolters Kluwer, Madrid, 2018.

OTADUY GUERÍN, JAVIER, "Dulcor misericordiae. Justicia y misericordia en el ejercicio de la autoridad canónica. I. Historia". *Ius Canonicum,* Vol. 56, 2016.

PASTOR, DANIEL R., "*El poder penal internacional. Una aproximación jurídica critica a los fundamentos del Estatuto de Roma*", Ed. Atelier, Barcelona, 2006.

PEDRAZ PENALVA, ERNESTO, "Principio de proporcionalidad y principio de oportunidad", en "*Constitución, Jurisdicción y Proceso*", Ed. Akal, Madrid, 1990.

PÉREZ LOSA, LUIS, "La reparación del daño en la oportunidad reglada", en "*Principio de oportunidad y transformación del proceso penal*", Wolters Kluwer, Madrid, 2019.

PETERS, KARL, "Sozialadäquanz und Legalitätsprinzip", en "*Festschrift für Hans Welzel zum 70. Geburstag am 25.III.74*", De Gruyter; Berlin, New York, 1974.

PILLADO GARCÍA, ESTHER, "El principio de oportunidad en supuestos de violencia de genero ejercida por menores de edad", en "*Postmodernidad y proceso europeo: la oportunidad como principio informador del proceso judicial*", Dykinson, Madrid, 2020.

POST, HERMMAN, "*Der Ursprung des Rechtes*", Aldenburg, 1876.

POZUELO PÉREZ, LAURA, "Art. 18", "*Comentarios a la ley reguladora de la responsabilidad penal de los menores*" (VVAA), Thomson Civitas, Navarra, 2008.

PRAKASH, SAIKRISHNA, "The Chief Prosecutor", *George Washinton Law Review*, Vol. 73, 2005.

PRITCHARD, JAMES B., "*The ancient Near East: an antology of text and pictures*", Vol. 1, Pricenton University Press, 2010.

PUFENDORF, SAMUEL, "*The law of the nature and the nations*", Trad. del latín al inglés de Basil Kennett, J Walther *et alt.*, London, 1729.

RADCLIFFE-BROWN, ALFRED REGINALD, "*Structure and function in primitive society. Essays and Adresses*", The Free Press, Glencoe, Illinois, 1952.

RE, MATTEO, "*No quieren cambiar. Códigos, lenguaje e historia de la mafia*", Dykinson, Madrid, 2016.

RIESS, PETER, "Legalitätsprinzip–Interessenabwägung–Verhältnismäßigkeit über die Grenzen von Strafverfolgungsverzicht und Strafverfolgungsverschärfung zur Aufrechterhaltung des inneren Friedens", en "*Festschrift für Hanns Dünnebier zum 75. Geburtstag am 12. Juni 1982*", De Gruyter, Berlín, 1982.

REQUEJO PAGÉS, JUAN LUIS, "Amnistía e indulto en el constitucionalismo histórico español", *Historia constitucional,* núm. 2, http://hc.rediris.es/02/index.html.

RIFÁ SOLER, JOSÉ MARIA, "El agente encubierto o infiltrado en la nueva regulación de la LECrim", *Poder Judicial,* núm. 55, 1999.

ROBLES PLANAS, RICARDO, "*La participación en el delito: fundamento y límites*", Marcial Pons, Madrid, 2003.

RODRÍGUEZ GARCÍA, NICOLÁS, "*La justicia penal negociada*", Ediciones Universidad de Salamanca, Salamanca, 1997.

RODRÍGUEZ GARCÍA, NICOLÁS, "*El consenso en el proceso penal español*", J.M. Bosch Editor, Barcelona, 1997.

RODRIGUEZ GARCÍA, NICOLÁS, "Hacia la maximización del principio de oportunidad en los procesos penales por hechos de corrupción", en "*Postmodernidad y proceso europeo: la oportunidad como principio informador del proceso judicial*", Dykinson, Madrid, 2020.

RODRÍGUEZ GÓMEZ, EDGARDO, "Guerra justa", en *Eunomia, Revista en Cultura de la Legalidad,* núm. 6, marzo-agosto de 2014.

RODRÍGUEZ-ARIAS, ANTONIO MATEOS, "Legalidad y oportunidad en la justicia penal: perspectivas de futuro", 8 de julio de 2020, https://publicaciones.unex.es/index.php/AFD/article/view/510.

ROXIN, CLAUS, "Sentido y límites de la pena estatal", en "*Problemas básicos del Derecho penal*", Trad. Diego Manuel Luzón Peña, Ed. Reus, Madrid, 1976.

ROXIN, CLAUS, "*Srafverfahrensrecht*", 20 Auflage, Verlag C.H.Beck, Múnchen, 1987.

ROXIN, CLAUS/SCHÜNEMANN, BERND, "*Strafverfahrensrecht*", C.H.Beck, 30 Auflage, München, 2022.

RUBIO EIRE, JOSÉ VICENTE, "La posible inviabilidad de una denuncia anónima o fundada en fuentes no verificables como elemento precursor de una instrucción penal", www.elderecho.com/penal, 2013.

RUIZ ANTÓN, LUIS FELIPE, "El delito provocado, construcción conceptual de la Jurisprudencia del Tribunal Supremo", *Anuario de Derecho Penal y Ciencias Penales,* Tomo 35, Fasc/Mes 1, 1982.

RUIZ BOSCH, SACRAMENTO, "El principio de oportunidad reglada en el proceso penal español como plasmación de los principios de la justicia restaurativa", en "*Principio de oportunidad: Sociedad civil, empresa, doctrina y jurisprudencia*", Wolters Kluwer, Madrid, 2020.

RUIZ GALLARDÓN, ISABEL, "La equidad, una justicia más justa", *Foro Nueva Época,* Vol. 20, núm. 2, 2017.

RUIZ RODRÍGUEZ, MARÍA ADORACIÓN, "El principio de oportunidad como complemento de la legalidad y a la necesidad", en "*Principio de oportunidad y transformación del proceso penal",* Wolters Kluwer, Madrid, 2019.

RUIZ SIERRA, JOANA, "Justicia restaurativa en España", en "*Principio de oportunidad y transformación del proceso penal",* Wolters Kluwer, Madrid, 2019.

RUIZ VADILLO, ENRIQUE, "La actuación del Ministerio Fiscal en el proceso penal", *Poder Judicial.* Número Especial II. Jornadas sobre la Justicia Penal en España, Madrid, de 24 a 27 de marzo de 1987.

RUIZ VADILLO, ENRIQUE, "El principio de oportunidad reglada", en "*La reforma del proceso penal*", Centro de Publicaciones del Ministerio de Justicia, Madrid, 1989.

RUIZ YANUZA, FLORENTINO G., "La euro-orden de Puigdemont ante la justicia italiana: L´ennesima puntata", *Economist & Jurist,* 16 de octubre de 2021.

RUSSELL, FREDERICK H., "*The just war in the middle ages*", Cambridge University Pres, London, New York, Melbourne, 1975.

SALAT PAISAL, MARC, "Mecanismos sancionatorios alterativos al proceso penal. Una visión desde el derecho inglés", *Dereito*, Vol. 25, nº 2 (Xullio-Decembro), 2016.

SAMAMÉ, LUCÍA, "Schopenhauer como teórico de la virtud", *Revista Voluntas: estudios sobre Schopenhauer*, Vol. 3, núms. 1 y 2, 2012.

SAN MARTÍN CASTRO, CÉSAR, "*Lecciones de Derecho Procesal Penal*", Ed INPECCP CENALES, Lima, 2015.

SÁNCHEZ-VERA GÓMEZ TRELLES, JAVIER, "Una lectura crítica de la ley de indulto", *InDret* 2/2008.

SANZ HERMIDA, ÁGATA, "*El nuevo proceso penal del menor*", Ediciones de la Universidad de Castilla-La Mancha, Cuenca, 2002.

SANZ HERMIDA, ÁGATA, "La responsabilidad penal de los menores en Derecho Español" *Reveu internationale de Droit pénal*, Vol. 175, 2004.

SANZ HERMIDA, ÁGATA, "Aplicación transnacional de la prohibición del bis in idem en la Unión Europea", *Revista Penal* núm. 21, enero, 2008.

SANZ HERMIDA, ÁGATA, "La mediación en la justicia de menores", en *Mediación un método de? conflictos. Estudio interdisciplinar* (VVAA), Colex, Madrid, 2010.

SANZ HERMIDA, ÁGATA. "La conciliación de derechos de las víctimas y del menor encausado. La difícil ponderación de los derechos en conflicto en el proceso de menores. A propósito de la STC 23/2006, de 15 de febrero", *Revista General de Derecho Penal* nº 27, 2017.

SAUNDERS, EDMUND. "*The reports of the most learend Sir Edmund Sawders, late Lord Chief Justice of the King's, Bench of Several Pleadings and cases in the Court of King´s Bench in the time of the reign of His most Excellent Majesty King Charles the Second*". The Fifth Edition by John Petterson od the Midder Tmple and Edward Vabghan William of Lincoln´s inn. Esq, Barrister at Law, London, A. Strahan, 1824.

SCHMITT, CARL, "*Teología política. Cuatro capítulos sobre la doctrina de la soberanía*", Ed. Trotta, Madrid, 2009.

SCHNEIDER, HENDRICK, "Bellum Justum gegen den Feind im Inneren? Über die Bedeutung der vefassungsrechtlichen Verfahrengaratien bei der <<Bekämpfung>> der Organisiert Kriminalität", *Zeitschrift für gesamte Strafrechtswissenschaft*, 113 Heft 3, 2001.

SCHOPENHAUER, ARTHUR, "*El mundo como voluntad y representación*", Trad. Pilar López de Santamaría, https://archive.org/details/arthur-schopenhauer-el-mundo-como-voluntad-y-representacion.

SCHÜNEMANN, BERND, "Aporías de la teoría de la pena en filosofía. Pensamientos sobre Immanuel Kant", en *InDret* 2/2008.

SERRA DOMÍNGUEZ, MANUEL, "Ministerio Fiscal", *Nueva Enciclopedia Jurídica Seix*, XVI, Barcelona, 1978.

SERRANO PÉRERZ, INMACULADA, "El principio de oportunidad en el proceso penal", en "*Principio de oportunidad y transformación del proceso penal*", Wolters Kluwer, Madrid, 2019.

SHAPIRO, MARTIN, "*Courts. A comparative and political analysis*", University of Chicago Press, 1981.

SOLÉ, JOAN, "*El pesimismo se hace filosofía*", Ed. Llibres Detot-Uniliber, Barcelona, 2015.

SOUZA, MARÍA DE LOURDES, "Del uso alternativo del Derecho al garantismo: una evolución paradójica", *Anuario de Filosofía del Derecho*, nº 15, 1998.

STEINBERGER, PETER J, "Hegel on crime and punishment", *The American Political Science Review*, Dec. 1983.

STUNTZ, WILLIAM J., "The pathological politics of criminal law", *Michigan Law Review*, Vo l. 100, December 2001.

SUAREZ, FRANCISCO, "*Tratado de las Leyes y del dios legislador*", Trad. del latín de José Ramón Egullón Muniozgurren, Instituto de Estudios Políticos, Madrid, 1968.

SUTHERLAND, EDWIN HARDIN, "White-Collar criminality", *American Sociological Review*, Vol. 5, 1940.

SUTHERLAND, DONAL, M.G., "*Murder in Aubagne Lynching, law and justice during the French Revolution.*", Cambridge University Press, 2007.

TOBEÑAS, JOSÉ, "*La equidad y sus tipos históricos en la cultura europea occidental. Discurso leído en el acto de su recepción en la Real Academia de Ciencias Sociales y Políticas el día 4 de junio de 1950*", Instituto Editorial Reus, Madrid, 1950.

THOMPSON, RICHARD H., "The president´s pardon power and legal effects and collateral consequences", *Congresional Research Service*, www.crs.gov.

TODOLÍ GÓMEZ, ARTURO, "Reflexiones sobre la aplicación del principio de oportunidad en el proceso penal y su ejercicio por el Ministerio Fiscal", *Noticias Jurídicas*, 1 de octubre de 2008.

TRENTMANN, CHRISTIAN, "§ 153 a StPO und das öffentliche Interesse an der Strafverfolgung – Zum Vorwur der Irrationalität und Paradoxie von Verfahrenseinstellungen gegen Geldauflage anlässlich des Falls Edathy", *ZStW*, 128 (2), 2016.

TUCÍDIDES, "*Guerra del Peloponeso*", Trad. Diego Gracián, Biblioteca Clásicos Grecolatinos, Madrid, 2007.

URQUÍA GÓMEZ, FAUSTINO, "El principio de legalidad y el principio de oportunidad", en "*La reforma del proceso penal*", Centro de Publicaciones del Ministerio de Justicia, Madrid, 1989.

VALBUENA GONZÁLEZ, FÉLIX "*Las cuestiones prejudiciales en el proceso penal*", Ed. Lex Nova, Valladolid, 2004.

VAN DER VYVER, JOHAN DAVID, "Deferrals of Investigations and Prosecution in the International Criminal Court", *The Comparative and International Law Journal of Southern Africa,* Vol. 51, nº 1, 2018.

VARGAS LLOSA. MARIO," Las delaciones premiadas", *El País,* 19 de febrero, 2017.

VAZQUEZ GONZÁLEZ, CARLOS, "El principio de oportunidad policial en el proceso penal anglosajón", "*Postmodernidad y proceso europeo: la oportunidad como principio informador del proceso judicial*", Dykinson, Madrid, 2020.

VECINA CIFUENTES, JAVIER Y VICENTE BASTELLEROS, TOMÁS, "Las manifestaciones del principio de oportunidad en el proceso penal español", *Revista Derecho & Sociedad* nº 50, mayo, 2018.

VEGA LÓPEZ, JESÚS, "La equidad según Ferrajoli y la equidad según Aristóteles: una comparación crítica", en *Doxa. Cuadernos de Filosofía del Derecho,* núm. 36, 2015.

VICHIL GIL, MARÍA ÁNGELES, "El principio de oportunidad. Principio de oportunidad política, justicia y social", en "*Principio de oportunidad y transformación del proceso penal",* Wolters Kluwer, Madrid, 2019.

VIEITEZ LÓPEZ, ÁNGELA, "El principio de oportunidad en los delitos leves", en "*Principio de oportunidad y transformación del proceso penal",* Wolters Kluwer, Madrid, 2019.

VIVES ANTON, TOMÁS, "Doctrina constitucional y reforma del proceso penal", *Poder Judicial,* Numero Especial II, Jornadas sobre la Justicia Penal en España, Madrid, de 24 a 27 de marzo de 1987.

WALZER, MICHAEL, "Just and unjust wars. A moral argument with historical illustrations", Basic Books, New York, 1977.

WEIGEND, THOMAS, "<<Das Opotunitätsprinzip>> zwischen Einzelfallgerechtigkeit und Systemeffizienz", *ZStW* 109, 1997.

WILLMS, GÜNTHER, "Offenkundigkeit und Legalitätsprinzip", *JZ*, núm. 15, 5. August, 1957.

WOHLHAUPTER, EUGEN, "La importancia de la equidad en la Historia del Derecho de España", en *Investigación y Progreso*", nº 1, octubre 1930.

ZAFFARONI, RAÚL, "*La pena como venganza razonable*". *Lectio doctoralis* en Udini (14.VII.2009), Portal Iberoamericano de las Ciencias Penales, UCLM.

ZAFRA ESPINOSA DE LOS MOTEROS, ROCÍO, "*El policía infiltrado. Los Presupuestos jurídicos en el proceso penal español*", Editorial Tirant lo Blanch, Valencia, 2010.

ZARAGOZA TEJADA, JAVIER IGNACIO, "La modificación operada por la Ley 13/2015. El agente encubierto informático", *Curso de Formación Continua de Fiscales,* Centro de Estudios Jurídicos. Ministerio de Justicia, Madrid, 2016.

ZIMMERMANN, ANNE KATHARINA, "Securing protection and cooperation of witnesses and whistle-blowers. An Overview of the Law as it stands in Germany". www.unafei.org.jp.